학습 진도표

백점

국어 1·1

개념북

교과서에 실린
작품 소개

단원	교과서	제재 이름	지은이	나온 곳	백점 쪽수
2단원	국어	「오리」	권태응	『감자꽃』, (주)창비, 2014.	57쪽
3단원	국어	「다리」	최승호	『최승호 시인의 말놀이 동시집 1 ― 모음 ―』, (주)비룡소, 2023.	66쪽
		「구름 놀이」	한태희 글, 그림	『구름 놀이』, 아이세움, 2004.	73~74쪽
4단원	국어	「맛있는 건 맛있어」	김양미 글, 김효은 그림	『맛있는 건 맛있어』, 시공주니어, 2019.	87~88쪽
		「학교 가는 길」	이보나 흐미엘레프스카 글, 그림, 이지원 옮김	『학교 가는 길』, 도서출판 논장, 2011.	95~96쪽

교과서에 실린 작품 미리보기

오리

　연못에 나온 엄마 오리와 아기 오리들의 모습을 재미있게 표현한 동시입니다. 엄마 오리와 아기 오리의 모습을 떠올리면서 받침이 있는 글자를 재미있게 배울 수 있습니다.

구름 놀이

　토끼, 호랑이 등 다양한 모습으로 바뀌는 구름의 모양을 그림과 함께 나타내어 상상력, 호기심을 키워 줍니다. 책에 나온 손동작을 따라 해 보며 재미있는 놀이도 함께 할 수 있습니다.

단원	교과서	제재 이름	지은이	나온 곳	백점 쪽수
5단원	국어	「모두 모두 안녕!」	윤여림	『모두 모두 안녕!』, 웅진주니어, 2013.	105쪽
		「저녁 인사」	최명란	『우리는 분명 연결된 거다』, (주)창비, 2018.	109쪽
6단원	국어	「꽃에서 나온 코끼리」	황K(케이) 글, 그림	『꽃에서 나온 코끼리』, 책읽는곰, 2016.	124쪽
7단원	국어	「도서관 고양이」	최지혜	『도서관 고양이』, 한울림어린이, 2020.	138쪽
		「모두 모두 한집에 살아요」	마리안느 뒤비크	『모두 모두 한집에 살아요』, 고래뱃속, 2020.	139쪽

모두 모두 안녕!

아이가 주변 사람들과 만나 반갑게 인사하는 내용이 담긴 그림책입니다. 그림책 속 인사말을 따라 하며 인사하는 습관을 기르고 가족을 비롯한 주변에서 만나는 다양한 사람들을 부르는 말을 배울 수 있게 도와줍니다.

도서관 고양이

고양이는 아이들이 재미있게 그림책을 읽는 모습을 보고 그림책이 궁금해져서 도서관에 들어갔습니다. 그림책을 보고 한눈에 반한 고양이는 매일 밤 신기한 여행을 떠납니다. 고양이와 함께 그림책 속을 여행하며 책 읽기의 즐거움을 알 수 있습니다.

백점 국어

구성과 특징

교과서 학습

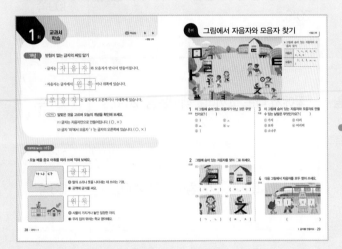

+

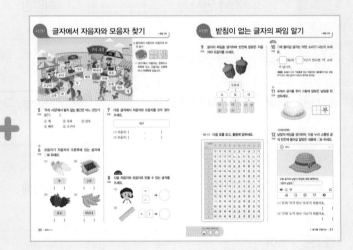

대단원 평가

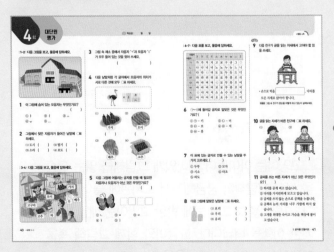

+

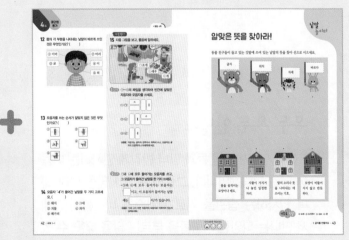

대단원 미리 보기

대단원에서 배울 내용을 단원 핵심 어휘를 통해 한눈에 확인할 수 있습니다.

개념 학습 + 문해력을 높이는 어휘

교과서 개념을 빠르게 익히고, 개념 확인 OX 문제를 통해 개념을 탄탄하게 이해합니다.

'**문해력을 높이는 어휘**'에서는 단원의 핵심 어휘를 배웁니다. 핵심 어휘를 따라 쓴 뒤, 뜻과 예문을 학습하면 교과서 지문과 활동을 쉽게 이해할 수 있습니다.

지문 독해 학습

지문의 핵심 내용을 정리하고 다양한 유형의 문제를 풀며 지문 독해 실력을 향상시킵니다.

+서술형 : 자신의 생각을 정확하게 쓸 수 있도록 도움말과 채점 기준을 강화하였습니다.

+디지털 문해력 : 단원의 학습 내용을 디지털 매체에 적용하여 디지털 문해력을 기릅니다.

대단원 평가

대단원을 마무리하며 실력을 점검할 수 있습니다.

+수행평가 : 학교 수행 평가에 대비할 수 있도록 단계별 문제를 제공합니다.

평가북 맞춤형 평가 대비 수준별 단원 평가

단원 평가 A단계

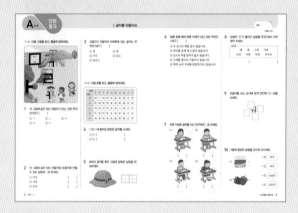

단원별 기본 학습 성취도를 확인하고, 수시 평가나 객관식 문항 위주의 학교 단원 평가에 대비할 수 있습니다.

단원 평가 B단계

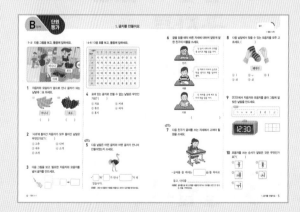

단원별 심화 학습 성취도를 확인하고, 서술형이 포함된 학교 단원 평가에 대비할 수 있습니다.

구성과 특징 • **5**

차례

한글 놀이

1회	10쪽
2회	14쪽
3회	18쪽
4회	22쪽

1 글자를 만들어요

1회	28쪽
2회	32쪽
3회	36쪽
4회	40쪽

2 받침이 있는 글자를 읽어요

1회	46쪽
2회	50쪽
3회	54쪽
4회	58쪽

3 낱말과 친해져요

1회	64쪽
2회	68쪽
3회	72쪽
4회	76쪽

4 여러가지 낱말을 익혀요

1회	82쪽
2회	86쪽
3회	90쪽
4회	94쪽
5회	98쪽

5 반갑게 인사해요

1회	104쪽
2회	108쪽
3회	112쪽

6 또박또박 읽어요

1회	118쪽
2회	122쪽
3회	126쪽

7 알맞은 낱말을 찾아요

1회	132쪽
2회	136쪽
3회	140쪽

한글 놀이

온라인
학습 진도표

학습 진도표

회차	백점 쪽수	오늘 학습할 내용	학습 주제
1	10~13쪽	개념+어휘+교과서 지문	글자 모양 찾기 / 소리마디 알기 / 말놀이 하기
2	14~17쪽	개념+어휘+교과서 지문	모음자 알기 / 모음자 바르게 읽고 쓰기
3	18~21쪽	개념+어휘+교과서 지문	자음자 알기 / 자음자 바르게 쓰기
4	22~25쪽	대단원 평가+낱말 놀이터	

단원 미리 보기

사 – 자

소리마디를 배워요.

너구리

모음자를 배워요.

연필을 바르게 잡는
방법을 익혀요.

차

자음자를 배워요.

개념 소리마디 알기

• 한 덩어리로 내는 말소리의 단위를 '

소	리	마	디

'라고 합니다.

• 낱말을 따라 읽으며 낱말이 몇 개의 소리 마디로 되어 있는지 생각합니다.

'호랑이'는 소리마디 수가 세 개예요.

개념 확인 알맞은 것을 고르며 오늘의 개념을 확인해 보세요.

(1) '소리마디'는 두 덩어리로 내는 말소리의 단위입니다. (○ , ×)

(2) '허수아비'는 소리마디 수가 네 개인 낱말입니다. (○ , ×)

개념 말놀이 하기

소리마디 수가 같은 낱말 이어 말하기	하나에서 셋까지 소리마디 수를 나타내는 주사위를 이용해 그 숫자에 해당하는 소리마디 수의 낱말을 이어 말합니다. 예 사다리 → 무지개 → 강아지 ……
앞 낱말의 끝소리로 시작하는 낱말 이어 말하기	앞말의 마지막 소리가 뒷말의 처음 소리와 같은 낱말을 이어 말합니다. 예 여우 → 우 주 → 주사기 → 기차 ……

개념 확인 알맞은 것을 고르며 오늘의 개념을 확인해 보세요.

(3) 소리마디 수가 한 개인 낱말을 이어 말할 때, '꽃', '달'을 말합니다. (○ , ×)

(4) 앞 낱말의 끝소리로 시작하는 낱말 이어 말하기를 할 때, '우유' 다음에는 '우산'을 말합니다. (○ , ×)

글자 모양 찾기

● 정답 1쪽

1
이해

→ 보기 의 그림과 모양이 같은 꽃에 ○표 하세요.

→ 보기

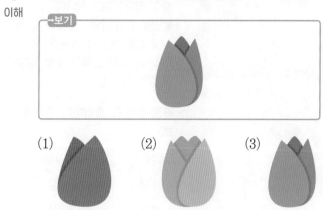

(1) ( ) (2) ( ) (3) ( )

| 2~3 | 다음 그림을 보고, 물음에 답하세요.

2
이해

그림 ❶과 모양이 같은 것에 ○표 하세요.

(1) ( ) (2) ( )

3
추론

그림 ❶~❸이 나타내는 곳은 어디인지 → 보기 에서 찾아 기호를 쓰세요.

→ 보기

| ㉠ 식당 | ㉡ 비상구 |
| ㉢ 화장실 | ㉣ 쓰레기통 |

(1) 그림 ❶: (   )
(2) 그림 ❷: (   )
(3) 그림 ❸: (   )

4
이해

여러 가지 모양 중에서 글자인 것을 모두 찾아 ○표 하세요.

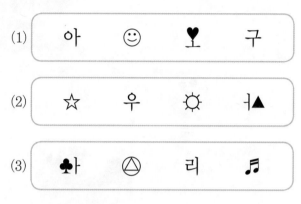

(1) 아 ☺ ❣ 구

(2) ☆ 우 ☼ ㅓ▲

(3) ♣ㅏ △ 리 ♫

5
적용

모양이 같은 글자를 찾아 선으로 이으세요.

(1) 개구리 ·

· ㉮ 오리

(2) 오리 ·

· ㉯ 잉어

(3) 잉어 ·

· ㉰ 개구리

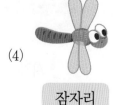

(4) 잠자리 ·

· ㉱ 잠자리

소리마디 알기

• 정답 1쪽

> ▶ 소리마디 알기
> • 한 덩어리로 내는 말소리의 단위를 '소리마디'라고 합니다.
> • 낱말을 따라 읽으며 낱말이 몇 개의 소리마디인지 생각해 봅니다.
> • 소리마디마다 손뼉을 치며 낱말을 말해 봅니다.

> ▶ 동물 이름의 소리마디 수 알아보기

소리마디 수	동물 이름
1개	쥐, 양
2개	사슴, 사자
3개	고양이, 호랑이

6 이해

이름의 소리마디 수가 한 개인 동물은 무엇인가요? (   )

① 쥐
② 사슴
③ 고양이
④ 호랑이
⑤ 고슴도치

7 이해

'사슴'과 소리마디 수가 같은 동물에 ○표 하세요.

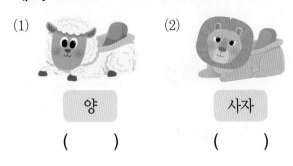

(1) 양
(   )

(2) 사자
(   )

8 적용

소리마디 수가 네 개인 낱말을 한 가지만 떠올려 쓰세요.

(   )

9 적용

'비행기'와 같은 소리로 시작하는 낱말을 뜻하는 그림은 무엇인가요? (   )

①
②
③
④
⑤

| 10~12 | 다음 그림을 보고, 물음에 답하세요.

10 상자에서 나온 그림이 <u>아닌</u> 것은 무엇인가요?
이해
( )

① 고구마   ② 다리미
③ 무지개   ④ 바나나
⑤ 사다리

11 상자에서 나온 낱말의 같은 점은 무엇인가요?
추론
( )

① 음식 이름입니다.
② 소리마디가 셋입니다.
③ 글자 모양이 같습니다.
④ 낱말의 첫소리가 같습니다.
⑤ 낱말의 끝소리가 같습니다.

12 문제 **11**의 답과 같은 점이 있는 낱말을 한 가
적용 지만 떠올려 쓰세요.

( )

| 13~14 | 다음 그림을 보고, 물음에 답하세요.

13 그림에 나타난 낱말을 빈칸에 차례대로 쓰세요.
이해

| 사자 | ⇒ | (1) |

⇓

| (2) | ⇒ | 미끄럼틀 |

★
14 문제 **13**과 같이 앞 낱말의 끝소리로 시작하는
적용 낱말을 이어서 써 보세요.

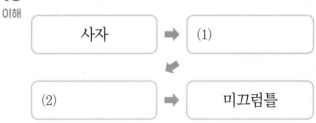

| 강아지 | ⇒ | (1) |

⇓

| (2) | ⇒ | (3) |

개념   모음자 알기

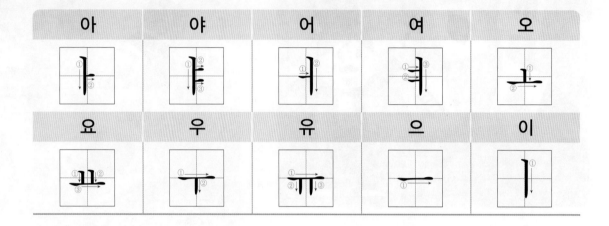

아	야	어	여	오
요	우	유	으	이

개념 확인 **알맞은 것을 고르며 오늘의 개념을 확인해 보세요.**

(1) 모음자 'ㅠ'의 이름은 '요'입니다. (○ , ×)

(2) 모음자 'ㅗ'를 쓸 때에는 짧은 세로선을 먼저 씁니다. (○ , ×)

개념   연필을 바르게 잡는 방법

• 엄지손가락과 집게손가락의 모양을 둥글게 하여 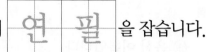 을 잡습니다.

• 연필심에서 약간  로 올라간 부분을 적당히 힘을

주어 잡습니다.

• 연필을 너무 눕히거나 세워서 잡지 않습니다.

개념 확인 **알맞은 것을 고르며 오늘의 개념을 확인해 보세요.**

(3) 연필심 부분을 잡고 글씨를 씁니다. (○ , ×)

(4) 연필을 잡을 때에는 연필을 너무 눕혀서 잡지 않습니다. (○ , ×)

모음자 알기

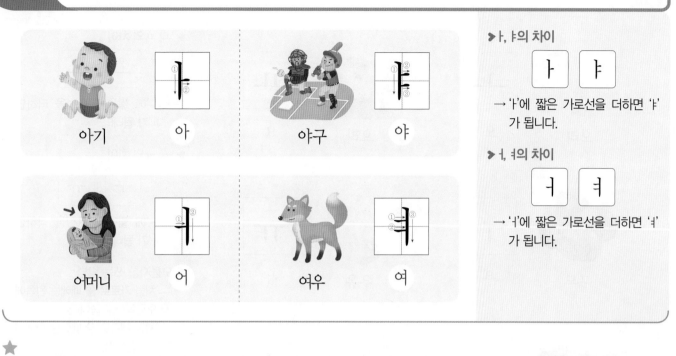

★
1 모음자와 그 이름을 알맞게 선으로 이으세요.

이해

(1) ㅏ · · ㉮ 어

(2) ㅑ · · ㉯ 야

(3) ㅓ · · ㉰ 아

(4) ㅕ · · ㉱ 여

2 다음 낱말에 모두 들어 있는 모음자를 쓰세요.

이해

아기   사자

3 다음 모음자를 쓰는 순서에 맞게 빈칸에 ①～③을 쓰세요.

적용

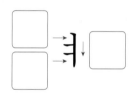

4 연필을 바르게 잡고 글씨를 쓰는 모습에 ○표 하세요.

이해

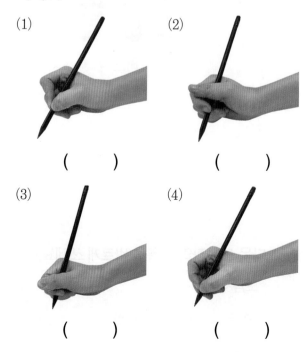

(1) (   )   (2) (   )

(3) (   )   (4) (   )

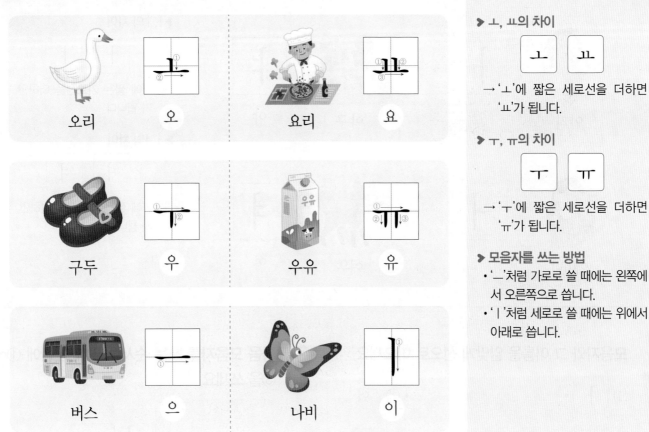

ㅗ, ㅛ의 차이

→ 'ㅗ'에 짧은 세로선을 더하면 'ㅛ'가 됩니다.

ㅜ, ㅠ의 차이

→ 'ㅜ'에 짧은 세로선을 더하면 'ㅠ'가 됩니다.

모음자를 쓰는 방법
• 'ㅡ'처럼 가로로 쓸 때에는 왼쪽에서 오른쪽으로 씁니다.
• 'ㅣ'처럼 세로로 쓸 때에는 위에서 아래로 씁니다.

5 다음 낱말에 들어 있는 모음자를 두 가지 고르세요. (   )

이해

버스

① ㅓ   ② ㅛ   ③ ㅜ
④ ㅡ   ⑤ ㅣ

6 다음 모음자의 이름을 바르게 쓰세요.

이해

모음자	ㅗ	ㅠ	ㅣ
이름	(1)	(2)	(3)

7 모음자를 쓰는 순서가 바른 것은 무엇인가요?

적용

(   )

①   ②   ③

④   ⑤

8 모음자 'ㅣ'가 들어 있는 낱말에 ○표 하세요.

적용

(1)   (2)

비누   튜브

(   )   (   )

모음자 바르게 읽고 쓰기

9 다음 그림에서 친구가 만든 것은 어떤 모음자 모양인가요? ( )

이해

① ㅏ
② ㅓ
③ ㅗ
④ ㅠ
⑤ ㅑ

10 보기와 같이 빈칸을 색칠하여 어떤 모음자 모양을 만들었는지 쓰세요.

적용

보기

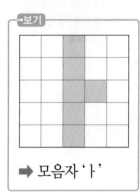

➡ 모음자 'ㅏ'

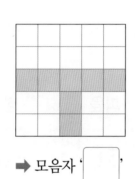

➡ 모음자 '　'

11 다음 모음자를 읽고, 같은 모음자가 들어 있는 동물 이름에 ◯표 하세요.

적용

(1) ㅓ ➡ 거북　　오소리

(2) ㅛ ➡ 판다　　표범

(3) ㅜ ➡ 두더지　　스컹크

(4) ㅣ ➡ 비버　　돌고래

12 모음자 모양과 같은 모음자를 선으로 이으세요.

이해

(1) 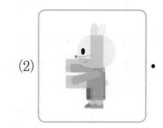 •

• ㉮ ㅓ

(2) •

• ㉯ ㅛ

★
13 보기에서 알맞은 모음자를 골라 그림에 어울리는 낱말을 완성하여 쓰세요.

적용

보기

ㅏ　ㅑ　ㅗ　ㅛ　ㅠ　ㅣ

(1)

(2)

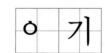　ㅇ　기

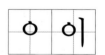　ㅇ　이

(3)

(4)

우　ㅇ

ㅇ　ㄹ

개념 　자음자 알기

개념 확인 　알맞은 것을 고르며 오늘의 개념을 확인해 보세요.

(1) 자음자 'ㅆ'의 이름은 '쌍시옷'입니다. (○ , ×)

(2) 자음자 'ㄴ'을 쓸 때에는 두 번에 나누어서 씁니다. (○ , ×)

자음자 알기

 가지 · 기역 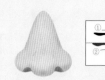 코 · 키읔  까치 · 쌍기역

 나무 · 니은   두부 · 디귿   타조 · 티읕   딸기 · 쌍디귿

  소라 · 리을

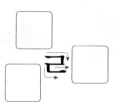 자음자 모양의 차이를 살펴보고, 자음자가 들어 있는 낱말을 바르게 읽어 봐요.

---

1 이해 다음 자음자의 이름을 바르게 쓰세요.

자음자	ㄱ	ㅋ	ㄲ
이름	(1)	(2)	(3)

3 적용 다음 자음자를 쓰는 순서에 맞게 빈칸에 ①~③을 쓰세요.

2 이해 다음 낱말에 모두 들어 있는 자음자는 무엇인가요? (　　　)

 나무    노루

① ㄱ　　　② ㄴ　　　③ ㄷ
④ ㄸ　　　⑤ ㄹ

4 적용 빈 곳에 들어갈 알맞은 자음자를 써넣으세요.

(1)

(2)

머리	미음	바다	비읍	파도	피읖	빨대	쌍비읍

| 사자 | 시옷 | 새싹 | 쌍시옷 | 자두 | 지읒 | 초 | 치읓 | 쪽지 | 쌍지읒 |

| 아이 | 이응 | 호두 | 히읗 |

5 자음자 'ㅉ'이 들어간 낱말은 무엇인가요?

이해

( )

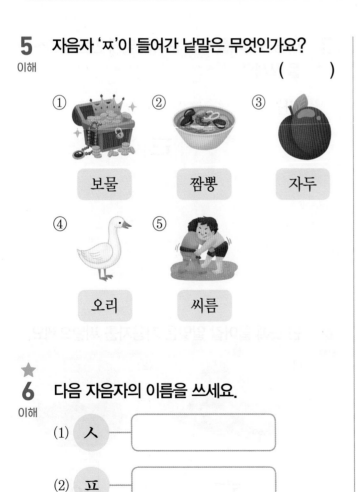

① 보물 ② 짬뽕 ③ 자두

④ 오리 ⑤ 씨름

★
6 다음 자음자의 이름을 쓰세요.

이해

(1) ㅅ [ ]

(2) ㅍ [ ]

7 자음자 'ㅎ'이 들어간 낱말에 ○표 하세요.

적용

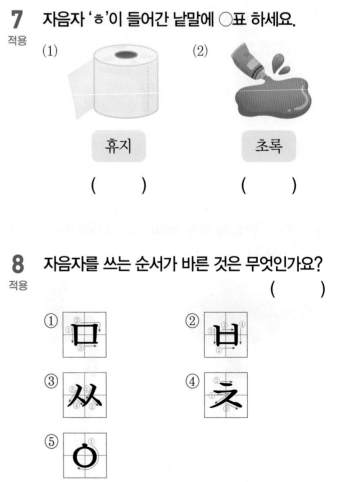

(1) 휴지 ( )

(2) 초록 ( )

8 자음자를 쓰는 순서가 바른 것은 무엇인가요?

적용

( )

① ㅁ ② ㅂ

③ ㅆ ④ ㅊ

⑤ ㅇ

자음자 바르게 쓰기

● 정답 2쪽

9 다음 그림을 보고 자음자를 바르게 쓴 것에 ○
이해 표 하세요.

(1) 타조 카조

(2) 때도 파도

(3) 소 ㅗ

(4) 보리 묘리

10 자음자 'ㅍ'이 들어간 글자를 색칠하면 나타나
추론 는 자음자를 보고, 그 이름을 쓰세요.

소리
부자   피리
다리미   의자
풍선
저고리

(   )

11 보기 에서 알맞은 자음자를 골라 그림에 어울
적용 리는 낱말을 완성하여 쓰세요.

보기
ㄱ ㄷ ㄹ ㅁ ㅂ ㅇ ㅈ ㅊ ㅎ

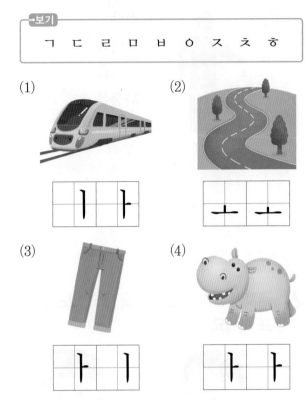

(1) | ㅣ | ㅏ

(2) | ㅗ | ㅗ

(3) | ㅏ | ㅓ

(4) | ㅣ | ㅏ

12 다음 그림은 몸으로 어떤 자음자 모양을 만든
적용 것인가요? (   )

① ㄷ   ② ㅅ   ③ ㅊ
④ ㅌ   ⑤ ㅎ

13 같은 자음자로 시작하는 낱말이 <u>아닌</u> 것은 무
적용 엇인가요? (   )

① 공   ② 가루
③ 가지   ④ 그네
⑤ 까치

나의 실력에 색칠하세요.

1 그림이 나타내는 곳은 어디인가요? (　　　)

① 식당
② 놀이터
③ 도서관
④ 화장실
⑤ 쓰레기통

2 글자가 들어 있는 카드를 들고 있는 친구에 ○ 표 하세요.

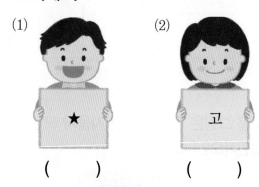

(1) ★　(　　　)

(2) 고　(　　　)

3 소리마디 수가 두 개인 낱말은 무엇인가요?

(　　　)

① 별
② 바다
③ 개나리
④ 미끄럼틀
⑤ 아이스크림

4 같은 소리로 시작하는 낱말을 선으로 이으세요.

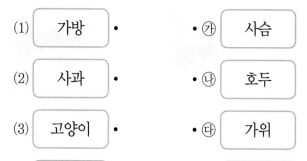

(1) 가방　•
(2) 사과　•
(3) 고양이　•
(4) 호랑이　•

•㉮ 사슴
•㉯ 호두
•㉰ 가위
•㉱ 고슴도치

5 앞 낱말의 끝소리로 시작하는 낱말을 이어서 말할 때, 빈칸에 들어갈 알맞은 낱말은 무엇인가요? (　　　)

비누 ➡ 누나

➡ 라디오

① 라면　② 나비　③ 나라
④ 오리　⑤ 누더기

6 연필을 잡는 방법으로 알맞지 <u>않은</u> 것의 기호를 쓰세요.

㉠ 연필을 너무 세워서 잡지 않습니다.
㉡ 집게손가락에 힘을 주고 세게 눌러 잡습니다.
㉢ 연필심에서 약간 위로 올라간 부분을 잡습니다.
㉣ 엄지손가락과 집게손가락의 모양을 둥글게 하여 연필을 잡습니다.

(　　　　　　)

● 정답 2쪽

7 낱말에 들어 있는 모음자가 <u>다른</u> 하나는 무엇인가요? (   )

①
거미

②
허리

③
거울

④
겨울

④
어머니

8 모음자를 쓰는 순서가 바른 것은 무엇인가요?
(   )

①   ② ⊣

③   ④

⑤

9 다음 낱말에 모두 들어 있는 모음자는 무엇인지 쓰세요.

모자   포도

10 다음 그림에 나타난 모음자의 이름은 무엇인가요? (   )

① 아   ② 여   ③ 요
④ 우   ⑤ 으

11 글자 '소'에 들어간 자음자와 같은 자음자가 들어 있는 낱말은 무엇인가요? (   )

① 코   ② 구름
③ 사슴   ④ 조개
⑤ 비행기

● 정답 2쪽

12 자음자와 그 이름이 알맞게 짝 지어진 것은 무엇인가요? (　　　)

① ㄱ – 기윽
② ㄷ – 디귿
③ ㅅ – 시읏
④ ㅋ – 키역
⑤ ㅌ – 티귿

13 자음자를 쓰는 방법을 알맞게 말한 친구의 이름을 쓰세요.

> 명수: 자음자 'ㅁ'은 한 번에 쓸 수 있어.
> 민아: 자음자 'ㄷ'은 세로선을 먼저 써야 해.
> 진우: 자음자 'ㄱ'은 왼쪽에서 오른쪽으로 한 번에 써.

(　　　　　　　　　)

14 그림에 알맞은 자음자를 바르게 쓴 것에 ○표 하세요.

(1) 소댜 (　　　)　　　(2) 소라 (　　　)

수행 평가

15 다음 그림을 보고, 물음에 답하세요.

1단계 보기에서 자음자와 모음자를 골라 그림에 알맞은 낱말을 완성하세요.

> 보기
>
> | ㄱ | ㅁ | ㅇ | ㅊ |
> |---|---|---|---|
> | ㅏ | ㅑ | ㅗ | ㅣ |

(1) 그림 ❶: ㄱ ㅊ

(2) 그림 ❷: ㅗ ㅣ

(3) 그림 ❸: ㅣ ㅑ ㄱ

도움말 그림이 무엇을 나타내는지 살펴보세요.

2단계 그림 ❶～❸에 모두 들어 있는 자음자와 모음자를 찾아 쓰세요.

• 그림 ❶～❸에는 자음자 '　　'과 모음자 '　　'가 모두 들어 있습니다.

도움말 1단계에서 쓴 낱말을 살펴보며 여러 번 나오는 자음자와 모음자를 찾아보세요.

어떤 낱말에 들어 있을까?

왼쪽에 있는 자음자나 모음자가 들어 있는 낱말을 찾아 ○표 하세요.

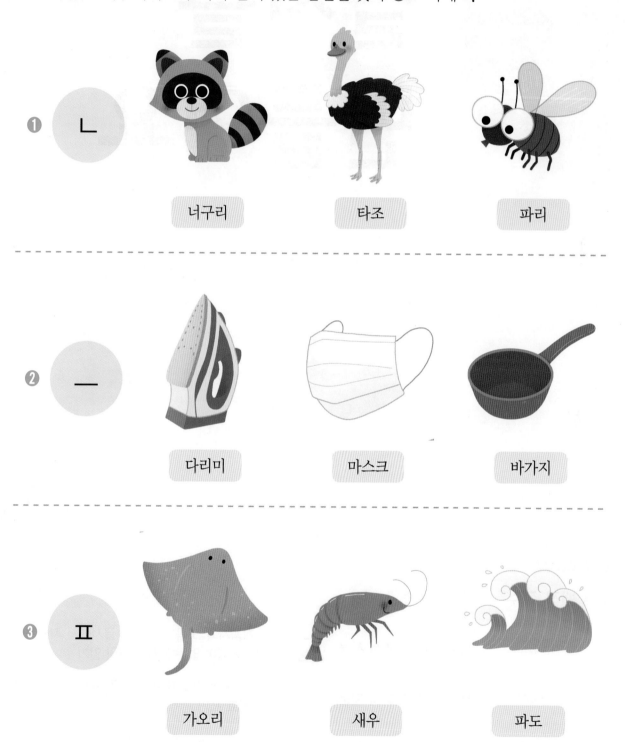

① ㄴ

너구리　타조　파리

② ㅡ

다리미　마스크　바가지

③ ㅍ

가오리　새우　파도

나의 실력에 색칠하세요.

1 글자를 만들어요

온라인
학습 진도표

학습 진도표

회차	백점 쪽수	오늘 학습할 내용	학습 주제
1	28~31쪽	개념+어휘+교과서 지문	그림에서 자음자와 모음자 찾기 / 글자에서 자음자와 모음자 찾기 / 받침이 없는 글자의 짜임 알기
2	32~35쪽	개념+어휘+교과서 지문	바른 자세로 글 읽기 / 바른 자세로 글씨 쓰기 / 받침이 없는 글자 읽고 쓰기
3	36~39쪽	개념+어휘+교과서 지문	여러 가지 모음자 알기 / 마무리하기
4	40~43쪽	대단원 평가+낱말 놀이터	

단원 미리 보기

받침이 없는 글자의
짜임을 배워요.

바르게 **읽는**
자세를 배워요.

바르게 **쓰는**
자세를 배워요.

여러 가지
모음자를 배워요.

개념　받침이 없는 글자의 짜임 알기

· 글자는 │ 자 │ 음 │ 자 │ 와 모음자가 만나서 만들어집니다.

· 자음자는 글자에서 │ 왼 │ 쪽 │ 이나 위쪽에 있습니다.

· │ 모 │ 음 │ 자 │ 는 글자에서 오른쪽이나 아래쪽에 있습니다.

개념 확인　**알맞은 것을 고르며 오늘의 개념을 확인해 보세요.**

(1) 글자는 자음자만으로 만들어집니다. (○ , ×)

(2) 글자 '파'에서 모음자 ' ㅏ '는 글자의 오른쪽에 있습니다. (○ , ×)

문해력을 높이는 어휘

· **오늘 배울 중요 어휘를 따라 쓰며 익혀 보세요.**

│ 글 │ 자 │

🔵뜻 말의 소리나 뜻을 나타내는 데 쓰이는 기호.

🔵예 공책에 글자를 써요.

│ 위 │ 치 │

🔵뜻 사물이 가지거나 놓인 일정한 자리.

🔵예 우리 집의 위치는 학교 옆이에요.

그림에서 자음자와 모음자 찾기

• 정답 3쪽

▶ 그림에 숨어 있는 자음자와 모음자 찾기

자음자	ㄱ, ㄴ, ㄸ, ㄹ, ㅁ, ㅇ, ㅊ, ㅌ
모음자	ㅏ, ㅓ, ㅕ, ㅛ, ㅠ, ㅣ

1
이해

이 그림에 숨어 있는 모음자가 <u>아닌</u> 것은 무엇인가요? (   )

① ㅏ   ② ㅗ

③ ㅛ   ④ ㅠ

⑤ ㅣ

★
3
적용

이 그림에 숨어 있는 자음자와 모음자로 만들 수 있는 낱말은 무엇인가요? (   )

① 가지   ② 다리

③ 보라   ④ 머리띠

⑤ 소나무

2
이해

그림에 숨어 있는 자음자를 찾아 ○표 하세요.

(1)

(ㄹ , ㅁ)

(2)

(ㄸ , ㅌ)

4
이해

다음 그림에서 자음자를 모두 찾아 쓰세요.

(3)

(ㄱ , ㄴ)

(4)

(ㅉ , ㅊ)

(   )

글자에서 자음자와 모음자 찾기

• 정답 3쪽

▶ 글자에서 자음자와 모음자의 위치 알기

→ '오이'에서 자음자는 왼쪽이나 위쪽에 있고, 모음자는 오른쪽이나 아래쪽에 있습니다.

5
이해

'우리 시장'에서 팔지 <u>않는</u> 물건은 어느 것인가요? (   )

① 게   ② 사과   ③ 감자
④ 배추   ⑤ 고구마

⭐
6
이해

모음자가 자음자의 오른쪽에 있는 글자에 ○표 하세요.

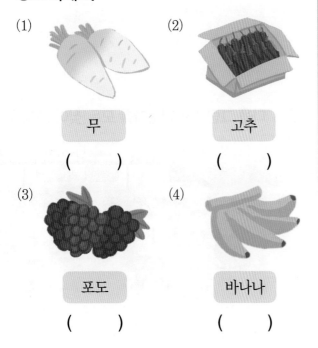

(1)

무
(   )

(2)

고추
(   )

(3)

포도
(   )

(4)

바나나
(   )

7
적용

다음 글자에서 자음자와 모음자를 모두 찾아 쓰세요.

새우

(1) 자음자: (,   )
(2) 모음자: (,   )

국어 활동

8
적용

다음 자음자와 모음자로 만들 수 있는 글자를 쓰세요.

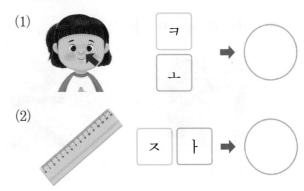

(1)

ㅋ
ㅗ
➡ ◯

(2)

ㅈ   ㅏ
➡ ◯

받침이 없는 글자의 짜임 알기

● 정답 3쪽

9 글자의 짜임을 생각하며 빈칸에 알맞은 자음자와 모음자를 쓰세요.
이해

```
          도토리
     ↓      ↓      ↓
    도      토     리
     ↓      ↓      ↓
  (1)    (3)    (5) (6)
  (2)    (4)
```

서술형

10 ㉠에 들어갈 글자는 어떤 소리가 나는지 쓰세요.
추론

• '[   ]'와/과 '[   ]'이/가 만나면 '카' 소리가 납니다.

도움말 표에서 ㉠의 가로줄에 있는 자음자와 세로줄에 있는 모음자가 만나 어떤 글자가 되는지 생각해 보아요.

★
11 표에서 글자를 찾아 그림에 알맞은 낱말을 완성하세요.
이해

	부	

| 10~11 | 다음 표를 보고, 물음에 답하세요.

모음자 자음자	ㅏ	ㅑ	ㅓ	ㅕ	ㅗ	ㅛ	ㅜ	ㅠ	ㅡ	ㅣ
ㄱ	가	갸	거	겨	고	교	구	규	그	기
ㄴ	나	냐	너	녀	노	뇨	누	뉴	느	니
ㄷ	다	댜	더	뎌	도	됴	두	듀	드	디
ㄹ	라	랴	러	려	로	료	루	류	르	리
ㅁ	마	먀	머	며	모	묘	무	뮤	므	미
ㅂ	바	뱌	버	벼	보	뵤	부	뷰	브	비
ㅅ	사	샤	서	셔	소	쇼	수	슈	스	시
ㅇ	아	야	어	여	오	요	우	유	으	이
ㅈ	자	쟈	저	져	조	죠	주	쥬	즈	지
ㅊ	차	챠	처	쳐	초	쵸	추	츄	츠	치
ㅋ	㉠	캬	커	켜	코	쿄	쿠	큐	크	키
ㅌ	타	탸	터	텨	토	툐	투	튜	트	티
ㅍ	파	퍄	퍼	펴	포	표	푸	퓨	프	피
ㅎ	하	햐	허	혀	호	효	후	휴	흐	히

디지털 문해력

12 낱말의 짜임을 생각하며, 다음 누리 소통망 글의 빈칸에 들어갈 알맞은 내용에 ○표 하세요.
적용

○ 미나   •••

오늘 글자와 낱말의 짜임에 대해 배웠어요.
그림의 낱말은 [   ]

♡ ◯ ▽   ⬚

⌂   ◯   ⊕   ♡   ◉

(1) '모'와 '자'가 만나 '모자'가 되었어요.

(   )

(2) '시'와 '소'가 만나 '시소'가 되었어요.

(   )

개념 바르게 읽고 쓰는 자세 익히기

• 글을 읽을 때에는 책을 두 손으로 잡고, 책과 　눈　 의 거리를 알맞게 합니다.

• 글씨를 쓸 때에는 　고　개　 를 약간 숙이고, 공책과 눈의 거리를 너무 가깝게 하지 않습니다.

> 책상에 앉을 때에는
> 허리를 곧게 펴고
> 다리를 가지런히 모아요.

개념 확인 알맞은 것을 고르며 오늘의 개념을 확인해 보세요.

(1) 글을 읽을 때에는 책을 두 손으로 잡고 읽습니다. (○ , ×)

(2) 글씨를 쓸 때에는 공책과 눈의 거리를 매우 가깝게 합니다. (○ , ×)

문해력을 높이는 어휘

• 오늘 배울 중요 어휘를 따라 쓰며 익혀 보세요.

바 르 다

뜻 모양이 비뚤어지지 않고 반듯하다.

예 바르게 앉아서 책을 읽어요.

자 세

뜻 몸을 움직이는 모양이나 태도.

예 자세를 똑바로 해요.

바른 자세로 글 읽기

● 정답 3쪽

❶

❷

손으로 턱을 받치지 않아야 함.

다리를 모아야 함.

❸

고개를 똑바로 들어야 함.

다리를 모아야 함.

❹

책과 눈의 거리가 알맞아야 함.

허리를 곧게 펴고 다리를 모아야 함.

➤ 바르게 글을 읽는 자세
• 허리를 곧게 펴고, 다리를 모은 자세로 앉아 책을 읽습니다.
• 책을 두 손으로 잡고 읽습니다.
• 책과 눈의 거리를 알맞게 합니다.
• 앉을 때는 엉덩이를 의자 뒤쪽에 붙입니다.

1 이해 그림 ❷의 친구는 어떤 자세로 글을 읽고 있나요? ( )

① 책상에 엎드려 있습니다.
② 손으로 턱을 받치고 있습니다.
③ 책을 한 손으로 들고 있습니다.
④ 다리를 모아 가지런히 두었습니다.
⑤ 몸을 앞으로 기울여 책을 가깝게 보고 있습니다.

2 이해 ★ 그림 ❶~❹ 중에서 바른 자세로 글을 읽고 있는 친구를 찾아 번호를 쓰세요.

그림 ( )

3 적용 그림 ❹의 친구에게 해 줄 말에 ○표 하세요.

(1) 책을 한 손으로 잡으면 안 돼. ( )
(2) 책과 눈의 거리를 알맞게 해야 돼. ( )

서술형

4 적용 다음 친구를 보고 바른 자세로 글을 읽는 방법을 쓰세요.

• ☐☐을/를 곧게 펴고 다리를 모은 자세로 앉아 책을 두 손으로 잡고 읽습니다.

도움말 그림 속 친구는 바른 자세로 글을 읽고 있습니다. 친구가 어디를 펴고 앉아 있는지 살펴보아요.

바른 자세로 글씨 쓰기

• 정답 3쪽

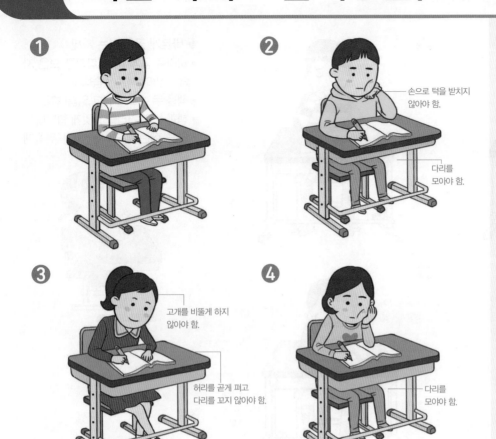

① ②

손으로 턱을 받치지
않아야 함.

다리를
모아야 함.

③ ④

고개를 비뚤게 하지
않아야 함.

허리를 곧게 펴고
다리를 꼬지 않아야 함.

다리를
모아야 함.

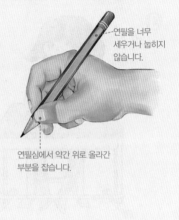

▶ **바르게 글씨를 쓰는 자세**
• 허리를 곧게 펴고, 다리를 가지런
하게 모으고 앉습니다.
• 공책을 책상 위에 바르게 놓고, 공
책과 눈의 거리를 너무 가깝게 하
지 않습니다.
• 고개를 너무 많이 숙이거나 손으로
턱을 받치지 않습니다.
• 글씨를 쓰지 않는 손으로 공책을
누릅니다.

▶ **연필을 바르게 잡는 방법**

연필을 너무
세우거나 눕히지
않습니다.

연필심에서 약간 위로 올라간
부분을 잡습니다.

5
이해
다리를 꼬고 앉아 글씨를 쓰는 친구를 찾아 번
호를 쓰세요.

그림 (   )

디지털 문해력

6
이해
그림 ②의 친구가 글씨를 쓸 때 잘못한 점을
말한 친구의 이름을 모두 쓰세요.

< 우리 모둠 이야기방   Q ☰

🧑 하진   다리를 가지런하게 모으지 않았어.

🧑 지수   한 손으로 턱을 받치고 글씨를 썼어.

🧑 연우   오른손으로 연필을 잡고 글씨를 썼어.

(   )

★
7
이해
바른 자세로 글씨를 쓰는 친구에 대한 설명이
아닌 것은 무엇인가요? (   )

① 허리를 곧게 펴고 앉았습니다.
② 다리를 편안하게 벌리고 앉았습니다.
③ 공책과 눈의 거리를 알맞게 하고 있습니다.
④ 연필을 바르게 잡고 글씨를 쓰고 있습니다.
⑤ 글씨를 쓰지 않는 손으로 공책을 누르고
있습니다.

8
적용
연필을 바르게 잡으려면 어느 부분을 잡아야
하는지 알맞은 곳의 기호를 쓰세요.

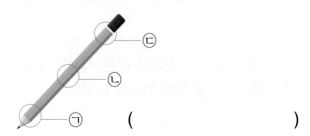

ⓒ
ⓛ
ⓐ

(   )

받침이 없는 글자 읽고 쓰기

● 정답 3쪽

9 그림에 알맞은 글자를 쓰세요.
이해

(1)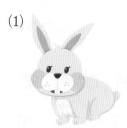

(2)

(3)

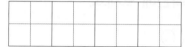

★
10 그림에 알맞은 글자에 ○표 하세요.
이해

(1)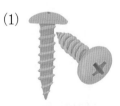

| 나사 |
| 나샤 |

(2)

| 구기 |
| 고기 |

(3)

| 마스코 |
| 마스크 |

|11~12| 다음 그림을 보고, 물음에 답하세요.

11 몸의 각 부분의 이름 중에서 자음자가 모음자
이해 의 위쪽에 있는 낱말은 무엇인가요? (   )

① 이   ② 코
③ 머리   ④ 이마
⑤ 허리

12 보기 에서 자음자와 모음자를 골라 ㉠과 ㉡에
적용 들어갈 알맞은 낱말을 쓰세요.

보기

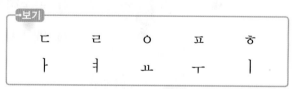

(1) ㉠:

(2) ㉡:

개념 여러 가지 모음자 알기

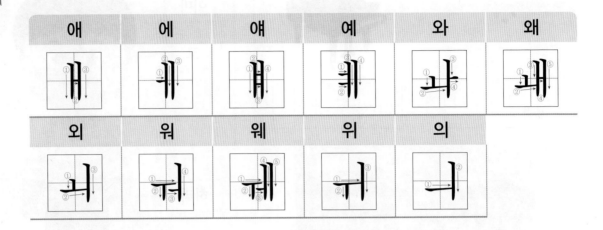

애	에	얘	예	와	왜

외	워	웨	위	의

개념 확인 알맞은 것을 고르며 오늘의 개념을 확인해 보세요.

(1) 모음자 'ㅘ'의 이름은 '워'입니다. (○ , ×)

(2) 모음자 'ㅢ'를 쓸 때에는 가로선을 먼저 씁니다. (○ , ×)

문해력을 높이는 어휘

● 오늘 배울 중요 어휘를 따라 쓰며 익혀 보세요.

예	의

뜻 공손한 말투나 바른 행동과 같이 사람이 마땅히 지켜야 할 것.

예 예의 바르게 인사해요.

이	름

뜻 다른 것과 구별하기 위해 동물, 사물 등에 붙여서 부르는 말.

예 이 과일의 이름은 사과예요.

여러 가지 모음자 알기

● 정답 4쪽

▶ 모음자 ㅐ, ㅔ

 모래 애

 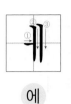 그네 에

▶ 모음자 ㅒ, ㅖ

 얘기 얘

 예의 예

> ▶ 모음자의 이름을 만드는 방법
> 모음자 앞이나 위에 자음자 'ㅇ'을 합치면 모음자의 이름이 됩니다.
>
>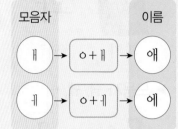
>
> | 모음자 | | 이름 |
> |---|---|---|
> | ㅐ | ㅇ+ㅐ | 애 |
> | ㅔ | ㅇ+ㅔ | 에 |
>
> 얘기 '이야기'의 준말. 어떤 사물이나 사실 등에 대하여 일정한 줄거리를 가지고 하는 말이나 글.

서술형

1 다음 두 낱말에서 다른 점은 무엇인지 쓰세요.

추론

> 거미   개미

• 두 낱말의 첫 번째 글자에서 모음자가 '☐'와 '☐'로 서로 다릅니다.

도움말 '거미'의 첫 글자인 '거'와 '개미'의 첫 글자인 '개'에 들어간 모음자가 무엇인지 살펴보아요.

2 빈 곳에 들어갈 알맞은 모음자는 무엇인가요?

이해
( )

 모 ☐ 리

① ㅏ   ② ㅐ   ③ ㅔ
④ ㅒ   ⑤ ㅖ

3 모음자 'ㅐ'가 들어간 낱말에 ○표 하세요.

이해

(1)
배
( )

(2)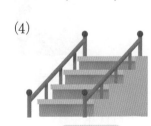
그네
( )

(3)
얘기
( )

(4)
계단
( )

4 모음자를 쓰는 순서에 맞게 빈칸에 ①~③을 쓰세요.

이해

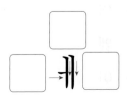

▶ 모음자 ㅘ, ㅙ, ㅚ

과자　와　　돼지　왜　　참외　외

▶ 모음자 ㅝ, ㅞ, ㅟ

병원　워　　스웨터　웨　　가위　위

▶ 모음자 ㅢ

의사　의

▶ 여러 가지 모음자가 들어간 낱말
ㅐ	모래, 배, 새 …
ㅔ	게, 그네, 제비 …
ㅒ	얘기, 얘야 …
ㅖ	계단, 시계, 예의 …
ㅘ	과자, 기와, 사과 …
ㅙ	돼지, 왜, 횃불 …
ㅚ	열쇠, 참외, 최고 …
ㅝ	병원, 월요일, 태권도 …
ㅞ	꿰매다, 스웨터 …
ㅟ	가위, 귀, 바위 …
ㅢ	무늬, 의사, 의자 …

스웨터　털실로 두툼하게 짠 윗옷.

---

5 다음 두 낱말에 들어간 모음자를 모두 고르세요. (　　　　)
이해

과자　　　　의사

① ㅏ　　　② ㅗ　　　③ ㅣ
④ ㅘ　　　⑤ ㅢ

6 모음자와 그 이름이 알맞게 짝 지어진 것은 무엇인가요? (　　　)
이해

① ㅘ - 의　　② ㅙ - 왜
③ ㅝ - 웨　　④ ㅟ - 외
⑤ ㅢ - 이

7 모음자를 쓰는 순서가 알맞은 것에 ○표 하세요.
이해

(1) 　　(2)
　(　　)　　　　　　(　　)

⭐ **8** 다음 두 낱말에 모두 들어가는 글자를 쓰세요.
적용

바위　　　　　가위

9 → 보기 의 자음자와 모음자를 넣어 다음 그림에
적용 어울리는 낱말을 완성하세요.

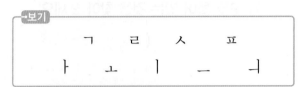

(1)

ㅅ	ㅗ

(2)

ㅁ	ㅐ

(3)

ㅇ	ㅈ

10 다음 그림에 해당하는 낱말에 들어간 자음자
추론 나 모음자가 <u>아닌</u> 것은 무엇인가요? (   )

① ㄱ   ② ㄴ   ③ ㅇ

④ ㅡ   ⑤ ㅔ

★
11 그림을 보고 글자의 짜임에 맞게 낱말을 만든
이해 것에 ◯표 하세요.

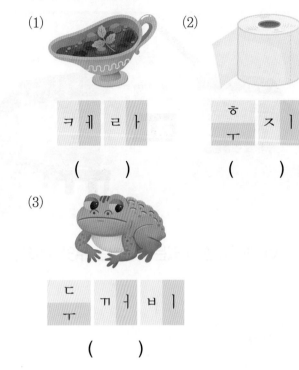

(1)

ㅋ	ㅔ	ㄹ	ㅏ

(   )

(2)

ㅎ	ㅈ
ㅜ	ㅣ

(   )

(3)

ㄷ	ㄲ	ㅂ
ㅜ	ㅐ	ㅣ

(   )

12 같은 모음자가 들어간 낱말 두 가지를 고르세
이해 요. (   )

① 귀   ② 기와

③ 대추   ④ 모과

⑤ 예의

|1~2| 다음 그림을 보고, 물음에 답하세요.

1 이 그림에 숨어 있는 모음자는 무엇인가요?

(   )

① ㅑ   ② ㅓ   ③ ㅗ
④ ㅠ   ⑤ ㅡ

2 그림에서 찾은 자음자가 들어간 낱말에 ○표 하세요.

(1) 도시 (   )   (2) 딸기 (   )
(3) 소라 (   )   (4) 포도 (   )

|3~4| 다음 그림을 보고, 물음에 답하세요.

3 그림 속 채소 중에서 자음자 'ㄱ'과 모음자 'ㅣ'가 모두 들어 있는 것을 찾아 쓰세요.

(   )

4 다음 낱말처럼 각 글자에서 모음자의 위치가 서로 다른 것에 모두 ○표 하세요.

(1)   (2)
가지   오이
(   )   (   )

(3)   (4)
배추   고추
(   )   (   )

5 다음 그림에 어울리는 글자를 만들 때 필요한 자음자나 모음자가 <u>아닌</u> 것은 무엇인가요?

(   )

① ㄴ   ② ㅂ   ③ ㄹ
④ ㅏ   ⑤ ㅣ

| 6~7 | 다음 표를 보고, 물음에 답하세요.

모음자 자음자	ㅏ	ㅑ	ㅓ	ㅕ	ㅗ	ㅛ	ㅜ	ㅠ	ㅡ	ㅣ
ㄱ	가	갸	거	겨	고	교	구	규	그	㉠
ㄴ	나	냐	너	녀	노	뇨	누	뉴	느	니
ㄷ	다	댜	㉡	뎌	도	됴	두	듀	드	디
ㄹ	라	랴	러	려	로	료	루	류	르	리
ㅁ	마	먀	머	며	㉢	묘	무	뮤	므	미
ㅂ	바	뱌	버	벼	보	뵤	부	뷰	브	비
ㅅ	㉣	샤	서	셔	소	쇼	수	슈	스	시
ㅇ	아	야	어	여	오	요	우	㉤	으	이

6 ㉠~㉤에 들어갈 글자로 알맞은 것은 무엇인가요? (　　　)

① ㉠ – 키
② ㉡ – 더
③ ㉢ – 보
④ ㉣ – 저
⑤ ㉤ – 휴

7 이 표에 있는 글자로 만들 수 있는 낱말을 두 가지 고르세요. (　　　)

① 두부
② 모자
③ 시소
④ 타조
⑤ 파도

8 다음 그림에 알맞은 낱말에 ○표 하세요.

(1) 요리　　　(　　　)
(2) 우리　　　(　　　)
(3) 유리　　　(　　　)

서술형

9 다음 친구가 글을 읽는 자세에서 고쳐야 할 점을 쓰세요.

• 손으로 턱을 ☐☐☐☐☐, 다리를 모은 자세로 앉아야 합니다.

도움말 그림 속 친구가 왼손을 어떻게 하고 있는지 살펴보세요.

10 글을 읽는 자세가 바른 친구에 ○표 하세요.

(1)　　　　　　(2)

(　　　)　　　　　(　　　)

11 글씨를 쓰는 바른 자세가 <u>아닌</u> 것은 무엇인가요? (　　　)

① 허리를 곧게 펴고 앉습니다.
② 다리를 가지런하게 모으고 앉습니다.
③ 글씨를 쓰지 않는 손으로 공책을 누릅니다.
④ 공책과 눈의 거리를 너무 가깝게 하지 않습니다.
⑤ 고개를 최대한 숙이고 가슴을 책상에 붙이고 앉습니다.

12 몸의 각 부분을 나타내는 낱말이 바르게 쓰인 것은 무엇인가요? (　　　)

① 이머
② 마리
③ 쿄
④ 이
⑤ 허

13 모음자를 쓰는 순서가 알맞지 <u>않은</u> 것은 무엇 인가요? (　　　)

①
②
③
④
⑤

14 모음자 'ㅙ'가 들어간 낱말을 두 가지 고르세 요. (　　　)

① 돼지
② 그네
③ 괴물
④ 과자
⑤ 왜가리

수행 평가

15 다음 그림을 보고, 물음에 답하세요.

ㄱ 조개
ㄴ 새우
ㄷ 게

1 단계 ㄱ~ㄷ의 짜임을 생각하여 빈칸에 알맞은 자음자와 모음자를 쓰세요.

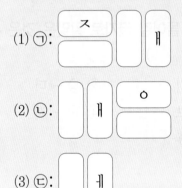

(1) ㄱ: ㅈ / ㅐ
(2) ㄴ: ㅐ / ㅇ
(3) ㄷ: ㅔ

도움말 자음자는 글자의 왼쪽이나 위쪽에 쓰고, 모음자는 글 자의 오른쪽이나 아래쪽에 써요.

2 단계 ㄱ과 ㄴ에 모두 들어가는 모음자를 쓰고, 그 모음자가 들어간 낱말을 한 가지 쓰세요.

• ㄱ과 ㄴ에 모두 들어가는 모음자는 '　　'이고, 이 모음자가 들어가는 낱말 에는 　　　　　　　이/가 있습니다.

도움말 ㄱ과 ㄴ이 어떤 자음자와 모음자로 이루어져 있는지 살펴보세요.

알맞은 뜻을 찾아라!

동물 친구들이 들고 있는 깃발에 쓰여 있는 낱말의 뜻을 찾아 선으로 이으세요.

글자	위치	자세	바르다

①	②	③	④
몸을 움직이는 모양이나 태도.	사물이 가지거나 놓인 일정한 자리.	말의 소리나 뜻을 나타내는 데 쓰이는 기호.	모양이 비뚤어지지 않고 반듯하다.

 거꾸로 정답   ❶ :자들 ❷ :치위 ❸ :세자 ❹ :다르바

2 받침이 있는 글자를 읽어요

온라인
학습 진도표

● 학습 진도표

회차	백점 쪽수	오늘 학습할 내용	학습 주제
1	46~49쪽	개념+어휘+교과서 지문	받침이 있는 글자 / 받침이 있는 글자의 짜임 알기 / 받침이 있는 글자 읽기
2	50~53쪽	개념+어휘+교과서 지문	ㄱ, ㅋ, ㄴ 받침이 있는 낱말 / ㄷ, ㅅ, ㅈ, ㅊ, ㅌ, ㅎ 받침이 있는 낱말 / ㄹ, ㅁ, ㅂ, ㅍ, ㅇ 받침이 있는 낱말
3	54~57쪽	개념+어휘+교과서 지문	바른 자세로 발표하기 / 다른 사람의 말을 집중해 듣기 / 마무리하기
4	58~61쪽	대단원 평가+낱말 놀이터	

받침 있는 글자의
짜임을 배워요.

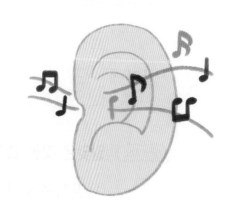

받침 있는 낱말을
소리 내어 읽고 써요.

바른 자세로
발표해요.

다른 사람의 말을
집중해 들어요.

개념 받침이 있는 글자의 짜임

· 받침은 글자 | 아 | 래 | 쪽 | 에 있는 자음자입니다.

· 글자에 | 받 | 침 | 을 더하면 새로운 글자가 됩니다.

받침에는 여러 가지 자음자를 사용할 수 있어요.

개념 확인 알맞은 것을 고르며 오늘의 개념을 확인해 보세요.

(1) 받침은 글자 위쪽에 있는 자음자입니다. (○ , ×)

(2) 글자에 받침을 더하면 새로운 글자를 만들 수 있습니다. (○ , ×)

문해력을 높이는 어휘

· 오늘 배울 중요 어휘를 따라 쓰며 익혀 보세요.

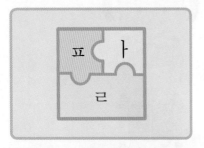

받 침

뜻 글자 아래쪽에 있는 자음자.

예 '파'에 ㄹ 받침을 더하면 '팔'이 되어요.

만 들 다

뜻 힘과 기술을 들여 새로 생기게 하다.

예 블럭을 쌓아 로봇을 만들어요.

➤ 받침이 없는 글자와 받침이 있는 글자

• 받침이 없는 글자는 자음자와 모음자로 이루어져 있습니다.

사자

ㅅ ㅏ ㅈ ㅏ

• 받침이 있는 글자는 자음자와 모음자 아래쪽에 자음자가 있습니다.

상장

ㅅ ㅏ ㅈ ㅏ

ㅇ ㅇ

상장 상을 주는 뜻을 나타내어 주는 문서.

2 단원 **1**회

---

1 그림 ❶에서 글자 '사자'를 만들 때 필요한 자음자와 모음자를 모두 찾아 쓰세요.
이해

☐ , ☐ , ☐ , ☐

2 그림 ❷에서 '상장'의 받침으로 쓰인 자음자를 모두 찾아 쓰세요.
이해

☐ , ☐

서술형
3 '사자'와 '상장'의 다른 점은 무엇인지 쓰세요.
추론

• ' ☐☐ '는 받침이 없는 글자이고, ' ☐

☐ '은 받침이 있는 글자입니다.

도움말 '사'와 '자'에 ㅇ 받침을 각각 붙이면 '상'과 '장'이 되어요.

4 다음 그림을 보고 글자 아래쪽에 들어갈 알맞은 받침을 쓰세요.
적용

5 다음 그림을 보고 바른 자세로 듣고 있는 친구 두 명의 번호를 쓰세요.
추론

친구 ( )

받침이 있는 글자의 짜임 알기

• 정답 5쪽

구름

숲

집

벽 바ㄱ

옷

디귿

버ㄴ

문

▶ 받침이 있는 글자의 짜임
• 먼저 자음자와 모음자로 글자를 만듭니다.
  예 ㅂ+ㅏ → 바
• 자음자와 모음자로 만든 글자 아래쪽에 알맞은 받침을 붙입니다.
  예 방, 발

▶ 알맞은 받침을 써야 하는 까닭
• 여러 가지 자음자가 받침으로 쓰일 수 있습니다.
• 받침이 달라지면 글자의 뜻도 달라집니다.

숲 나무들이 우거지거나 꽉 들어찬 것.

6 이해
그림에 나온 글자들에서 받침으로 쓰이지 않은 자음자는 무엇인가요? (　　　)

① ㄱ　　② ㄷ　　③ ㅁ
④ ㅂ　　⑤ ㅎ

★
7 적용
다음 글자의 짜임을 보고 ㉠과 ㉡에 들어갈 알맞은 받침을 찾아 선으로 이으세요.

(1) ㅂㅏ ㉠　　　•　　•㉮ ㄹ

(2) ㅂㅓ ㉡　　　•　　•㉯ ㅇ

8 적용
다음 빈칸에 들어갈 받침과 같은 받침이 들어간 글자를 이 그림에서 찾아 쓰세요.

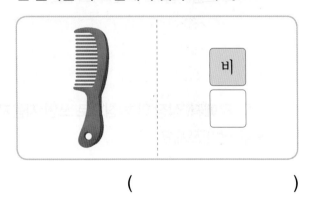

비

(　　　　　　　)

9 어휘
다음 글자의 받침을 다른 자음자로 바꾸어서 새로운 글자를 만들어 쓰세요.

문 ➡ (　　　　　　　)

받침이 있는 글자 읽기

• 정답 5쪽

10 받침이 있는 낱말에 모두 ◯표 하세요.
이해

(1) 해   (2) 김밥

(   )   (   )

(3) 바나나   (4) 놀이터

(   )   (   )

★
11 그림에 알맞은 글자가 되도록 빈 곳에 모두 들
적용 어갈 받침을 → 보기 에서 찾아 쓰세요.

┌─ 보기 ──────────────┐
│ ㄴ, ㄷ, ㄹ, ㅂ │
└────────────────────┘

다   마   버

(   )

12 그림에 알맞은 글자를 찾아 ◯표 하세요.
이해

(1)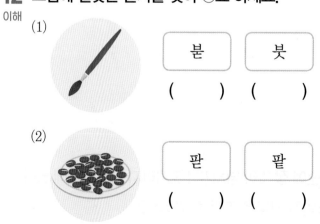

붇   붓

(   )   (   )

(2)

팓   팥

(   )   (   )

| **13~15** | 다음 그림을 보고, 물음에 답하세요.

좋아하는 ㉠

참외	수박
복숭아	멜론
살구	오렌지

13 ㉠에 들어갈 알맞은 말은 무엇인가요?
추론
(   )

① 야채   ② 날씨   ③ 친구
④ 과일   ⑤ 놀이

14 ㄱ 받침이 들어간 낱말을 두 가지만 찾아 쓰
이해 세요.

(   )

15 그림 속 글자에서 파란색 자음자는 무엇인지
이해 알맞은 것에 ◯표 하세요.

• 글자 (위쪽, 아래쪽)에 들어가는 받침입니다.

나의 실력에 색칠하세요.
😄 ☺ 😣

개념 **여러 가지 받침이 있는 글자 읽기**

ㄱ, ㅋ	ㄴ	ㄷ, ㅅ, ㅈ, ㅊ, ㅌ, ㅎ
낙 타 , 부엌	반지, 화분	숟가락, 젓가락, 낮잠, 옷, 솥, 파랗다

ㄹ	ㅁ	ㅂ, ㅍ	ㅇ
달, 발	감 , 곰	집, 숲	장미, 강아지

개념 확인 **알맞은 것을 고르며 오늘의 개념을 확인해 보세요.**

(1) '반지', '화분'은 ㄷ 받침이 있는 낱말입니다. (○ , ×)

(2) '발'에서 받침이 'ㅇ'으로 바뀌면 소리와 뜻이 달라집니다. (○ , ×)

문해력을 높이는 **어휘**

• 오늘 배울 중요 어휘를 따라 쓰며 익혀 보세요.

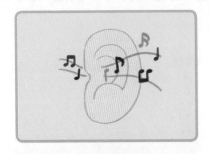

뜻 귀에 들리는 것.

예 밖에서 시끄러운 소리가 나요.

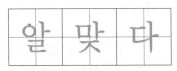

뜻 어떤 조건이나 기준에 잘 맞아 넘치거나 모자라지 않은 상태에 있다.

예 상자의 구멍에 들어갈 알맞은 조각을 찾았어요.

ㄱ, ㅋ, ㄴ 받침이 있는 낱말

• 정답 5쪽

• 활동 정리

받침	받침이 있는 낱말
ㄱ	낙타, 독수리
ㅋ	부엌, 키읔
ㄴ	반지, 화분, 눈, 산

 낙 타
 독 수 리
부 엌

㉠ 키 으   반 지   ㉡ 화 부

2 단원 2회

낙타 등에 큰 혹이 하나나 둘 있고, 사막에서 사람이 타거나 짐을 나르는 데 쓰는 동물.

---

1 낱말 '낙타'와 '독수리'의 같은 점으로 알맞은 것에 ○표 하세요.
이해

(1) 받침이 없는 낱말입니다. ( )
(2) ㄱ 받침이 있는 낱말입니다. ( )
(3) 세 개의 소리마디로 된 낱말입니다.
( )

2 다음 그림에 어울리는 낱말이 되도록 빈 곳에 알맞은 받침을 쓰세요.
적용

(1)
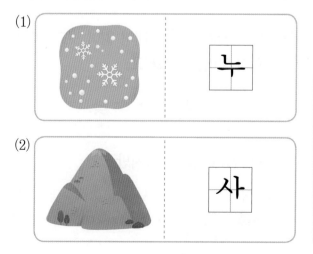
누

(2)
사

3 ㉠과 ㉡의 빈 곳에 들어갈 알맞은 받침을 써서 낱말을 완성하세요.
추론

(1) ㉠ 키 으   (2) ㉡ 화 부

디지털 문해력

4 다음 문자 메시지에서 잘못된 동생의 말을 바르게 고쳐 쓰세요.
적용

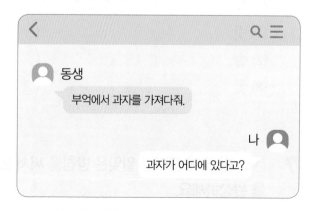
동생
부억에서 과자를 가져다줘.

나
과자가 어디에 있다고?

• ⬜⬜⬜ 에서 과자를 가져다줘.

ㄷ, ㅅ, ㅈ, ㅊ, ㅌ, ㅎ 받침이 있는 낱말

• 정답 5쪽

| 숟 | 가 | 락 |

| 젓 | 가 | 락 |

㉠ | 고 | 감 |

| 윷 |

| 솥 |

| 파 | 랗 | 다 |

• 활동 정리

받침	받침이 있는 낱말
ㄷ	숟가락, 돋보기
ㅅ	빗, 젓가락
ㅈ	곶감, 낮잠
ㅊ	윷, 꽃
ㅌ	솥, 팥죽
ㅎ	파랗다, 놓다

윷 나무를 반씩 쪼개어 네 쪽으로 만든 것. 윷놀이에 쓴다.
솥 밥을 짓거나 국 따위를 끓이는 그릇.

---

5 같은 받침이 있는 낱말끼리 선으로 이으세요.
이해

(1) 숟가락 •   • ㉮ 놓다

(2) 파랗다 •   • ㉯ 돋보기

6 '젓가락'과 같은 받침이 있는 글자에 ◯표 하
이해 세요.

(1) 빗 ( )
(2) 솥 ( )
(3) 꽃 ( )

7 ㉠의 빈 곳에 들어갈 알맞은 받침을 써서 낱말
적용 을 완성하세요.

| 고 | 감 |

8 다음 낱말의 짜임을 생각하며 빈칸에 알맞게
적용 자음자와 모음자를 써 넣으세요.

ㅇ

(1) 윷 ➡ [ ] [ ]

(2) 솥 ➡ ㅗ [ ]

서술형
9 다음 글자를 소리 내어 읽어 보고, 받침과 소
추론 리가 어떠한지 쓰세요.

| 닫, 닷, 닺, 닿 |

• 받침은 서로 다르지만, [ ] [ ] 는 같습
니다.

도움말 받침은 ㄷ, ㅅ, ㅊ, ㅎ으로 서로 다르지만, 소리는 모두 [닫]
으로 나요.

ㄹ, ㅁ, ㅂ, ㅍ, ㅇ 받침이 있는 낱말

• 정답 5쪽

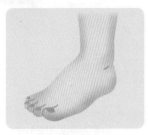
발

㉠ 감

집

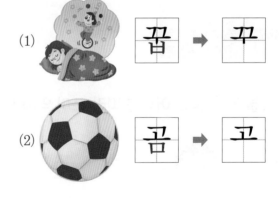
숲

장미

• 활동 정리

받침	받침이 있는 낱말
ㄹ	물, 열쇠, 달, 발
ㅁ	감, 곰, 솜, 꿈
ㅂ	집, 구급차
ㅍ	숲, 무릎
ㅇ	장미, 강아지, 강, 공

2
단원
2회

---

10 '발'과 같은 받침이 있는 낱말에 ○표, 다른 받
이해 침이 있는 낱말에 ×표 하세요.

(1) 달 ( )

(2) 꿈 ( )

(3) 물 ( )

11 읽을 때 '숲'과 소리가 같은 글자는 무엇인가
추론 요? ( )

① 술 ② 숨 ③ 습

④ 숭 ⑤ 숙

12 ㉠'감'을 '강'으로 바꾸려면, 받침을 어떻게 바
적용 꾸어야 할지 써 보세요.

• ㅁ 받침 ➡ ☐ 받침

13 그림과 어울리는 낱말이 되도록 받침을 알맞
적용 게 고쳐 쓰세요.

(1) 꿈 ➡ 꾸

(2) 곰 ➡ 고

14 다음 받침이 들어가는 글자를 떠올려 한 가지
적용 씩 써 보세요.

(1) ㄹ ➡ ( )

(2) ㅁ ➡ ( )

개념   바른 자세로 발표하기

• 눈은  사람을 바라봅니다.

바른 자세로 발표하면 내용을 잘 전할 수 있어요.

• 알맞은 크기의 | 목 | 소 | 리 | 로 또박또박 말합니다.

• 허리를 곧게 세웁니다.

• 손은 자연스럽게 내리고, 다리는 어깨너비만큼 자연스럽게 벌립니다.

개념 확인 알맞은 것에 ○표 하며 오늘의 개념을 확인해 보세요.

(1) 발표할 때에 눈은 바닥을 바라보아야 합니다. (○ , ×)

(2) 발표할 때에는 알맞은 크기의 목소리로 말합니다. (○ , ×)

문해력을 높이는 어휘

• 오늘 배울 중요 어휘를 따라 쓰며 익혀 보세요.

뜻 공식적으로 여러 사람에게 널리 알리는 것.

예 친구들 앞에서 내 생각을 발표했어요.

뜻 한 가지 일에 모든 힘을 쏟아부음.

예 선생님의 말씀을 집중해서 들어요.

바른 자세로 발표하기

• 정답 6쪽

• 활동 정리

친구 ❶	딴 곳을 바라보며 발표하고 있음.
친구 ❷	바른 자세로 발표하고 있음.
친구 ❸	삐딱하게 서서 발표하고 있음.

▶ 바른 자세로 발표하기
• 눈은 듣는 사람을 바라봅니다.
• 알맞은 크기의 목소리로 또박또박 말합니다.
• 허리를 곧게 세웁니다.
• 손은 자연스럽게 내립니다.
• 다리를 어깨너비만큼 자연스럽게 벌립니다.

★ 1 친구 ❷의 발표 자세로 알맞지 <u>않은</u> 것은 무엇
이해   인가요? (   )

① 듣는 사람을 바라봅니다.
② 허리를 곧게 세웠습니다.
③ 화난 표정을 짓고 있습니다.
④ 손은 자연스럽게 내렸습니다.
⑤ 다리는 어깨너비만큼 자연스럽게 벌리고
   섰습니다.

2 친구 ❶과 ❸의 발표 자세에서 잘못된 점은 무
이해   엇인지 각각 선으로 이으세요.

(1) [친구 ❶] •　　• ㉮ [삐딱하게 서서 발표합니다.]

(2) [친구 ❸] •　　• ㉯ [딴 곳을 바라보며 발표합니다.]

디지털 문해력

3 다음 문자 메시지를 보고 수지에게 해 줄 말로
적용   알맞은 것에 ◯표 하세요.

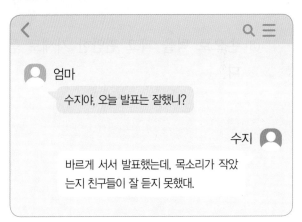

엄마
수지야, 오늘 발표는 잘했니?

수지
바르게 서서 발표했는데, 목소리가 작았는지 친구들이 잘 듣지 못했대.

• 수지야, 다음에 발표를 할 때에는 (허리를
곧게 세우고 / 알맞은 크기의 목소리로) 말
해 봐.

4 '발표'의 뜻으로 알맞은 것에 ◯표 하세요.
어휘
(1) 한 가지 일에 모든 힘을 쏟아부음. (   )
(2) 공식적으로 여러 사람에게 널리 알리는
   것.   (   )

다른 사람의 말을 집중해 듣기

● 정답 6쪽

> 집중해 들을 때의 바른 자세
• 허리를 등받이에 붙이고 앉습니다.
• 손을 허벅지나 책상 위에 자연스럽게 놓습니다.
• 다리를 가지런히 합니다.
• 말하는 사람을 바라보며 듣습니다.
• 말하는 사람이 하는 말을 귀 기울여 듣습니다.

> 바른 자세로 집중해 들을 때의 좋은 점
• 중요한 내용을 빠뜨리지 않고 들을 수 있습니다.
• 다른 사람의 말을 잘 이해할 수 있습니다.

5
이해

⭐ 다른 사람의 말을 들을 때의 바른 자세에 모두 ○표 하세요.

(1) 말하는 사람을 바라보며 듣습니다.
( )

(2) 허리를 등받이에 붙이고 앉습니다.
( )

(3) 손으로 턱을 괴고 편안한 자세로 듣습니다.
( )

6
이해

다른 사람의 말을 집중해 들을 때의 좋은 점을 두 가지 고르세요. ( )

① 친구들이 부러워합니다.
② 글씨를 예쁘게 쓸 수 있습니다.
③ 더 재미있는 이야기를 들을 수 있습니다.
④ 다른 사람의 말을 잘 이해할 수 있습니다.
⑤ 중요한 내용을 빠뜨리지 않고 들을 수 있습니다.

국어 활동

7
이해

다른 사람의 말을 집중해 듣기 위해 고쳐야 할 점을 선으로 이으세요.

(1)  •

• ㉮ 다른 곳을 바라보지 않습니다.

(2)  •

• ㉯ 친구와 이야기를 하지 않습니다.

서술형　국어 활동

8
적용

다른 사람의 말을 잘 듣기 위해 다음 친구가 고쳐야 할 점은 무엇인지 빈칸에 알맞게 쓰세요.

• ☐☐를 등받이에 붙이고 앉아야 합니다.

도움말 허리를 구부정하게 굽히고 앉아 있는 친구가 바르게 앉으려면 어떻게 해야 하는지를 써요.

9 그림에 알맞은 낱말이 되도록 빈칸에 들어갈
적용 받침을 찾아 ○표 하세요.

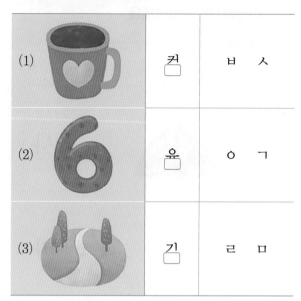

(1)		커[ ]	ㅂ ㅅ
(2)		유[ ]	ㅇ ㄱ
(3)		기[ ]	ㄹ ㅁ

10 보기에 있는 자음자를 넣어 그림에 알맞은 낱
적용 말을 만드세요.

→보기
ㄴ ㄹ ㅁ ㅇ

(1) | 기 | 리 |

(2) | 다 | 리 | 기 |

(3) | 보 | 르 | 달 |

|11~12| **다음 시를 읽고, 물음에 답하세요.**

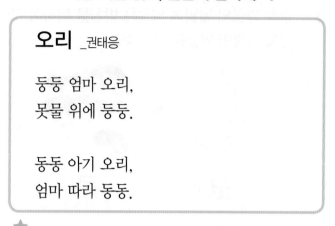

오리 _권태응

둥둥 엄마 오리,
못물 위에 둥둥.

동동 아기 오리,
엄마 따라 동동.

11 이 시에서 받침이 있는 글자에 모두 ○표 하
이해 세요.

(1) 엄마
( )

(2) 오리
( )

(3) 못물
( )

(4) 아기
( )

어법 더하기

12 엄마 오리와 아기 오리가 못물에 떠 있는 모습
적용 이 어떠한지 흉내 내는 말을 찾아 글자의 짜임
에 맞게 쓰세요.

(1) 엄마 오리 　　(2) 아기 오리

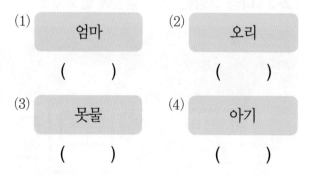

어법 더하기 ⊕ **받침이 있는 글자의 짜임**

자음자와 모음자로 이루어진 글자 아래쪽에 자
음자를 넣으면 받침이 있는 글자가 됩니다. 글자
아래쪽에 받침을 더하면 새로운 글자가 됩니다.

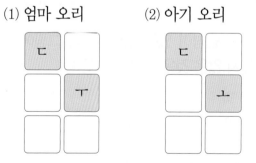

나의 실력에 색칠하세요.
😆 🙂 😣

2. 받침이 있는 글자를 읽어요 • **57**

1 왼쪽 그림의 낱말에 알맞은 받침을 더하여 오른쪽 그림의 낱말을 만드세요.

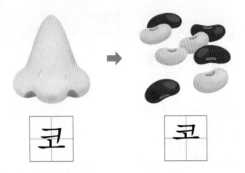

| 코 | 코 |

| 2~3 | 다음 그림을 보고, 물음에 답하세요.

2 다음 받침이 있는 낱말 중 이 그림에 나타나 있지 않은 것은 무엇인가요? (   )

① 벽   ② 집   ③ 벌
④ 옷   ⑤ 잠

3 이 그림에서 찾을 수 있는 받침이 있는 낱말을 넣어 다음 문장을 완성하세요.

• [   ]이 닫혀 있습니다.

4 빈 곳에 들어갈 알맞은 받침을 →보기 에서 찾아 글자를 완성하세요.

→보기
ㄱ   ㄴ   ㄹ   ㅁ   ㅂ

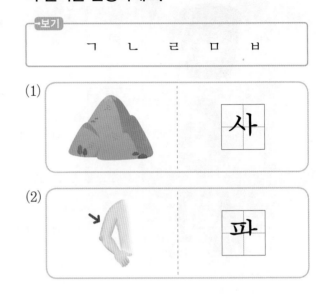

(1) 사

(2) 파

_{서술형}
5 글자 '무'를 '물'로 바꾸려면 어떻게 해야 하는지 쓰세요.

• 글자 '[   ]' 아래쪽에 [   ] 받침을 씁니다.

도움말 글자 '무'는 받침이 없고, 글자 '물'은 받침이 있는 글자예요.

6 다음 글자의 빈칸에 들어갈 받침으로 알맞은 것은 무엇인가요? (   )

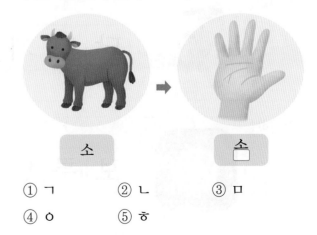

소   소

① ㄱ   ② ㄴ   ③ ㅁ
④ ㅇ   ⑤ ㅎ

7 다음 그림에 알맞은 낱말을 찾아 ○표 하세요.

(1)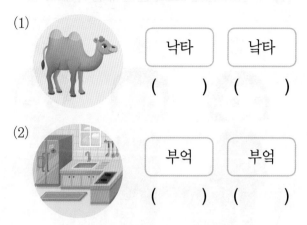

낙타	낚타
( )	( )

(2)

부억	부엌
( )	( )

8 다음 빈칸에 들어갈 알맞은 받침을 찾아 선으로 이으세요.

(1)

젓가락

• ㉮ ㄷ

(2)

돋보기

• ㉯ ㅅ

9 빈 곳에 알맞은 받침을 써서 다음 그림에 어울리는 낱말을 완성하세요.

꼬

10 잘못 쓴 글자를 바르게 고쳐 쓰세요.

(1)

솓

↓

(2)

놋 다

↓

11 ㅂ 받침이 있는 낱말을 모두 찾아 색칠하세요.

장미	물	무릎
달	강아지	집
구급차	꿈	솜

12 들을 때의 바른 자세가 <u>아닌</u> 것은 무엇인가요? (   )

① 다리를 가지런히 합니다.

② 친구와 이야기를 하며 듣습니다.

③ 허리를 등받이에 붙이고 앉습니다.

④ 말하는 사람을 바라보며 듣습니다.

⑤ 말하는 내용을 귀 기울여 듣습니다.

|13~14| 다음 시를 읽고, 물음에 답하세요.

둥둥 엄마 오리,
못물 위에 둥둥.

동동 아기 오리,
엄마 따라 동동.

풍덩 엄마 오리,
못물 속에 풍덩.

퐁당 아기 오리,
엄마 따라 퐁당.

13 이 시에서 엄마 오리와 아기 오리의 모습을 알맞게 말한 친구의 이름을 쓰세요.

소연: 엄마 오리를 따라 아기 오리도 못물 위에 떠 있어.
하민: 엄마 오리보다 아기 오리가 빨리 헤엄치고 있어.
준우: 엄마 오리와 아기 오리가 맛있게 밥을 먹고 있어.

(   )

14 이 시에서 ㅇ 받침이 있는 낱말 두 가지를 찾아 바르게 쓰세요.

(1)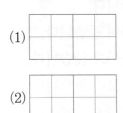

(2)

15 다음 그림을 보고, 물음에 답하세요.

1단계 바른 자세로 발표하는 친구의 번호를 쓰세요.

친구 (   )

도움말 딴 곳을 바라보거나 삐딱하게 서서 발표하지 않는 친구를 찾아보아요.

2단계 **1단계** 에서 답한 친구의 발표 자세가 바르다고 생각한 까닭을 ─보기 와 같이 쓰세요.

─보기
손을 자연스럽게 내리고 있습니다.

_____

_____

도움말 발표할 때에는 듣는 사람을 바라보며 허리를 곧게 세워야 해요. 또 손을 자연스럽게 내리고, 다리를 어깨너비만큼 자연스럽게 벌려야 해요.

숨어 있는 동물을 찾아라

받침이 있는 낱말에 색칠해서 숨어 있는 동물을 찾으세요.

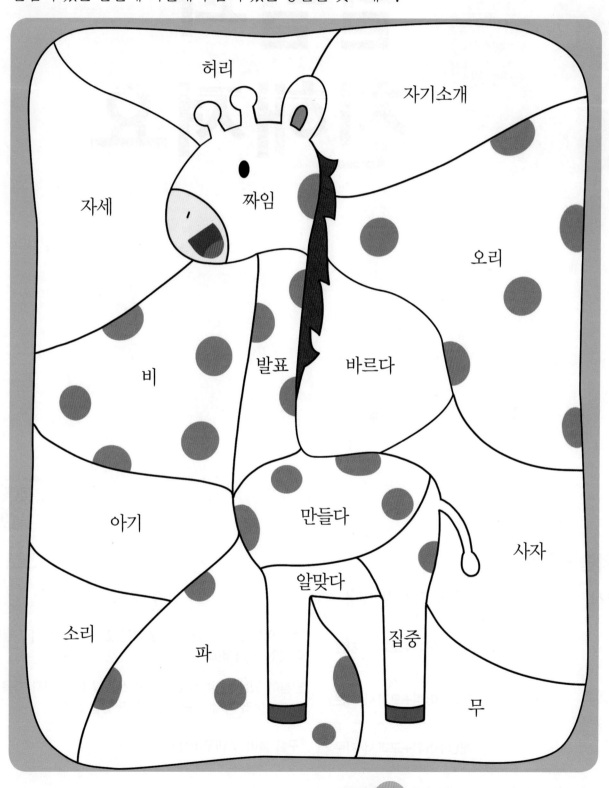

거꾸로 정답 자세, 발표, 만들다, 알맞다, 집중 → 기린

나의 실력에 색칠하세요.

3 낱말과 친해져요

학습 진도표

온라인
학습 진도표

회차	백점 쪽수	오늘 학습할 내용	학습 주제
1	64~67쪽	개념+어휘+교과서 지문	「토순이와 엄마의 대화」 / 받침이 있는 글자 쓰기 / 받침이 있는 글자 바르게 쓰기
2	68~71쪽	개념+어휘+교과서 지문	받침이 있는 낱말 바르게 고쳐 쓰기 / 여러 가지 자음자 알기 / 여러 가지 자음자가 들어간 낱말 쓰기
3	72~75쪽	개념+어휘+교과서 지문	「구름 놀이」 / 마무리하기
4	76~79쪽	대단원 평가+낱말 놀이터	

받침 있는 낱말을
바르게 써요.

여러 가지 자음자가
들어간 낱말을 배워요.

자신 있게 낱말을
읽어요.

개념 글을 읽고 받침이 있는 낱말 쓰기

• 글을 읽고 | 받 | 침 |이 있는 낱말을 찾아봅니다.

• 글자의 | 짜 | 임 |을 생각하며 받침이 있는 낱말을 따라 씁니다.

• 받침이 있는 글자나 낱말을 바르게 썼는지 확인합니다.

개념 확인 알맞은 것을 고르며 오늘의 개념을 확인해 보세요.

(1) 글자의 짜임을 생각하며 받침이 있는 낱말을 씁니다. (○ , ×)

(2) 여러 가지 낱말 가운데 받침이 없는 글자만 바르게 썼는지 확인합니다.

(○ , ×)

문해력을 높이는 어휘

• 오늘 배울 중요 어휘를 따라 쓰며 익혀 보세요.

쓰 다

뜻 붓·연필 따위로 글자를 적다.
예 글자를 또박또박 써요.

징 검 다 리

뜻 개울에 돌이나 흙더미를 띄엄띄엄 놓아 만든 다리.
예 징검다리를 건너가요.

토순이와 엄마의 대화

• 정답 7쪽

• **그림의 특징**: 토순이와 엄마의 대화를 통해 받침이 있는 글자를 정확하게 써야 하는 까닭을 알 수 있습니다.

• **활동 정리**

토순이가 겪은 일
토순이가 받침을 빼고 글자를 써서 토순이 엄마가 당황함.

↓

그림을 통해 알 수 있는 점
받침이 있는 글자는 받침을 정확히 써야 무엇을 표현하는지 확실히 알 수 있음.

과일 나무 따위를 가꾸어 얻는, 사람이 먹을 수 있는 열매.
좋아해요 특정한 음식 따위를 특별히 잘 먹거나 마셔요.

3
단원

1회

1
주제
토순이가 궁금해한 것에 ○표 하세요.

(1) 엄마께서 좋아하시는 계절 (　　　)

(2) 엄마께서 좋아하시는 과일 (　　　)

(3) 엄마께서 좋아하시는 색깔 (　　　)

3
적용
토순이가 잘못 쓴 글자를 바르게 고쳐 쓰세요.

(1)
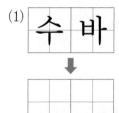

수	바

↓

(2)

처	포	도

↓

2
이해
그림 ②에서 토순이 엄마께서 당황하신 까닭은 무엇인가요? (　　　)

① 토순이가 그림을 안 그려서

② 토순이가 글자를 너무 작게 써서

③ 토순이가 숫자를 정확하게 쓰지 않아서

④ 토순이가 엄마께서 좋아하시는 과일을 몰라서

⑤ 토순이가 받침이 있는 글자를 정확하게 쓰지 않아서

★
4
적용
받침이 있는 글자를 정확하게 써야 하는 까닭으로 알맞은 것의 기호를 쓰세요.

㉠ 무엇을 표현하는지 확실히 알 수 있기 때문입니다.
㉡ 생각이나 느낌을 오래 간직할 수 있기 때문입니다.

(　　　　　　　　)

받침이 있는 글자 쓰기

• 정답 7쪽

5 풍선 안의 자음자와 모음자로 만들 수 있는 글자가 <u>아닌</u> 것은 무엇인가요? ( )
이해

① 달 ② 밭 ③ 북
④ 알 ⑤ 양

6 빈칸에 들어갈 알맞은 글자는 무엇인가요?
적용

( )

① 공 ② 서 ③ 소
④ 줄 ⑤ 호

|7~10| 다음 시를 읽고, 물음에 답하세요.

다리 _최승호

다리를 놓자

다리를 놓자

다람쥐가 개울 건너가게
골짜기나 들에 흐르는 작은 물줄기.

다리를 놓자

다리 돌다리 징검다리
개울에 돌이나 흙더미를 띄엄띄엄 놓아 만든 다리.

㉠ 애들아 고마워

다람쥐가 다리 위에서 인사하네

7 이 시에서 다람쥐는 무엇을 했나요? ( )
이해

① 다람쥐가 물을 마셨습니다.
② 다람쥐가 나무 위로 숨었습니다.
③ 다람쥐가 다리 위에서 인사했습니다.
④ 다람쥐가 동물 친구들을 만났습니다.
⑤ 다람쥐가 돌에 걸려서 넘어졌습니다.

8 이 시에서 다람쥐가 다리를 놓은 까닭은 무엇
이해 인지 쓰세요.

• ( )을/를 건너가게 하려고.

9 이 시에서 다람쥐는 어떤 마음이 들었을까요?
추론

( )

① 고마운 마음 ② 미안한 마음
③ 속상한 마음 ④ 아쉬운 마음
⑤ 부끄러운 마음

서술형

10 ㉠에서 받침이 있는 글자를 찾고 그 글자에 어
적용 떤 받침이 쓰였는지 쓰세요.

• ' ☐ '에 받침 ' ☐ '이 들어 있습니다.

도움말 아래쪽에 자음자가 들어 있는 글자를 찾아보세요.

받침이 있는 글자 바르게 쓰기

• 정답 7쪽

| 11~12 | 다음 그림을 보고, 물음에 답하세요.

ㄱ 치구
ㄴ 연피
ㄷ 안겨

11 ─보기─의 자음자와 모음자로 그림에 알맞은 낱
적용 말을 만들어 쓰세요.

─보기─

ㄱ ㄹ ㅁ ㅜ ㅡ

12 ㄱ~ㄷ에 받침으로 들어갈 알맞은 자음자를
적용 찾아 선으로 이으세요.

(1) ㄱ 치구 •

(2) ㄴ 연피 •

(3) ㄷ 안겨 •

• ㉮ ㄴ

• ㉯ ㅇ

• ㉰ ㄹ

디지털 문해력

13 다음 대화를 보고, 빈칸에 들어갈 바른 낱말에
적용 ◯표 하세요.

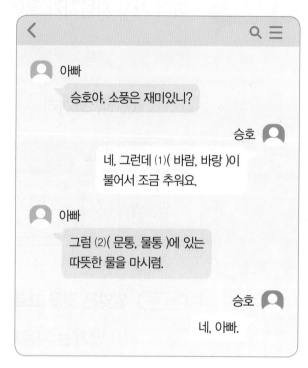

아빠
승호야, 소풍은 재미있니?

승호
네, 그런데 (1)(바람, 바랑)이 불어서 조금 추워요.

아빠
그럼 (2)(문통, 물통)에 있는 따뜻한 물을 마시렴.

승호
네, 아빠.

14 그림과 뜻을 보고 낱말을 바르게 고쳐 쓰세요.
어휘

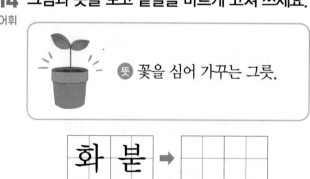

뜻 꽃을 심어 가꾸는 그릇.

화 분 ➡

15 바르게 쓴 낱말은 ◯표, 잘못 쓴 낱말은 ✕표
적용 하세요.

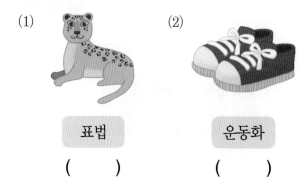

(1)
표벙
(　　)

(2)
운동화
(　　)

3
단원
1회

개념 여러 가지 자음자가 들어간 낱말 알기

ㄲ	ㄸ	ㅃ
꽃, 꿀, 코끼리	딸기, 땅콩, 떡	빨래, 빵, 아빠

ㅆ	ㅉ	
쌀, 싹, 씨름	짝, 쪽지, 찌개	

개념 확인 알맞은 것을 고르며 오늘의 개념을 확인해 보세요.

(1) '딸기'는 자음자 'ㅃ'이 들어간 낱말입니다. (○ , ×)

(2) '코끼리'는 자음자 'ㄲ'이 들어간 낱말입니다. (○ , ×)

문해력을 높이는 어휘

• 오늘 배울 중요 어휘를 따라 쓰며 익혀 보세요.

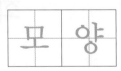

모양

뜻 겉으로 나타나는 생김새나 모습.

예 찰흙으로 자음자 모양을 만들어요.

차이

뜻 서로 같지 아니하고 다름. 또는 그런 정도나 상태.

예 이 신발들의 색깔은 차이가 나요.

받침이 있는 낱말 바르게 고쳐 쓰기

• 정답 7쪽

| 1~2 | 다음 그림을 보고, 물음에 답하세요.

1 받침 'ㄱ'이 들어간 낱말을 두 가지 고르세요.
적용
( )

① 학교 ② 경찰서
③ 박물관 ④ 보건소
⑤ 소방서

2 ㉠~㉢에 쓰인 받침에 대하여 알맞게 말하지
적용 <u>못한</u> 친구의 이름을 쓰세요.

> 지원: ㉠에는 받침이 있는 글자가 없어.
> 상우: ㉠과 ㉢에 모두 쓰인 받침이 있는 글
>   자는 '학'이야.
> 주아: ㉡과 ㉢에 모두 쓰인 받침이 있는 글
>   자는 '관'이야.

( )

3 그림을 보고 빈칸에 알맞은 받침을 넣어 낱말
적용 을 완성하세요.

시	호	등

★
4 받침을 잘못 쓴 낱말을 바르게 고쳐 쓰세요.
적용
(1)  (2)

비	핸	기

신	내	화

↓

↓

5 받침을 바르게 쓴 낱말에 ○표 하세요.
어휘
(1) (창문, 찬문) 좀 열어 주겠니?
(2) (국수, 굿수)를 맛있게 먹어요.
(3) 동생이 (장남감, 장난감)을 가지고 놉니다.

여러 가지 자음자 알기

• 정답 7쪽

▶ 여러 가지 자음자가 들어간 낱말

ㄲ	꽃, 코끼리
ㄸ	땅콩, 떡
ㅃ	빨래, 빵
ㅆ	쌀, 싹
ㅉ	짝, 찌개

▶ 자음자 소리의 차이 알기

굴	—	꿀

방	—	빵

→ 자음자 'ㄲ', 'ㄸ', 'ㅃ', 'ㅆ', 'ㅉ'은 자음자 'ㄱ', 'ㄷ', 'ㅂ', 'ㅅ', 'ㅈ'보다 힘을 주어서 소리 냅니다.

6 이 그림에서 찾을 수 있는 자음자가 <u>아닌</u> 것은 무엇인가요? (   )

이해

① ㄲ　　　② ㅃ　　　③ ㅍ
④ ㅆ　　　⑤ ㅉ

★
7 ㉠에서 자음자의 모양을 보고 떠올린 낱말로 알맞은 것은 무엇인가요? (   )

추론

① 짝　　　② 쌀　　　③ 까치
④ 아빠　　⑤ 코끼리

서술형
8 그림을 보고 파란색으로 표시한 자음자의 소리가 어떻게 다른지 쓰세요.

적용

굴

꿀

• 자음자 '　　'은 자음자 '　　'보다 힘주어 소리 냅니다.

도움말 자음자를 한 번씩 소리 내어 읽고 소리에 어떤 차이가 있는지 떠올려 보세요.

9 그림을 보고 알맞은 자음자를 쓰세요.

적용

ㄹ 래

여러 가지 자음자가 들어간 낱말 쓰기

• 정답 7쪽

10 보기에서 다음 자음자가 들어간 낱말을 골라 기호를 쓰세요.

이해

> ─보기─
> ㉠ 꽃밭   ㉡ 빨대   ㉢ 딱지

(1) ㄲ ➡ (   )

(2) ㄸ ➡ (   )

(3) ㅃ ➡ (   )

11 다음 낱말에 빠져 있는 자음자를 찾아 선으로 이으세요.

적용

(1)
□개

• ㉮ ㄲ

(2)
ㅏ마귀

• ㉯ ㅉ

12 다음 낱말에 모두 들어 있는 자음자의 이름을 쓰세요.

이해

> 뻐꾸기   수도꼭지   어깨

(   )

★
13 다음 사진을 보고 알맞은 낱말을 쓰세요.

적용

(1) 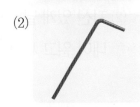 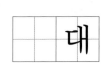빵

(2) 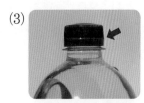 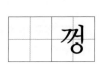대

(3)  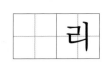껑

(4) 리

14 자음자 'ㅆ'이 들어간 낱말이 아닌 것은 무엇인가요? (   )

이해

① 쑥   ② 씨름
③ 머리띠   ④ 쓰레기통
⑤ 이쑤시개

3
단원
2회

개념 자신 있게 낱말 읽기

- 이야기를 읽으며 | 받 | 침 | 이 있는 낱말이나 여러 가지 자음자가 쓰인 낱말을 찾습니다.

- 낱말의 소리, | 모 | 양 | , 뜻을 생각하며 낱말을 소리 내어 읽고 씁니다.

개념 확인 알맞은 것을 고르며 오늘의 개념을 확인해 보세요.

(1) 낱말의 소리만 생각하며 낱말을 읽고 씁니다. (○ , ×)

(2) 자신 있게 낱말을 읽기 위해서는 여러 가지 자음자가 있는 낱말을 소리 내어 읽고 써 봅니다. (○ , ×)

문해력을 높이는 어휘

- 오늘 배울 중요 어휘를 따라 쓰며 익혀 보세요.

뜻 어떤 일을 할 수 있다고 스스로 믿는 것.

예 자신 있게 책을 읽어요.

뜻 뒤에서 바짝 따라가다.

예 강아지가 나비를 쫓아가요.

구름 놀이 _ 글. 그림: 한태희

• 정답 8쪽

❶ 깡충깡충.

아, 토끼야, 너였구나.

'ㄲ'이 들어간 낱말

㉠내가 **언덕**을 만들어 줄 테니 쉬었다 가렴.

중심 내용 | '나'는 토끼에게 손으로 언덕을 만들어 주었습니다.

• 글의 종류: 이야기
• 글의 특징: 하늘에 떠 있는 구름의 모양을 보고, 토끼와 호랑이의 이 야기를 상상하였습니다.

▶ 여러 가지 자음자가 들어간 낱 말 읽기

자음자 'ㄲ'이 들어간 낱말	깡충깡충, 토끼

깡충깡충 짧은 다리를 모으고 자 꾸 힘 있게 솟구쳐 뛰는 모양.
언덕 땅이 비탈지고 조금 높은 곳.

3
단원
3회

1
추론

제목과 그림을 보고 이야기의 내용을 알맞게 짐작한 친구의 이름을 쓰세요.

> 지후: 그림을 보니 벽에 비친 그림자로 만 든 동물이 등장할 것 같아.
> 민서: 제목이 '구름 놀이'인 것으로 보아 구 름의 모양을 보고 상상한 이야기인 것 같아.

(   )

2
이해

'나'는 토끼에게 무엇을 만들어 주었나요?

(   )

① 구름   ② 계단
③ 언덕   ④ 사다리
⑤ 무지개

★
3
어휘

이 글에서 다음 뜻에 알맞은 낱말을 찾아 바르 게 쓰세요.

> 뜻 짧은 다리를 모으고 자꾸 힘 있게 솟구 쳐 뛰는 모양.

4
적용

㉠에서 받침 'ㄹ'이 들어가지 않은 말은 무엇인 가요? (   )

① 언덕을   ② 만들어
③ 놀다가   ④ 그렇게
⑤ 줄 테니

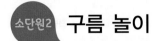
❷ **폴짝폴짝!**

토끼야, 왜 그렇게 도망가니?
<small>달아나거나 숨음.</small>
좀 더 놀다가 가렴.

중심 내용 | '나'는 도망가는 토끼에게 조금 더 놀다가 가라고 했습니다.

❸ **어슬렁어슬렁.**

아, 호랑이야, 너였구나.
㉠토끼를 ㉡쫓아가면 안 돼.
나랑 같이 놀자.

중심 내용 | '나'는 호랑이가 토끼를 쫓아가지 못하게 호랑이의 꼬리를 잡았습니다.

• **작품 정리**

> '나'는 토끼에게 손으로 언덕을 만들어 줌.

↓

> '나'는 도망가는 토끼에게 조금 더 놀다가 가라고 함.

↓

> '나'는 호랑이가 토끼를 쫓아가지 못하게 꼬리를 잡음.

폴짝폴짝 작은 것이 자꾸 세차고 가볍게 뛰어오르는 모양.
어슬렁어슬렁 몸집이 큰 사람이나 짐승이 몸을 조금 흔들며 계속 천천히 걸어 다니는 모양.
쫓아가면 뒤에서 바짝 따라가면.

5
이해
구름의 모양에 알맞은 동물 이름을 선으로 이으세요.

(1)  •
(2)  •

• ㉮ 토끼
• ㉯ 호랑이

서술형

6
이해
호랑이가 토끼를 쫓아가려고 하자 '나'는 어떻게 했는지 쓰세요.

• 토끼를 쫓아가지 못하게 ☐☐☐

의 ☐☐을/를 잡았습니다.

도움말 글과 그림을 함께 살펴보면 '내'가 무엇을 했는지 알 수 있어요.

7
어휘
이 글에서 호랑이의 움직임을 나타내는 낱말에 ○표 하세요.

(1) 폴짝폴짝 ( )
(2) 어슬렁어슬렁 ( )

★

8
적용
㉠과 ㉡에 대한 설명으로 알맞은 것은 무엇인가요? ( )

① ㉠은 받침이 있는 낱말입니다.
② ㉡은 받침이 없는 낱말입니다.
③ ㉠에는 자음자 'ㅃ'이 쓰였습니다.
④ ㉡에는 자음자 'ㅉ'이 쓰였습니다.
⑤ ㉠과 ㉡ 모두 받침이 있는 낱말입니다.

9 다음 낱말에 들어간 받침과 같은 받침이 쓰인
적용 낱말은 무엇인가요? (   )

수박

① 곰   ② 빨래
③ 여름   ④ 하늘
⑤ 독수리

★
10 알맞은 받침을 넣어 낱말을 완성하세요.
적용
(1)

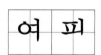

| 여 | | 피 | |

(2)

| 저 | | 시 | |

(3)

| 차 | | 무 | |

11 왼쪽의 자음자가 들어간 낱말을 찾아 선으로
적용 이으세요.

(1) ㅆ •

• ㉮

쨍쨍

(2) ㅉ •

• ㉯

쌩쌩

12 다음 그림에 어울리는 낱말에 ○표 하세요.
적용

깡충깡충

뒤뚱뒤뚱

13 다음 사진에 알맞은 낱말이 되려면 어떤 글자
추론 가 들어가야 할까요? (   )

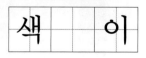

| 색 | | | 이 | |

① 공   ② 늘   ③ 름
④ 장   ⑤ 종

3
단원
4회

1 ㉠과 ㉡에 들어갈 글자를 알맞게 짝 지은 것은 무엇인가요? ( )

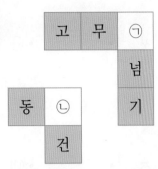

	㉠	㉡
①	줄	물
②	줄	면
③	물	공
④	물	줄
⑤	공	줄

2 받침이 있는 글자를 정확하게 써야 하는 까닭을 알맞게 말한 친구의 이름을 쓰세요.

( )

| 3~5 | 다음 시를 읽고, 물음에 답하세요.

> 다리를 놓자
> 다리를 놓자
> 다람쥐가 ㉠개울 건너가게
> 다리를 놓자
> 다리 ㉡돌다리 징검다리
>
> 얘들아 고마워
> 다람쥐가 다리 위에서 인사하네

3 다람쥐가 고맙다고 인사한 까닭에 ○표 하세요.

(1) 손을 잡아 주었기 때문입니다. ( )

(2) 다리를 놓아 주었기 때문입니다. ( )

(3) 먼저 인사해 주었기 때문입니다. ( )

4 받침이 있는 낱말을 두 가지 고르세요.

( )

① 다리 ② 고마워 ③ 얘들아
④ 위에서 ⑤ 다람쥐

서술형
5 ㉠과 ㉡에 모두 쓰인 받침은 무엇인지 쓰세요.

• ㉠의 '[ ]'와/과 ㉡의 '[ ]'에 받침
'[ ]'이 쓰였습니다.

도움말 받침은 글자의 아래쪽에 있는 자음자예요.

| 6~7 | 다음 그림을 보고, 물음에 답하세요.

지예

6 지예가 가지고 있는 것은 무엇인가요?

( )

① 책 　　② 가방 　　③ 물통

④ 연필 　　⑤ 우산

7 받침을 넣어 ㉠과 ㉡에 알맞은 낱말을 완성하세요.

(1) ㉠: 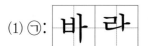　　(2) ㉡: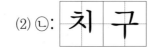

8 다음 낱말을 바르게 고쳐 쓴 것은 무엇인가요? ( )

 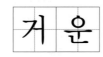

① 거욱 　　② 거울 　　③ 거웅

④ 거웇 　　⑤ 거윺

9 다음 낱말에 모두 들어가는 자음자는 무엇인가요? ( )

딸기 　　　　　　　땅콩

① ㄲ 　　② ㄸ 　　③ ㅃ

④ ㅆ 　　⑤ ㅉ

| 10~11 | 다음 글을 읽고, 물음에 답하세요.

> 깡충깡충.
>
> 아, ㉠토끼야, 너였구나.
> 내가 언덕을 만들어 줄 테니 쉬었다 가렴.

10 이 글에서 토끼의 움직임을 나타내는 낱말을 찾아 쓰세요.

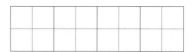

11 ㉠에 들어간 자음자와 같은 자음자가 쓰인 낱말을 두 가지 고르세요. ( )

① 뿌리 　　　　② 빨대

③ 딱지 　　　　④ 까마귀

⑤ 수도꼭지

| 12~14 | 다음 글을 읽고, 물음에 답하세요.

폴짝폴짝!

토끼야, 왜 그렇게 도망가니?
좀 더 놀다가 가렴.

[㉠   ].

아, 호랑이야, 너였구나.
토끼를 ㉡쫓아가면 안 돼.
나랑 같이 놀자.

12 이 글의 내용으로 알맞은 것은 무엇인가요?
( )

① 호랑이가 '나'를 쫓아갔습니다.
② '나'는 토끼를 보지 못했습니다.
③ 토끼가 호랑이를 쫓아갔습니다.
④ 토끼와 호랑이가 함께 놀았습니다.
⑤ 토끼가 호랑이를 피해 도망갔습니다.

13 알맞은 받침을 넣어 ㉠에 들어갈 낱말을 완성하세요.

| 어 | 슬 | 러 | 어 | 슬 | 러 |

14 ㉡의 뜻으로 알맞은 것에 ○표 하세요.
(1) 달아나거나 숨으면. ( )
(2) 뒤에서 바짝 따라가면. ( )

15 다음 그림을 보고, 물음에 답하세요.

1단계 그림 ❶~❹에 알맞은 낱말을 완성하세요.

(1) 그림 ❶: 굴 (2) 그림 ❷: 꿀

(3) 그림 ❸: (4) 그림 ❹:

도움말 낱말들은 모두 위쪽에 들어가는 자음자가 서로 달라요.

2단계 그림 ❸과 ❹의 낱말을 읽을 때 자음자 소리가 어떻게 다른지 ┤보기와 같이 쓰세요.

┤보기
• 자음자 'ㄲ'은 'ㄱ'보다 힘주어 소리 냅니다.

• 자음자 '[ ]'은 자음자 '[ ]'보다 힘주어 소리 냅니다.

도움말 그림 ❸과 ❹의 낱말을 큰 소리로 여러 번 읽어 보아요.

알맞은 쪽지를 찾아라!

빈칸에 들어갈 알맞은 낱말이 쓰여 있는 쪽지를 찾아 ○표 하세요.

연필로 글자를 [　　].

놓다

쓰다

나의 실력에 색칠하세요.

4

여러 가지
낱말을
익혀요

온라인
학습 진도표

● 학습 진도표

회차	백점 쪽수	오늘 학습할 내용	학습 주제
1	82~85쪽	개념+어휘+교과서 지문	「공원에서 겪은 일」 / 몸과 관련 있는 낱말 / 가족과 관련 있는 낱말
2	86~89쪽	개념+어휘+교과서 지문	「맛있는 건 맛있어」 / 몸과 관련 있는 낱말 쓰기
3	90~93쪽	개념+어휘+교과서 지문	학교와 관련 있는 낱말 / 이웃과 관련 있는 낱말 / 학교와 이웃에 관련된 낱말 쓰기
4	94~97쪽	개념+어휘+교과서 지문	「학교 가는 길」 / 마무리하기
5	98~101쪽	대단원 평가+낱말 놀이터	

몸과 관련 있는
낱말을 배워요.

가족과 관련 있는
낱말을 배워요.

학교와 관련 있는
낱말을 배워요.

이웃과 관련 있는
낱말을 배워요.

개념 몸과 관련 있는 낱말을 읽고 쓰기

코	눈	입	귀	손
맡다	보 다	먹다	듣다	만지다

개념 확인 알맞은 것을 고르며 오늘의 개념을 확인해 보세요.

(1) '맡다'는 '코'와 관련 있는 낱말입니다. (○ , ×)

(2) '만지다'는 '귀'와 관련 있는 낱말입니다. (○ , ×)

문해력을 높이는 어휘

• 오늘 배울 중요 어휘를 따라 쓰며 익혀 보세요.

🔵뜻 사람이나 동물의 머리에서 발까지의 전체.

🔵예 나는 몸이 튼튼해요.

🔵뜻 결혼이나 부모, 자식, 형제 등의 관계로 이루어진 사람들.

🔵예 가족과 함께 나들이를 가요.

• **그림의 특징**: 아이들이 현장 체험 학습으로 간 공원에서 꽃을 보고 있는 상황이 나타나 있습니다.

• **활동 정리**

그림 ❶	남자아이가 꽃의 이름을 궁금해함.
그림 ❷	여자아이가 꽃의 이름을 알려 주자 남자아이가 다른 꽃의 이름도 더 알고 싶다고 함.

▶ **낱말을 많이 알면 좋은 점**
• 자신의 생각을 더 잘 표현할 수 있습니다.
• 책을 읽을 때 어떤 내용의 이야기 인지 더 잘 알 수 있습니다.

4 단원 **1** 회

---

1 그림에서 아이들이 이야기를 나누는 곳은 어디인가요? (   )
이해

① 공원
② 병원
③ 도서관
④ 수영장
⑤ 운동장

2 그림에 나타난 상황으로 알맞은 것은 무엇인가요? (   )
이해

① 아이들이 새로운 나무를 보았습니다.
② 남자아이가 꽃 이름을 궁금해했습니다.
③ 남자아이가 나무 이름을 알지 못했습니다.
④ 여자아이가 꽃 이름을 틀리게 말했습니다.
⑤ 여자아이가 동물 이름을 알지 못했습니다.

3 그림에 알맞은 꽃의 이름을 바르게 쓰세요.
적용

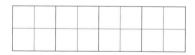

4 낱말을 많이 알면 좋은 점을 알맞게 말한 친구의 이름을 쓰세요.
적용

지원: 말을 빠르게 할 수 있어.
민우: 책을 읽을 때 어떤 내용의 이야기인 지 잘 알 수 있어.

(   )

몸과 관련 있는 낱말

• 정답 9쪽

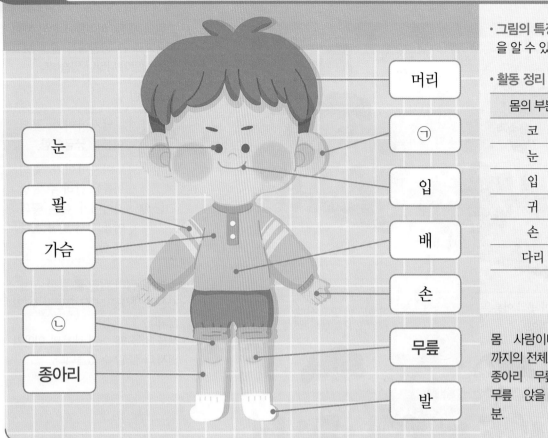

머리

ㄱ

입

배

손

무릎

발

눈

팔

가슴

ㄴ

종아리

• 그림의 특징: 몸과 관련 있는 낱말을 알 수 있는 그림입니다.

• 활동 정리

몸의 부분	관련 있는 낱말
코	맡다
눈	보다
입	먹다, 말하다
귀	듣다
손	만지다
다리	걷다

몸 사람이나 동물의 머리에서 발까지의 전체.
종아리 무릎과 발목 사이의 뒷부분.
무릎 앉을 때 다리가 접히는 앞부분.

5 이해 그림 속 낱말들은 무엇과 관련 있는 낱말인가요? (   )

① 몸　　　　② 집　　　　③ 교실
④ 동네　　　⑤ 학교

6 적용 ㄱ과 ㄴ에 들어갈, 몸과 관련 있는 낱말을 쓰세요.

(1) ㄱ:

(2) ㄴ:

7 이해 그림에 알맞은 낱말을 선으로 이으세요.

(1) 　　•

(2) 　　•

• ㉮ 팔

• ㉯ 눈

8 적용 보기와 같이 관련 있는 낱말끼리 짝 지어진 것이 아닌 것은 무엇인가요? (   )

┌─보기─────────────────┐
코 - 맡다
└──────────────────────┘

① 귀 - 듣다　　　② 눈 - 보다
③ 입 - 먹다　　　④ 발 - 말하다
⑤ 손 - 만지다

가족과 관련 있는 낱말

• 정답 9쪽

• 그림의 특징: 가족과 관련 있는 낱말을 알 수 있는 그림입니다.

▸ 그림 속 가족과 관련 있는 낱말

3층	할아버지, 할머니
2층	어머니, 형, 누나
1층	아버지, 동생, 언니

남자는 자기보다 나이가 많은 형제를 형, 누나라고 부르고, 여자는 오빠, 언니라고 불러요.

가족 결혼이나 부모, 자식, 형제 등의 관계로 이루어진 사람들.

4
단원
1회

---

9 그림에서 할머니는 무엇을 하고 계신가요?
이해
( )

① 책을 읽으십니다.
② 라면을 드십니다.
③ 텔레비전을 보십니다.
④ 형에게 인사를 하십니다.
⑤ 할아버지와 이야기를 나누십니다.

10 그림에서 2층에 있는 가족을 모두 고르세요.
이해
( )

① 형   ② 누나
③ 동생   ④ 아버지
⑤ 어머니

★
11 '나보다 나이가 어린 아이를 부르는 말'은 무엇
어휘 인지 그림에서 찾아 쓰세요.

( )

서술형
12 다음 그림을 보고, 빈칸에 들어갈 알맞은 낱말
적용 을 쓰세요.

• 나는 [ ][ ][ ][ ]와/과 함께
살아요.

도움말 그림에서 '내'가 학교에서 돌아올 때 누가 나왔는지 보고
가족과 관련 있는 낱말을 떠올려 보세요.

나의 실력에 색칠하세요.

😄 🙂 😣

4. 여러 가지 낱말을 익혀요 • 85

개념 그림책을 읽는 방법

• 그 림 을 먼저 보며 어떤 내용일지 떠올려 봅니다.

• 글과 그림을 주의 깊게 살펴보며 읽습니다.

• 배운 낱 말 을 생각하며 다시 한 번 그림책을 읽습니다.

• 그림책에서 읽었던 내용 가운데에서 중요한 내용을 떠올립니다.

개념 확인 알맞은 것을 고르며 오늘의 개념을 확인해 보세요.

(1) 그림책을 읽을 때 그림은 살펴보지 않습니다. (○ , ×)

(2) 그림책을 읽은 뒤에는 중요한 내용을 떠올립니다. (○ , ×)

문해력을 높이는 어휘

• 오늘 배울 중요 어휘를 따라 쓰며 익혀 보세요.

인 물

뜻 일정한 상황에서 어떤 역할을 하는 사람.

예 그림책에 나오는 인물을 살펴보아요.

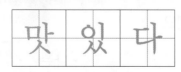

맛 있 다

뜻 음식의 맛이 좋다.

예 케이크가 맛있어요.

맛있는 건 맛있어 _글: 김양미, 그림: 김효은

● **정답** 9쪽

① 새는 감이 맛있나 봐.
새가 좋아하는 음식

아노는 오이를 좋아해.

내 동생 연우는 뭐든지 다 먹고
'무엇이든지'의 준말
싶어 하는데…….

엄마는 배추김치가 맛있대.

아빠는 뜨거운 설렁탕이 맛있대.

중심 내용 | 아노, 엄마, 아빠가 좋아하는 음식이 무엇인지 이야기했습니다.

아노

- **글의 종류**: 그림책
- **글의 특징**: 가족들이 좋아하는 음식의 특징을 재미있게 표현한 그림책입니다.

그림책을 읽을 때
글과 그림을 주의 깊게
살펴보며 읽어요.

맛있나　음식의 맛이 좋나.
뜨거운　어떤 것의 온도가 높은.
설렁탕　소의 머리·뼈·내장 등을 물에 푹 고아서 만든 국.

1 오이를 좋아하는 인물은 누구인지 이 글에서
이해 찾아 쓰세요.

(　　　　　　　)

★
2 엄마와 아빠께서 좋아하시는 음식을 알맞게
이해 정리한 것은 무엇인가요? (　　　)

	엄마	아빠
①	오이	감
②	설렁탕	오이
③	감	설렁탕
④	오이	배추김치
⑤	배추김치	설렁탕

3 다음 그림 속 인물은 누구인지 쓰세요.
적용

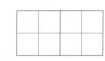

4 다음 그림과 가장 어울리는 낱말을 선으로 이
어휘 으세요.

배추김치

- ㉮ 뜨겁다

- ㉯ 맛있다

- ㉰ 재밌다

❷ 나는 기다란 스파게티가 맛있어.

후루룩 삼키면 몸 안에 길이 생길 것 같아.

국수 먹으면 내 머리도 길어졌으면 좋겠어.
_{국수가 길어서}

국수 먹으면 오래 살아?

그럼 할머니랑 친구 되는 거야?

오빠가 좋아하는 피자도 맛있어.

크리스마스트리 같아.
_{피자의 모양}

중심 내용 | '나'와 오빠가 좋아하는 음식의 특징을 이야기했습니다.

• 작품 정리

가족들이 좋아하는 음식	
아노(고양이)	오이
엄마	배추김치
아빠	설렁탕
오빠	피자

국수 가루를 반죽하여 가늘고 길게, 칼로 썰거나 기계로 뽑은 먹을거리, 또는 그것으로 만든 음식.

---

5 '나'는 스파게티를 삼키면 어떻게 될 것 같다고
이해 했나요? ( )

① 몸이 작아질 것 같다고 했습니다.
② 머리가 길어질 것 같다고 했습니다.
③ 옷 색깔이 변할 것 같다고 했습니다.
④ 몸 안에 길이 생길 것 같다고 했습니다.
⑤ 할머니랑 친구가 될 수 있을 것 같다고 했습니다.

★
6 오빠가 좋아하는 음식에 ○표 하세요.
이해

(1)
피자
( )

(2)
스파게티
( )

7 이 글과 관련된 경험을 떠올린 친구의 이름을
적용 쓰세요.

규호: 나도 크리스마스트리를 만들었던 적이 있어.
수민: 내가 좋아하는 자두를 먹었던 기억이 떠올라.

( )

디지털 문해력

8 다음 게시판을 보고 빈칸에 알맞은 말을 쓰
적용 세요.

질문 게시판 >>> 궁금해요

예빈 여러분이 좋아하는 음식은 무엇인가요?
자신이 좋아하는 음식의 이름을 써 주세요.

동현 나는 김밥이 맛있습니다.

○○ 나는 ( )을/를 좋아합니다.

몸과 관련 있는 낱말 쓰기

● 정답 9쪽

9 추론 ⬤에 모두 들어가는 글자를 쓰세요.

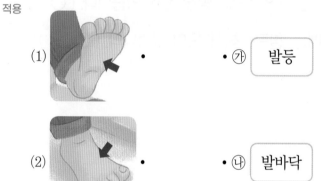

⬤등
⬤톱
⬤가락

( )

10 적용 몸의 각 부분과 그 이름을 선으로 이으세요.

(1) •

(2) •

• ㉮ 발등

• ㉯ 발바닥

11 적용 다음 그림에 어울리는 낱말에 ○표 하세요.

(1) 밀다 ( )   (2) 당기다 ( )

| 12~13 | 다음 그림을 보고, 물음에 답하세요.

12 이해 그림을 보고 떠올린 낱말로 알맞지 않은 것의 기호를 쓰세요.

㉠ 차다   ㉡ 달리다
㉢ 춤추다   ㉣ 넘어지다

( )

서술형

13 적용 다음 부분에서 아이들이 무엇을 하는지 쓰세요.

• 아이들이 ☐ (으)로 콩 주머니를 던집니다.

도움말 몸의 어떤 부분으로 콩 주머니를 던지는지 살펴보세요.

학습일 : 월   일

● **정답** 10쪽

개념 학교와 이웃에 관련된 낱말

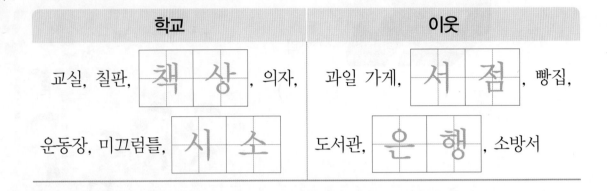

학교	이웃
교실, 칠판, 책 상, 의자,	과일 가게, 서 점, 빵집,
운동장, 미끄럼틀, 시 소	도서관, 은 행, 소방서

개념 확인 알맞은 것을 고르며 오늘의 개념을 확인해 보세요.

(1) '이웃'과 관련 있는 낱말에는 '과일 가게', '빵집' 등이 있습니다. (○ , ×)

(2) '학교'와 관련 있는 낱말에는 '칠판', '책상' 등이 있습니다. (○ , ×)

문해력을 높이는 어휘

• 오늘 배울 중요 어휘를 따라 쓰며 익혀 보세요.

 교 실

뜻 선생님이 학생들을 가르치는 방.

예 선생님과 교실에서 공부해요.

 도 서 관

뜻 책과 자료 등을 모아 두고 사람들이 보거나 빌려 갈 수 있도록 한 곳.

예 도서관에서 책을 읽어요.

• 정답 10쪽

• 그림의 특징: 학교와 관련 있는 낱말을 알 수 있는 그림입니다.

➤ 학교와 관련 있는 낱말

학용품	자, 풀, 가위, 책, 연필, 지우개, 색종이, 책상, 의자, 색연필, 책가방
사람	선생님, 학생, 친구
장소	운동장, 보건실, 급식실, 과학실, 도서실

칠판 검정이나 초록색 따위의 칠을 하여 그 위에 분필로 글씨를 쓰거나 그림을 그리게 만든 판.

4
단원
3회

1 그림의 내용으로 알맞은 것은 무엇인가요?
이해
( )

① 책상 위에 가방이 있습니다.
② 남자아이가 운동장에 있습니다.
③ 선생님이 연필을 들고 있습니다.
④ 여자아이가 글씨를 쓰고 있습니다.
⑤ 선생님과 아이들은 교실에 있습니다.

2 그림에 나온 물건이 <u>아닌</u> 것을 두 가지 고르
이해 세요. ( )

① 수건   ② 연필
③ 의자   ④ 칠판
⑤ 텔레비전

★
3 ㉠에 들어갈 알맞은 낱말은 무엇인가요?
적용
( )

① 책   ② 자   ③ 풀
④ 창문   ⑤ 거울

4 다음 생각그물을 보고 빈칸에 들어갈 알맞은
추론 낱말을 쓰세요.

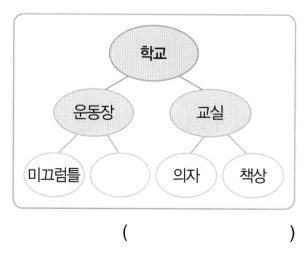

( )

이웃과 관련 있는 낱말

• 정답 10쪽

• 그림의 특징: 이웃과 관련 있는 낱말을 알 수 있는 그림입니다.

▶ 이웃과 관련 있는 낱말 예

과일 가게	감, 수박, 포도, 참외
서점	그림책, 봉투
빵집	식빵, 잼
도서관	책, 잡지
은행	돈, 통장, 카드
소방서	소방관, 소방차

서점 책을 갖추어 놓고 팔거나 사는 가게.
도서관 책과 자료 등을 모아 두고 사람들이 보거나 빌려 갈 수 있도록 한 곳.
소방서 불이 나지 않도록 예방하거나 불이 난 것을 끄는 기관.

★
5 그림에 알맞은 낱말을 찾아 선으로 이으세요.
이해

(1)  •

(2)  •

• ㉮ 은행

• ㉯ 빵집

6 '과일 가게'에서 파는 것이 아닌 것은 무엇인가
적용 요? (   )

① 감　　　　② 사과
③ 수박　　　④ 조개
⑤ 바나나

7 '소방서'와 관련된 탈것으로 가장 알맞은 것은
적용 무엇인가요? (   )

① 기차　　　② 버스
③ 택시　　　④ 경찰차
⑤ 소방차

(서술형)
8 자신의 동네에서 볼 수 있는 이웃과 관련 있는
적용 낱말을 한 가지 떠올려 쓰세요.

• 우리 동네에는 [   ]이/가 있습니다.

도움말 우리 동네에 있는 장소나 사람 등을 떠올려 써 보아요.

학교와 이웃에 관련된 낱말 쓰기

● 정답 10쪽

9 교실에 있는 물건 가운데에서 이름이 두 글자
추론 인 낱말을 떠올려 써 보세요.

(   )

10 그림을 보고 빈칸에 들어갈 알맞은 낱말을 넣
적용 어 문장을 완성하세요.

• 나는 우리 반 [ ][ ][ ] 이/가 좋아요.

11 다음 그림에 어울리는 문장은 무엇인가요?
적용
(   )

① 교실에 들어가요.
② 은행에서 기다려요.
③ 경찰차가 서 있어요.
④ 운동장에서 달리기를 해요.
⑤ 과일 가게에서 포도를 사요.

12 다음 그림에 알맞은 낱말에 ○표 하세요.
적용

⑴ 친구와 (빵집 / 도서관)에 가요.

⑵ (책상 / 의자) 위에 책을 놓아요.

13 다음 낱말과 관련된 장소를 찾아 선으로 이으
적용 세요.

⑴ [빵] •
⑵ [책] •

• ㉮ 빵집
• ㉯ 은행
• ㉰ 도서관
• ㉱ 소방서
• ㉲ 수영장

나의 실력에 색칠하세요.

4
단원
3회

개념 그림책을 보고 어떤 이야기일지 상상하기

- 글의 | 제 | 목 | 을 읽고 그림책의 내용을 미리 짐작해 봅니다.

- 그림책에서 여러 번 나오는 | 그 | 림 | 이 있는지 살펴봅니다.

- 그림이 무엇을 나타내는 것일지 떠올려 봅니다.

개념 확인 알맞은 것을 고르며 오늘의 개념을 확인해 보세요.

(1) 그림책을 볼 때 제목은 읽지 않습니다. (○ , ×)

(2) 그림책에서 여러 번 나오는 그림을 보고 어떤 이야기일지 상상할 수 있습니다. (○ , ×)

문해력을 높이는 어휘

- 오늘 배울 중요 어휘를 따라 쓰며 익혀 보세요.

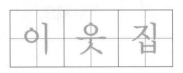

뜻 가까이 있거나 마주 닿아 있는 집.

예 이웃집 사람들이 서로 인사해요.

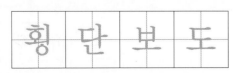

뜻 사람이 안전하게 차도를 건너갈 수 있도록 표시를 한 길.

예 횡단보도를 건너서 집에 가요.

학교 가는 길 _ 글, 그림: 이보나 흐미엘레프스카

• 정답 10쪽

내용 듣기

❶ 학교에 가려고 집을 나서요.

아침을 맛있게 먹고 나서요.
아침에 먹는 밥.

아침 산책 다녀오는 이웃집 아저씨를 만나요.

중심 내용 | '나'는 학교 가는 길에 이웃집 아저씨를 만납니다.

• 글의 종류: 그림책
• 글의 특징: '내'가 학교 가는 길에 본 사람과 장소에 대한 이야기입니다.

나서요 어디를 가기 위하여 있던 곳을 나오거나 떠나요.
산책 휴식이나 건강을 위하여 멀지 않은 거리를 천천히 걷는 것.
이웃집 가까이 있거나 마주 닿아 있는 집.

★
1 이 글의 내용을 알맞게 상상한 친구의 이름을 쓰세요.
추론

> 민우: 그림과 상관없는 내용이 나올 것입니다.
> 나현: 글의 제목을 보니 '내'가 학교에 가면서 본 사람이나 장소가 나올 것입니다.

(   )

2 이 글에서 '나'는 무엇을 했나요? (   )
이해
① 저녁을 먹었습니다.
② 꽃집에서 꽃을 샀습니다.
③ 길에서 친구를 만났습니다.
④ 학원에서 집으로 돌아왔습니다.
⑤ 학교에 가려고 집을 나섰습니다.

---

3 다음 그림에서 발자국이 무엇으로 표현되었나요? (   )
적용

① 돼지   ② 오리
③ 토끼   ④ 강아지
⑤ 고양이

서술형
4 '내'가 만난 사람은 누구인지 쓰세요.
적용

• 아침 산책을 다녀오는 [ ][ ][ ]

  아저씨를 만났습니다.

도움말 글과 그림을 살펴보며 내용을 떠올려 보세요.

4
단원
4회

② 치과를 지나

꽃집을 지나

가구점을 지나

공원을 가로질러요.

한 발짝 한 발짝 재미있는 일이 일어나지만
걸음의 수를 세는 말.

길 건널 때는 조심!

중심 내용 | '나'는 치과, 꽃집, 가구점을 지나 공원을 가로지릅니다.

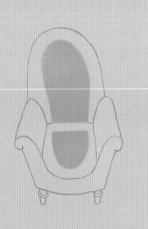

• 글의 구조

> '나'는 학교 가는 길에 이웃 집 아저씨를 만남.

⬇

> '나'는 치과, 꽃집, 가구점을 지나 공원을 가로지름.

치과 이의 병을 전문적으로 치료하는 분야, 또는 그 분야의 병원.
가구점 가구를 파는 상점.
가로질러요 어떤 곳의 가운데를 지나서 가요.

---

5 '내'가 학교 가는 길에 본 것을 두 가지 고르세요. (   )
이해

① 공원　　　　　　② 꽃집

③ 고양이　　　　　④ 박물관

⑤ 과일 가게

6 다음 그림에 알맞은 낱말을 선으로 이으세요.
이해

(1) 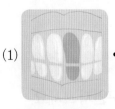 •

(2)  •

• ㉮ 가구점

• ㉯ 치과

7 발자국 그림으로 나타낼 수 있는 사람이나 장소, 물건 등을 떠올려 한 가지 쓰세요.
적용

(   )

★
8 다음 그림은 학교 가는 길에 볼 수 있는 것입니다. ㉠~㉢에 알맞은 낱말을 쓰세요.
적용

(1) ㉠: ☐☐☐☐☐

(2) ㉡: ☐☐☐

(3) ㉢: ☐☐☐☐☐☐

9 다음 글자판에서 찾을 수 <u>없는</u> 낱말은 무엇인
적용 가요? (   )

할	민	아	서
머	오	빠	원
니	가	진	동
겨	미	주	생

① 아빠
② 오빠
③ 동생
④ 할머니
⑤ 할아버지

11 다음 낱말의 뜻을 찾아 선으로 이으세요.
어휘

(1) 없다 •

(2) 있다 •

• ㉮ 사람, 동물, 물체 따위가 실제로 있지 않는 상태이다.

• ㉯ 사람이나 동물이 어느 곳에서 떠나거나 벗어나지 않고 머물다.

★
10 다음 그림에 알맞은 낱말을 쓰세요.
적용

(1) 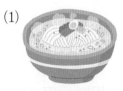 후루룩 | | |

(2)  도란도란 | | | |

(3)  사각사각 | | | |

어법 더하기
12 '읽다'를 바르게 소리 내어 읽은 친구의 이름을
어법 쓰세요.

[익따] 성훈   희수 [일따]

(   )

어법 더하기 ⊕ **두 개의 자음자로 이루어진 받침**

'읽다'의 'ㄺ'처럼 서로 다른 두 개의 자음자로 이루어진 받침이 있습니다. 이러한 낱말은 읽을 때 하나의 자음자만 소리 납니다. 따라서 '읽다'는 [익따]로 읽습니다.

받침 'ㄺ'	읽다[익따], 흙[흑], 까닭[까닥]
받침 'ㅄ'	없다[업:따], 값[갑]

나의 실력에 색칠하세요.

4. 여러 가지 낱말을 익혀요 • **97**

1 다음 그림에 알맞은 꽃의 이름을 선으로 이으세요.

• 나팔꽃

• 해바라기

2 낱말을 많이 알면 좋은 점으로 알맞은 것에 ○표 하세요.

(1) 내 생각을 더 잘 표현할 수 있습니다.
( )

(2) 다른 사람의 마음을 빠르게 알아차릴 수 있습니다. ( )

|3~4| 다음 그림을 보고, 물음에 답하세요.

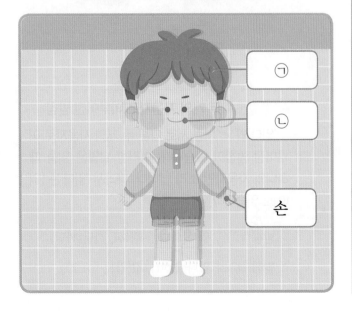

3 ㉠과 ㉡에 들어갈 낱말이 알맞게 짝 지어진 것은 무엇인가요? ( )

	㉠	㉡
①	눈	입
②	눈	발
③	입	귀
④	머리	입
⑤	머리	무릎

4 '손'과 가장 관련 있는 낱말은 무엇인가요?
( )

① 맡다　　② 보다　　③ 먹다
④ 듣다　　⑤ 만지다

5 얼굴과 관련된 낱말 가운데, 자음자 'ㅋ'이 들어간 낱말은 무엇인가요? ( )

① 귀　　　② 눈　　　③ 입
④ 코　　　⑤ 배

6 다음 그림에 어울리는 낱말에 ○표 하세요.

• (동생, 할머니)이/가 방을 정리한다.

|7~9| 다음 글을 읽고, 물음에 답하세요.

> **가** 엄마는 배추김치가 맛있대.
>
> 아빠는 뜨거운 설렁탕이 맛있대.
>
> 나는 기다란 스파게티가 맛있어.
> 후루룩 삼키면 몸 안에 길이 생길 것 같아.
>
> **나** 국수 먹으면 오래 살아?
> 그럼 할머니랑 친구 되는 거야?
>
> 오빠가 좋아하는 피자도 맛있어.
> 크리스마스트리 같아.

7 '배추김치'를 좋아하는 사람은 누구인가요?

( )

① 나 　　② 아빠 　　③ 오빠

④ 엄마 　　⑤ 할머니

8 '내'가 크리스마스트리 같다고 한 음식은 무엇인지 쓰세요.

( )

9 그림에 알맞은 말에 ○표 하세요.

• 설렁탕이 (뜨겁다, 무겁다).

|10~11| 다음 그림을 보고, 물음에 답하세요.

10 그림에서 찾을 수 있는 물건이 <u>아닌</u> 것은 무엇인가요? ( )

① 책 　　　　　② 시소

③ 의자 　　　　④ 책상

⑤ 연필

서술형

11 **→보기**와 같이 그림 속 낱말을 넣어 그림의 내용을 표현해 보세요.

> **┌보기┐**
>
> 친구들이 교실에 있습니다.

• [ ] 께서 칠판 앞에 서 계십니다.

도움말 교실에 있는 사람이 누구인지, 무엇을 하는지 살펴보세요.

● 정답 11쪽

12 보기 의 낱말들과 가장 관련 있는 곳은 어디인가요? ( )

┌─보기─────────────────────┐
감　　수박　　포도　　참외
└──────────────────────────┘

① 교실　　　　　② 은행
③ 운동장　　　　④ 소방서
⑤ 과일 가게

13 그림을 보고 ㉠과 ㉡에 알맞은 낱말에 ○표 하세요.

(1) ㉠: (신호등, 횡단보도)
(2) ㉡: (기차, 버스)

14 다음 그림과 어울리는 낱말은 무엇인가요?
( )

① 차다　　　　　② 달리다
③ 당기다　　　　④ 던지다
⑤ 춤추다

수행평가

15 다음 글을 읽고, 물음에 답하세요.

┌──────────────────────────────┐
│ 가 학교에 가려고 집을 나서요. │
│   │
│　 아침을 맛있게 먹고 나서요. │
│   │
│ 나 치과를 지나   │
│   │
│　 꽃집을 지나   │
│   │
│　 가구점을 지나   │
│   │
│　 공원을 가로질러요.   │
└──────────────────────────────┘

1 단계 '내'가 학교 가는 길에 지난 곳을 차례대로 쓰세요.

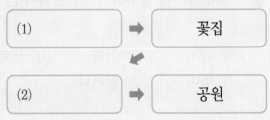

도움말 '내'가 집을 나서서 어디어디를 지나왔는지 살펴보아요.

2 단계 보기 와 같이 자신이 학교 가는 길에 지난 곳을 떠올려 쓰세요.

┌─보기─────────────────────┐
│ 학교에 가려고 집을 나서요. 빵집을 │
│ 지나요.   │
└──────────────────────────┘

• 학교에 가려고 집을 나서요. ▢

　을/를 지나요.

도움말 자신이 학교 가는 길에 본 장소를 자유롭게 떠올려 써 보아요.

어울리는 낱말을 찾아라!

다음 낱말과 가장 관련 있는 낱말을 찾아 선으로 이으세요.

❶

몸

·

❷

학교

·

❸

이웃

·

·

책상

·

눈

·

과일 가게

거꾸로 정답

❶ 몸 - 눈 ❷ 학교 - 책상 ❸ 이웃 - 과일 가게

5 반갑게 인사해요

학습 진도표

온라인
학습 진도표

회차	백점 쪽수	오늘 학습할 내용	학습 주제
1	104~107쪽	개념+어휘+교과서 지문	배울 내용 살펴보기 / 알맞은 인사말 알기 / 상황에 알맞은 인사말 하기
2	108~111쪽	개념+어휘+교과서 지문	「저녁 인사」 / 「사슴과 뿔」 / 마무리하기
3	112~115쪽	대단원 평가+낱말 놀이터	

알맞은
인사말을 배워요.

상황에
알맞게 인사해요.

글자와 **소리가 다른**
낱말을 익혀요.

개념 상황에 알맞은 인사말

상황	인사말 예	상황	인사말 예
다른 사람을 만났을 때	안 녕? 안녕하세요?	웃어른께서 음식을 주실 때	잘 먹겠습니다.
학교에 갈 때	학교 다녀오겠습니다.	친구가 상을 받았을 때	축 하 해.

개념 확인 알맞은 것을 고르며 오늘의 개념을 확인해 보세요.

(1) "안녕?"은 친구를 만났을 때 하는 인사말입니다. (○ , ×)

(2) 학교에 갈 때에는 "다녀왔습니다."라고 인사합니다. (○ , ×)

문해력을 높이는 어휘

• 오늘 배울 중요 어휘를 따라 쓰며 익혀 보세요.

뜻 '생일'을 높여 이르는 말.

예 오늘은 할아버지 생신이에요.

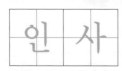

뜻 만나거나 헤어질 때에 예의를 나타냄. 또는 그런 말이나 행동.

예 만나면 반갑게 인사해요.

1 빈칸에 들어갈 알맞은 인사말을 선으로 이으세요.
추론

(1) 영수야, 어서 오렴.

(2) 안녕?

(3) 오랜만입니다.

⑦ 안녕?

④ 안녕하세요?

⑤ 반갑습니다.

3 이 글에 나타난 인사말 중에서 웃어른께 하는 인사말을 찾아 쓰세요.
이해

(   )

4 이 글을 읽고 다른 사람에게 인사한 경험을 알맞게 떠올린 친구의 이름을 쓰세요.
적용

> 민지: 어제 수업 시간에 친구들 앞에서 발표를 했습니다.
> 연우: 지난 주말에 공원에서 이웃 아주머니를 만나 인사했습니다.

(   )

5
단원

1회

| 2~4 | 다음 글을 읽고, 물음에 답하세요.

> ## 모두 모두 안녕! _윤여림
>
> 내가 좋아하는 친구들아, 안녕!
> 다음에 나도 같이 놀자.
>
> 내가 좋아하는 아랫집 할머니, 안녕하세요?
> 강아지들도 안녕?

2 이 글에서 '나'는 누구누구에게 인사하였는지 모두 고르세요. (   )
이해

① 꽃들   ② 친구들

③ 선생님   ④ 강아지들

⑤ 아랫집 할머니

5 만나는 사람에게 인사하면 좋은 점이 아닌 것에 ×표 하세요.
추론

(1) 자신의 생각을 감출 수 있습니다. (   )

(2) 상대도 나에게 바르게 인사합니다. (   )

(3) 서로 더 가까운 사이가 될 수 있습니다.

(   )

(4) 인사를 받는 사람과 나의 기분이 좋아집니다. (   )

알맞은 인사말 알기

• 정답 11쪽

• **그림의 특징:** 인사를 하는 여러 가지 상황이 나타나 있는 그림입니다.

▶ **그림에 나타난 상황**

그림 ❶	학교 가는 길에 친구를 만났습니다.
그림 ❷	친구가 상을 받았습니다.
그림 ❸	할머니께서 과일을 주셨습니다.
그림 ❹	학교에 갈 때 아빠께 인사했습니다.
그림 ❺	친구가 내 물건을 주워 줬습니다.

6
이해

그림 ❶과 ❷에서 친구들이 언제 인사했는지 선으로 이으세요.

(1) 그림 ❶ •

(2) 그림 ❷ •

• ㉮ 친구가 상을 받았을 때

• ㉯ 친구를 만났을 때

7
추론

그림 ❸에 들어갈 인사말로 알맞은 것은 무엇인가요? (   )

① 미안합니다.   ② 안녕하세요?
③ 어서 오세요.   ④ 잘 먹겠습니다.
⑤ 안녕히 주무셨어요?

8
이해

그림 ❹에서 남자아이는 어떤 자세로 인사했나요? (   )

① 손을 흔들며 인사했습니다.
② 허리를 숙여 인사했습니다.
③ 고개만 살짝 내밀고 인사했습니다.
④ 다른 곳을 쳐다보며 인사했습니다.
⑤ 몸을 꼿꼿하게 세워서 인사했습니다.

★
9
추론

그림 ❺에서 여자아이는 어떤 마음으로 인사해야 할까요? (   )

① 슬퍼하는 마음   ② 고마워하는 마음
③ 부러워하는 마음   ④ 속상해하는 마음
⑤ 아쉬워하는 마음

상황에 알맞은 인사말 하기

• 정답 11쪽

10 다음 인사말에 알맞은 상황을 「보기」에서 찾아
추론 기호를 쓰세요.

┌─보기─────────────────
│ ㉠ 친구 집에 놀러 갔을 때
│ ㉡ 교실에서 친구와 부딪쳤을 때
│ ㉢ 학교 가는 길에 웃어른을 만났을 때
└──────────────────────

(1) "정말 미안해."	
(2) "초대해 줘서 고마워."	

|11~12| 다음 그림을 보고, 물음에 답하세요.

잘 먹겠습니다.

안녕?

11 그림 ❶과 ❷ 중에서 상황에 맞게 인사한 것
이해 의 기호를 쓰세요.

그림 (   )

서술형

12 그림 ❷의 남자아이는 어떤 자세로 인사해야
적용 하는지 쓰세요.

• 웃어른께 인사할 때에는 주머니에서 [   ]

을/를 빼고 고개를 숙이며 "[   ]?"

라고 인사해야 합니다.

도움말 웃어른께 인사할 때에는 예의 바르고 공손하게 인사해야
해요.

★
13 다음 상황에 어울리는 인사말을 선으로 이으
추론 세요.

(1) ┌──────────┐   (2) ┌──────────┐
    │ 이웃에게서 선 │   │ 할아버지 생 │
    │ 물을 받았을 때 │   │ 신 때   │
    └──────────┘   └──────────┘
         •   •

         •   •
㉮ ┌──────────┐   ㉯ ┌──────────┐
   │ 생신 축하드 │   │ 선물을 주셔 │
   │ 립니다.   │   │ 서 감사합니다. │
   └──────────┘   └──────────┘

국어 활동

14 ㉠~㉶을 웃어른께 하는 인사말과 친구에게
적용 하는 인사말로 나누어 기호를 쓰세요.

┌────────────────────────────
│ ㉠ 안녕?   ㉡ 미안해.
│ ㉢ 고맙습니다.   ㉣ 생일 축하해.
│ ㉤ 안녕하세요?   ㉥ 다녀오겠습니다.
└────────────────────────────

(1) 웃어른께 하는 인사말	
(2) 친구에게 하는 인사말	

개념 글자와 소리가 다른 낱말 읽기

• 받침이 뒤에 오는 'ㅇ'을 만나면 뒷말 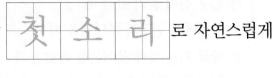 로 자연스럽게 이어져 읽힙니다.

글자	→	소리
걸음	걸⁄음	[거름]

개념확인 알맞은 것을 고르며 오늘의 개념을 확인해 보세요.

(1) '나들이'는 읽을 때 [나드리]로 소리 납니다. (○ , ×)

(2) 받침이 뒤에 오는 'ㅁ'을 만나면 뒷말 첫소리로 이어져 읽힙니다.

(○ , ×)

문해력을 높이는 어휘

• 오늘 배울 중요 어휘를 따라 쓰며 익혀 보세요.

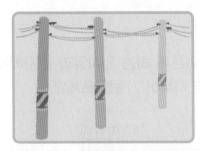

뜻 전기가 흐르는 줄을 늘여 매는 기둥.

예 길에 전봇대가 서 있어요.

뜻 두 발을 번갈아 옮겨 놓는 동작.

예 나는 걸음이 느려요.

저녁 인사 _ 최명란

내용 듣기

• 정답 12쪽

엄마 아빠 누나 동생

할아버지 할머니 고모 이모

전봇대 아파트 가로등 학교

토끼 강아지 고양이 쥐

모두 모두 잘 자요
　　　　인사말①

모두 내 꿈 꿔요
　　　　인사말②

중심 내용 | 모두에게 저녁 인사를 하였습니다.

• **글의 종류**: 동시
• **글의 특징**: 저녁에 나누는 인사말을 동시로 표현하였습니다.

• **작품 정리**

인사한 대상	엄마, 아빠, 누나, 동생, 할아버지, 할머니, 고모, 이모, 전봇대, 아파트, 가로등, 학교, 토끼, 강아지, 고양이, 쥐
인사말	모두 모두 잘 자요, 모두 내 꿈 꿔요

전봇대　전기가 흐르는 줄을 늘여 매는 기둥.

---

1 '내'가 인사한 대상을 모두 알맞게 쓴 것에 ○
이해　표 하세요.

(1) 엄마, 오빠, 누나, 동생　　　　(　　　)

(2) 할아버지, 할머니, 고모, 형　　(　　　)

(3) 전봇대, 아파트, 가로등, 학교　(　　　)

(4) 토끼, 강아지, 고양이, 다람쥐　(　　　)

서술형
2 이 시에 나오는 인사말은 언제 하는 것인지 쓰
추론　세요.

• '모두 모두 [　　　　　　　　]', '모두 내 꿈

꿔요'는 [　　　　] 에 하는 인사말입니다.

도움말 꿈을 꾸는 때는 언제인지 떠올려 보세요.

★
디지털 문해력
3 다음 대화에서 이 시에 나타난 상황과 관련된
적용　경험을 말한 친구의 이름을 쓰세요.

연주
내 동생에게 자기 전에 "잘 자."라고 인사했어.

민기
할머니께 아침에 "안녕히 주무셨어요?"라고 인사드렸어.

(　　　　　　　　　　　　)

4 다음 노랫말에서 인사말을 모두 찾아 ○표 하
이해　세요.

우리 서로 학굣길에 만나면 만나면
웃는 얼굴 하고 인사 나눕시다 얘들아 안녕

하루 공부 마치고서 집으로 갈 때도
헤어지기 전에 인사 나눕시다 얘들아 안녕

사슴과 뿔

• 정답 12쪽

가 어느 숲속에 사슴 한 마리가 살고 있었어요. 이 ㉠사슴은 항상 자신의 ㉡뿔을 자랑스럽게 생각하고 있었어요.

"내 멋진 뿔을 봐. 어쩜 이렇게 아름답게 생겼을까? 하지만 다리는 참 약해 보이고 가늘단 말이야."

사슴은 자신의 가늘고 긴 ㉢다리가 늘 **불만**이었지요.

중심 내용 | 사슴은 자신의 뿔을 자랑스러워했지만 가늘고 긴 다리가 불만이었습니다.

나 "어? 이건 무슨 소리지?"

사슴은 누군가가 걸어오는 소리라는 것을 알았어요.

"앗, **사냥꾼의 걸음** 소리가 들려. ㉣도망가자!"
　　　　　사슴이 도망간 까닭

놀란 사슴은 두 다리로 힘껏 달렸어요.

"하마터면 사냥꾼에게 붙잡힐 뻔했네."

집으로 돌아가려던 사슴은 ㉤깜짝 놀라 소리쳤어요.

"으아! 뿔이 걸려서 움직일 수 없잖아!"

깊은 숲속 나뭇가지 사이에 뿔이 걸려 사슴은 한 발짝도 움직일 수 없었어요.

중심 내용 | 사냥꾼의 걸음 소리에 도망치던 사슴은 나뭇가지에 뿔이 걸려 움직일 수 없었습니다.

• **글의 종류:** 이야기
• **글의 특징:** 자신의 뿔을 자랑스러워하던 사슴은 사냥꾼을 피해 도망가다가 나뭇가지에 뿔이 걸렸습니다.

▶ **글자와 소리가 다른 낱말**

글자	소리
사슴은	[사스믄]
걸음	[거름]
뿔이	[뿌리]
깊은	[기픈]

불만　마음에 차지 않음.
사냥꾼　산이나 들에서 동물을 잡는 일을 하는 사람.
걸음　두 발을 번갈아 옮겨 놓는 동작.

---

5 사슴이 자랑스러워한 것에 ○표 하세요.
이해
(1) 뿔　　　　　　　　　(　　)
(2) 다리　　　　　　　　(　　)

6 사슴에게 일어난 일은 무엇인가요? (　　)
이해
① 숲속에서 길을 잃었습니다.
② 달리다가 나무에 다리가 걸렸습니다.
③ 물을 마시다가 나무에 부딪혔습니다.
④ 나무 뒤에 숨어 있다가 사냥꾼에게 잡혔습니다.
⑤ 사냥꾼을 피해 도망가다 나뭇가지에 뿔이 걸렸습니다.

7 ㉠~㉤ 중에서 글자와 소리가 다른 낱말을 두 가지 고르세요. (　　)
어법
① ㉠　　　② ㉡　　　③ ㉢
④ ㉣　　　⑤ ㉤

8 다음 낱말을 소리 나는 대로 쓰세요.
적용
(1) 국어 ➡ [　　　　　]
(2) 악어 ➡ [　　　　　]
(3) 걸으며 ➡ [　　　　　]
(4) 나들이 ➡ [　　　　　]

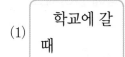
9 상황에 알맞은 인사말을 찾아 선으로 이으세요.

이해

(1) 학교에 갈 때 • • ㉮ 미안해.

(2) 친구와 헤어질 때 • • ㉯ 축하해.

(3) 친구에게 실수했을 때 • • ㉰ 내일 만나.

(4) 친구가 상을 받았을 때 • • ㉱ 다녀오겠습니다.

10 친구에게 도움을 받았을 때 하는 인사말로 알맞은 것은 무엇인가요? (   )

이해

① 안녕?   ② 잘 자.
③ 고마워.   ④ 괜찮아.
⑤ 미안해.

★

11 다음 문장에서 글자와 소리가 다른 낱말을 바르게 읽은 친구의 이름을 쓰세요.

적용

바람이 불어요.

[바람미] 수호   [부러요] 지유

(   )

|12~13| **다음 대화를 읽고, 물음에 답하세요.**

선생님: 네가 찾던 필통이 여기 있단다. 많이 걱정 했지?

지호: 하하, 다행이다.

선생님: 이럴 때에는 "물건을 찾아 주셔서 고맙습니다."라고 말하면 된단다.

지호: 네,   ㉠

12 선생님께서 찾아 주신 물건은 무엇인지 쓰세요.

이해

(   )

어법 더하기

13 ㉠에 들어갈 알맞은 인사말은 무엇인가요?

추론

(   )

① 반갑습니다.
② 정말 고마워.
③ 안녕히 계세요.
④ 잃어버려서 죄송해요.
⑤ 물건을 찾아 주셔서 고맙습니다.

어법 더하기 ⊕ 웃어른께 하는 인사

인사말은 인사를 하는 상대에 따라 달라질 수 있어요. 특히 웃어른께 하는 인사말과 친구에게 하는 인사말이 같지 않다는 것을 기억하세요.

웃어른께 하는 인사말 예	친구에게 하는 인사말 예
안녕하세요?	안녕?
고맙습니다.	고마워.
죄송합니다.	미안해.

5 단원 **2**회

| 1~2 | 다음 글을 읽고, 물음에 답하세요.

내가 좋아하는 친구들아, ⟨ ㉠ ⟩!
다음에 나도 같이 놀자.

내가 좋아하는 아랫집 할머니, ㉡안녕하세요?
강아지들도 안녕?

1 ㉠에 들어갈 알맞은 인사말은 무엇인가요?
( )

① 안녕 ② 미안해
③ 어서 와 ④ 반갑습니다
⑤ 안녕히 계세요

2 ㉡과 같이 인사하는 상황은 언제인가요?
( )

① 아침에 일어났을 때
② 친구가 상을 받았을 때
③ 길에서 웃어른을 만났을 때
④ 이웃에게서 선물을 받을 때
⑤ 교실에서 친구와 부딪쳤을 때

3 밥을 먹기 전에 하는 인사말에 ○표 하세요.
⑴ 잘 먹겠습니다. ( )
⑵ 잘 먹었습니다. ( )

| 4~5 | 다음 그림을 보고, 물음에 답하세요.

㉠잘 먹겠습니다.

4 그림에는 어떤 상황이 나타나 있는지 쓰세요.

· □□□ 께서 과일을 주셨습니다.

5 ㉠과 같은 인사말은 어떤 마음으로 해야 하나요? ( )

① 슬퍼하는 마음 ② 축하하는 마음
③ 짜증 나는 마음 ④ 고마워하는 마음
⑤ 아쉬워하는 마음

서술형

6 보기와 같이 미안한 마음을 담아 인사했던 경험을 한 가지 떠올려 쓰세요.

보기

교실에서 친구와 부딪쳤을 때 "미안해."라고 인사했습니다.

·

"정말 미안해."라고 인사했습니다.

도움말 자신이 다른 사람에게 실수하거나 잘못했던 경험을 떠올려 보세요.

| 7~8 | 다음 그림을 보고, 물음에 답하세요.

안녕?

7 남자아이처럼 인사하면 인사를 받는 사람의 기분은 어떠할까요? (   )

① 칭찬하고 싶을 것입니다.
② 기쁜 마음이 들 것입니다.
③ 기분이 좋지 않을 것입니다.
④ 신나는 기분이 들 것입니다.
⑤ 미안한 마음이 들 것입니다.

8 남자아이가 인사할 때 어떻게 해야 하는지 알 맞은 것에 모두 ○표 하세요.

⑴ 손을 흔들며 인사합니다.   (   )
⑵ "안녕하세요?"라고 인사합니다. (   )
⑶ 주머니에서 손을 빼고 고개를 숙여 인사합니다.   (   )

| 9~11 | 다음 시를 읽고, 물음에 답하세요.

> 엄마 아빠 누나 동생
> 할아버지 할머니 고모 이모
> 전봇대 아파트 가로등 학교
> 토끼 강아지 고양이 쥐
> 모두 모두 ㉠잘 자요
> 모두 내 꿈 꿔요

9 이 시에 나오지 <u>않는</u> 사람은 누구인가요?
                                    (   )

① 고모   ② 동생
③ 삼촌   ④ 엄마
⑤ 할아버지

10 ㉠은 언제 하는 인사인가요? (   )

① 공부를 시작할 때
② 할아버지 생신 때
③ 학교에 다녀왔을 때
④ 할머니께서 오셨을 때
⑤ 저녁에 잠을 자러 갈 때

11 이 시에 나타난 상황에서 할 수 있는 또 다른 인사말은 무엇일까요? (   )

① 고마워.
② 축하해요.
③ 어서 오세요.
④ 다녀오겠습니다.
⑤ 안녕히 주무세요.

|12~13| 다음 글을 읽고, 물음에 답하세요..

> 가 "내 멋진 뿔을 봐. 어쩜 이렇게 아름답게 생겼을까? 하지만 다리는 참 약해 보이고 가늘단 말이야."
> 사슴은 자신의 가늘고 긴 다리가 늘 불만이었지요.
>
> 나 "앗, 사냥꾼의 걸음 소리가 들려. 도망가자!"
> 놀란 사슴은 두 다리로 힘껏 달렸어요.
> "하마터면 사냥꾼에게 붙잡힐 뻔했네."

12 사슴이 자신의 다리를 어떻게 생각했는지 알맞은 것에 ○표 하세요.

(1) 불만스러워했습니다.   (   )

(2) 자랑스러워했습니다.   (   )

13 글자와 소리가 다른 낱말이 <u>아닌</u> 것은 무엇인가요? (   )

① 뿔을   ② 보이고

③ 사슴은   ④ 달렸어요

⑤ 사냥꾼에게

14 다음 낱말을 소리 나는 대로 쓰세요.

> 목요일   ➡   [   ]

15 다음 그림을 보고, 물음에 답하세요.

1단계 그림에는 어떤 상황이 나타나 있는지 쓰세요.

• 여자아이가 [   ]에서 친구와 웃어른을 만났습니다.

> 도움말 그림에서 여자아이가 어디에서 누구를 만났는지 살펴보세요.

2단계 →보기와 같이 여자아이가 할 알맞은 인사말을 쓰세요.

> 보기
> 친구를 만나면 "안녕?"이라고 인사합니다.

• 웃어른을 만나면 "[   ]"라고 인사합니다.

> 도움말 웃어른을 만나면 어떤 인사말을 해야 하는지 친구를 만났을 때 하는 인사말과 비교하여 생각해 보세요.

알맞은 낱말을 찾아라!

다음 뜻에 알맞은 낱말이 있는 떡을 찾아 색칠하세요.

❶ '생일'을 높여 이르는 말.
❷ 두 발을 번갈아 옮겨 놓는 동작.
❸ 전기가 흐르는 줄을 늘여 매는 기둥.
❹ 만나거나 헤어질 때에 예의를 나타냄. 또는 그런 말이나 행동.

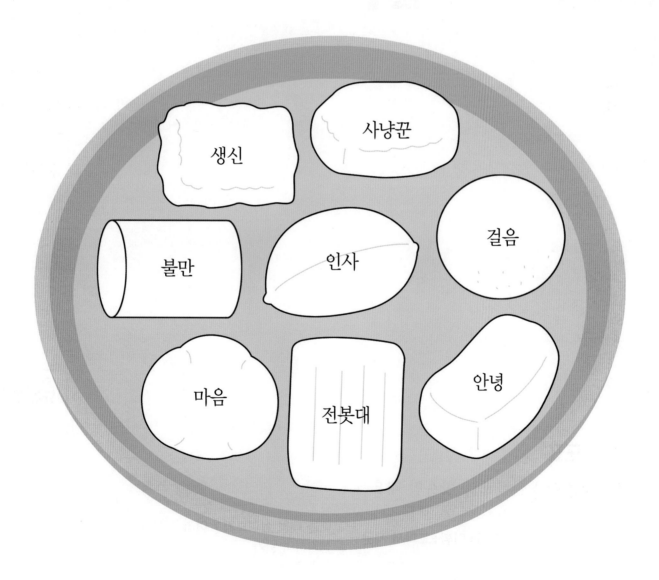

6 또박또박 읽어요

온라인
학습 진도표

● 학습 진도표

회차	백점 쪽수	오늘 학습할 내용	학습 주제
1	118~121쪽	개념+어휘+교과서 지문	배울 내용 살펴보기 / 여러 가지 문장 읽기 / 문장의 뜻을 생각하며 읽기
2	122~125쪽	개념+어휘+교과서 지문	「나무를 심어요」 / 「꽃에서 나온 코끼리」 / 마무리하기
3	126~129쪽	대단원 평가+낱말 놀이터	

단원 미리 보기

여러 가지
문장을 읽어요.

문장 **부호**의
쓰임을 알아요.

띄어 읽기를
알맞게 해요.

6
단원

개념 소리 내어 문장 읽기

• 그림을 보고 | 누 | 가 | , 무엇을 하는지 떠올리며 읽습니다.

• 문장을 또박또박 큰 소리로 읽습니다.

• 바른 | 자 | 세 | 로 문장을 읽습니다.

개념 확인 **알맞은 것을 고르며 오늘의 개념을 확인해 보세요.**

(1) 그림을 보고 누가, 무엇을 하는지 떠올리며 문장을 읽습니다. (○ , ×)

(2) 소리 내어 문장을 읽을 때에는 소곤소곤 작은 소리로 읽습니다. (○ , ×)

문해력을 높이는 어휘

• 오늘 배울 중요 어휘를 따라 쓰며 익혀 보세요.

| 문 | 장 |

뜻 말이나 글로 생각을 나타내는 가장 작은 단위.

예 낱말 카드로 문장을 만들어요.

| 어 | 울 | 리 | 다 |

뜻 여럿이 서로 잘 조화되어 자연스럽게 보이다.

예 운동화가 잘 어울려요.

배울 내용 살펴보기

● 정답 13쪽

|1~2| 다음 그림을 보고, 물음에 답하세요.

1
이해

여우가 읽은 문장은 무엇인지 ○표 하세요.

(1) 이 자전거를 가면 어디든 갈 수 있어!

( )

(2) 이 자전거를 타면 어디든 갈 수 있어!

( )

2
추론

토끼가 여우가 한 말을 이해하지 못한 까닭은 무엇일까요? ( )

① 여우가 말을 너무 빨리 했기 때문에

② 토끼가 다른 곳을 보고 있기 때문에

③ 여우가 문장을 띄어 읽지 않았기 때문에

④ 토끼가 여우의 말을 듣지 않았기 때문에

⑤ 여우가 문장을 정확하게 읽지 않았기 때문에

|3~4| 다음 그림을 보고, 물음에 답하세요.

3
이해

㉠과 ㉡ 중에서 다음과 같이 띄어 읽은 문장은 무엇인지 기호를 쓰세요.

> '오늘', '밤나무를', '심자' 사이를 모두 띄어 읽었습니다.

( )

4
추론

㉠과 ㉡에 담긴 뜻을 선으로 이으세요.

(1) ㉠ •

• ㉮ 오늘, 밤이 열리는 나무를 심자.

(2) ㉡ •

• ㉯ 오늘 해가 져서 어두워지면 나무를 심자.

여러 가지 문장 읽기

• 정답 13쪽

• 그림의 특징: 친구들이 계곡에서 물놀이를 하고 있습니다.

▶ 여러 가지 문장 읽기

무엇이 어찌하다/어떠하다
• 새가 날아갑니다.
• 물이 시원합니다.

무엇이 무엇이 되다
• 여름이 되었습니다.
• 우리는 친구가 되었습니다.

무엇이 무엇을 어찌하다
• 동생이 물놀이를 합니다.
• 엄마가 사진을 찍습니다.

5 그림 속 친구들은 무엇을 하고 있나요?
이해
( )

① 책을 읽고 있습니다.
② 공부를 하고 있습니다.
③ 달리기를 하고 있습니다.
④ 물놀이를 하고 있습니다.
⑤ 술래잡기를 하고 있습니다.

6 그림을 보고 떠올린 문장으로 알맞지 <u>않은</u> 것
이해 은 무엇인가요? ( )

① 물이 시원합니다.
② 새가 날아갑니다.
③ 바위가 있습니다.
④ 여름이 되었습니다.
⑤ 강아지가 뛰어갑니다.

7 다음 그림을 보고 문장을 만들 때, 빈칸에 들
추론 어갈 알맞은 낱말에 ○표 하세요.

• 우리는 친구가 (되었습니다, 하였습니다).

8 ⎡보기⎤와 같이 물음에 답이 되는 낱말을 찾아
적용 ○표 하세요.

⎡보기⎤
• 나는 무엇을 하고 있습니까?

➡ 나는 청소를 합니다.

• 동생은 무엇을 먹고 있습니까?

➡ 동생이 국수를 먹습니다.

문장의 뜻을 생각하며 읽기

● 정답 13쪽

- **그림의 특징**: 다람쥐, 토끼, 하마, 곰, 호랑이, 원숭이가 놀이터에서 놀고 있습니다.

- **활동 정리**

  그림에 어울리는 문장 떠올리기

  - 원숭이가 달립니다.
  - 하마가 그네를 탑니다.
  - 호랑이가 턱걸이를 합니다.
  - 곰이 모래성을 완성했습니다.
  - 토끼와 다람쥐가 시소를 탑니다.

- ➤ 소리 내어 문장 읽기
  - 그림을 보고 누가, 무엇을 하는지 떠올리며 읽습니다.
  - 문장을 또박또박 큰 소리로 읽습니다.
  - 바른 자세로 문장을 읽습니다.

9 동물들이 있는 곳은 어디인가요? (   )

이해

① 교실   ② 은행

③ 놀이터   ④ 도서관

⑤ 수영장

10 그림을 보고 어울리는 문장을 말한 친구의 이

이해 름을 쓰세요.

> 민우: 원숭이가 자리에 앉습니다.
> 영현: 호랑이가 턱걸이를 합니다.
> 지나: 토끼와 다람쥐가 시소에서 내립니다.

(   )

서술형

11 보기 와 같이 그림을 보고 문장을 쓰세요.

적용

보기

하마가 그네를 탑니다.

- 곰이 _____

도움말 곰이 모래로 무엇을 만들었는지 살펴보아요.

국어 활동

12 다음 그림에 알맞은 문장은 무엇인가요?

이해

(   )

① 친구가 춤을 춥니다.

② 친구가 책을 읽습니다.

③ 친구가 편지를 씁니다.

④ 친구가 수영을 합니다.

⑤ 친구가 줄넘기를 합니다.

6
단원

1회

나의 실력에 색칠하세요.

😄 🙂 😣

개념 문장 부호 알기

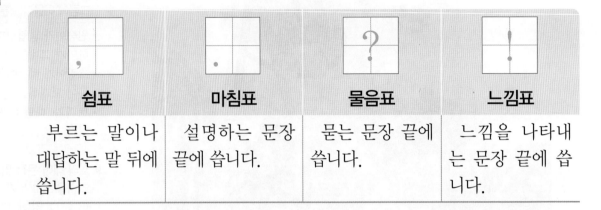

쉼표	마침표	물음표	느낌표
부르는 말이나 대답하는 말 뒤에 씁니다.	설명하는 문장 끝에 씁니다.	묻는 문장 끝에 씁니다.	느낌을 나타내는 문장 끝에 씁니다.

개념 확인 알맞은 것을 고르며 오늘의 개념을 확인해 보세요.

(1) 문장 부호 '!'의 이름은 '물음표'입니다. (○ , ×)

(2) '마침표'는 설명하는 문장 끝에 씁니다. (○ , ×)

문해력을 높이는 어휘

• 오늘 배울 중요 어휘를 따라 쓰며 익혀 보세요.

부 호

뜻 일정한 뜻을 나타내기 위하여 따로 정하여 쓰는 기호.

예 여러 가지 문장 부호를 배워요.

기 웃 거 리 다

뜻 무엇을 보려고 고개나 몸 따위를 이쪽저쪽으로 자꾸 기울이다.

예 지호가 문 앞을 기웃거려요.

나무를 심어요

• 정답 13쪽

할아버지 댁에는 마당이 있어요 ⊙

마당에는 작은 꽃이 있고 가끔 고양이도 놀러 와요. 그런데 어찌 된 일인지 나무는 없어요.

 ⓒ할아버지, 왜 마당에 나무가 한 <u>그루도</u> 없어요?

 예전에는 나무가 있었단다. 네 키보다 더 컸었지!

 그 나무는 어디로 갔어요?

 바람이 심하게 불던 날에 쓰러지고 말았어.

 마당에 나무가 한 그루 있으면 좋겠어요. 맛있는 감이 열리는 나무요.

 그래, 좋은 생각이구나! 오늘 마당에 감나무를 심자.

• 작품 정리

할아버지 댁 마당에 나무가 없는 까닭

바람이 심하게 불던 날에 나무가 쓰러지고 말았음.

▶ 문장 부호에 알맞게 띄어 읽기
• 쉼표 뒤에는 쐐기표(∨)를 하고 조금 쉬어 읽습니다.
• 마침표, 물음표, 느낌표 뒤에는 겹쐐기표(∨)를 하고 쉼표보다 조금 더 쉬어 읽습니다.
• 글이 끝나는 곳에서는 겹쐐기표(∨)를 하지 않습니다.

그루 식물, 특히 나무를 세는 단위.

---

1 할아버지 댁 마당에는 왜 나무가 한 그루도 없는지 쓰세요.
이해

• [ ][ ] 이/가 심하게 불어 나무가 쓰러졌기 때문입니다.

★
2 ⊙에 들어갈 문장 부호를 알맞게 쓴 것은 무엇인가요? ( )
적용

 ①   ②   ③

 ④   ⑤

---

3 ⓒ에 쓰인 문장 부호의 이름을 모두 고르세요.
이해 ( )

① 쉼표   ② 마침표   ③ 물음표
④ 느낌표   ⑤ 따옴표

디지털 문해력

4 다음 게시판의 질문에 알맞은 댓글을 쓴 친구의 이름을 쓰세요.
적용

질문 게시판 >>> 궁금해요

현지 이 문장은 어떻게 읽어야 하는지 알려 주세요.

> 그래, 좋은 생각이구나! 오늘 마당에 감나무를 심자.

지호 쉼표와 느낌표 뒤에서 길게 쉬어 읽어요.

솔이 쉼표 뒤에는 조금 쉬어 읽고, 느낌표 뒤에는 쉼표보다 조금 더 쉬어 읽어요.

( )

코끼리다!

손을 내밀자 톡 떨어진다. ㉠

눈을 깜빡깜빡, ㉡귀를 팔랑팔랑, 긴 코를 살랑살랑 흔든다. ㉢

와아, 살아 있는 진짜 코끼리다! ㉣

"내 필통 구경할래?"

가방에서 필통을 꺼내 코끼리에게 보여 주었다. ㉤

코끼리는 신기한 듯 **기웃거리더니** 영차, 필통 속으로 들어갔다.

• 글의 종류: 그림책
• 글의 특징: 꽃에서 나온 코끼리에게 '나'의 필통을 보여 주었습니다.

➤ 띄어 읽을 곳에 ∨와 ≪를 하고 문장을 알맞게 띄어 읽기

> 코끼리다!≪
> 손을 내밀자 톡 떨어진다.≪
> 눈을 깜빡깜빡, ∨귀를 팔랑팔랑, ∨긴 코를 살랑살랑 흔든다.≪
> 와아, ∨살아 있는 진짜 코끼리다!≪
> 내 필통 구경할래?

기웃거리더니 무엇을 보려고 고개나 몸 따위를 이쪽저쪽으로 자꾸 기울이더니.

5
이해

코끼리는 어디에서 나왔는지 한 글자로 쓰세요.

(   )

6
감상

보기와 같이 자신이 만나고 싶은 동물은 무엇인지 쓰세요.

> 보기
> 나는 수영을 잘하는 돌고래를 만나고 싶습니다.

• 나는 _____
을/를 만나고 싶습니다.

도움말 자신이 만나고 싶은 동물은 무엇인지, 그 동물의 특징은 무엇인지를 떠올려 보아요.

7
적용

㉠~㉤ 중에서 조금 쉬어 읽어야 하는 곳은 어디인가요? (   )

① ㉠   ② ㉡   ③ ㉢

④ ㉣   ⑤ ㉤

국어 활동

8
적용

다음 편지의 빈칸에 ∨나 ≪를 넣어 띄어 읽기 표시를 알맞게 하세요.

> 두루미야, [ ] 지난번에 내가 준비한 음식을 먹지 못했지? [ ]
> 네 부리가 길어서 불편했을 것 같아. [ ]
> 우리 집에 납작한 그릇밖에 없었어. [ ]
> 다음에는 네 부리에 맞는 그릇을 준비할게. [ ]
> 꼭 다시 놀러 와!

9 조금 쉬어 읽기(∨)를 하지 <u>않는</u> 문장은 무엇인
이해 가요? (　　　)

> ①어느 날, 나무꾼은 산에서 호랑이를 만
> 났어요. 나무꾼은 깜짝 놀랐지만 차분하게
> 꾀를 냈어요.
>
> ②형님, 드디어 만났군요!
> ③어찌 내가 네 형님이냐?
> 형님은 호랑이 탈을 쓴 사람이에요.
> ④산에 살고 있지만, 틀림없이 제 형님이
> 십니다.
> 그게 정말이냐?
> ⑤네, 어머니는 형님이 보고 싶어 매
> 일 울고 계세요.

10 다음 그림에 알맞은 문장에 ○표 하세요.
이해

(1) 친구와 책을 읽습니다.　　　(　　　)

(2) 친구와 자전거를 탑니다.　　　(　　　)

11 문장 부호와 그 쓰임을 알맞게 쓴 것에 ○표
이해 하세요.

(1) ｜,｜: 묻는 문장 끝에 씁니다.　　(　　　)

(2) ｜.｜: 설명하는 문장 끝에 씁니다. (　　　)

(3) ｜?｜: 느낌을 나타내는 문장 끝에 씁니다.
　　　　　　　　　　　　　　　(　　　)

(4) ｜!｜: 부르는 말이나 대답하는 말 뒤에 씁
니다.　　　　　　　　　　　(　　　)

12 빈칸에 알맞은 문장 부호를 쓰세요.
적용

> 유리: 오빠 ｜(1)｜ 학교 마치고 뭐해?
>
> 유준: 친구랑 운동장에서 축구할 거야.
>
> 유리: 나도 같이 놀자.
>
> 유준: 그래, 너도 축구 좋아하니 ｜(2)｜
>
> 유리: 응, 좋아해 ｜(3)｜
>
> 유준: 잘됐다 ｜(4)｜ 그럼 같이 가자.

어법 더하기

13 낱말을 바르게 읽지 <u>못한</u> 친구에게 ✕표 하세요.
어법

(1) 만따 / 많다 (　　　)

(2) 널따 / 넓다 (　　　)

(3) 짤따 / 짧다 (　　　)

(4) 여덜 / 여덟 (　　　)

어법 더하기 ⊕ 받침을 읽는 방법

'넓다'의 받침 'ㄼ'은 [ㄹ]로 소리 나고, 받침 'ㄼ'
뒤에 오는 'ㄷ'은 [ㄸ]으로 소리 납니다. 또한 '많다'
의 받침 'ㄶ' 뒤에 'ㄷ'이 오면 [ㅌ]으로 소리 납니다.

받침 'ㄼ'	넓다[널따], 짧다[짤따], 여덟[여덜]
받침 'ㄶ'	많다[만타], 않다[안타]

나의 실력에 색칠하세요.

| 1~2 | 다음 문장을 읽고, 물음에 답하세요.

> ㉠오늘 밤나무를 심자.
> ㉡오늘 밤 나무를 심자.

1 다음 그림에 알맞은 문장을 골라 기호를 쓰세요.

( )

2 ㉠과 ㉡ 문장의 뜻이 서로 다른 까닭은 무엇인가요? ( )

① 글자 수가 달라서
② 띄어 읽기가 서로 달라서
③ 서로 다른 사람이 읽어서
④ 문장을 읽은 장소가 달라서
⑤ 서로 다른 시간에 문장을 읽어서

3 문장을 알맞게 띄어 읽어야 하는 까닭은 무엇인가요? ( )

① 말을 짧게 할 수 있습니다.
② 문장을 빨리 쓸 수 있습니다.
③ 말을 재미있게 할 수 있습니다.
④ 친구를 많이 사귈 수 있습니다.
⑤ 문장의 뜻을 정확하게 이해할 수 있습니다.

| 4~6 | 다음 그림을 보고, 물음에 답하세요.

4 그림을 보고 문장을 알맞게 말한 친구의 이름을 쓰세요.

> 민재: 겨울이 되었습니다.
> 예은: 친구들이 물놀이를 합니다.

( )

5 빈칸에 들어갈 알맞은 낱말은 무엇인가요?

( )

> ☐☐☐☐ 기뻐합니다.

① 새가 ② 모자가
③ 물병이 ④ 하늘이
⑤ 친구들이

6 엄마는 무엇을 들고 있나요? ( )

① 가방 ② 물총
③ 바위 ④ 돗자리
⑤ 카메라

● 정답 14쪽

| 7~8 | 다음 그림을 보고, 물음에 답하세요.

7 그림에서 토끼와 다람쥐는 무엇을 타고 있나요? ( )

① 나무   ② 시소

③ 비행기   ④ 자전거

⑤ 미끄럼틀

8 그림에 알맞은 문장이 되도록 선으로 이으세요.

(1) 하마가   (2) 호랑이가

㉠ 그네를   ㉡ 턱걸이를

① 합니다.   ② 탑니다.

| 9~11 | 다음 글을 읽고, 물음에 답하세요.

> ㉠할아버지, 왜 마당에 나무가 한 그루도 없어요?
>
> ㉡예전에는 나무가 있었단다. 네 키보다 더 컸지!
>
> 그 나무는 어디로 갔어요㉮
>
> 바람이 심하게 불던 날에 쓰러지고 말았어.
>
> ㉢마당에 나무가 한 그루 있으면 좋겠어요. 맛있는 감이 열리는 나무요.

9 남자아이는 마당에 무엇이 열리는 나무가 있으면 좋겠다고 했는지 한 글자로 쓰세요.

( )

10 ㉠~㉢ 중에서 띄어 읽기 표시를 알맞게 한 것에 ○표 하세요.

(1) ㉠: 할아버지,∨왜 마당에 나무가 한 그루도 없어요?∨ ( )

(2) ㉡: 예전에는 나무가 있었단다.∨네 키보다 더 컸지!∨ ( )

(3) ㉢: 마당에 나무가 한 그루 있으면 좋겠어요.∨맛있는 감이 열리는 나무요.∨ ( )

서술형

11 ㉮에 어떤 문장 부호가 들어가야 하는지 쓰세요.

· 묻는 문장의 끝이므로 □□□ 이/가 들어가야 합니다.

도움말 묻는 문장의 끝에는 어떤 부호가 들어가는지 생각해 보세요.

12 마침표에 대한 설명으로 알맞은 것은 무엇인 가요? ( )

① 모든 문장 끝에 씁니다.
② 묻는 문장 끝에 씁니다.
③ 설명하는 문장 끝에 씁니다.
④ 느낌을 나타내는 문장 끝에 씁니다.
⑤ 문장 가운데 대답하는 말 뒤에 씁니다.

| 13~14 | 다음 글을 읽고, 물음에 답하세요.

> 코끼리다!
> 손을 내밀자 톡 떨어진다.
> 눈을 깜빡깜빡,㉠귀를 팔랑팔랑,㉡긴 코를 살랑살랑 흔든다.
> 와아,㉢살아 있는 진짜 코끼리다!
> "내 필통 구경할래?"
> 가방에서 필통을 꺼내 코끼리에게 보여 주었다.㉣
> 코끼리는 신기한 듯 기웃거리더니 영차,㉤ 필통 속으로 들어갔다.

13 코끼리가 들어간 곳으로 알맞은 것에 ○표 하세요.

(1) 꽃 ( )
(2) 필통 ( )

14 ㉠~㉤ 중에서 ∨를 하는 곳은 어디인가요?
( )

① ㉠ ② ㉡ ③ ㉢
④ ㉣ ⑤ ㉤

15 다음 편지를 읽고, 물음에 답하세요.

> ㉠두루미야,㉡지난번에 내가 준비한 음식을 먹지 못했지?
> 네 부리가 길어서 불편했을 것 같아.
> ㉢우리 집에 납작한 그릇밖에 없었어.
> 다음에는 네 부리에 맞는 그릇을 준비할게.
> ㉣꼭 다시 놀러 와!

1단계 ㉠~㉣에 쓰인 문장 부호의 이름을 쓰세요.

(1) ㉠	
(2) ㉡	
(3) ㉢	
(4) ㉣	

도움말 이 단원에서 배운 문장 부호에는 쉼표, 마침표, 물음표, 느낌표가 있어요.

2단계 ㉡~㉣ 중에서 뒤에 ∨를 하지 않는 곳의 기호와 그 까닭을 쓰세요.

· □ 입니다. 왜냐하면 글이 □ □

□ 곳 뒤에서는 ∨를 하지 않기 때문입니다.

도움말 글이 끝나는 곳에서는 ∨를 하지 않는다는 것을 꼭 기억하세요.

어떤 낱말이 숨어 있을까?

다음 뜻에 알맞은 낱말을 모래 속에서 찾아 ○표 하세요.

❶ 여럿이 서로 잘 조화되어 자연스럽게 보이다.

❷ 말이나 글로 생각을 나타내는 가장 작은 단위.

❸ 무엇을 보려고 고개나 몸 따위를 이쪽저쪽으로 자꾸 기울이다.

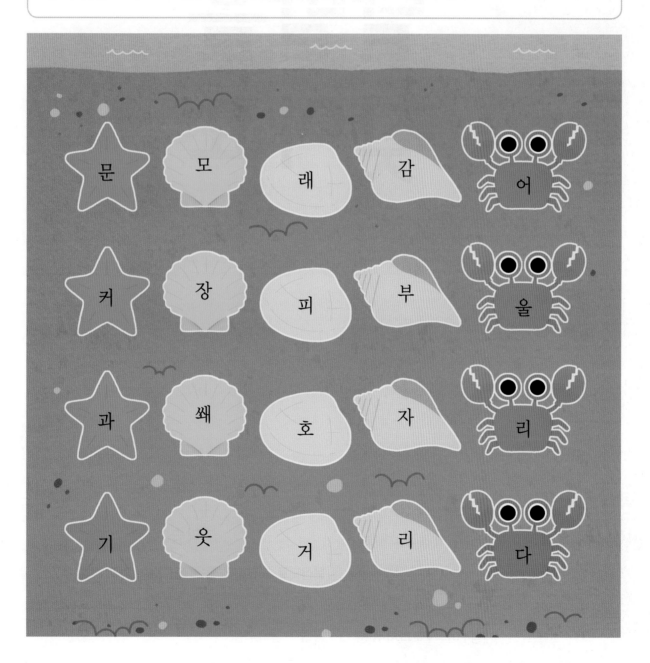

거꾸로 정답 ❶어울리다 ❷낱말 ❸기웃거리다

7 알맞은 낱말을 찾아요

온라인
학습 진도표

● 학습 진도표

회차	백점 쪽수	오늘 학습할 내용	학습 주제
1	132~135쪽	개념+어휘+교과서 지문	문장으로 표현하면 좋은 점 / 여러 가지 받침이 있는 낱말 읽고 쓰기 / 그림을 보고 낱말 찾기
2	136~139쪽	개념+어휘+교과서 지문	그림을 보고 문장으로 말하기 / 「도서관 고양이」 / 마무리하기
3	140~143쪽	대단원 평가+낱말 놀이터	

단원 미리 보기

묶다

쌍받침을 배워요.

그림에 어울리는
문장을 만들어요.

여러 가지 문장을
완성해요.

7
단원

개념 여러 가지 받침이 있는 낱말 알기

• '낚', '갔'의 받침 'ㄲ', 'ㅆ'처럼 같은 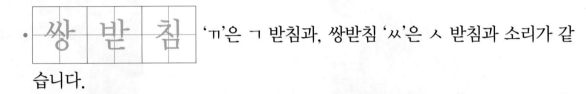 가 겹쳐서 된 받침

을 '쌍받침'이라고 합니다.

• 쌍 받 침 'ㄲ'은 ㄱ 받침과, 쌍받침 'ㅆ'은 ㅅ 받침과 소리가 같

습니다.

• '박'과 '밖'처럼 받침이 쌍받침으로 바뀌면 낱말의 뜻이 달라집니다.

개념 확인 알맞은 것을 고르며 오늘의 개념을 확인해 보세요.

(1) 같은 자음자가 겹쳐서 된 받침을 '쌍받침'이라고 합니다. (○ , ×)

(2) ㅆ 받침은 ㄱ 받침과 읽을 때 소리가 같습니다. (○ , ×)

문해력을 높이는 어휘

• 오늘 배울 중요 어휘를 따라 쓰며 익혀 보세요.

뜻 어떤 것을 남이 잘 알 수 있도록 말하는 것.

예 우리 집을 설명해요.

뜻 일을 다 이룸.

예 블록으로 집을 완성했어요.

문장으로 표현하면 좋은 점

• 정답 14쪽

① 요리를 배우러 왔습니다.

② 제가 알려 주는 대로 잘 따라 해 보세요.

③ 넣으세요. 무엇을 넣어요?

④ 꿀을! 어디에 넣어요?

⑤ 냄비에!

⑥ 설명을 알아듣기 어려워. ○。。

• **특징**: 사자가 문장이 아닌 낱말만 말해서 곰이 사자의 설명을 알아듣기 어려운 상황이 나타나 있습니다.

• **활동 정리**

사자가 잘못한 점	문장으로 설명하지 않음.
결과	설명하는 말을 알아듣기 어려움.

↓

알게 된 점
하고 싶은 말을 낱말이 아닌 문장으로 표현해야 정확하게 전달할 수 있음.

설명 어떤 것을 남이 잘 알 수 있도록 말하는 것.

---

1 곰이 사자를 찾아온 까닭은 무엇인가요? ( )
이해

① 요리를 배우기 위해서
② 요리 대회에 나가기 위해서
③ 요리 재료를 전해 주기 위해서
④ 사자가 만든 음식을 먹기 위해서
⑤ 사자에게 음식을 만들어 주기 위해서

2 곰이 사자의 설명을 알아듣기 어려웠던 까닭
이해 에 ○표 하세요.

(1) 사자가 작은 소리로 말했기 때문에
( )

(2) 사자가 어려운 낱말로 설명했기 때문에
( )

(3) 사자가 문장으로 설명하지 않았기 때문에
( )

3 사자가 곰에게 하고 싶던 말은 무엇이었을지
추론 쓰세요.

• "꿀을 □□ 에 넣으세요."

★

4 하고 싶은 말을 문장으로 표현하면 좋은 점을
적용 알맞게 말한 친구의 이름을 쓰세요.

주원: 전달할 내용을 빠르게 말할 수 있어.
고은: 말하지 않아도 다른 사람의 생각을 알 수 있어.
하준: 자신의 생각이나 전달할 내용을 상대에게 정확하게 전달할 수 있어.

( )

5 그림에 알맞은 낱말에 ○표 하세요.

이해

(1)

• (박, 밖)이 주렁주렁 열렸습니다.

(2)

• 나는 강아지와 함께 (박, 밖)으로 나갔
습니다.

디지털 문해력

6 다음 온라인 대화를 보고 밑줄 친 낱말의 받침
적용 을 잘못 쓴 사람을 쓰세요.

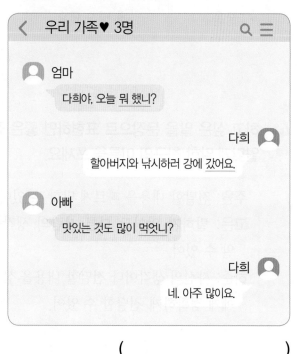

( )

7 ㉠과 ㉡에 들어갈 알맞은 글자는 무엇인가요?

어휘

( )

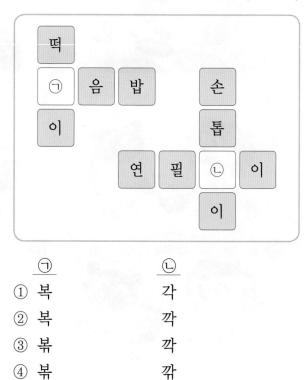

	㉠	㉡
①	복	각
②	복	깍
③	볶	깍
④	볶	깎
⑤	뽁	깎

8 보기 에서 알맞은 받침을 골라 낱말을 완성하
적용 세요.

보기

ㄱ ㄲ ㅅ ㅆ

(1)

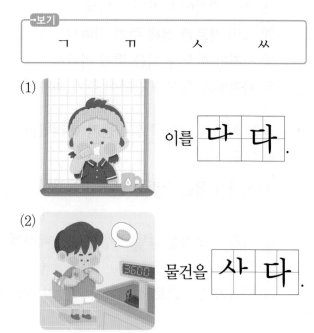

이를 다 다 .

(2)

물건을 사 다 .

그림을 보고 낱말 찾기

• 정답 14쪽

| 9~10 | 다음 그림을 보고, 물음에 답하세요.

9 다음 그림에 어울리는 낱말은 무엇인가요?
이해
( )

① 수영 　② 야구 　③ 축구
④ 줄넘기 　⑤ 훌라후프

10 다음 그림에 알맞은 문장을 찾아 각각 선으로
이해 이으세요.

(1)  • 　• ㉮ 여우가 자전거를 타요.

(2)  • 　• ㉯ 원숭이가 달리기를 해요.

(3)  • 　• ㉰ 사자가 하늘에 연을 날려요.

서술형

11 **보기** 와 같이 그림에 어울리는 문장을 쓰세요.
적용

동생

나

→보기

> 동생이 문을 두드립니다.

• 나는 _____

_____

도움말 그림에 누가 등장하는지, 무엇이 어디에 있는지, 누가 무엇을 하는지 등을 살펴보고 써 보아요.

국어 활동

12 그림에 어울리는 문장이 아닌 것은 무엇인가
적용 요? ( )

① 아빠는 수박을 땁니다.
② 엄마는 수박을 자릅니다.
③ 우리는 원두막에 있습니다.
④ 동생과 나는 수박을 심습니다.
⑤ 강아지는 수박밭을 뛰어다닙니다.

나의 실력에 색칠하세요.
😄 🙂 😣

개념 여러 가지 문장 말하기

무엇이 어디에 속하는지 나타내고 싶을 때 _{포함되는지}	무엇은 무엇입니다 예 한복은 옷입니다.
움직임이나 움직이는 **모 습** 을 나타낼 때	누가 무엇을 합니다 예 나는 한복을 입습니다.
모습이나 상태를 나타낼 때	무엇이 어떠합니다 예 한복이 아름답습니다.

개념 확인 알맞은 것을 고르며 오늘의 개념을 확인해 보세요.

(1) 움직임을 나타낼 때에는 "무엇이 어떠합니다."와 같이 표현합니다.

(○ , ×)

(2) 무엇이 어디에 속하는지 나타내고 싶을 때에는 "무엇은 무엇입니다."와 같이 표현합니다.

(○ , ×)

문해력을 높이는 어휘

• 오늘 배울 중요 어휘를 따라 쓰며 익혀 보세요.

😊 뜻 무엇이 어디에 속하는 것.

예 사과, 포도, 귤은 과일에 포함돼요.

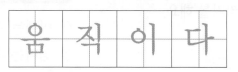

😊 뜻 멈추어 있던 자세나 자리가 바뀌다.

예 책상을 뒤로 움직여요.

그림을 보고 문장으로 말하기

• 정답 15쪽

|1~2| 다음 그림을 보고, 물음에 답하세요.

1 그림에 알맞은 낱말을 선으로 바르게 이으세요.

이해

(1) 그림 ❶ •

(2) 그림 ❷ •

(3) 그림 ❸ •

(4) 그림 ❹ •

• ㉮ 꽃

• ㉯ 동물

• ㉰ 과일

• ㉱ 옷

★
2 무엇이 무엇에 포함되는지 생각하며 빈칸에 들어갈 알맞은 낱말을 **보기** 에서 찾아 쓰세요.

적용

보기

| 과일 | 장미 | 오리 |

(1) ( )은/는 꽃입니다.

(2) ( )은/는 동물입니다.

(3) 복숭아는 ( )입니다.

|3~5| 다음 그림을 보고, 물음에 답하세요.

3 원숭이는 무엇을 하고 있나요? ( )

이해

① 풍선을 불고 있습니다.

② 선물을 주고 있습니다.

③ 케이크를 먹고 있습니다.

④ 피아노를 치고 있습니다.

⑤ 호랑이와 이야기하고 있습니다.

4 누가 딸기를 먹고 있나요? ( )

이해

① 곰　　　　② 토끼

③ 원숭이　　④ 호랑이

⑤ 거북이

5 호랑이가 무엇을 하고 있는지 쓰세요.

이해

• 호랑이가 [　][　] 춥니다.

7
단원

2회

도서관 고양이 _ 최지혜

● 정답 15쪽

❶ 아이들이 뒹굴뒹굴 키득키득 그림책을 들여다보고 있더라.

재미있나? 궁금해졌어.

우아, 그림책이 이렇게 많다니!

눈은 **휘둥그레**, 귀는 쫑긋, 한눈에 반하고야 말았어.

어느새 꼬리도 하늘 높이 **번쩍** 솟아올랐지.

중심 내용 | '내(고양이)'는 아이들이 읽는 그림책에 한눈에 반했습니다.

❷ 나는 그만 그림책에 푹 **빠져서** 매일 밤 신기한 여행을 떠났어.

첫째 날에는 기차 여행을 했어.

끝없는 다리를 건너서 눈보라를 헤치고 우주 끝까지!
앞에 걸리는 것을 물리치고

하루는 바닷속 여행을 했어. 용왕님이 나를 초대했거든.

물 따위 무섭지 않아. 왜냐하면 나는 **용감한** 고양이니까!

너도 같이 놀래? 기다리고 있을게!

중심 내용 | '나'는 그림책을 읽으며 매일 밤 신기한 여행을 떠났습니다.

- **글의 종류**: 이야기
- **글의 특징**: '내(고양이)'가 매일 그림책을 읽으며 신기한 여행을 떠난다는 이야기입니다.

- **작품 정리**

> '나'는 아이들이 읽는 그림책에 한눈에 반함.

↓

> '나'는 그림책을 읽으며 매일 밤 신기한 여행을 함.

휘둥그레 놀라거나 두려워서 눈이 크고 동그랗게 되는 모양.
번쩍 몸의 한 부분을 갑자기 위로 높이 들어 올리는 모양.
용감한 용기가 있으며 씩씩하고 기운찬.

---

6 '나'는 아이들을 보면서 무엇이 궁금해졌나요?
이해 ( )

① 아이들이 읽고 있는 책
② 아이들이 입고 있는 옷
③ 아이들이 보고 있는 영화
④ 아이들이 타고 있는 기차
⑤ 아이들이 먹고 있는 간식

서술형

7 →보기 에서 알맞은 말을 골라 그림에 어울리는
적용 문장을 쓰세요.

┌─보기─────────────────────┐
│ 책을   헤엄을   여행을 │
│ 탑니다   칩니다   봅니다 │
└──────────────────────────┘

- 고양이가 _____

_____.

도움말 "누가 무엇을 합니다."와 같이 문장을 써요.

8 낱말과 그 뜻이 알맞은 것에 ○표 하세요.
어휘

(1) 번쩍: 용기가 있으며 씩씩하고 기운찬.
( )

(2) 용감한: 몸의 한 부분을 갑자기 위로 높이
들어 올리는 모양. ( )

(3) 휘둥그레: 놀라거나 두려워서 눈이 크고
동그랗게 되는 모양. ( )

9 도서관에서 빌린 책 가운데에서 가장 재미있
적용 게 읽은 책 제목을 떠올려 쓰세요.

( )

| 10~11 | 다음 그림을 보고, 물음에 답하세요.

10 잠을 자는 것은 누구인가요? (   )
이해
① 곰   ② 생쥐
③ 토끼   ④ 여우
⑤ 고슴도치

★
11 빈칸에 들어갈 알맞은 낱말을 찾아 선으로 이
적용 으세요.

(1) 곰이 재채기를 [   ].   •   •㉮ 차를

(2) 여우가 [   ] 마십니다.   •   •㉯ 합니다

12 빈칸에 들어갈 알맞은 말은 무엇인가요?
적용
(   )

나는 어머니와 함께 버스를 [   ].

① 깎습니다   ② 닦습니다
③ 떴습니다   ④ 묶습니다
⑤ 탔습니다

어법 더하기
13 보기와 같이 서로 어울리는 낱말을 찾아 선
어법 으로 이으세요.

┌─보기──────────────────┐
│   장갑 – 끼다   │
└────────────────────────┘

(1) 양말 •   •㉮ 입다

(2) 바지 •   •㉯ 신다

어법 더하기⊕ **서로 어울리는 낱말**

우리말에는 서로 어울리는 낱말이 있습니다. 문장을 자연스럽게 쓰려면 서로 어울리는 낱말을 알고 짝 지어 쓸 수 있어야 합니다.

무엇을 예	어찌하다 예
옷을, 바지를	입다
신발을, 양말을	신다
모자를, 안경을	쓰다
장갑을, 반지를	끼다
신발 끈을	묶다
가방을	메다

7
단원
2회

나의 실력에 색칠하세요.
😄 🙂 😖

1 ㉠～㉣ 중 같은 자음자가 겹쳐서 된 받침이 들어간 낱말을 모두 찾아 기호를 쓰세요.

> 지난 ㉠주말에 할아버지와 함께 ㉡낚시를 하러 강에 ㉢갔다. 그런데 ㉣물고기를 한 마리도 못 잡아서 ㉤슬펐다.

(　　　　　　　　　)

2 글짜의 짜임을 생각하며 빈칸에 알맞은 받침을 쓰세요.

나는 어제 공을 | ㅊ | ㅏ |
| | ㄷ | ㅏ |

3 빈칸에 들어갈 알맞은 글자를 찾아 선으로 이으세요.

(1) 손톱을 ☐다　　·

·㉮ 었

(2) 포도를 먹☐다　　·

·㉯ 깎

|4~5| **다음 그림을 보고, 물음에 답하세요.**

4 이 그림을 보고 문장을 만들 때 다음 빈칸에 들어갈 알맞은 말은 무엇인가요? (　　　)

> ☐ 날아갑니다.

① 책이　　　　② 참새가
③ 연필이　　　④ 화분이
⑤ 침대가

서술형
5 문제 **4**번과 같이 알맞은 말을 넣어 그림에 어울리는 문장을 완성하세요.

(1) ＿＿＿＿＿＿＿＿＿＿＿＿ 떴습니다.

(2) 나는 ＿＿＿＿＿＿＿＿＿＿ 켭니다.

도움말 그림을 살펴보며 문장에 필요한 말이 무엇인지 생각해 보아요.

6 그림에 알맞은 문장은 무엇인가요? (   )

① 모자는 벽에 걸려 있습니다.
② 사과는 바구니 안에 있습니다.
③ 옷걸이는 침대 위에 있습니다.
④ 그림은 바닥에 떨어져 있습니다.
⑤ 베개는 침대 아래에 놓여 있습니다.

| 7~8 | 다음 그림을 보고, 물음에 답하세요.

7 그림 가 에 알맞은 낱말은 무엇인가요?
(   )

① 옷   ② 책   ③ 과일
④ 동물   ⑤ 보석

8 그림 나 에 어울리는 문장이 아닌 것에 ×표 하세요.

(1) 장미는 꽃입니다.   (   )
(2) 꽃이 아름답습니다.   (   )
(3) 장미가 빨갛습니다.   (   )
(4) 나는 꽃을 땄습니다.   (   )

| 9~11 | 다음 글을 읽고, 물음에 답하세요.

> 나는 그만 그림책에 푹 빠져서 매일 밤 신기한 여행을 떠났어.
> 첫째 날에는 기차 여행을 했어. / 끝없는 다리를 건너서 눈보라를 헤치고 우주 끝까지!
> 하루는 바닷속 여행을 했어. 용왕님이 나를 초대했거든.
> 물 따위 무섭지 않아. 왜냐하면 나는 용감한 고양이니까!
> 너도 같이 놀래? 기다리고 있을게!

9 '나'는 그림책에 푹 빠져서 무엇을 했나요?
(   )

① 그림을 그렸습니다.
② 수영을 배웠습니다.
③ 서점에 책을 사러 갔습니다.
④ 도서관에서 책을 정리했습니다.
⑤ 매일 밤 책을 읽으며 신기한 여행을 떠났습니다.

10 '내'가 물이 무섭지 않다고 말한 까닭으로 알맞은 것에 ○표 하세요.

(1) 수영을 잘해서   (   )
(2) 용감한 고양이라서   (   )
(3) 물보다 불이 더 무서워서   (   )

11 다음은 이 글의 낱말 중 어떤 낱말의 뜻인가요? (   )

> 용기가 있으며 씩씩하고 기운찬.

① 신기한   ② 무섭지
③ 끝없는   ④ 용감한
⑤ 기다리고

| 12~13 | 다음 그림을 보고, 물음에 답하세요.

12 다음 빈칸에 들어갈 알맞은 말을 찾아 선으로 이으세요.

(1) 새들이 □ 위에 앉아 있습니다. • • ㉮ 물통

(2) 안경 쓴 아이가 □ 을/를 들고 있습니다. • • ㉯ 나뭇가지

13 알맞은 말에 ○표 하여 그림에 어울리는 문장을 완성하세요.

할아버지와 강아지가 □□□□□□.

(1) 산책을 합니다. ( )
(2) 공놀이를 합니다. ( )

14 '모자'와 함께 썼을 때 서로 어울리는 낱말은 무엇인가요? ( )

① 끼다   ② 묶다   ③ 신다
④ 쓰다   ⑤ 입다

수행 평가

15 다음 그림을 보고, 물음에 답하세요.

1단계 → 보기 와 같이 질문에 알맞은 답을 쓰세요.

→ 보기
누가 딸기를 먹는지 쓰세요.
➡ (토끼)

(1) 누가 춤을 추는지 쓰세요.
➡ ( )
(2) 누가 노래를 하는지 쓰세요.
➡ ( )

도움말 그림을 보고 '누가' 무엇을 하고 있는지 생각해 보세요.

2단계 **1단계** 에서 답한 내용을 바탕으로 그림에서 누가 무엇을 하는지 쓰세요.

(1) _____ 춤을 춥니다.

(2) _____ 부릅니다.

도움말 움직임이나 움직이는 모양을 나타낼 때에는 "누가 무엇을 합니다."와 같이 표현합니다.

보물 상자에 맞는 열쇠는 무엇일까?

보물 상자 안의 낱말의 뜻과 어울리는 낱말이 쓰인 열쇠를 찾아 선으로 이으세요.

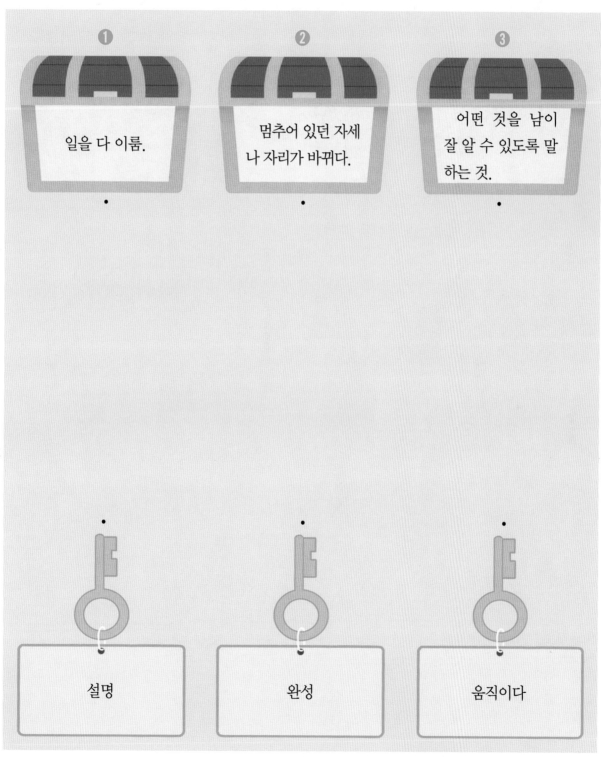

❶ 일을 다 이룸.

❷ 멈추어 있던 자세나 자리가 바뀌다.

❸ 어떤 것을 남이 잘 알 수 있도록 말하는 것.

설명

완성

움직이다

거꾸로 정답   ❶ 완성 ❷ 움직이다 ❸ 설명

나의 실력에 색칠하세요.

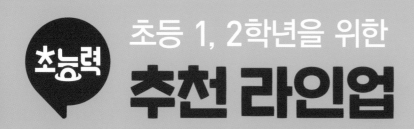

어휘력을 높이는
초능력 맞춤법 + 받아쓰기

- 쉽고 빠르게 배우는 **맞춤법 학습**
- 단계별 낱말과 문장 **바르게 쓰기 연습**
- 학년, 학기별 국어 교과서 **어휘 학습**

➕ 선생님이 불러 주는 듣기 자료, 맞춤법 원리 학습 동영상 강의

빠르고 재밌게 배우는
초능력 구구단

- 3회 누적 학습으로 **구구단 완벽 암기**
- 기초부터 활용까지 **3단계 학습**
- 개념을 시각화하여 **직관적 구구단 원리 이해**
- 다양한 유형으로 구구단 **유창성과 적용력 향상**

➕ 구구단송

원리부터 응용까지
초능력 시계·달력

- 초등 1~3학년에 걸쳐 있는 시계 학습을 **한 권으로 완성**
- 기초부터 활용까지 **3단계 학습**
- 개념을 시각화하여 **시계달력 원리를 쉽게 이해**
- 다양한 유형의 **연습 문제와 실생활 문제로 흥미 유발**

➕ 시계·달력 개념 동영상 강의

2022 개정 교육과정

백점

국어 1·1

평가북

● 학교 시험 대비 수준별 **단원 평가**

2022 개정 교육과정
동아출판

ㅇ 평가북 구성과 특징

1 수준별 단원 평가 A단계
학교에서 실시하는 객관식 문항의
단원 평가를 완벽하게 대비할 수 있습니다.

2 수준별 단원 평가 B단계
학교에서 실시하는 서술형 문항이 포함된
단원 평가를 확실하게 대비할 수 있습니다.

백점

국어 1·1

평가북

● **차례**

❶ 1단원 ································ 2쪽

❷ 2단원 ································ 6쪽

❸ 3단원 ································ 10쪽

❹ 4단원 ································ 14쪽

❺ 5단원 ································ 18쪽

❻ 6단원 ································ 22쪽

❼ 7단원 ································ 26쪽

따라 쓰기 ································ 30쪽

|1~2| 다음 그림을 보고, 물음에 답하세요.

1 이 그림에 숨어 있는 자음자가 <u>아닌</u> 것은 무엇인가요? (　　　)

① ㄱ　　　② ㄴ　　　③ ㄹ

④ ㅁ　　　⑤ ㅈ

2 이 그림에 숨어 있는 자음자와 모음자로 만들 수 있는 낱말에 ○표 하세요.

(1) 가지　　　　　　　　　　(　　)

(2) 나라　　　　　　　　　　(　　)

(3) 우리　　　　　　　　　　(　　)

3 모음자가 자음자의 아래쪽에 있는 글자는 무엇인가요? (　　　)

① 게　　　　　　② 파

③ 가지　　　　　④ 포도

⑤ 바나나

|4~5| 다음 표를 보고, 물음에 답하세요.

모음자 자음자	ㅏ	ㅑ	ㅓ	ㅕ	ㅗ	ㅛ	ㅜ	ㅠ	ㅡ	ㅣ
ㅁ	마	㉠	머	며	모	묘	무	뮤	므	미
ㅂ	바	뱌	버	벼	보	뵤	부	뷰	브	비
ㅅ	사	샤	서	셔	소	쇼	㉡	슈	스	시
ㅇ	아	야	어	여	오	요	우	유	으	이
ㅈ	자	쟈	저	져	조	죠	주	쥬	즈	지

4 ㉠과 ㉡에 들어갈 알맞은 글자를 쓰세요.

(1) ㉠: (　　　　　　　　　　)

(2) ㉡: (　　　　　　　　　　)

5 표에서 글자를 찾아 그림에 알맞은 낱말을 완성하세요.

점수 /

6 글을 읽을 때의 바른 자세가 <u>아닌</u> 것은 무엇인가요? ( )

① 두 손으로 책을 잡고 읽습니다.
② 허리를 곧게 펴고 앉아 읽습니다.
③ 손으로 턱을 받치지 않고 읽습니다.
④ 고개를 옆으로 기울이고 읽습니다.
⑤ 책과 눈의 거리를 알맞게 하고 읽습니다.

8 모음자 'ㅐ'가 들어간 낱말을 ⊢보기에서 모두 찾아 쓰세요.

┌─보기──────────────────────┐
│   게   새   그네   기와   │
│   모과   카레   바위   무지개 │
└───────────────────────────┘

( )

1 단원
A단계

9 모음자를 쓰는 순서에 맞게 빈칸에 ①~④를 쓰세요.

7 바른 자세로 글씨를 쓰는 친구에게 ○표 하세요.

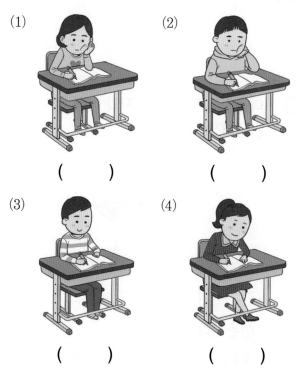

(1) ( )　　(2) ( )

(3) ( )　　(4) ( )

10 그림에 알맞은 낱말을 선으로 이으세요.

(1) ·
· ㉮ 바다
· ㉯ 바더

(2) ·
· ㉮ 도툐리
· ㉯ 도토리

| 1~2 | 다음 그림을 보고, 물음에 답하세요.

1 자음자와 모음자가 옆으로 만나 글자가 되는 낱말에 ○표 하세요.

(1)

바나나

( )

(2)

포도

( )

2 '사과'에 들어간 자음자가 모두 들어간 낱말은 무엇인가요? ( )

① 고추 ② 나비
③ 새우 ④ 소개
⑤ 조개

3 다음 그림을 보고 필요한 자음자와 모음자를 넣어 글자를 만드세요.

| 4~5 | 다음 표를 보고, 물음에 답하세요.

모음자 자음자	ㅏ	ㅑ	ㅓ	ㅕ	ㅗ	ㅛ	ㅜ	ㅠ	ㅡ	ㅣ
ㅈ	자	쟈	저	져	조	죠	주	쥬	즈	지
ㅊ	차	챠	처	쳐	초	쵸	추	츄	츠	치
ㅋ	카	캬	커	켜	코	쿄	쿠	큐	크	키
ㅌ	타	탸	터	텨	토	툐	투	튜	트	티
ㅍ	파	퍄	퍼	펴	포	표	푸	퓨	프	피
ㅎ	하	햐	허	혀	호	효	후	휴	흐	히

4 표에 있는 글자로 만들 수 없는 낱말은 무엇인가요? ( )

① 차표 ② 커피
③ 튜브 ④ 피자
⑤ 휴지

서술형

5 다음 낱말은 어떤 글자와 어떤 글자가 만나서 만들어졌는지 쓰세요.

· '[　　]'와 '[　　]'가 만나 '[　　　　]'가 되었습니다.

도움말 그림 속 동물의 이름을 떠올리고 표에서 글자를 찾아보세요.

6 글을 읽을 때의 바른 자세에 대하여 알맞게 말한 친구의 이름을 쓰세요.

> 난 눈이 나쁘니까 고개를 푹 숙이고 책을 읽을 거야.

민기

> 난 머리가 아파서 손으로 턱을 받치고 책을 읽어야겠어.

재윤

> 난 허리를 곧게 펴고 앉아서 책을 읽을 거야.

지호

(   )

서술형

7 다음 친구가 글씨를 쓰는 자세에서 고쳐야 할 점을 쓰세요.

- 글씨를 쓸 때에는 [   ] 을/를 똑바로

들고, 다리를 _____

도움말 글씨를 쓸 때 고개를 비뚤게 하거나 다리를 꼬면 안 된다는 것을 기억하세요.

8 다음 낱말에서 찾을 수 있는 모음자를 모두 고르세요. (   )

꿰매다

① ㅏ   ② ㅜ   ③ ㅐ
④ ㅙ   ⑤ ㅞ

9 →보기 에서 자음자와 모음자를 골라 그림에 알맞은 낱말을 만드세요.

→보기

ㄱ ㅅ ㅌ ㅎ   ㅒ ㅖ ㅣ ㅢ

10 모음자를 쓰는 순서가 알맞은 것은 무엇인가요? (   )

①   ②

③   ④

⑤

1 다음 그림에 알맞은 낱말을 만들기 위하여 빈 곳에 들어가야 할 받침은 무엇인가요?

(   )

자

① ㄱ   ② ㅁ   ③ ㅇ
④ ㅂ   ⑤ ㅎ

2 빈 곳에 알맞은 받침을 써서 그림에 어울리는 낱말을 완성하세요.

(1) 지
(2) 벼
(3) 무

3 다음 그림에 알맞은 낱말을 만들기 위하여 필요한 받침을 선으로 이으세요.

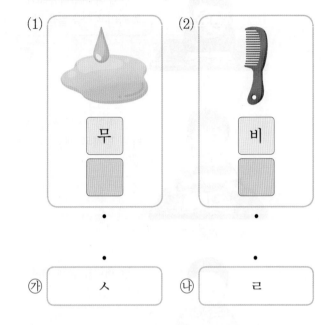

(1) 무   (2) 비

㉮ ㅅ   ㉯ ㄹ

4 받침이 <u>없는</u> 낱말은 무엇인가요? (   )
① 팥   ② 못
③ 김밥   ④ 놀이터
⑤ 바나나

5 같은 받침이 쓰인 글자 두 가지를 고르세요.

(   )

① 참외   ② 수박
③ 복숭아   ④ 살구
⑤ 오렌지

6 받침을 잘못 쓴 글자를 바르게 고쳐 쓰세요.

(1)

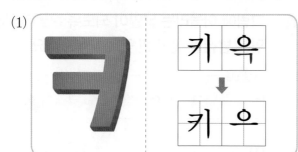

(2)

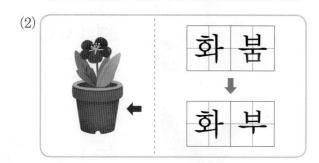

7 빈칸에 알맞은 받침을 써서 그림에 어울리는 낱말을 완성하세요.

8 발표를 할 때의 바른 자세는 무엇인가요?

( )

① 삐딱하게 섭니다.

② 딴 곳을 바라봅니다.

③ 허리를 곧게 세웁니다.

④ 작은 목소리로 말합니다.

⑤ 손을 주머니에 넣습니다.

|9~10| 다음 시를 읽고, 물음에 답하세요.

> 풍덩 ㉠엄마 오리,
> 못물 속에 풍덩.
>
> 퐁당 아기 오리,
> 엄마 따라 퐁당.

9 엄마 오리와 아기 오리의 모습으로 알맞은 것은 무엇인가요? ( )

① 엄마 오리와 아기 오리가 함께 날아갑니다.

② 엄마 오리와 아기 오리가 같이 물을 마십니다.

③ 엄마 오리와 아기 오리가 같이 노래를 부릅니다.

④ 엄마 오리를 따라 아기 오리도 못물 밖으로 나갑니다.

⑤ 엄마 오리를 따라 아기 오리도 못물 속으로 들어갑니다.

10 ㉠'엄마'와 같은 받침이 쓰인 낱말은 무엇인가요? ( )

① 공　　　　② 길

③ 컵　　　　④ 기린

⑤ 보름달

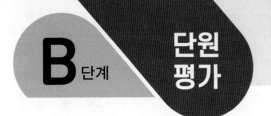
1 《보기》처럼 자음자와 모음자를 사용하여 받침이 있는 글자를 만들어 쓰세요.

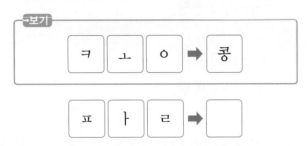

2 그림 속 낱말 중 받침으로 쓰인 자음자가 <u>아닌</u> 것은 무엇인가요? (   )

① ㄱ   ② ㄴ   ③ ㄹ
④ ㅁ   ⑤ ㅂ

3 글자의 짜임을 생각하여 받침이 들어가는 자리가 어디인지 쓰세요.

• 받침은 글자의 ☐☐☐ 에 들어갑니다.

《도움말》 자음자와 모음자로 이루어진 글자에서 받침이 들어가는 자리가 어디인지를 떠올려 보아요.

4 그림에 어울리는 낱말이 되도록 《보기》에서 알맞은 받침을 찾아 빈 곳에 써넣으세요.

《보기》
ㄱ   ㅇ   ㅂ   ㅋ   ㅎ

(1)

부 어

(2)

도 수 리

5 다음 세 낱말을 완성하기 위해 빈칸에 공통으로 들어가야 하는 받침은 무엇인지 쓰세요.

바지   화부   누

(   )

6 색칠한 받침의 소리가 나머지와 <u>다른</u> 낱말로 무엇인가요? (　　　)

① 꽃

② 열 쇠

③ 팥 죽

④ 숟 가 락

⑤ 젓 가 락

8 다음과 같이 발표를 하는 친구에게 해 줄 말로 알맞은 것에 ○표 하세요.

(1) 발표를 할 때에는 듣는 사람을 바라보아야 해. 　　　　　　　　　　(　)

(2) 발표를 할 때에는 알맞은 크기의 목소리로 말해야 해. 　　　　　　　　(　)

9 다른 사람의 말을 집중해 듣는 자세로 알맞은 것은 무엇인가요? (　　　)

① 책상에 엎드려서 듣습니다.

② 허리를 굽혀 앉아서 듣습니다.

③ 다른 곳을 바라보며 듣습니다.

④ 친구들과 이야기를 하며 듣습니다.

⑤ 말하는 사람을 바라보며 듣습니다.

7 '바'에 다음 받침을 더하면 어떤 글자가 만들어지는지 빈칸에 알맞게 쓰세요.

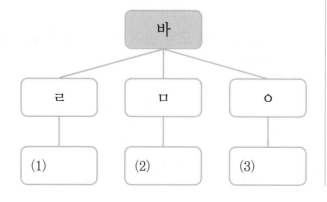

바

ㄹ 　 ㅁ 　 ㅇ

(1) 　 (2) 　 (3)

서술형

10 알맞은 받침을 넣어 낱말을 완성하고, 그 낱말이 들어간 짧은 문장을 쓰세요.

(1) 커

(2) 짧은 문장: _____

도움말 낱말에 어떤 받침이 들어가야 할지 생각하며 낱말을 완성하고, 그 낱말을 넣어 문장을 써 보아요.

2. 받침이 있는 글자를 읽어요 ● **9**

2
단원
B단계

1 다음 그림에 알맞은 낱말을 완성하려면 어떤 자음자가 필요한가요? (   )

고

① ㄱ   ② ㄴ   ③ ㄹ
④ ㅁ   ⑤ ㅈ

|2~3| 다음 그림을 보고, 물음에 답하세요.

2 토순이 엄마가 한 말과 토순이가 쓴 글자가 어떻게 다른지 쓰세요.

• 토순이는 글자의 [   ][   ]을/를 정확하게 쓰지 않았습니다.

3 토순이가 쓴 글자를 본 엄마의 마음은 어떠했을까요? (   )

① 기뻤을 것입니다.
② 즐거웠을 것입니다.
③ 고마웠을 것입니다.
④ 미안했을 것입니다.
⑤ 당황스러웠을 것입니다.

|4~5| 다음 시를 읽고, 물음에 답하세요.

다리를 놓자
다리를 놓자
다람쥐가 개울 건너가게
다리를 놓자
다리 돌다리 징검다리

애들아 고마워
다람쥐가 다리 위에서 인사하네

4 이 시에 나오는 동물의 이름을 쓰세요.

(   )

5 다음 글자에 모두 들어 있는 받침은 무엇인가요? (   )

| 를, 울, 돌, 들 |

① ㄷ   ② ㄹ   ③ ㅇ
④ ㅌ   ⑤ ㅎ

6 알맞은 받침을 넣어 다음 그림에 어울리는 낱말을 완성하세요.

(1)

새 서

(2)

미 끄 러 트

(3)

조 이 저 기

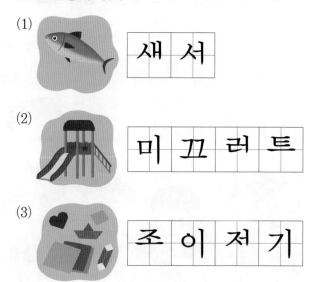

7 다음 낱말을 읽을 때 소리가 어떻게 다른지 알맞게 말한 친구의 이름을 쓰세요.

굴

꿀

'굴'을 '꿀'보다
더 힘주어서
소리 내.

상우

'꿀'을 '굴'보다
더 힘주어서
소리 내.

주아

(   )

8 자음자 'ㅃ'이 들어 있지 <u>않은</u> 낱말을 찾아 ×표 하세요.

(1)   (2)   (3)

아빠   찌개   빨래

(   )   (   )   (   )

|9~10| 다음 글을 읽고, 물음에 답하세요.

> ㉠폴짝폴짝!
>
> 토끼야, 왜 그렇게 도망가니?
> 좀 더 놀다가 가렴.
>
> 어슬렁어슬렁.
>
> 아, 호랑이야, 너였구나.

9 이 글에 나오는 동물을 두 가지 고르세요.

(   )

① 기린   ② 사자   ③ 토끼
④ 고양이   ⑤ 호랑이

10 ㉠에 대한 설명으로 알맞은 것을 모두 고르세요. (   )

① 자음자 'ㅉ'이 들어 있습니다.
② 받침으로 'ㄹ'과 'ㅇ'이 쓰였습니다.
③ 토끼의 움직임을 나타내는 말입니다.
④ 받침이 없어도 같은 뜻으로 쓰입니다.
⑤ '작은 것이 자꾸 세차고 가볍게 뛰어오르는 모양.'이라는 뜻입니다.

| 1~2 | 다음 시를 읽고, 물음에 답하세요.

다리를 놓자
다리를 놓자
다람쥐가 개울 건너가게
다리를 놓자
다리 돌다리 ㉠징검다리

애들아 고마워
다람쥐가 다리 위에서 인사하네

1 이 시에서 '내'가 다람쥐를 위해 한 일로 알맞은 것은 무엇인가요? (   )

① 편지를 써 주었습니다.
② 먹을 것을 주었습니다.
③ 옷을 만들어 주었습니다.
④ 배를 만들어 주었습니다.
⑤ 다리를 놓아 주었습니다.

2 ㉠에 들어 있는 받침을 두 가지 고르세요.

(   )

① ㄱ   ② ㄴ
③ ㄷ   ④ ㅂ
⑤ ㅇ

| 3~4 | 다음 그림을 보고, 물음에 답하세요.

3 그림 속 물건 중에서 받침 'ㄴ'이 들어가는 낱말을 두 가지 고르세요. (   )

① 가방   ② 안경   ③ 물통
④ 모자   ⑤ 신발

4 알맞은 받침을 넣어 ㉠을 나타내는 낱말을 완성하세요.

하 ㄴ

서술형

5 다음 받침이 있는 낱말을 어떻게 고쳐 써야 하는지 쓰세요.

지 팜 이

• 받침 '[   ]'을/를 '[   ]'으로 고쳐 '[   ]

[   ][   ]'(이)라고 써야 합니다.

도움말 받침 글자를 어떻게 고쳐야 바른 낱말이 될지 떠올려 보세요.

6 알맞은 자음자를 넣어 그림에 어울리는 낱말을 완성하세요.

서술형

8 이 글에서 자음자 'ㅉ'이 들어간 낱말을 찾아 쓰세요.

· '⬜⬜⬜⬜'와/과 '⬜⬜⬜⬜'
에 자음자 'ㅉ'이 들어갑니다.

도움말 각 글자의 위쪽에 있는 자음자는 무엇인지 살펴보세요.

9 이 글에 쓰인 낱말에 대하여 바르게 말한 친구의 이름을 쓰세요.

규호: '왜'는 받침이 있는 낱말이야.
성훈: '호랑이'는 받침이 있는 낱말이야.
나현: '언덕'에는 받침이 있는 글자가 없어.
희수: '쉬었다'에는 받침이 있는 글자가 없어.

( )

| 7~9 | 다음 글을 읽고, 물음에 답하세요.

아, 토끼야, 너였구나.
내가 언덕을 만들어 줄 테니 쉬었다 가렴.

폴짝폴짝!

토끼야, 왜 그렇게 도망가니?
좀 더 놀다가 가렴.

어슬렁어슬렁.

아, 호랑이야, 너였구나.
토끼를 쫓아가면 안 돼.
나랑 같이 놀자.

10 다음 낱말에 들어간 자음자를 찾아 선으로 이으세요.

(1)
쌩쌩

· ㉮ ㄸ

(2)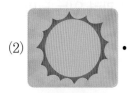
쨍쨍

· ㉯ ㅆ

(3)
뒤뚱뒤뚱

· ㉰ ㅉ

7 이 글에서 '나'는 무엇을 했나요? ( )

① 호랑이를 보고 도망갔습니다.
② 호랑이에게 집을 만들어 주었습니다.
③ 토끼에게 언덕을 만들어 주었습니다.
④ 토끼에게 다른 친구를 소개해 주었습니다.
⑤ 토끼에게 호랑이를 쫓아가지 말라고 했습니다.

3
단원
B단계

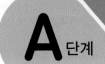
1 다음 그림에 알맞은 낱말에 ○표 하세요.

(1) 배 ( )

(2) 머리 ( )

(3) 어깨 ( )

2 다음 질문에 알맞은 낱말은 무엇인가요?
( )

> 얼굴 부분을 가리키는 말 가운데 받침 'ㄴ'이 들어가는 낱말은 무엇일까요?

① 귀   ② 눈   ③ 볼
④ 입   ⑤ 코

3 그림에 알맞은, 가족과 관련 있는 낱말을 찾아 선으로 이으세요.

(1)  •   • ㉮ 어머니

(2)  •   • ㉯ 할머니

|4~5| 다음 글을 읽고, 물음에 답하세요.

> 새는 감이 맛있나 봐.
>
> 아노는 오이를 좋아해.
>
> 내 동생 연우는 뭐든지 다 먹고 싶어 하는데…….
>
> 엄마는 배추김치가 맛있대.
>
> 아빠는 뜨거운 설렁탕이 맛있대.

4 이 글에 나오지 <u>않는</u> 인물을 두 가지 고르세요. ( )

① 형   ② 동생   ③ 아빠
④ 엄마   ⑤ 언니

5 다음 그림에 알맞은 낱말을 보기 에서 찾아 쓰세요.

┌─보기─────────────────────┐
│ 뜨겁다   맛있다   좋아하다 │
└──────────────────────────┘

• 오이를 [   ].

점수 /

6 다음 그림에 알맞은 낱말을 보기에서 찾아 빈칸에 쓰세요.

> 보기
>
> 손톱   손등   손가락   발등   발꿈치

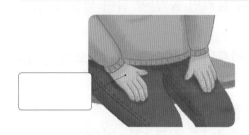

7 다음 생각그물의 빈칸에 들어갈 낱말로 가장 알맞은 것은 무엇인가요? (   )

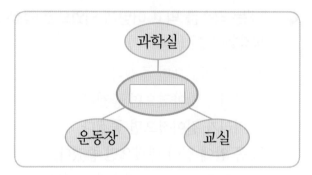

① 은행   ② 학교   ③ 빵집
④ 소방서   ⑤ 과일 가게

8 빈칸에 들어갈 다음 그림에 알맞은 낱말은 무엇인가요? (   )

[   ]에서 책을 사요.

① 서점   ② 병원   ③ 과학관
④ 도서관   ⑤ 생선 가게

│9~10│ 다음 글을 읽고, 물음에 답하세요.

아침 산책 다녀오는 이웃집 아저씨를 만나요.

치과를 지나

꽃집을 지나

가구점을 지나

공원을 가로질러요.

한 발짝 한 발짝 재미있는 일이 일어나지만

길 건널 때는 조심!

4
단원

A단계

9 '내'가 지나지 <u>않은</u> 곳은 어디인가요?

(   )

① 공원   ② 꽃집
③ 치과   ④ 가구점
⑤ 도서관

10 글의 내용을 생각하며 어울리는 말끼리 선으로 이으세요.

(1) 길을 •   • ㉮ 건너다

(2) 아저씨를 •   • ㉯ 만나다

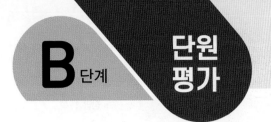

B 단계 **단원 평가**

1 꽃의 이름을 알맞게 말한 친구에 ○표 하세요.

(1) 해바라기 (2) 나팔꽃

( ) ( )

|4~5| 다음 글을 읽고, 물음에 답하세요.

> 나는 기다란 스파게티가 맛있어.
> 후루룩 삼키면 몸 안에 길이 생길 것 같아.
>
> 국수 먹으면 내 머리도 길어졌으면 좋겠어.
>
> 국수 먹으면 오래 살아?
> 그럼 할머니랑 친구 되는 거야?
>
> 오빠가 좋아하는 피자도 맛있어.
> 크리스마스트리 같아.

2 그림에 알맞은 낱말을 **보기** 에서 찾아 쓰세요.

> **보기**
> 발 팔 무릎 가슴 머리

(1) ( ) (2) ( )

4 '나'는 국수를 먹고 어떻게 되었으면 좋겠다고 생각했나요? ( )

① 키가 커졌으면 좋겠다.
② 나이가 많아졌으면 좋겠다.
③ 머리가 길어졌으면 좋겠다.
④ 몸 안에 길이 생겼으면 좋겠다.
⑤ 오빠랑 친구가 되었으면 좋겠다.

3 다음 낱말에 어울리는 말을 선으로 이으세요.

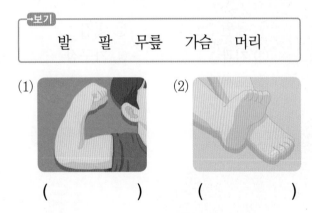

(1) 귀 • • ㉮ 보다
(2) 코 • • ㉯ 듣다
(3) 눈 • • ㉰ 맡다

서술형

5 오빠는 어떤 음식을 좋아하는지 쓰세요.

• 오빠는 [ ] 을/를 좋아합니다.

도움말 글에서 '맛있다'라고 표현한 음식을 찾아보세요.

6 다음 그림에 어울리는 낱말은 무엇인가요?

( )

① 차다   ② 던지다   ③ 춤추다
④ 달리다   ⑤ 당기다

7 다음 그림에 알맞은 낱말을 써넣으세요.

• ☐☐ 위에 책을 놓아요.

|8~9| 다음 글을 읽고, 물음에 답하세요.

> 가 학교에 가려고 집을 나서요.
>
> 나 치과를 지나
>
>   ㉠꽃집을 지나
>
>   가구점을 지나
>
>   공원을 가로질러요.

8 '나'는 어디에 가고 있는지 쓰세요.

( )

서술형

9 ㉠'꽃집'을 발자국 그림으로 표현한다면 어떻게 나타낼 수 있을지 떠올려 쓰세요.

• 발자국 모양을 ☐☐☐☐☐(으)로 나타
내고 싶습니다.

도움말 꽃집에서 볼 수 있는 것 가운데 발자국 모양과 어울리는 것은 어떤 것이 있을지 떠올려 보아요.

4
단원
B단계

10 그림에 알맞은 낱말을 선으로 이으세요.

(1)    •   • ㉮ 소방차

(2)    •   • ㉯ 국수

1 빈칸에 들어갈 알맞은 인사말은 무엇인가요?
(   )

영수야, 어서 오렴.

① 안녕?
② 반가워.
③ 안녕하세요?
④ 잘 먹었습니다.
⑤ 안녕히 주무셨어요?

| 2~3 | 다음 글을 읽고, 물음에 답하세요.

> 내가 좋아하는 친구들아, 안녕!
> 다음에 나도 같이 놀자.
>
> 내가 좋아하는 아랫집 할머니, 안녕하세요?
> 강아지들도 안녕?

2 이 글에 나타난 인사말에 ○표 하세요.

⑴ 안녕?   (   )
⑵ 반가워!   (   )
⑶ 고맙습니다.   (   )

3 이 글을 읽고 떠오른 생각을 알맞게 말한 친구의 이름을 쓰세요.

> 은수: 아침에 하는 인사와 저녁에 하는 인사가 다르구나.
> 수영: 친구에게 하는 인사와 웃어른께 하는 인사가 다르구나.

(   )

| 4~5 | 다음 그림을 보고, 물음에 답하세요.

어서 와.

초대해 줘서 고마워.

4 그림 ❶과 같이 친구 집에 놀러 갔을 때에는 어떤 마음으로 인사하나요? (   )

① 화를 내며 인사합니다.
② 미안해하며 인사합니다.
③ 친구를 달래며 인사합니다.
④ 축하하는 마음으로 인사합니다.
⑤ 고마워하는 마음으로 인사합니다.

5 그림 ❷에서 여자아이는 어떤 말을 해야 하는지 알맞은 것에 모두 ○표 하세요.

⑴ "미안해."라고 말해야 합니다.   (   )
⑵ "앗, 실수!"라고 말하고 갑니다.   (   )
⑶ "괜찮아?"라고 말하며 친구가 많이 아픈지 물어봅니다.   (   )

| 6~7 | 다음 시를 읽고, 물음에 답하세요.

> 엄마 아빠 누나 동생
> 할아버지 할머니 고모 이모
> 전봇대 아파트 가로등 학교
> 토끼 강아지 고양이 쥐
> 모두 모두 잘 자요
> 모두 내 꿈 꿔요

6 이 시에 나오는 인사말을 두 가지 고르세요.

( )

① 잘 자요
② 고마워요
③ 미안해요
④ 반가워요
⑤ 내 꿈 꿔요

7 문제 **6**에서 답한 인사말은 언제 하는 것인가요? ( )

① 저녁에 자러 갈 때
② 학교에 다녀왔을 때
③ 아침에 일어났을 때
④ 길에서 웃어른을 만났을 때
⑤ 학교에서 친구들과 헤어질 때

| 8~10 | 다음 글을 읽고, 물음에 답하세요.

> 가 ㉠사슴은 항상 자신의 뿔을 자랑스럽게 생각하고 있었어요.
> "내 멋진 뿔을 봐. 어쩜 이렇게 아름답게 생겼을까? 하지만 다리는 참 약해 보이고 가늘단 말이야."
> 사슴은 자신의 가늘고 긴 다리가 늘 불만이었지요.
> 나 "어? 이건 무슨 소리지?"
> 사슴은 누군가가 걸어오는 소리라는 것을 알았어요.
> "앗, 사냥꾼의 걸음 소리가 들려. 도망가자!"

8 사슴이 자랑스러워한 것과 불만이었던 것은 무엇인지 선으로 이으세요.

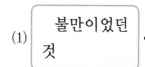

(1) 불만이었던 것 •   • ㉮ 뿔

(2) 자랑스러워 한 것 •   • ㉯ 다리

9 사슴은 어떤 소리를 듣고 도망갔는지 쓰세요.

• 사냥꾼의 ☐ ☐ 소리

10 ㉠을 알맞게 소리 내어 읽은 것에 ○표 하세요.

(1) [사스믄]   ( )
(2) [사슴은]   ( )

5 단원 A단계

1 빈칸에 들어갈 알맞은 인사말에 ○표 하세요.

오랜만입니다.

(1) 반갑습니다. ( )

(2) 안녕히 가세요. ( )

(3) 이만 전화를 끊겠습니다. ( )

| 2~3 | 다음 그림을 보고, 물음에 답하세요.

고마워.

세나   지아

2 그림에 나타난 상황은 무엇인가요? ( )

① 지아가 글을 쓰고 있습니다.

② 세나가 그림을 그리고 있습니다.

③ 지아가 선생님께 인사하고 있습니다.

④ 지아가 세나에게 과자를 주고 있습니다.

⑤ 세나가 지아의 물건을 주워 주고 있습니다.

서술형

3 지아는 어떤 마음으로 인사하면 좋을지 쓰세요.

• 물건을 주워 준 친구에게 _____ 마음으로 인사합니다.

도움말 친구가 내 물건을 주워 줬을 때 어떤 마음이 드는지 떠올려 보아요.

| 4~5 | 다음 그림을 보고, 물음에 답하세요.

❶ 조심히 오렴.   초등학교   고맙습니다.

❷ 생일 축하해.

4 그림 ❶에서 남자아이가 "고맙습니다."라고 인사한 까닭을 쓰세요.

• 안전하게 ☐☐ 에 갈 수 있도록 어른께서 도와주시기 때문입니다.

5 그림 ❷의 인사말은 어떤 상황에서 하는 것인지 ○표 하세요.

(1) 학교에 갈 때 ( )

(2) 간식을 먹을 때 ( )

(3) 친구의 생일을 축하할 때 ( )

6 저녁에 하는 인사말로 알맞은 것에 ○표 하세요.

(1) 안녕히 주무세요. (　　　)

(2) 안녕히 주무셨어요? (　　　)

7 다음 상황에 알맞은 인사말은 무엇인가요?

(　　　)

① 고마워. ② 괜찮아.

③ 미안해. ④ 축하해.

⑤ 어서 와.

| **8~9** | 다음 글을 읽고, 물음에 답하세요.

"앗, 사냥꾼의 걸음 소리가 들려. 도망가자!"
놀란 사슴은 두 다리로 힘껏 달렸어요.
"하마터면 사냥꾼에게 붙잡힐 뻔했네."
㉠집으로 돌아가려던 사슴은 깜짝 놀라 소리
쳤어요.
"으아! 뿔이 걸려서 움직일 수 없잖아!"
깊은 숲속 나뭇가지 사이에 뿔이 걸려 사슴은
한 발짝도 움직일 수 없었어요.

8 사슴이 움직일 수 없었던 까닭은 무엇인가요?

(　　　)

① 길이 없어져서

② 풀이 너무 많아서

③ 사냥꾼이 붙잡아서

④ 나무뿌리에 걸려 넘어져서

⑤ 나뭇가지 사이에 뿔이 걸려서

서술형
9 ㉠은 읽을 때 어떻게 소리 나는지 쓰세요.

• 받침 '　　　'이 뒷말 첫소리로 이어져서

[　　　　　　](으)로 소리 납니다.

도움말 낱말을 읽을 때 받침 뒤에 'ㅇ'이 오면 어떻게 소리 나는지
떠올려 보세요.

10 다음 낱말을 소리 나는 대로 쓰세요.

(1) 악어 ➡ [　　　　　　]

(2) 놀이터 ➡ [　　　　　　]

5
단원
B단계

1 다음 그림을 보고 떠오르는 문장에 ○표 하세요.

(1) 오늘 밤나무를 심자.　　　　(　　)

(2) 오늘 밤 나무를 심자.　　　　(　　)

| 2~3 | 다음 그림을 보고, 물음에 답하세요.

2 그림에 알맞은 문장에 ○표 하세요.

(1) 새가 날아갑니다.　　　　　　(　　)

(2) 엄마가 물놀이를 합니다.　　　(　　)

(3) 친구들이 사진을 찍습니다.　　(　　)

3 엄마의 모습을 보고 떠오르는 문장은 무엇인가요? (　　)

① 엄마가 일어납니다.

② 엄마가 낚시를 합니다.

③ 엄마가 모자를 씁니다.

④ 엄마가 그릇을 씻습니다.

⑤ 엄마가 사진을 찍습니다.

4 그림에 어울리는 문장이 되도록 알맞은 낱말을 골라 ○표 하세요.

(1) 누나가 (실내화 / 바지)를 신습니다.

(2) 친구가 손을 (흔듭니다 / 씻습니다).

5 다음 그림에 알맞은 문장에 ○표 하세요.

(1) 친구가 전화를 합니다.　　　　(　　)

(2) 친구가 편지를 씁니다.　　　　(　　)

| 6~8 | 다음 글을 읽고, 물음에 답하세요.

> 할아버지 댁에는 마당이 있어요⊙.
> 마당에는 작은 꽃이 있고 가끔 고양이도 놀러
> 와요. 그런데 어찌 된 일인지 나무는 없어요.
>
> 할아버지, ⓒ왜 마당에 나무가 한 그루도
> 없어요?
> 예전에는 나무가 있었단다. ⓒ네 키보다
> 더 컸었지! ⓔ
> 그 나무는 어디로 갔어요? ⓜ
> 바람이 심하게 불던 날에 쓰러지고 말았
> 어.

6 할아버지 댁 마당에 없는 것은 무엇인지 ○표 하세요.

(1) 꽃   (   )
(2) 나무   (   )
(3) 고양이   (   )

7 문장 부호 ⊙의 이름은 무엇인가요? (   )

① 쉼표   ② 느낌표
③ 따옴표   ④ 마침표
⑤ 물음표

8 ⓒ~ⓜ 중에서 조금 쉬어 읽는 곳은 어디인지 기호를 쓰세요.

(   )

9 빈칸에 들어갈 알맞은 문장 부호를 차례대로 쓴 것은 무엇인가요? (   )

> 여우야☐ 오늘은 우리 집으로 놀러 올래
> ☐

①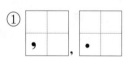
②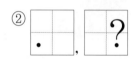
③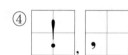
④ (생략)
⑤ (생략)

10 문장 부호에 대한 설명으로 알맞지 <u>않은</u> 것은 무엇인가요? (   )

① 물음표는 묻는 문장 끝에 씁니다.
② 마침표는 설명하는 문장 끝에 씁니다.
③ 느낌표는 느낌을 나타내는 문장 끝에 씁니다.
④ 쉼표는 부르는 말이나 대답하는 말 뒤에 씁니다.
⑤ 문장 부호는 문장을 짧게 쓸 수 있도록 도와줍니다.

| 1~2 | 다음 그림을 보고, 물음에 답하세요.

1 여우가 문장을 어떻게 읽었는지 ○표 하세요.

(1) 문장을 너무 빨리 읽었습니다. (　　)

(2) 문장을 정확하게 읽지 않았습니다.

(　　)

2 여우처럼 문장을 읽으면 어떻게 될지 쓰세요.

• 문장의 □ 을/를 이해할 수 없습니다.

3 다음 문장에 알맞은 그림에 ○표 하세요.

강아지가 뛰어갑니다.

(1) (　　)　　(2) (　　)

4 다음 그림에 알맞은 문장은 무엇인가요?

(　　)

① 나는 방을 청소합니다.
② 우리는 줄넘기를 합니다.
③ 우리는 친구가 되었습니다.
④ 친구들이 만세를 부릅니다.
⑤ 나는 초등학생이 되었습니다.

서술형

5 → 보기 의 낱말을 사용하여 그림에 알맞은 문장을 쓰세요.

→ 보기

공과	그네를	기린이
시소를	탑니다	토끼와
내립니다	다람쥐가	시소에서

_____

_____

도움말 그림에서 누가 무엇을 하고 있는지 살펴보세요.

|6~8| 다음 글을 읽고, 물음에 답하세요.

> 코끼리다!
> 손을 내밀자 톡 떨어진다.
> 눈을 깜빡깜빡, 귀를 팔랑팔랑, 긴 코를 살랑살랑 흔든다.
> 와아, 살아 있는 진짜 코끼리다! ㉮
> "내 필통 구경할래㉠"
> 가방에서 필통을 꺼내 코끼리에게 보여 주었다. ㉯
> 코끼리는 신기한 듯 기웃거리더니 영차, 필통 속으로 들어갔다.

6 코끼리는 눈, 귀, 코를 어떻게 움직였는지 선으로 이으세요.

(1) 눈 •   • ㉮ 깜빡깜빡

(2) 귀 •   • ㉯ 살랑살랑

(3) 코 •   • ㉰ 팔랑팔랑

7 ㉠에 들어갈 문장 부호를 알맞게 쓴 것은 무엇인가요? (   )

 ①   ②   ③

 ④   ⑤

8 ㉮와 ㉯에는 어떤 띄어 읽기 표시를 해야 하는지 쓰세요.

(   )

서술형

9 다음 문장을 띄어 읽는 방법을 쓰세요.

> 두루미야, 지난번에 내가 준비한 음식을 먹지 못했지?

• 쉼표 뒤에서 _____ 읽습니다.

도움말 쉼표 뒤에는 ∨를 한다는 것을 생각해요.

10 다음 그림에 알맞은 문장에 ○표 하세요.

(1) 할머니와 공원에 갑니다.   (   )

(2) 할머니와 시장에 갑니다.   (   )

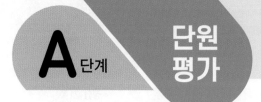
1 다음 문장에서 같은 자음자가 겹쳐서 된 받침이 들어간 글자를 모두 찾아 ○표 하세요.

> 나는 할아버지와 낚시하러 강에 갔다.

2 다음 빈칸에 들어갈 알맞은 받침을 찾아 선으로 이으세요.

(1) 까다

(2) 먹어다

⑦ 쌍시옷(ㅆ)

⑭ ㄲ

3 ┌보기┐에서 알맞은 글자를 골라 빈칸에 써넣으세요.

┌보기┐
> 갔 샀 묶 볶

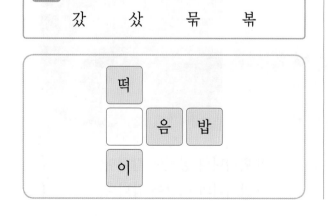

떡
음 밥
이

4 다음 그림에 어울리는 문장에 ○표 하세요.

유나

(1) 유나가 물을 마십니다.
( )
(2) 유나가 기지개를 켭니다.
( )

|5~6| 다음 그림을 보고, 물음에 답하세요.

가   나

5 그림 가와 나에 어울리는 문장을 찾아 각각 기호를 쓰세요.

> ㉠ 나는 이를 닦습니다.
> ㉡ 아버지께서 사과를 깎습니다.

(1) 그림 가: ( )
(2) 그림 나: ( )

6 ┌보기┐에서 알맞은 낱말을 골라 그림 나에 어울리는 문장을 완성하세요.

┌보기┐
> 마십니다 닦습니다 두드립니다

• 어머니는 식탁을 ( ).

점수 /

|7~8| 다음 그림을 보고, 물음에 답하세요.

7 다음 문장의 빈칸에 모두 들어갈 알맞은 낱말은 무엇인가요? (   )

> • 아빠는 [   ]을/를 땁니다.
> • 엄마는 [   ]을/를 자릅니다.

① 풀   ② 나무
③ 사과   ④ 수박
⑤ 복숭아

8 이 그림의 내용을 문장으로 알맞게 나타낸 것을 두 가지 고르세요. (   )

① 누나는 산책을 합니다.
② 오빠는 포도를 씻습니다.
③ 아이들은 원두막에 있습니다.
④ 참새가 지붕 위에 앉아 있습니다.
⑤ 강아지는 수박밭을 뛰어다닙니다.

9 다음 그림을 문장으로 알맞게 나타낸 것은 무엇인가요? (   )

① 곰이 노래를 부릅니다.
② 토끼가 피아노를 칩니다.
③ 원숭이가 촛불을 붑니다.
④ 호랑이가 딸기를 먹습니다.
⑤ 원숭이가 북을 두드립니다.

10 다음 그림에 알맞은 문장에 ○표 하세요.

(1) 친구들이 공놀이를 합니다.   (   )
(2) 친구들이 물통을 들고 있습니다.

(   )

7 단원
A단계

1 하고 싶은 말을 정확하게 전달할 수 있는 것에 ○표 하세요.

(1)

양파. 그릇.

( )

(2)
양파를 그릇에 담아 주세요.

( )

2 다음 낱말의 받침에 대해 알맞게 말한 친구의 이름을 쓰세요.

묶다

고은: 자음자 하나로만 이루어진 받침이야.

준서: 이 낱말과 같은 받침이 들어간 낱말 에는 '밖', '깎다'가 있어.

( )

3 알맞은 받침을 넣어 그림에 어울리는 문장을 완성하세요.

• 안경닦이로 안경을 | 다 | 아 | 다 | .

4 알맞은 낱말에 ○표 하여 그림에 어울리는 문장을 완성하세요.

원숭이가 (달리기, 자전거)를 해요.

서술형

5 보기 에서 알맞은 낱말을 모두 골라 그림에 어울리는 문장을 완성하세요.

보기

연을   훌라후프를   합니다   날립니다

• 호랑이가 _____.

도움말 호랑이가 무엇을 하는지 그림을 살펴 문장을 완성해 보세요

6 빈칸에 들어갈 낱말로 알맞은 것은 무엇인가요? (　　　)

> 　　　　은/는 동물입니다.

① 배　　　　② 사과　　　　③ 사슴
④ 모자　　　　⑤ 자전거

|7~8| 다음 글을 읽고, 물음에 답하세요.

> 우아, 그림책이 이렇게 많다니!
> 눈은 ㉠휘둥그레, 귀는 쫑긋, 한눈에 반하고야 말았어.
> 어느새 꼬리도 하늘 높이 번쩍 솟아올랐지.
> 나는 그만 그림책에 푹 빠져서 매일 밤 신기한 여행을 떠났어.
> 첫째 날에는 기차 여행을 했어.
> 끝없는 다리를 건너서 눈보라를 헤치고 우주 끝까지!
> 하루는 바닷속 여행을 했어. 용왕님이 나를 초대했거든.
> 물 따위 무섭지 않아. 왜냐하면 나는 용감한 고양이니까!
> 너도 같이 놀래? 기다리고 있을게!

7 '내'가 같이 놀자고 말한 까닭은 무엇일까요?
(　　　)

① 친구가 필요해서
② 여행이 지루해서
③ 그림책을 읽기 싫어서
④ 혼자 노는 것이 심심해서
⑤ 그림책을 읽으며 같이 상상 여행을 하면서 놀면 재미있을 것 같아서

8 ㉠의 뜻으로 알맞은 것에 ○표 하세요.

⑴ 용기가 있으며 씩씩하고 기운찬. (　　　)
⑵ 놀라거나 두려워서 눈이 크고 동그랗게 되는 모양. (　　　)
⑶ 몸의 한 부분으로 갑자기 위로 높이 들어 올리는 모양. (　　　)

9 다음 빈칸에 들어갈 알맞은 낱말은 무엇인가요? (　　　)

> 아버지께서 　　　　하십니다.

① 낚시를　　　　② 집으로
③ 그립니다　　　　④ 탔습니다
⑤ 신발 끈을

서술형

10 보기 와 같이 그림에 어울리는 문장을 쓰세요.

> 보기
>
> 사과는 바구니 안에 있습니다.

도움말 무엇이 어디에 있는지 살펴보아요.

7
단원
B단계

글씨를 바르게 따라 쓰며 각 단원에서 배운 낱말을 다시 한번 익혀 보세요.

1. 글자를 만들어요

고	구	마	고	구	마

새	우	새	우	새	우

기	와	기	와	기	와

스	웨	터	스	웨	터

돼	지	돼	지	돼	지

의	사	의	사	의	사

무	지	개	무	지	개

최	고	최	고	최	고

바	위	바	위	바	위

태	권	도	태	권	도

병	원	병	원	병	원

휴	지	휴	지	휴	지

2. 받침이 있는 글자를 읽어요

곶	감	곶	감	곶	감

불	고	기	불	고	기

낙	타	낙	타	낙	타

상	장	상	장	상	장

돋	보	기	돋	보	기

장	미	장	미	장	미

무	릎	무	릎	무	릎

파	랗	다	파	랗	다

보	름	달	보	름	달

팥	죽	팥	죽	팥	죽

부	엌	부	엌	부	엌

화	분	화	분	화	분

3. 낱말과 친해져요

개 울 개 울 개 울	안 경 안 경 안 경
농 구 공 농 구 공	언 덕 언 덕 언 덕
돌 다 리 돌 다 리	장 화 장 화 장 화
물 통 물 통 물 통	찌 개 찌 개 찌 개
빨 래 빨 래 빨 래	청 포 도 청 포 도
선 풍 기 선 풍 기	표 범 표 범 표 범

4. 여러 가지 낱말을 익혀요

가 족 가 족 가 족	선 생 님 선 생 님
과 일 과 일 과 일	없 다 없 다 없 다
김 치 김 치 김 치	운 동 장 운 동 장
나 팔 꽃 나 팔 꽃	종 아 리 종 아 리
동 생 동 생 동 생	차 례 차 례 차 례
맛 있 다 맛 있 다	학 교 학 교 학 교

5. 반갑게 인사해요

걸	음	걸	음	걸	음
공	놀	이	공	놀	이
놀	이	터	놀	이	터
목	요	일	목	요	일

생	신	생	신	생	신
안	녕	안	녕	안	녕
외	투	외	투	외	투
친	구	친	구	친	구

6. 또박또박 읽어요

가	방	가	방	가	방
모	래	성	모	래	성
수	영	수	영	수	영
얼	음	얼	음	얼	음

줄	넘	기	줄	넘	기
축	구	축	구	축	구
코	끼	리	코	끼	리
하	늘	하	늘	하	늘

7. 알맞은 낱말을 찾아요

기	지	개	기	지	개
냄	비	냄	비	냄	비
도	서	관	도	서	관
복	숭	아	복	숭	아

식	탁	식	탁	식	탁
여	행	여	행	여	행
재	채	기	재	채	기
한	복	한	복	한	복

동아출판 ⊃

실수를 줄이는 한 끗 차이!
빈틈없는 연산서

- 교과서 전단원 연산 구성 • 하루 4쪽, 4단계 학습 • 실수 방지 팁 제공

수학의 기본
큐브

실력이 완성되는 강력한 차이!
새로워진
유형서

- 기본부터 응용까지 모든 유형 구성
- 대표 예제로 유형 해결 방법 학습
- 서술형 강화책 제공

개념 이해가 실력의 차이!
대체불가
개념서

- 교과서 개념 시각화 구성
- 수학익힘 교과서 완벽 학습
- 기본 강화책 제공

백점 국어 1·1

백점

국어 1·1

해설북

- 한눈에 보이는 **정확한 답**
- 한번에 이해되는 **쉬운 풀이**

모바일
빠른 정답

동아출판

○ 차례

개념북 ·· 1쪽

평가북 ·· 16쪽

○ 백점 국어 빠른 정답

QR코드를 찍으면 **정답과 풀이**를
쉽고 빠르게 확인할 수 있습니다.

한글 놀이

1회 교과서 학습 10~13쪽

개념확인 (1) × (2) ○ (3) ○ (4) ×

1 (3) ○ **2** (2) ○ **3** (1) ㄹ (2) ㄱ (3) ㄴ **4** (1) 아, 구 (2) 우 (3) 리 **5** (1) ㉰ (2) ㉮ (3) ㉯ (4) ㉱ **6** ① **7** (2) ○ **8** 예 허수아비 **9** ③ **10** ② **11** ② **12** 예 피아노 **13** (1) 자전거 (2) 거미 **14** (1) 예 지우개 (2) 예 개미 (3) 예 미꾸라지

개념확인 (1) '소리마디'는 한 덩어리로 내는 말소리의 단위입니다.
(2) '허수아비'는 소리마디 수가 네 개입니다.
(3) '꽃', '달'은 소리마디 수가 한 개입니다.
(4) '우유'의 마지막 소리는 '유'이므로 '유'로 시작하는 낱말이 이어져야 합니다. '우산'의 처음 소리는 '우'입니다.

1 ➡보기 와 모양이 같은 그림은 (3)입니다.

2 (1)은 쓰레기통 모양이 다릅니다.

3 그림 ❶에는 쓰레기를 버리는 모습이, 그림 ❷에는 숟가락과 포크, 칼이, 그림 ❸에는 문과 사람이 나옵니다.

4 (1)의 '아'와 '구', (2)의 '우', (3)의 '리'가 글자입니다.

5 모양이 같은 글자끼리 선으로 이어 봅니다.

6 '사슴'은 소리마디 수가 두 개이고, '고양이'와 '호랑이'는 세 개, '고슴도치'는 네 개입니다.

7 '양'은 소리마디 수가 한 개인 낱말입니다.

8 네 개의 소리마디로 이루어진 낱말을 떠올려 봅니다.

9 '비'로 시작하는 낱말은 '비누'입니다.

10 '다리미' 그림은 상자에서 나오지 않았습니다.

11 '고구마', '무지개', '바나나', '사다리'는 모두 소리마디가 셋인 낱말입니다.

12 소리마디가 셋인 낱말을 떠올려 봅니다.

13 (1)에는 '자전거'를 (2)에는 '거미'를 씁니다.

14 (1)에는 '지'로 시작하는 낱말을 쓰고, (2)에는 (1)의 끝소리로 시작하는 낱말을, (3)에는 (2)의 끝소리로 시작하는 낱말을 씁니다.

2회 교과서 학습 14~17쪽

개념확인 (1) × (2) ○ (3) × (4) ○

1 (1) ㉰ (2) ㉯ (3) ㉮ (4) ㉱ **2** ㅏ
3 ① ② ㅕ ③ **4** (4) ○ **5** ①, ④ **6** (1) 오 (2) 유 (3) 이 **7** ① **8** (1) ○ **9** ⑤ **10** ㅠ **11** (1) 거북 (2) 표범 (3) 두더지 (4) 비버 **12** (1) ㉯ (2) ㉮
13 (1) 아 기 (2) 오 이 (3) 우 유 (4) 요 리

개념확인 (1) 모음자 'ㅠ'의 이름은 '유'입니다.
(2) 모음자 'ㅗ'를 쓸 때에는 짧은 세로선을 먼저 쓰고 긴 가로선을 나중에 씁니다.
(3) 연필심에서 약간 위로 올라간 부분을 잡습니다.
(4) 연필을 너무 눕히거나 세워서 잡지 않습니다.

1 'ㅏ', 'ㅑ', 'ㅓ', 'ㅕ'의 이름은 '아', '야', '어', '여'입니다.

2 '아기', '사자'에 모두 들어 있는 모음자는 'ㅏ'입니다.

3 짧은 가로선 두 개를 먼저 쓰고, 긴 세로선을 위에서 아래로 씁니다.

4 엄지손가락과 집게손가락의 모양을 둥글게 하여 연필을 잡은 모습은 (4)입니다.

5 '버스'에는 모음자 'ㅓ', 'ㅡ'가 들어 있습니다.

6 모음자 앞이나 위에 자음자 'ㅇ'을 합치면 모음자 이름이 됩니다.

7 'ㅗ'와 'ㅛ'를 쓸 때에는 짧은 세로선을 먼저 쓰고, 'ㅜ'와 'ㅠ'를 쓸 때에는 긴 가로선을 먼저 써야 합니다. 'ㅡ'를 쓸 때에는 왼쪽에서 오른쪽으로 씁니다.

8 '비누'에 모음자 'ㅣ'가 들어 있습니다.

9 친구가 만든 모음자는 'ㅑ'입니다.

10 색칠하여 만든 모음자는 'ㅜ'입니다.

11 (1) '거북'의 '거'에 'ㅓ'가 들어 있습니다. (2) '표범'의 '표'에 'ㅛ'가 들어 있습니다. (3) '두더지'의 '두'에 'ㅜ'가 들어 있습니다. (4) '비버'의 '비'에 'ㅣ'가 들어 있습니다.

12 (1)은 모음자 'ㅛ'와, (2)는 모음자 'ㅕ'와 같은 모양입니다.

13 그림에 알맞은 낱말을 떠올린 뒤 모음자를 써넣습니다.

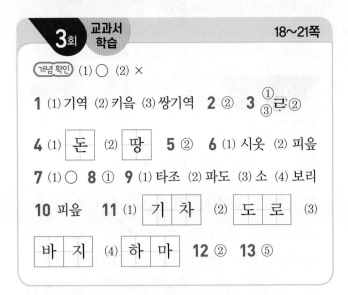

개념 확인 (1) ○ (2) ×

1 (1) 기역 (2) 키읔 (3) 쌍기역 **2** ② **3** ① ③ ㄹ ②

4 (1) 돈 (2) 땅 **5** ② **6** (1) 시옷 (2) 피읖

7 (1) ○ **8** ① **9** (1) 타조 (2) 파도 (3) 소 (4) 보리

10 피읖 **11** (1) 기 차 (2) 도 로 (3) 바 지 (4) 하 마 **12** ② **13** ⑤

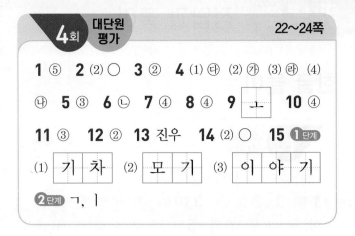

1 ⑤ **2** (2) ○ **3** ② **4** (1) 다 (2) 가 (3) 라 (4) 나 **5** ③ **6** ㄴ **7** ④ **8** ④ **9** ㅗ **10** ④

11 ③ **12** ② **13** 진우 **14** (2) ○ **15** 1단계

(1) 기 차 (2) 모 기 (3) 이 야 기

2단계 ㄱ, ㅣ

개념 확인 (1) 자음자 'ㅆ'의 이름은 '쌍시옷'입니다.
(2) 자음자 'ㄴ'은 위에서부터 아래로 한 번에 써야 합니다.

1 'ㄱ'의 이름은 '기역', 'ㅋ'의 이름은 '키읔', 'ㄲ'의 이름은 '쌍기역'입니다.

2 '나무'와 '노루'에 모두 들어 있는 자음자는 'ㄴ'입니다.

3 자음자 'ㄹ'은 위에서부터 세 번에 나누어 씁니다. 'ㄹ'을 쓸 때 한 번에 쓰지 않도록 주의합니다.

4 자음자 'ㄷ'과 'ㄸ'의 소리를 생각하며 자음자를 써넣습니다.

5 '짬뽕'에서 자음자 'ㅉ'을 찾을 수 있습니다.

6 자음자 'ㅅ'의 이름은 '시옷'이고, 자음자 'ㅍ'의 이름은 '피읖'입니다.

7 '휴지'에 자음자 'ㅎ'과 'ㅈ'이 들어 있습니다. '초록'에는 자음자 'ㅎ'이 없습니다.

8 'ㅂ'은 세로선을 먼저 쓰고 가로선을 씁니다. 'ㅆ'은 왼쪽부터 쓰고, 'ㅊ'은 짧은 가로선을 먼저 씁니다. 'ㅇ'은 왼쪽 아래로 내려가서 둥글게 씁니다.

9 자음자를 쓰는 모양을 떠올리며 바르게 쓴 글자를 찾습니다.

10 '피리', '풍선'을 색칠하면 나타나는 자음자는 'ㅍ'이고, 그 이름은 '피읖'입니다.

11 (1)에 '기차', (2)에 '도로', (3)에 '바지', (4)에 '하마'를 씁니다.

12 그림에서 여자아이가 몸으로 만든 자음자 모양은 'ㅅ'입니다.

13 '공', '가루', '가지', '그네'는 자음자 'ㄱ'으로 시작하는 낱말이고, '까치'는 자음자 'ㄲ'으로 시작하는 낱말입니다.

---

1 쓰레기통을 나타내는 그림입니다.

2 (2)의 친구가 '고'라는 글자가 들어 있는 카드를 들고 있습니다.

3 '별'은 소리마디 수가 한 개, '개나리'는 소리마디 수가 세 개, '미끄럼틀'은 소리마디 수가 네 개, '아이스크림'은 소리마디 수가 다섯 개인 낱말입니다.

4 첫 번째 글자의 모양이 같은 것끼리 선으로 이어 봅니다.

5 처음 소리가 '나'이고 마지막 소리가 '라'인 낱말이 빈 칸에 들어가야 합니다.

6 연필을 잡을 때에는 너무 힘을 주지 않습니다.

7 '겨울'만 모음자 'ㅕ'가 들어간 낱말입니다.

8 모음자는 왼쪽에서 오른쪽으로, 위쪽에서 아래쪽으로 씁니다.

9 '모자'와 '포도'에 모두 들어 있는 모음자는 'ㅗ'입니다.

10 그림에 나타난 모음자 모양은 'ㅜ'이고, 모음자 'ㅜ'의 이름은 '우'입니다.

11 '소'에 들어간 자음자는 'ㅅ'이고, 'ㅅ'이 들어 있는 낱말은 '사슴'입니다.

12 'ㄱ'의 이름은 '기역', 'ㅅ'의 이름은 '시옷', 'ㅋ'의 이름은 '키읔', 'ㅌ'의 이름은 '티읕'입니다.

13 자음자 'ㅁ'은 세 번에 나누어서 써야 하고, 자음자 'ㄷ'은 가로선을 먼저 써야 합니다.

14 (1)은 자음자 'ㄹ'을 잘못 썼습니다.

15 1단계 그림 ❶은 '기차', 그림 ❷는 '모기', 그림 ❸은 '이야기'를 나타내고 있습니다.
2단계 '기차', '모기', '이야기'에는 자음자 'ㄱ'과 모음자 'ㅣ'가 모두 들어 있습니다.

> 채점 기준
> 그림 ❶~❸의 낱말에 자음자 'ㄱ'과 모음자 'ㅣ'가 모두 들어 있다는 것을 알고 알맞게 썼으면 정답으로 합니다.

1. 글자를 만들어요

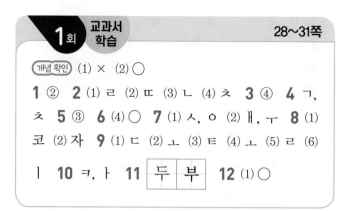

개념 확인 (1) × (2) ○

1 ② **2** (1) ㄹ (2) ㄸ (3) ㄴ (4) ㅊ **3** ④ **4** ㄱ, ㅊ **5** ③ **6** (4) ○ **7** (1) ㅅ, ㅇ (2) ㅐ, ㅜ **8** (1) 코 (2) 자 **9** (1) ㄷ (2) ㅗ (3) ㅌ (4) ㄴ (5) ㄹ (6) ㅣ **10** ㅋ, ㅏ **11** 두부 **12** (1) ○

개념 확인 (1) 글자는 자음자와 모음자가 만나서 만들어집니다.
(2) '파'에서 자음자 'ㅍ'은 왼쪽에, 모음자 'ㅏ'는 오른쪽에 있습니다.

1 나무에 'ㅏ', 가방에 'ㅛ', 의자에 'ㅠ', 교문에 'ㅣ'가 있습니다.

2 (1)에는 'ㄹ', (2)에는 'ㄸ', (3)에는 'ㄴ', (4)에는 'ㅊ'이 숨어 있습니다.

3 자음자 'ㄱ, ㄴ, ㄸ, ㄹ, ㅁ, ㅇ, ㅊ, ㅌ'과 모음자 'ㅏ, ㅓ, ㅕ, ㅛ, ㅠ, ㅣ'로 만들 수 있는 낱말은 '머리띠'입니다.

4 낱말 '기차'에 들어 있는 자음자는 'ㄱ'과 'ㅊ'입니다.

5 그림 속 시장에서 감자는 팔지 않습니다.

6 '무', '고추', '포도'는 모음자가 자음자의 아래쪽에 있습니다.

> **더 알아보기**
>
> '바나나'의 '바'와 '나'는 모두 자음자가 왼쪽에, 모음자가 오른쪽에 있습니다.

7 '새우'에서 자음자는 왼쪽과 위쪽에 있고, 모음자는 오른쪽과 아래쪽에 있습니다.

8 자음자와 모음자의 위치를 생각하며 '코'와 '자'를 씁니다.

9 '도'와 '토'는 자음자가 위쪽, 모음자가 아래쪽에 있고, '리'는 자음자가 왼쪽, 모음자가 오른쪽에 있습니다.

10 'ㅋ[크]'과 'ㅏ[아]'가 만나면 '캬[카]' 소리가 납니다.

> **채점 기준**
>
> 표에서 ㉠의 가로줄에 있는 자음자 'ㅋ'과 세로줄에 있는 모음자 'ㅏ'가 만난다고 썼으면 정답으로 합니다.

11 그림에 알맞은 낱말은 두부입니다.

12 '모자'는 '모'와 '자'가 만나서 만들어진 글자입니다.

개념 확인 (1) ○ (2) ×

1 ② **2** ❶ **3** (2) ○ **4** 허리 **5** ❸ **6** 하진, 지수 **7** ② **8** ㉠ **9** (1) 토끼 (2) 피아노 (3) 허수아비 **10** (1) 나사 (2) 고기 (3) 마스크 **11** ② **12** (1) 혀 (2) 다리

개념 확인 (1) 글을 읽을 때에는 책을 두 손으로 잡고, 책과 눈의 거리를 알맞게 합니다.
(2) 글씨를 쓸 때에는 고개를 약간 숙이고, 공책과 눈의 거리를 너무 가깝게 하지 않습니다.

1 그림 ❷의 친구는 손으로 턱을 받친 자세로 다리를 벌리고 앉아 글을 읽고 있습니다.

2 허리를 펴고 앉아서 다리를 모으고, 책과 눈의 거리를 알맞게 한 그림 ❶의 친구가 바른 자세로 글을 읽고 있습니다.

3 그림 ❹의 친구는 몸을 앞으로 기울여 책과 눈의 거리가 가깝습니다.

4 허리를 곧게 펴고 다리를 모은 자세로 앉아 엉덩이를 의자 뒤쪽에 붙여야 합니다.

> **채점 기준**
>
> 허리를 곧게 펴야 한다고 썼으면 정답으로 합니다.

5 그림 ❸의 친구는 고개를 비뚤게 하고 다리를 꼬고 앉았으며 허리를 곧게 펴지 않았습니다.

6 그림 ❷의 친구는 다리를 가지런하게 모으지 않고, 한 손으로 턱을 받치고 글씨를 쓰고 있습니다. 오른손으로 연필을 잡고 글씨를 쓴 것은 잘못한 점이 아닙니다.

7 바른 자세로 글씨를 쓰는 친구는 그림 ❶이고, 다리를 가지런히 모으고 앉아 있습니다.

8 한글 놀이 둘째 마당에서 배운 대로 연필심에서 약간 위로 올라간 부분을 잡습니다.

9 (1)은 토끼, (2)는 피아노, (3)은 허수아비 그림입니다.

10 (1)은 '나사', (2)는 '고기', (3)은 '마스크'라고 써야 합니다.

11 '이', '머리', '이마', '허리'는 자음자가 모음자의 왼쪽에 있습니다.

12 ㉠은 '혀', ㉡은 '다리'입니다.

개념북
1
단원

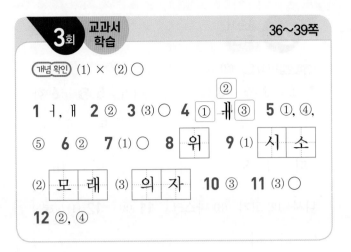

1 ④ **2** (2) ○ **3** 가지 **4** (2) ○ (3) ○ **5** ③
6 ② **7** ①, ③ **8** (3) ○ **9** 예 받치지 말고
10 (2) ○ **11** ⑤ **12** ④ **13** ③ **14** ①, ⑤
15 ❶단계 (1) ㄴ, ㄱ (2) ㅅ, ㅜ (3) ㄱ ❷단계 ㅐ, 예
고래

---

1 의자에 모음자 'ㅠ'가 들어 있습니다.

2 자음자 'ㄸ'이 들어간 낱말은 '딸기'입니다.

3 'ㄱ'과 'ㅣ'가 모두 들어 있는 낱말은 '가지'입니다.

4 '가지'는 모음자가 모두 자음자의 오른쪽에, '고추'는 모음자가 모두 자음자의 아래쪽에 있습니다.

5 '나비'에는 자음자 'ㄹ'이 들어가지 않습니다.

6 ㉠에는 '기', ㉡에는 '더', ㉢에는 '모', ㉣에는 '사', ㉤에는 '유'가 들어가야 합니다.

7 '모자'의 '자', '타조', '파도'의 '파'는 표에 없습니다.

8 그림에 알맞은 낱말은 '유리'입니다.

9 손으로 턱을 받치고 말고 글을 읽어야 합니다.

> **채점 기준**
> 손으로 턱을 받치지 말고 읽어야 한다는 의미로 답을 썼으면 정답으로 합니다.

10 (1)의 친구는 고개를 들고 다리를 모아야 합니다.

11 고개를 숙이는 자세는 바른 자세가 아닙니다.

12 ①은 '이마', ②는 '머리', ③은 '코', ⑤는 '혀'입니다.

13 모음자 'ㅘ'는 'ㅗ'를 먼저 쓰고 'ㅏ'를 씁니다.

14 '돼'와 '왜'에 모음자 'ㅙ'가 들어갑니다.

15 ❶단계 '조'와 '우'는 자음자와 모음자가 위와 아래로, '개', '새', '게'는 왼쪽과 오른쪽으로 나뉘어 있습니다.

> **채점 기준**
>
> | 상 | (1)에 'ㄴ, ㄱ', (2)에 'ㅅ, ㅜ', (3)에 'ㄱ'를 모두 썼습니다. |
> |---|---|
> | 중 | (1)에 'ㄴ, ㄱ', (2)에 'ㅅ, ㅜ', (3)에 'ㄱ'을 두 가지 이상 쓰지 못했습니다. |
> | 하 | (1)에 'ㄴ, ㄱ', (2)에 'ㅅ, ㅜ', (3)에 'ㄱ'을 모두 못 썼습니다. |

❷단계 'ㅐ'가 들어간 낱말은 '고래', '모래' 등입니다.

> **채점 기준**
>
> | 상 | 모음자 'ㅐ'와 'ㅒ'가 들어간 낱말을 모두 썼습니다. |
> |---|---|
> | 중 | 모음자 'ㅐ'와 'ㅒ'가 들어간 낱말 중 한 가지만 썼습니다. |
> | 하 | 모음자 'ㅐ'와 'ㅒ'가 들어간 낱말을 쓰지 못했습니다. |

개념 확인 (1) 모음자 'ㅘ'의 이름은 '와'입니다.

(2) 모음자 'ㅢ'를 쓸 때에는 가로선(ㅡ)을 먼저 씁니다.

1 '거'의 모음자는 'ㅓ'이고 '개'의 모음자는 'ㅐ'로 서로 다릅니다.

> **채점 기준**
> 모음자 'ㅓ'와 'ㅐ'가 서로 다르다고 썼으면 정답으로 합니다.

2 그림에 알맞은 낱말은 '모래'입니다.

3 '애기'의 '애'에 모음자 'ㅐ'가 들어갑니다.

> **왜 답이 아닐까?**
> (1) '배'에 들어간 모음자는 'ㅐ'입니다.
> (2) '그네'에 들어간 모음자는 'ㅡ'와 'ㅔ'입니다.
> (4) '계단'에 들어간 모음자는 'ㅖ'와 'ㅏ'입니다.

4 모음자 'ㅐ'를 쓸 때에는 짧은 가로선을 먼저 쓰고 그 다음에 세로선을 왼쪽부터 차례대로 씁니다.

5 '과자'에 모음자 'ㅘ'와 'ㅏ'가 들어가고, '의사'에 모음자 'ㅢ'와 'ㅏ'가 들어갑니다.

6 'ㅘ'의 이름은 '와', 'ㅝ'의 이름은 '워', 'ㅟ'의 이름은 '위', 'ㅢ'의 이름은 '의'입니다.

7 모음자 'ㅝ'의 'ㅓ'를 쓸 때에는 가로선을 먼저 쓰고, 세로선을 나중에 씁니다.

8 '바위'와 '가위'에 모두 들어가는 글자는 '위'입니다.

9 (1)은 '시소', (2)는 '모래', (3)은 '의자'입니다.

10 '그네'에는 자음자 'ㄱ', 'ㄴ'과 모음자 'ㅡ', 'ㅔ'가 들어갑니다.

11 (1)은 '카레', (2)는 '휴지', (3)은 '두꺼비'가 알맞은 낱말입니다.

12 ① '귀'에는 'ㅟ', ② '기와'에는 'ㅣ'와 'ㅘ', ③ '대추'에는 'ㅐ'와 'ㅜ' ④ '모과'에는 'ㅗ'와 'ㅘ', ⑤ '예의'에는 'ㅖ'와 'ㅢ'가 들어갑니다.

2. 받침이 있는 글자를 읽어요

개념 확인 (1) × (2) ○

1 ㅅ, ㅏ, ㅈ, ㅏ **2** ㅇ, ㅇ **3** 사자, 상장 **4** ㅁ
5 ③, ⑦ **6** ⑤ **7** (1) ㉴ (2) ㉮ **8** 옷 **9** 예 물,
묵, 뭍, 뭇 **10** (2) ○ (4) ○ **11** ㄹ **12** (1) 붓
(2) 팥 **13** ④ **14** 수박, 복숭아 **15** 아래쪽

개념 확인 (1) 받침은 글자 아래쪽에 있는 자음자입니다.
(2) 글자에 받침을 더하면 새로운 글자가 됩니다.

1 글자 '사자'는 자음자 'ㅅ'과 모음자 'ㅏ', 자음자 'ㅈ'과
모음자 'ㅏ'로 이루어져 있습니다.

2 '상장'은 글자에 모두 ㅇ 받침이 있습니다.

3 '사자'는 받침이 없는 글자이고, '상장'은 받침이 있는
글자입니다.

> 채점 기준
> '사자'와 '상장'을 모두 알맞게 써야 정답으로 합니다.

4 '자'에 ㅁ 받침을 붙여야 합니다.

5 친구 ①은 엎드려 있고, 친구 ②는 턱을 괴고 있습니
다. 친구 ④와 ⑥은 이야기하고 있고, 친구 ⑤는 다른
곳을 보고 있습니다.

6 '벽'에서 ㄱ 받침, '디귿'에서 ㄷ 받침, '구름'에서 ㅁ 받
침, '집'에서 ㅂ 받침이 쓰였습니다.

7 ㉠은 '방', ㉡은 '벌'을 나타내고 있습니다.

8 빈칸에는 글자 '빗'의 받침인 ㅅ이 들어가야 합니다.
이 그림에서 ㅅ 받침이 있는 글자는 '옷'입니다.

9 여러 가지 자음자를 받침으로 넣어 새로운 글자를 만들
어 씁니다.

10 '김밥'에는 ㅁ, ㅂ 받침이, '놀이터'에는 ㄹ 받침이 있
습니다.

11 ㄹ 받침이 들어가면 '달', '말', '벌'이 됩니다.

12 (1)은 '붓', (2)는 '팥'을 나타내고 있습니다. 각각 [붇],
[팓]으로 소리 나기 때문에 받침을 잘못 쓰지 않도록
주의해야 합니다.

13 '참외', '수박', '복숭아', '멜론', '살구', '오렌지'는 모두
과일입니다.

14 '수박'과 '복숭아'는 ㄱ 받침이 있는 글자입니다.

15 받침은 글자 아래쪽에 들어가는 자음자입니다.

개념 확인 (1) × (2) ○

1 (2) ○ **2** (1) 눈 (2) 산 **3** (1) 키읔
(2) 화분 **4** 부엌 **5** (1) ㉯ (2) ㉮ **6**
(1) ○ **7** 곶감 **8** (1) ㅠ, ㅊ (2) ㅅ, ㅌ
9 소리 **10** (1) ○ (2) × (3) ○ **11** ③ **12** ㅇ
13 (1) 꿈 (2) 공 **14** (1) 예 물, 달, 별 (2) 예
밤, 봄, 엄마

개념 확인 (1) '반지', '화분'에는 모두 ㄴ 받침이 있습니다.
(2) '발'의 받침이 'ㅇ'으로 바뀌면 '방'이 되어 '발'과 소
리와 뜻이 달라집니다.

1 '낙타'와 '독수리'는 ㄱ 받침이 있는 낱말입니다. '독수
리'는 세 개의 소리마디로 된 낱말이지만, '낙타'는 두
개의 소리마디로 된 낱말입니다.

2 (1)과 (2)에는 모두 ㄴ 받침을 써야 합니다.

3 ㉠은 ㅋ 받침이 들어간 '키읔', ㉡은 ㄴ 받침이 들어간
'화분'으로 써야 합니다.

4 동생은 '부엌'을 '부억'으로 잘못 썼습니다.

5 '숟가락'과 '돋보기'에는 ㄷ 받침이, '파랗다'와 '놓다'에
는 ㅎ 받침이 있습니다.

6 '빗'에는 '젓가락'과 같은 ㅅ 받침이 있습니다.

7 ㉠에는 ㅈ 받침을 넣어 '곶감'으로 써야 합니다.

8 '윷'은 'ㅇ, ㅠ, ㅊ', '솥'은 'ㅅ, ㅗ, ㅌ'으로 이루어진 글
자입니다.

9 글자를 소리 내어 읽으면 받침이 달라도 같은 소리가
난다는 것을 알 수 있습니다.

> 채점 기준
> '소리'가 같다는 것을 알고 알맞게 썼으면 정답으로 합니다.

10 '달'과 '물'은 '발'과 같이 ㄹ 받침이 있는 글자입니다.

11 '숩'과 '숲'은 모두 [숩]으로 소리 납니다.

12 '감'의 ㅁ 받침을 ㅇ 받침으로 바꾸면 '강'이 됩니다.

13 (1)은 ㅁ 받침을 넣어 '꿈'으로 고쳐 써야 하고, (2)는
ㅇ 받침을 넣어 '공'으로 고쳐 써야 합니다.

14 '물', '감'과 같이 주변에서 ㄹ 받침이나 ㅁ 받침이 들
어가는 낱말을 찾아서 써 봅니다.

개념 확인 (1) × (2) ○

1 ③　**2** (1) ④ (2) ⑦　**3** 알맞은 크기의 목소리로　**4** (2) ○　**5** (1) ○ (2) ○　**6** ④, ⑤　**7** (1) ④ (2) ⑦　**8** 허리　**9** (1) ㅂ (2) ㄱ (3) ㄹ　**10** (1)

기	린

(2)

달	리	기

(3)

보	름	달

11 (1) ○ (3) ○　**12** (1)

ㄷ	ㄷ
ㅜ	ㅜ
ㅇ	ㅇ

(2)

ㄷ	ㄷ
ㅗ	ㅗ
ㅇ	ㅇ

1 콩　**2** ⑤　**3** 문　**4** (1) 산 (2) 팔

5 무, ㄹ　**6** ②　**7** (1) 낙타 (2) 부엌　**8** (1) ④ (2) ⑦　**9** 꽃　**10** (1) 솥 (2) 놓다　**11** 집, 구급차　**12** ②　**13** 소연　**14** (1) 예 둥둥 (2) 예 풍덩　**15** ①단계 ② ②단계 예 듣는 사람을 바라보며 발표하고 있습니다.

개념 확인 (1) 발표할 때에 눈은 듣는 사람을 바라보아야 합니다.

(2) 발표할 때에는 너무 크거나 작지 않게, 알맞은 크기의 목소리로 말해야 합니다.

1 친구 ❷가 화난 표정을 짓고 있는 것은 아닙니다.

2 친구 ❶은 딴 곳을 바라보며 발표하고 있고, 친구 ❸은 삐딱하게 서서 발표하고 있습니다.

3 수지의 목소리가 작아 친구들이 듣지 못했다고 하였으므로 다음에 발표할 때에는 알맞은 크기의 목소리로 말하라고 하는 것이 알맞습니다.

4 공식적으로 여러 사람에게 널리 알리는 것을 '발표'라고 합니다.

5 손으로 턱을 괴고 편안한 자세로 듣는 것은 다른 사람의 말을 들을 때의 바른 자세가 아닙니다.

6 다른 사람의 말을 바른 자세로 집중해 들으면 중요한 내용을 빠뜨리지 않고 들을 수 있고, 다른 사람의 말을 잘 이해할 수 있습니다.

7 (1)은 친구와 이야기를 하고 있고, (2)는 다른 곳을 바라보고 있습니다.

8 　**채점 기준**
'허리'를 등받이에 붙이고 앉아야 한다는 것을 알고 썼으면 정답으로 합니다.

9 (1)은 '컵', (2)는 '육', (3)은 '길'을 나타내고 있습니다.

10 (1)에는 ㄴ 받침을, (2)에는 ㄹ 받침을, (3)에는 ㅁ 받침을 써야 합니다.

11 '엄마'에는 ㅁ 받침, '못물'에는 ㅅ 받침과 ㄹ 받침이 있습니다.

12 이 시에서 엄마 오리는 '둥둥', 아기 오리는 '동동'으로 떠 있는 모습을 흉내 내는 말이 쓰였습니다.

---

1 '코'에 ㅇ 받침을 더하면 '콩'이 됩니다.

2 '잠'은 이 그림에서 찾을 수 없습니다.

3 한 글자이고, 닫혀 있는 것을 찾아봅니다.

4 (1)에는 ㄴ 받침, (2)에는 ㄹ 받침을 써야 합니다.

5 '무'에 ㄹ 받침을 더하면 '물'이 됩니다.

채점 기준
'무'와 'ㄹ'을 순서대로 알맞게 썼으면 정답으로 합니다.

6 '소'가 '손'이 되려면 ㄴ 받침이 들어가야 합니다.

7 ㄱ 받침과 ㅋ 받침 모두 [ㄱ]으로 소리 나지만 (1)은 '낙타', (2)는 '부엌'으로 쓰는 것이 알맞습니다.

8 '젓가락'은 ㅅ 받침, '돋보기'는 ㄷ 받침이 있는 글자입니다.

9 그림이 나타내는 것은 '꽃'입니다.

10 (1)은 ㅌ 받침이 있는 '솥', (2)는 ㅎ 받침이 있는 '놓다'로 써야 합니다.

11 '집'과 '구급차'에 ㅂ 받침이 있습니다.

12 친구와 이야기를 하며 듣는 것은 들을 때의 바른 자세가 아닙니다.

13 엄마 오리를 따라 아기 오리도 못물 위에 떠 있습니다.

14 '둥둥', '동동', '풍덩', '퐁당' 중 두 가지만 씁니다.

15 ①단계 친구 ❶은 딴 곳을 바라보며 발표하고 있고, 친구 ❸은 삐딱하게 서서 발표하고 있습니다.
②단계 1단계에서 답한 친구가 다른 친구들보다 어떻게 자세가 바른지를 씁니다.

채점 기준
발표하는 바른 자세 중 한 가지를 알맞게 썼으면 정답으로 합니다.

3. 낱말과 친해져요

개념 확인 (1) ○ (2) ×

1 (2) ○   **2** ⑤   **3** (1) | 수 | 박 | (2)

| 청 | 포 | 도 | **4** ㉠ **5** ② **6** ① **7** ③ **8** 개

울 **9** ① **10** 들, ㄹ **11** | 구 | 름 | **12** (1) ㉮ (2)

㉰ (3) ㉯ **13** (1) 바람 (2) 물통 **14** | 화 | 분 |

15 (1) × (2) ○

개념 확인 (1) 받침이 있는 낱말을 쓸 때에는 글자의 짜임을 생각하며 써야 합니다.
(2) 받침이 있는 글자나 낱말을 바르게 썼는지 확인해야 합니다.

1 그림 ❶에서 토순이는 엄마께서 무슨 과일을 좋아하시는지 궁금해했습니다.

2 토순이 엄마는 토순이가 받침이 있는 글자를 정확하게 쓰지 않았기 때문에 당황하셨습니다.

3 '수박', '청포도'로 바르게 고쳐 씁니다.

4 받침이 있는 글자를 정확하게 쓰면 무엇을 표현하는지 확실히 알 수 있습니다.

5 자음자 중에 'ㅌ'이 없으므로 '밭'은 만들 수 없습니다.

6 '축구공', '농구공'이 알맞은 낱말이므로 빈칸에 들어갈 글자는 '공'입니다.

7 이 시에서 다람쥐가 다리 위에서 인사한다고 했습니다.

8 다람쥐가 개울을 건너가게 다리를 놓자고 했습니다.

9 이 시에서 다람쥐는 "얘들아 고마워."라고 인사했습니다.

10 '들'에 받침 'ㄹ'이 들어 있습니다.

채점 기준
㉠에서 받침이 있는 글자와 그 글자에 쓰인 받침을 각각 찾아 바르게 썼으면 정답으로 합니다.

11 그림에 알맞은 낱말은 '구름'입니다.

12 ㉠'친구', ㉡'연필', ㉢'안경'이 알맞은 낱말입니다.

13 (1)은 '바람', (2)는 '물통'이 바른 낱말입니다.

14 '화분'이 바른 낱말입니다.

15 (1)은 '표범'이 바른 낱말입니다.

개념 확인 (1) × (2) ○

1 ①, ③   **2** 지원   **3** | 신 | 호 | 등 | **4** (1)

| 비 | 행 | 기 | (2) | 실 | 내 | 화 | **5** (1) 창문

(2) 국수 (3) 장난감 **6** ③ **7** ① **8** ㄲ, ㄱ

9 | 빨 | 래 | **10** (1) ㉠ (2) ㉢ (3) ㉡ **11** (1)

㉯ (2) ㉮ **12** 쌍기역 **13** (1) | 찐 | 빵 | (2)

| 빨 | 대 | (3) | 뚜 | 껑 | (4) | 꼬 | 리 | **14** ③

개념 확인 (1) '딸기'에는 자음자 'ㄸ'이 들어갔습니다.
(2) '코끼리'에는 자음자 'ㄲ'이 들어갔습니다.

1 '학교'의 '학'과 '박물관'의 '박'에 받침 'ㄱ'이 들어갑니다.

2 ㉠'학교'에서 받침이 들어간 글자는 '학', ㉡'도서관'에서 받침이 들어간 글자는 '관', ㉢'과학관'에서 받침이 들어간 글자는 '학'과 '관'입니다.

3 '신호등'이 알맞은 낱말입니다.

4 (1)은 '비행기', (2)는 '실내화'라고 고쳐 써야 합니다.

5 (1)은 '창문', (2)는 '국수', (3)은 '장난감'이 알맞습니다.

6 그림에서 찾을 수 있는 자음자는 'ㄲ', 'ㄸ', 'ㅃ', 'ㅆ', 'ㅉ'입니다.

7 자음자 'ㅉ'이 들어간 '짝'을 떠올릴 수 있습니다.

8 자음자 'ㄲ'은 'ㄱ'보다 힘을 주어서 소리 냅니다.

채점 기준
자음자 'ㄲ'이 'ㄱ'보다 힘주어 소리 낸다고 썼으면 정답으로 합니다.

9 그림에 알맞은 낱말은 '빨래'입니다.

10 자음자 'ㄲ'이 들어간 낱말은 '꽃밭', 자음자 'ㄸ'이 들어간 낱말은 '딱지', 자음자 'ㅃ'이 들어간 낱말은 '빨대'입니다.

11 (1)은 '찌개', (2)는 '까마귀' 그림입니다.

12 '뻐꾸기', '수도꼭지', '어깨'에 모두 들어 있는 자음자의 이름은 '쌍기역'입니다.

13 (1)은 '찐빵', (2)는 '빨대', (3)은 '뚜껑', (4)는 '꼬리'입니다.

14 '쑥', '씨름'의 '씨', '쓰레기통'의 '쓰', '이쑤시개'의 '쑤'에 자음자 'ㅆ'이 쓰였습니다.

개념북 **3** 단원

개념 확인 (1) × (2) ◯

1 민서　**2** ③　**3** 깡충깡충　**4** ④

5 (1) ㉯ (2) ㉮　**6** 호랑이, 꼬리　**7** (2) ◯　**8** ④

9 ⑤　**10** (1) 연필 (2) 접시 (3) 창문　**11** (1) ㉯ (2) ㉮　**12** 뒤뚱뒤뚱

13 ⑤

1 ①　**2** 지원　**3** (2) ◯　**4** ③, ⑤　**5** 울, 돌, ㄹ

6 ②　**7** (1) 바람 (2) 친구　**8** ②

9 ②　**10** 깡충깡충　**11** ④, ⑤　**12** ⑤

13 어슬렁어슬렁　**14** (2) ◯

15 ❶단계 (1) 굴 (2) 꿀 (3) 방 (4) 빵

❷단계 ㅃ, ㅂ

개념 확인 (1) 낱말을 쓸 때에는 낱말의 소리, 모양, 뜻을 생각하며 써야 합니다.
(2) 낱말을 자신 있게 읽기 위해서는 여러 가지 자음자가 있는 낱말을 소리 내어 읽고 써 봅니다.

1 이 이야기는 하늘에 떠 있는 구름의 모양을 보고 상상하여 쓴 글입니다.

2 '나'는 토끼에게 언덕을 만들어 주었습니다.

3 토끼가 뛰는 모습을 나타내는 낱말인 '깡충깡충'의 뜻입니다.

4 '그렇게'는 받침 'ㅎ'이 들어간 낱말입니다.

5 (1)은 호랑이 모양의 구름, (2)는 토끼 모양의 구름입니다.

6 '나'는 호랑이가 토끼를 쫓아가지 못하게 호랑이의 꼬리를 잡았습니다.

> **채점 기준**
> '호랑이'의 '꼬리'를 잡았다고 썼으면 정답으로 합니다.

7 호랑이의 움직임을 나타내는 말은 '어슬렁어슬렁'입니다.

8 ㉡'쫓아가면'은 자음자 'ㅉ'이 쓰인 낱말입니다.

9 '수박'과 '독수리'는 자음자 'ㄱ', '곰'과 '여름'은 자음자 'ㅁ', '빨래'와 '하늘'은 자음자 'ㄹ'이 받침으로 들어간 낱말입니다.

10 (1)에는 받침 'ㄴ', 'ㄹ', (2)에는 받침 'ㅂ', (3)에는 받침 'ㅇ', 'ㄴ'을 써야 합니다.

11 자음자 'ㅆ'은 '쌩쌩'에, 자음자 'ㅉ'은 '쨍쨍'에 들어 있습니다.

12 오리가 움직이는 모습을 나타내는 낱말은 '뒤뚱뒤뚱'입니다.

13 '색종이'이므로 '종'이 들어가야 알맞습니다.

1 ㉠에는 '줄', ㉡에는 '물'이 들어가야 합니다.

2 받침이 있는 글자를 정확히 써야 무엇을 표현하는지 확실히 알 수 있습니다.

3 다리를 놓아 주어 다람쥐가 고맙다고 인사했습니다.

4 '애들아'는 'ㄹ', '다람쥐'는 'ㅁ'이 받침으로 쓰였습니다.

5 모두 받침 'ㄹ'이 쓰인 낱말입니다.

> **채점 기준**
> ㉠과 ㉡에서 받침이 들어간 글자와, 받침으로 쓰인 자음자를 찾아 모두 알맞게 썼으면 정답으로 합니다.

6 그림에서 지예는 가방을 가지고 있습니다.

7 알맞은 받침을 넣어 '바람'과 '친구'를 바르게 씁니다.

8 그림에 알맞은 낱말은 '거울'입니다.

9 '딸기', '땅콩'에 모두 자음자 'ㄸ'이 들어갑니다.

10 토끼가 움직이는 모습을 나타내는 말은 '깡충깡충'입니다.

11 모두 자음자 'ㄲ'이 쓰인 낱말입니다.

12 토끼는 호랑이가 쫓아오자 도망갔습니다.

13 받침 'ㅇ'을 넣어 낱말을 완성합니다.

14 (1)은 '도망가면'의 뜻입니다.

15 ❶단계 그림 ❶은 '굴', 그림 ❷는 '꿀', 그림 ❸은 '방', 그림 ❹는 '빵'을 나타냅니다.

> **채점 기준**
>
> | 상 | 낱말에 들어가는 자음자를 모두 바르게 썼습니다. |
> |---|---|
> | 하 | 자음자를 2개 이상 바르게 쓰지 못했습니다. |

❷단계 자음자 'ㅃ'은 자음자 'ㅂ'보다 힘주어 소리 냅니다.

> **채점 기준**
> 'ㅃ'을 'ㅂ'보다 힘주어 소리 낸다고 썼으면 정답으로 합니다.

4. 여러 가지 낱말을 익혀요

개념 확인 (1) ◯　(2) ◯

1 ①　**2** ②　**3** | 해 | 바 | 라 | 기 |　**4** 민우

5 ①　**6** (1) | 귀 |　(2) | 다 | 리 |　**7** (1) ㉯　(2) ㉮

8 ④　**9** ⑤　**10** ①, ②, ⑤　**11** 동생　**12** 할아
버지

개념 확인 (1) '맡다'는 우리 몸에서 '코'와 관련 있는 낱말입니다.
(2) '만지다'는 우리 몸에서 '손'과 관련 있는 낱말입니다.

1 아이들은 공원에서 이야기를 나누고 있습니다.

2 그림에서 남자아이는 공원에서 본 꽃의 이름을 궁금해했습니다.

> **왜 답이 아닐까?**
> ① 아이들은 나무가 아닌 꽃을 보았습니다.
> ③ 남자아이는 꽃의 이름을 알지 못했습니다.
> ④ 여자아이는 꽃의 이름을 알맞게 말했습니다.
> ⑤ 여자아이는 동물의 이름을 궁금해하지 않았습니다.

3 그림에 알맞은 낱말은 '해바라기'입니다.

4 낱말을 많이 알면 책을 읽을 때 어떤 내용의 이야기인지 더 잘 알 수 있고, 자신의 생각을 더 잘 표현할 수 있습니다.

5 그림에는 몸과 관련 있는 낱말들이 나타나 있습니다.

6 ㉠에 알맞은 낱말은 '귀', ㉡에 알맞은 낱말은 '다리'입니다.

7 (1)은 '눈', (2)는 '팔'입니다.

8 '말하다'는 '발'이 아닌 '입'과 어울리는 낱말입니다.

9 그림에서 할머니는 할아버지와 이야기를 나누고 계십니다.

10 그림에서 2층에 있는 가족은 '어머니', '형', '누나'입니다.

11 '나보다 나이가 어린 아이를 부르는 말'은 '동생'입니다.

12 '할아버지'가 들어가야 알맞습니다.

> **채점 기준**
> 빈칸에 '할아버지'를 바르게 썼으면 정답으로 합니다.

개념 확인 (1) ✕　(2) ◯

1 아노(고양이)　**2** ⑤　**3** | 아 | 빠 |　**4** ㉯

5 ④　**6** (1) ◯　**7** 수민　**8** 예 만두　**9** 손

10 (1) ㉯ (2) ㉮　**11** (2) ◯　**12** ㉤　**13** 손

개념 확인 (1) 그림책을 읽을 때에는 글과 그림을 함께 살펴보며 읽습니다.
(2) 그림책에서 읽었던 내용 가운데 중요한 내용을 떠올려야 합니다.

1 '아노(고양이)'가 오이를 좋아한다고 했습니다.

2 엄마는 배추김치, 아빠는 설렁탕이 맛있다고 하셨습니다.

3 그림에 알맞은 낱말은 '아빠'입니다.

4 '배추김치'와 어울리는 낱말은 '맛있다'입니다.

5 '나'는 스파게티를 삼키면 몸 안에 길이 생길 것 같다고 했습니다.

6 '오빠가 좋아하는 음식은 (1) '피자'입니다.

7 규호는 좋아하는 음식과 관련된 경험을 떠올리지 않았습니다.

8 빈칸에 자신이 좋아하는 음식의 이름을 떠올려 씁니다.

9 빈칸에 모두 들어가는 글자는 '손'입니다.

10 (1)은 '발바닥', (2)는 '발등'이 알맞습니다.

> **더 알아보기**
> '손'이나 '발'은 여러 가지 낱말과 함께 쓰입니다. '손'이 들어가는 낱말은 '손등, 손바닥, 손톱, 손가락', '발'이 들어가는 낱말은 '발등, 발바닥, 발톱, 발가락' 등이 있습니다.

11 아이들이 줄다리기하며 줄을 당기고 있으므로 '당기다'가 알맞습니다.

12 그림에서 넘어진 아이의 모습은 나타나 있지 않습니다.

> **왜 답이 아닐까?**
> ㉠, ㉡: 그림의 윗부분에 아이들이 공을 차며 달리는 모습이 나타나 있습니다.
> ㉢: 그림의 왼쪽 아랫부분에 아이들이 춤추고 있습니다.

13 아이들은 손으로 콩 주머니를 던지고 있습니다.

> **채점 기준**
> 손으로 콩 주머니를 던진다고 썼으면 정답으로 합니다.

개념확인 (1) ○ (2) ○

1 ⑤ **2** ①, ⑤ **3** ① **4** 예 시소 **5** (1) ⓝ (2) ㉮ **6** ④ **7** ⑤ **8** 예 서점 **9** 예 공책 **10** 선생님 **11** ⑤ **12** (1) 도서관 (2) 책상 **13** (1) ㉮ (2) ㉰

개념확인 (1) '과일 가게', '빵집'은 이웃과 관련 있는 낱말입니다.

(2) '칠판', '책상'은 학교와 관련 있는 낱말입니다.

1 그림에서 선생님과 아이들은 교실에 있습니다.

> **왜 답이 아닐까?**
>
> ① 책상 위에는 책 또는 연필이 있습니다.
> ② 선생님과 아이들은 교실에 있습니다.
> ③ 선생님은 칠판 앞에 서 계십니다.
> ④ 여자아이는 일어나서 말하고 있습니다.

2 그림에 '수건'과 '텔레비전'은 나오지 않았습니다.

3 ㉠에 들어갈 알맞은 낱말은 '책'입니다.

4 '시소', '그네', '철봉' 등 학교 운동장에서 볼 수 있는 것을 떠올려 씁니다.

5 (1)은 '빵집', (2)는 '은행'이 알맞습니다.

6 '조개'는 과일이 아닙니다.

7 '소방서'와 관련 있는 탈것은 '소방차'입니다.

8 자신의 주변에 있는 장소나 사람, 물건 등을 떠올려 '이웃'과 관련 있는 낱말을 써 봅니다.

> **채점 기준**
>
> 이웃과 관련 있는 장소나 사람, 물건 등을 떠올려 썼으면 정답으로 합니다.

9 '공책', '필통', '연필' 등 교실에서 볼 수 있는 물건 가운데 이름이 두 글자인 것을 떠올려 씁니다.

> **더 알아보기**
>
> 교실과 관련 있는 물건 가운데 이름이 세 글자인 낱말에는 '교과서, 책가방, 지우개, 색종이, 색연필' 등이 있습니다.

10 빈칸에는 '선생님'이 들어가야 합니다.

11 과일 가게 그림이므로 ⑤가 어울리는 문장입니다.

12 그림에 알맞은 낱말은 (1) '도서관', (2) '책상'입니다.

13 (1) '빵'과 관련 있는 장소는 '빵집', (2) '책'과 관련 있는 장소는 '도서관'이 알맞습니다.

개념확인 (1) × (2) ○

1 나현 **2** ⑤ **3** ④ **4** 이웃집 **5** ①, ② **6** (1) ⓝ (2) ㉮ **7** 예 요리사 모자

8 (1) | 신 | 호 | 등 | (2) | 버 | 스 |

(3) | 횡 | 단 | 보 | 도 | **9** ⑤ **10** (1) | 국 | 수 |

(2) | 친 | 구 | (3) | 연 | 필 | **11** (1) ㉮ (2) ⓝ

12 성훈

개념확인 (1) 글의 제목을 읽고 그림책이 어떤 내용일지 상상할 수 있습니다.

(2) 그림책에서 여러 번 나오는 그림을 통해 어떤 이야기일지 상상할 수 있습니다.

1 그림책에 나오는 그림을 보고 이야기의 내용을 상상할 수 있습니다.

2 이 글에서 '나'는 학교에 가려고 집을 나섰습니다.

> **왜 답이 아닐까?**
>
> ① '나'는 아침을 먹었습니다.
> ③ '나'는 꽃을 사지 않았습니다.
> ④ '나'는 길에서 이웃집 아저씨를 만났습니다.
> ⑤ '나'는 집에서 나와 학교에 가는 길입니다.

3 발자국 그림이 강아지로 표현되어 있습니다.

4 '나'는 이웃집 아저씨를 만났습니다.

> **채점 기준**
>
> 이웃집 아저씨를 만났다는 내용을 바르게 썼으면 정답으로 합니다.

5 '나'는 학교 가는 길에 꽃집과 공원을 지났습니다.

6 (1)은 발자국 그림으로 이 모양을 나타냈으므로 '치과', (2)는 발자국 그림으로 소파 모양을 나타냈으므로 '가구점'과 어울립니다.

7 '요리사 모자', '빵', '자동차' 등 발자국 그림과 어울리는 것을 자유롭게 떠올려 봅니다.

8 ㉠은 '신호등', ㉡은 '버스', ㉢은 '횡단보도' 그림입니다.

9 글자판에서 '할아버지'는 찾을 수 없습니다.

10 (1)은 '국수', (2)는 '친구', (3)은 '연필'입니다.

11 '없다'의 뜻은 ㉮이고, '있다'의 뜻은 ⓝ입니다.

12 '읽다'는 [익따]로 소리 납니다.

1 나팔꽃 **2** (1) ○ **3** ④ **4** ⑤ **5** ④ **6** 동생
7 ④ **8** 피자 **9** 뜨겁다 **10** ② **11** 선생님
12 ⑤ **13** (1) 신호등 (2) 버스 **14** ② **15** **1**단계
(1) 치과 (2) 가구점 **2**단계 **예** 병원

1 '나팔꽃'이 알맞습니다.

2 낱말을 많이 알면 내 생각을 더 잘 표현할 수 있고, 책을 읽을 때 이야기의 내용을 더 잘 알 수 있습니다.

3 ㉠은 '머리', ㉡은 '입'이 알맞습니다.

4 '손'과 관련 있는 낱말은 '만지다'입니다.

> **왜 답이 아닐까?**
> ① '맡다'는 '코'와 관련 있는 낱말입니다.
> ③ '보다'는 '눈'과 관련 있는 낱말입니다.
> ④ '먹다'는 '입'과 관련 있는 낱말입니다.
> ⑤ '듣다'는 '귀'과 관련 있는 낱말입니다.

5 얼굴과 관련 있는 낱말 가운데 자음자 'ㅋ'이 들어간 낱말은 '코'입니다.

6 그림에 알맞은 낱말은 '동생'입니다.

7 '엄마'께서 배추김치가 맛있다고 하셨습니다.

8 '나'는 피자가 크리스마스트리 같다고 했습니다.

9 '설렁탕'과 어울리는 말은 '뜨겁다'가 알맞습니다.

10 이 그림에서 시소는 나오지 않습니다.

11 선생님께서 칠판 앞에 서 계십니다.

> **채점 기준**
> 선생님께서 칠판 앞에 서 계신다고 썼으면 정답으로 합니다.

12 '과일 가게'와 관련 있는 낱말들입니다.

13 ㉠은 '신호등', ㉡은 '버스'입니다.

14 아이들이 달리는 그림이므로 '달리다'가 어울립니다.

15 **1**단계 '나'는 차례대로 '치과', '꽃집', '가구점', '공원'을 지났습니다.

> **채점 기준**
> '내'가 지나온 곳을 모두 알맞게 썼으면 정답으로 합니다.

2단계 학교 가는 길에 지난 곳을 떠올리고 낱말로 바르게 씁니다.

> **채점 기준**
> 학교 가는 길에 볼 수 있는 장소를 알맞게 떠올려 썼으면 정답으로 합니다.

5. 반갑게 인사해요

개념 확인 (1) ○ (2) ×

1 (1) ㉡ (2) ㉠ (3) ㉢ **2** ②, ④, ⑤ **3** 안녕하세요? **4** 연우 **5** (1) × **6** (1) ㉡ (2) ㉠ **7** ④
8 ② **9** ② **10** (1) ㉡ (2) ㉠ **11** **1** **12** 손, 안녕하세요 **13** (1) ㉡ (2) ㉠ **14** (1) ㉢, ㉣, ㉥ (2) ㉠, ㉡, ㉣

개념 확인 (1) 친구를 만났을 때 "안녕?"이라고 인사합니다. (2) 학교에 갈 때에는 "다녀오겠습니다."라고 합니다.

1 (1)은 웃어른을 만난 상황, (2)는 친구를 만난 상황, (3)은 아는 사람을 오랜만에 만난 상황입니다.

2 친구들, 아랫집 할머니, 강아지들에게 인사했습니다.

3 아랫집 할머니께 "안녕하세요?"라고 인사했습니다.

4 민지는 인사하는 상황과 관련 없는 경험을 말했습니다.

5 만나는 사람에게 인사를 했을 때 자신의 생각을 감출 수 있는 것은 아닙니다.

6 그림 ❶에는 친구를 만나 인사하는 상황이, 그림 ❷에는 상을 받은 친구를 축하하는 상황이 나타나 있습니다.

7 할머니께서 먹을 것을 주실 때에는 "잘 먹겠습니다."와 같이 인사해야 합니다.

8 남자아이는 허리를 숙여 예의 바르게 인사했습니다.

9 여자아이는 자신의 물건을 주워 준 친구에게 고마워하는 마음을 표현하며 인사해야 합니다.

10 (1)은 교실에서 친구와 부딪쳤을 때 하는 인사말이고, (2)는 친구 집에 놀러 갔을 때 하는 인사말입니다.

11 상황에 맞게 인사한 것은 그림 ❶입니다.

12 웃어른께 인사할 때에는 주머니에서 손을 빼고 고개를 숙이며 예의 바르게 인사해야 합니다.

> **채점 기준**
> 주머니에서 손을 뺀다는 내용과 웃어른께 하는 인사말을 모두 알맞게 쓰면 정답으로 합니다.

13 이웃에게서 선물을 받았을 때에는 "선물을 주셔서 감사합니다."라고 인사하고, 할아버지 생신 때에는 "생신 축하드립니다."라고 인사합니다.

14 상대에 따라 인사말이 달라질 수 있으므로 알맞은 인사말을 해야 합니다.

개념확인 (1) ○ (2) ×

1 (3) ○ 2 잘 자요, 예 저녁/밤 3 연주 4 안녕, 안녕 5 (1) ○ 6 ⑤ 7 ①, ② 8 (1) 구거 (2) 아거 (3) 거르며 (4) 나드리 9 (1) 라 (2) 다 (3) 가 (4) 나 10 ③ 11 지유 12 필통 13 ⑤

개념확인 (1) '나들이'는 읽을 때 받침 'ㄹ'이 뒤에 오는 'ㅇ'을 만나 뒷말 첫소리가 되어 [나드리]로 소리 납니다.
(2) 받침이 뒤에 오는 'ㅇ'을 만나면 받침이 뒷말 첫소리로 이어져 읽힙니다.

1 '오빠', '형', '다람쥐'는 이 시에 나오지 않습니다.

2 '모두 모두 잘 자요', '모두 내 꿈 꿔요'는 저녁에 자기 전에 하는 인사말입니다.

채점 기준

상	시에 나타난 인사말과 인사말을 하는 때를 모두 알맞게 썼습니다.
중	시에 나타난 인사말과 인사말을 하는 때 중에서 한 가지만 알맞게 썼습니다.
하	시에 나타난 인사말과 인사말을 하는 때를 알맞게 쓰지 못했습니다.

3 민기가 한 인사말은 아침에 일어났을 때 하는 것입니다.

4 '안녕'은 만나거나 헤어질 때 하는 인사입니다.

5 사슴은 자신의 뿔을 자랑스러워했습니다.

6 사슴은 사냥꾼을 피해 도망가다 나뭇가지 사이에 뿔이 걸렸습니다.

7 ㉠'사슴은'은 [사스믄]으로, ㉡'뿔을'은 [뿌를]로 소리 납니다.

8 '국어', '악어', '걸으며', '나들이'는 앞 글자의 받침이 뒤에 오는 'ㅇ'을 만나 뒷말 첫소리로 자연스럽게 이어져 읽힙니다.

9 각각의 상황에서 어떤 인사말을 해야 하는지 떠올려 봅니다.

10 친구에게 도움을 받았을 때에는 "고마워."라고 인사합니다.

11 '바람이'는 [바라미]로 소리 납니다.

12 선생님께서는 지호가 찾던 필통을 찾아 주셨습니다.

13 선생님께서 "물건을 찾아 주셔서 고맙습니다."라고 말하면 된다고 알려 주셨습니다. ②는 친구가 물건을 찾아 주었을 때 할 수 있는 인사말입니다.

1 ① 2 ③ 3 (1) ○ 4 할머니 5 ④ 6 예 친구의 물통을 엎질렀을 때 7 ③ 8 (2) ○ (3) ○ 9 ③ 10 ⑤ 11 ⑤ 12 (1) ○ 13 ② 14 모교일 15 1단계 예 길 2단계 예 안녕하세요?

1 친구들에게 하는 인사말로는 '안녕'이 알맞습니다.

2 "안녕하세요?"는 웃어른을 만났을 때 하는 인사말입니다.

3 "잘 먹었습니다."는 밥을 먹은 다음에 하는 인사말입니다.

4 할머니께서 남자아이에게 과일을 주셨습니다.

5 남자아이는 과일을 주시는 할머니께 고마워하는 마음을 담아 인사해야 합니다.

6 자신이 다른 사람에게 실수하거나 잘못해서 미안하다고 인사했던 경험을 씁니다.

채점 기준

자신이 다른 사람에게 실수하거나 잘못했던 경험을 떠올려 미안한 마음을 담은 인사말을 쓰면 정답으로 합니다.

7 남자아이가 예의 바르게 인사하지 않았기 때문에 인사를 받는 사람의 기분은 좋지 않을 것입니다.

8 웃어른께 인사할 때에는 예의 바르고 공손하게 인사해야 합니다.

9 이 시에 나오는 사람은 '엄마, 아빠, 누나, 동생, 할아버지, 할머니, 고모, 이모'입니다.

10 '잘 자요'는 저녁에 자러 갈 때 하는 인사말입니다.

11 자기 전에 할 수 있는 인사말은 "안녕히 주무세요."입니다.

12 사슴은 자신의 가늘고 긴 다리가 늘 불만이었습니다.

13 '보이고'는 글자와 소리가 같은 낱말입니다.

14 '목요일'은 '목'의 받침 'ㄱ'이 뒷말 첫소리로 자연스럽게 이어져 [모교일]로 읽힙니다.

15 1단계 여자아이는 길에서 친구와 웃어른을 만나 인사했습니다.
2단계 웃어른을 만나면 "안녕하세요?"라고 예의 바르게 인사합니다.

채점 기준

친구에게 하는 인사말과 웃어른께 하는 인사말의 차이를 알고 웃어른께 하는 인사말을 쓰면 정답으로 합니다.

6. 또박또박 읽어요

개념 확인 (1) ◯ (2) ✕

1 (1) ◯   **2** ⑤   **3** ㉢   **4** (1) ㉯ (2) ㉮   **5** ④
6 ⑤   **7** 되었습니다   **8** 국수   **9** ③   **10** 영현
11 ⑩ 모래성을 완성했습니다.   **12** ⑤

개념 확인 (1) 그림을 보고 누가, 무엇을 하는지 떠올리며 문장을 읽습니다.
(2) 소리 내어 문장을 읽을 때에는 또박또박 큰 소리로 읽습니다.

1 여우는 '이 자전거를 가면 어디든 갈 수 있어!'라고 읽었습니다.

2 여우는 '타면'을 '가면'이라고 잘못 읽었습니다. 토끼는 여우가 문장을 정확하게 읽지 않아서 여우의 말을 이해하지 못했습니다.

3 ㉠은 '오늘'과 '밤' 사이를 띄어 읽고, '밤' 뒤는 쉬어 읽었습니다. 그리고 '나무를'과 '심자'를 띄어 읽었습니다.

4 ㉠은 밤에 나무를 심자는 뜻이고, ㉡은 밤이 열리는 나무를 심자는 뜻입니다.

5 그림 속 친구들은 물놀이를 하고 있습니다.

6 이 그림에는 강아지의 모습이 나타나 있지 않습니다.

7 빈칸에 들어갈 알맞은 낱말은 '되었습니다'입니다.

8 '무엇'에 해당하는 '국수'에 ◯표 합니다.

> **더 알아보기**
>
> '무엇이 무엇을 어찌하다' 문장 만들기
> • 친구가 수영을 합니다.
> • 진우가 글씨를 씁니다.
> • 형이 라면을 끓입니다.
> • 강아지가 신발을 물어뜯습니다.

9 동물들이 놀이터에서 놀고 있습니다.

10 원숭이는 달리고 있고, 토끼와 다람쥐는 시소를 타고 있습니다.

11 곰은 모래로 성을 만들었습니다.

> **채점 기준**
>
> 그림을 보고 곰이 무엇을 만들었는지 알맞은 문장을 썼으면 정답으로 합니다.

12 그림 속 여자아이는 줄넘기를 하고 있습니다.

개념 확인 (1) ✕ (2) ◯

1 바, 람   **2** ③   **3** ①, ③   **4** 솔이   **5** 꽃   **6** ⑩ 달리기가 빠른 치타   **7** ②   **8** ∨, ≫, ≫, ≫, ≫
9 ③   **10** (2) ◯   **11** (2) ◯   **12** (1) , (2) ? (3) . (4) !   **13** (1) ✕

개념 확인 (1) 문장 부호 '!'의 이름은 '느낌표'입니다.
(2) '마침표'는 설명하는 문장 끝에 씁니다.

1 할아버지 댁 마당에는 나무가 있었지만 바람이 심하게 불던 날에 쓰러지고 말았습니다.

2 설명하는 문장 끝에는 마침표를 쓰고, 마침표는 칸의 왼쪽 아래에 씁니다.

3 ㉡에는 쉼표와 물음표가 쓰였습니다.

4 쉼표 뒤에는 조금 쉬어 읽습니다.

5 제목과 그림을 보고 코끼리가 꽃에서 나왔다는 것을 알 수 있습니다.

6 자신이 만나고 싶은 동물을 알맞게 쓰면 정답으로 인정합니다.

> **채점 기준**
>
> 보기의 문장과 같이 자신이 만나고 싶은 동물과 그 특징을 알맞게 썼으면 정답으로 합니다.
>
> **이런 답도 가능해!**
> • 나는 코가 긴 코끼리를 만나고 싶습니다.
> • 나는 귀가 큰 사막여우를 만나고 싶습니다.
> • 나는 나무를 잘 타는 원숭이를 만나고 싶습니다.
> • 나는 하늘을 높이 나는 독수리를 만나고 싶습니다.

7 쉼표 뒤인 ㉡에서 조금 쉬어 읽습니다.

8 쉼표 뒤에는 ∨를, 마침표, 물음표, 느낌표 뒤에는 ≫를 합니다.

9 쉼표 뒤에 ∨를 하므로, 쉼표가 없는 ③에는 ∨를 하지 않습니다. ③의 물음표 뒤에서는 ≫를 합니다.

10 그림 속 두 친구는 자전거를 타고 있습니다.

11 (1)은 쉼표, (3)은 물음표, (4)는 느낌표의 쓰임이 들어가야 알맞습니다.

12 (1)은 부르는 말 뒤이고, (2)는 묻는 문장의 끝입니다. (3)은 설명하는 문장의 끝이고, (4)는 느낌을 나타내는 문장의 끝입니다.

13 받침 'ㅎ' 뒤에 'ㄷ'이 오면 [ㅌ]으로 소리납니다. 따라서 '많다'는 [만타]로 소리 납니다.

개념북

6 단원

1 ㉡ **2** ② **3** ⑤ **4** 예은 **5** ⑤ **6** ⑤ **7** ②
8 (1) － ㉠ － ② (2) － ㉡ － ① **9** 감 **10** (1)
○ **11** 물, 음, 표 **12** ③ **13** (2) ○ **14** ④
15 ❶단계 (1) 쉼표 (2) 물음표 (3) 마침표 (4) 느낌
표 ❷단계 ㉣, 끝, 나, 는

---

1 어두운 밤에 나무를 심는 모습이 나타나 있으므로 ㉡
과 같이 읽어야 합니다.

2 띄어 읽기가 서로 달라서 문장의 뜻도 다릅니다.

3 문장을 알맞게 띄어 읽으면 문장의 뜻을 정확하게 이
해할 수 있습니다.

4 그림 속 친구들이 물놀이를 하고 있습니다.

5 빈칸에 들어갈 알맞은 낱말은 '친구들이'입니다.

6 엄마는 카메라를 들고 있습니다.

7 토끼와 다람쥐는 시소를 타고 있습니다.

8 그림을 자세히 보고 그림에 알맞은 문장을 만듭니다.

9 남자아이는 맛있는 감이 열리는 나무가 있으면 좋겠
다고 하였습니다.

10 쉼표 뒤에는 ∨를, 마침표, 물음표, 느낌표 뒤에는 ⩔
를 해야 합니다.

11 묻는 문장에는 물음표를 씁니다.

> **채점 기준**
> 묻는 문장의 끝에 오는 부호의 이름을 알맞게 썼으면 정
> 답으로 합니다.

12 마침표는 설명하는 문장 끝에 씁니다.

13 코끼리는 필통 속으로 들어갔습니다.

14 ㉠, ㉡, ㉢, ㉤은 쉼표 뒤이므로 ∨를 합니다.

15 ❶단계 ㉠은 쉼표, ㉡은 물음표, ㉢은 마침표, ㉣은 느
낌표입니다.

> **채점 기준**
> 각 문장에 쓰인 문장 부호의 이름을 알맞게 썼으면 정답
> 으로 합니다.

❷단계 글이 끝나는 곳에서는 ⩔를 하지 않습니다.

> **채점 기준**
> 글의 마지막 문장을 찾고, 글이 끝나는 곳 뒤에서는 ⩔를
> 하지 않는다는 내용을 쓰면 정답으로 합니다.

---

7. 알맞은 낱말을 찾아요

개념 확인 (1) ○ (2) ✕
1 ① **2** (3) ○ **3** 냄비 **4** 하준 **5** (1) 박 (2) 밖
6 아빠 **7** ④ **8** (1) 닭 다 (2) 샀 다
9 ⑤ **10** (1) ㉮ (2) ㉰ (3) ㉯ **11** 예 이를 닦습니
다. **12** ④

개념 확인 (1) 같은 자음자가 겹쳐서 된 받침을 '쌍받침'이라
고 합니다.
(2) ㄲ 받침은 ㄱ 받침과, ㅆ 받침은 ㅅ 받침과 소리가
같습니다.

1 곰은 사자에게 요리를 배우러 왔다고 했습니다.

2 사자가 문장으로 설명하지 않았기 때문에 곰이 사자
의 설명을 알아듣기 어려웠습니다.

3 사자는 "꿀을 냄비에 넣으세요."라고 말하고 싶었을
것입니다.

4 하고 싶은 말을 문장으로 표현하면 자신의 생각이나 전
달할 내용을 상대에게 정확하게 전달할 수 있습니다.

5 (1)에는 '박'이, (2)에는 '밖'이 알맞습니다.

6 ㅆ 받침을 넣어서 '먹었니'라고 써야 알맞습니다.

7 ㉠에는 '볶'이, ㉡에는 '깎'이 들어가야 알맞습니다.

8 (1)'닭다'에는 ㄲ 받침이 들어가고, (2)'샀다'에는 ㅆ 받
침이 들어갑니다.

9 호랑이가 하고 있는 것은 훌라후프입니다.

10 (1)에는 ㉮의 문장, (2)에는 ㉰의 문장, (3)에는 ㉯의
문장이 어울립니다.

11 '내'가 하는 행동이나 모습에 대한 문장을 만들어야
합니다.

> **채점 기준**
> 그림 속 '나'의 상황에 어울리는 내용으로 썼으면 정답으
> 로 합니다.

12 '동생과 나는 수박을 먹습니다.'가 그림에 알맞은 문
장입니다.

> **더 알아보기**
> 그림에서 '동생'과 '나'는 수박을 심고 있는 것이 아니라
> 수박을 먹고 있습니다.

개념 확인 (1) × (2) ○

1 (1) 라 (2) 다 (3) 가 (4) 나 **2** (1) 장미 (2) 오리 (3) 과일 **3** ④ **4** ② **5** 춤을 **6** ① **7** 책을 봅니다 **8** (3) ○ **9** 예 콩쥐팥쥐 **10** ② **11** (1) 나 (2) 가 **12** ⑤ **13** (1) 나 (2) 가

---

1 ㉡, ㉢, ㉺ **2** ㅆ **3** (1) 나 (2) 가 **4** ② **5** (1) 예 해가 (2) 예 기지개를 **6** ② **7** ③ **8** (4) × **9** ⑤ **10** (2) ○ **11** ④ **12** (1) 나 (2) 가 **13** (1) ○ **14** ④ **15** **1단계** (1) 호랑이 (2) 곰 **2단계** (1) 호랑이가 (2) 곰이 노래를

개념 확인 (1) 움직임을 나타낼 때에는 "누가 무엇을 합니다."와 같이 표현합니다.
(2) 무엇이 어디에 속하는지 나타내고 싶을 때에는 "무엇은 무엇입니다"와 같이 표현합니다.

1 그림 ❶은 한복이므로 옷이고, 그림 ❷는 복숭아이므로 과일입니다. 그림 ❸은 장미이므로 꽃이고, 그림 ❹는 오리이므로 동물입니다.

2 '장미'는 '꽃'에 포함되고, '오리'는 '동물'에 포함되고, '복숭아'는 '과일'에 포함됩니다.

3 원숭이는 피아노를 치고 있습니다.

4 토끼가 딸기를 먹고 있습니다.

5 호랑이는 춤을 추고 있습니다.

6 아이들이 읽고 있는 책이 재미있는지 궁금해졌습니다.

7 그림에 어울리는 문장은 '고양이가 책을 봅니다.'입니다.

> **채점 기준**
> '책을'과 '봅니다'를 골라 문장을 완성해야만 정답으로 합니다.

8 '번쩍'의 뜻은 '몸의 한 부분을 갑자기 위로 높이 들어 올리는 모양.'이고, '용감한'의 뜻은 '용기가 있으며 씩씩하고 기운찬.'입니다.

9 자신이 읽은 책 중에서 가장 기억에 남는 책을 한 가지 씁니다.

10 아기 생쥐들이 잠을 자고 있습니다.

11 (1)에는 '합니다'가 들어가는 것이 알맞고, (2)에는 '차를'이 들어가는 것이 알맞습니다.

12 '버스'와 어울리는 말은 '탔습니다'입니다.

13 '양말'은 '신다'와 어울리고, '바지'는 '입다'와 어울립니다.

> **더 알아보기**
> '양말'은 '신다'와 어울려 '양말을 신다'와 같이 쓰입니다. '바지'는 '입다'와 어울려 '바지를 입다'와 같이 쓰입니다.

---

1 ㉡에 ㄲ 받침이, ㉢과 ㉺에 ㅆ 받침이 들어가 있습니다.

2 공을 차고 있는 그림이므로 ㅆ 받침을 써서 '찼다'가 되어야 합니다.

3 (1)에는 '깎'이 들어가는 것이 알맞고, (2)에는 '었'이 들어가는 것이 알맞습니다.

4 창밖에 참새가 날아가는 것이 보이므로 '참새가'가 들어가야 합니다.

5 (1)에는 '해가'가 들어가야 알맞고, (2)에는 '기지개를'이 들어가야 알맞습니다.

6 모자는 옷걸이에 걸려 있고, 옷걸이는 침대 옆에 있습니다. 그림은 벽에 걸려 있고, 베개는 침대 위에 놓여 있습니다.

7 복숭아는 '과일'입니다.

8 꽃을 따는 모습은 그림 **나**에 나타나 있지 않습니다.

9 '나'는 그림책에 푹 빠져서 매일 밤 책을 읽으며 신기한 여행을 떠났습니다.

10 '나'는 자신이 용감한 고양이라서 무섭지 않다고 말했습니다.

11 '용기가 있으며 씩씩하고 기운찬.'은 '용감한'의 뜻입니다.

12 문장에 들어갈 알맞은 말을 찾아봅니다.

13 그림에서 할아버지와 강아지는 산책을 하고 있습니다.

> **왜 답이 아닐까?**
> 공놀이를 하는 것은 아이들입니다.

14 '모자'는 '쓰다'와 함께 '모자를 쓰다'와 같이 쓰입니다.

15 **1단계** (1) 춤을 추는 것은 호랑이이고, (2) 노래를 하는 것은 곰입니다.
2단계 "누가 무엇을 합니다."와 같은 문장으로 써야 합니다.

> **채점 기준**
> (1)에는 '누가'를, (2)에는 '누가 무엇을'을 적어서 문장을 완성하여야 정답으로 합니다.

1. 글자를 만들어요

A단계 단원 평가   2~3쪽

1 ⑤ **2** (2) ○ **3** ④ **4** (1) 먀 (2) 수 **5** | 모 | 자 |

6 ④ **7** (3) ○ **8** 새, 무지개 **9**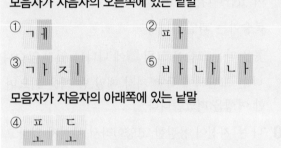

10 (1) ㉮ (2) ㉯

1 이 그림에 자음자 'ㅈ'은 나타나 있지 않습니다.

2 자음자 'ㄱ', 'ㄴ', 'ㄹ', 'ㅁ'과 모음자 'ㅏ', 'ㅓ'로 만들 수 있는 낱말은 '나라'입니다.

3 '게', '파', '가지', '바나나'는 모음자가 자음자의 오른 쪽에 있습니다.

> **더 알아보기**
>
> 모음자가 자음자의 오른쪽에 있는 낱말
>
> ① ㄱ 게 ② ㅍ ㅏ
>
> ③ ㄱ ㅏ ㅈ ㅣ ⑤ ㅂ ㅏ ㄴ ㅏ ㄴ ㅏ
>
> 모음자가 자음자의 아래쪽에 있는 낱말
>
> ④ ㅍ ㄷ / ㅗ ㅓ

4 ㉠에는 '먀', ㉡에는 '수'가 들어갑니다.

5 그림에 알맞은 낱말은 '모자'입니다.

6 고개를 똑바로 들고 글을 읽어야 합니다.

7 (3)의 친구는 바른 자세로 앉아서, 글씨를 쓰지 않는 손으로 공책을 누르고 있으며 공책과 눈의 거리도 알 맞습니다.

> **왜 답이 아닐까?**
>
> (1), (2) 손으로 턱을 받쳤으며 다리를 벌리고 앉았습니다.
> (4) 고개를 기울였으며 다리를 꼬고 앉았습니다.

8 '새'와 '무지개'의 '개'에 모음자 'ㅐ'가 들어갑니다.

9 모음자 'ㅝ'를 쓸 때에는 'ㅜ'를 먼저 쓴 다음 'ㅓ'를 씁 니다.

10 (1)은 '바다', (2)는 '도토리'라고 써야 알맞습니다.

B단계 단원 평가   4~5쪽

1 (1) ○ **2** ④ **3** ㅈ, ㅜ / ㅅ, ㅏ / 주사 **4** ③
5 타, 조, 타조 **6** 지호 **7** 고개, 예 모으고 앉습 니다. **8** ①, ③, ⑤ **9** | 시 | 계 | **10** ④

1 '포도'는 자음자와 모음자가 위아래로 만나 글자가 됩 니다.

2 자음자 'ㅅ'과 'ㄱ'이 모두 들어간 낱말은 '소개'입니다.

3 그림에 알맞은 낱말은 '주사'입니다.

4 'ㅂ'는 표에서 찾을 수 없습니다.

5 '타조'는 '타'와 '조'가 만나서 만들어진 글자입니다.

> **채점 기준**
>
> '타'와 '조'가 만나 '타조'가 된다고 모두 바르게 썼으면 정 답으로 합니다.

6 글을 읽는 바른 자세를 말한 친구는 지호입니다.

> **더 알아보기**
>
> 바르게 읽는 자세
> • 허리를 곧게 펴고 다리를 모은 자세로 책을 읽습니다.
> • 책을 두 손으로 잡고 읽습니다.
> • 책과 눈의 거리를 알맞게 합니다.
> • 앉을 때는 엉덩이를 의자 뒤쪽에 붙입니다.

7 고개를 똑바로 들고 다리를 가지런하게 모으고 앉아 야 합니다.

> **채점 기준**
>
> 글씨를 쓸 때에는 고개를 똑바로 들고 다리를 모으고 앉 는다는 내용을 썼으면 정답으로 합니다.

8 '꿰매다'에 들어 있는 모음자는 'ㅞ', 'ㅐ', 'ㅏ'입니다.

9 그림에 알맞은 낱말은 '시계'입니다.

10 ④ 'ㅚ'는 'ㅗ'를 먼저 쓰고 'ㅣ'를 씁니다.

> **왜 답이 아닐까?**
>
> 모음자를 쓰는 순서
>
> ① ㅞ ② ㅒ ③ ㅙ ⑤ ㅟ

2. 받침이 있는 글자를 읽어요

1 그림에 알맞은 낱말은 '잠'이므로 ㅁ 받침이 들어가야 합니다.

2 ⑴은 '집', ⑵는 '벽', ⑶은 '문'을 나타내고 있으므로 알맞은 받침을 써 봅니다.

3 ⑴은 ㄹ 받침을 넣어 '물', ⑵는 ㅅ 받침을 넣어 '빗'이 되어야 합니다.

4 '바나나'에는 받침이 있는 글자가 없습니다.

> **왜 답이 아닐까?**
> ① '팥'에는 ㅌ 받침이 있습니다.
> ② '못'에는 ㅅ 받침이 있습니다.
> ③ '김밥'에는 ㅁ과 ㅂ 받침이 있습니다.
> ④ '놀이터'에는 ㄹ 받침이 있습니다.

5 '수박'과 '복숭아'는 ㄱ 받침이 들어간 낱말입니다.

> **더 알아보기**
> ① '참외'에는 ㅁ 받침이 들어가 있고, ④ '살구'에는 ㄹ 받침이 들어가 있습니다. ⑤ '오렌지'에는 ㄴ 받침이 들어가 있습니다.

6 ⑴ '키읔'은 ㅋ 받침이 들어가고, ⑵ '화분'은 ㄴ 받침이 들어갑니다.

7 ⑴의 그림은 '솥'을 나타내고, ⑵의 그림은 '숲'을 나타내고 있습니다.

8 발표를 할 때에는 듣는 사람을 바라보며 허리를 곧게 세워야 합니다.

> **더 알아보기**
> 발표를 할 때에는 알맞은 크기의 목소리로 또박또박 말하고, 손을 자연스럽게 내립니다. 또 다리를 어깨너비만큼 자연스럽게 벌려야 합니다.

9 엄마 오리가 못물 속에 '퐁당' 들어가자 아기 오리도 엄마를 따라 '퐁당' 들어갔습니다.

10 '보름달'에는 '엄마'와 같이 ㅁ 받침이 있습니다.

1 자음자 ㅍ과 모음자 ㅏ, 자음자 ㄹ을 사용하여 글자 '팔'을 만들 수 있습니다.

2 '벽'에 ㄱ 받침, '별'에 ㄹ 받침, '구름'에 ㅁ 받침, '집'에 ㅂ 받침이 쓰였습니다.

3 글자 아래쪽에 있는 자음자를 '받침'이라고 합니다.

> **채점 기준**
> 받침의 위치를 알고 '아래쪽'이라고 답을 써야만 정답으로 합니다.

4 ⑴은 ㅋ 받침이 있는 '부엌', ⑵는 ㄱ 받침이 있는 '독수리'가 되어야 합니다.

5 '반지', '화분', '눈'은 모두 ㄴ 받침이 있는 낱말입니다.

6 '꽃', '팥죽', '숟가락', '젓가락'에 쓰인 ㅊ, ㅌ, ㄷ, ㅅ 받침은 모두 [ㄷ]으로 소리 납니다. '열쇠'에 쓰인 ㄹ 받침은 나머지와 소리가 다릅니다.

7 '바'에 ㄹ 받침을 더하면 '발', ㅁ 받침을 더하면 '밤', ㅇ 받침을 더하면 '방'이 됩니다.

8 친구는 발표를 하면서 듣는 사람이 아닌 딴 곳을 바라보고 있습니다.

> **왜 답이 아닐까?**
> ⑵도 발표를 하는 자세로 알맞은 것이지만, 그림의 친구는 딴 곳을 바라보고 있습니다. 그리고 목소리의 크기는 알 수 없습니다. 따라서 그림의 친구에게는 ⑴과 같은 말을 하는 것이 알맞습니다.

9 다른 사람의 말을 집중해 들을 때에는 말하는 사람을 바라보며 말하는 내용을 귀 기울여 들어야 합니다.

10 ⑴에는 ㅂ 받침을 넣어 '컵'을 씁니다. ⑵에는 '컵'이 들어간 알맞은 문장을 써 봅니다.

> **채점 기준**
> ⑴에서 낱말의 받침을 알맞게 쓰고, ⑵에서 낱말을 사용한 문장을 알맞게 만들어 썼으면 정답으로 합니다.

3. 낱말과 친해져요

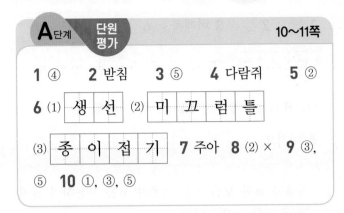
1 ④   **2** 받침   **3** ⑤   **4** 다람쥐   **5** ②

6 (1) |생|선| (2) |미|끄|럼|틀|

(3) |종|이|접|기| **7** 주아   **8** (2) ×   **9** ③,

⑤   **10** ①, ③, ⑤

1 '고'에 'ㅁ' 받침을 더하면 '곰'이 됩니다.

2 토순이는 엄마께서 말씀하신 글자의 받침을 정확하게 쓰지 않았습니다.

3 엄마는 토순이가 글자를 정확하게 쓰지 않아서 당황스러웠을 것입니다.

4 이 시에 나오는 동물은 '다람쥐'입니다.

5 '를', '울', '돌', '들'에 모두 들어 있는 받침은 자음자 'ㄹ'입니다.

> 🔵 **더 알아보기**
>
> 이 시에서 받침으로 'ㄹ'이 들어간 글자는 '를', '울', '돌', '들', 받침으로 'ㄴ'이 들어간 글자는 '건', '인', 받침으로 'ㅁ'이 들어간 글자는 '람', '검'입니다.

6 '생선'에는 받침 'ㅇ'과 'ㄴ', '미끄럼틀'에는 받침 'ㅁ'과 'ㄹ', '종이접기'에는 받침 'ㅇ'과 'ㅂ'이 들어갑니다.

7 자음자 'ㄲ'은 자음자 'ㄱ'보다 더 힘주어 소리 내므로, 'ㄲ'이 들어간 '꿀'을 '굴'보다 더 힘주어서 소리 내야 합니다.

8 (1)과 (3)에는 자음자 'ㅃ'이 들어 있고, (2)에는 들어 있지 않습니다.

> 🔵 **더 알아보기**
>
> '찌개'와 같이 자음자 'ㅉ'이 들어간 낱말에는 '짝', '팔찌', '쪽지', '짬뽕', '짜장면' 등이 있습니다.

9 이 글에는 토끼와 호랑이가 등장합니다.

10 ⊙'폴짝폴짝'은 '짝'에 자음자 'ㅉ'이 들어간 낱말로, 토끼의 움직임을 나타냅니다.

> ❓ **왜 답이 아닐까?**
>
> ② ⊙'폴짝폴짝'은 받침으로 자음자 'ㄹ'과 'ㄱ'이 쓰였습니다.
> ④ 받침이 있는 글자에서 받침을 빼면 낱말의 뜻이 달라집니다.

1 ⑤   **2** ③, ⑤   **3** ②, ⑤   **4** |하|늘| **5** ㅁ,

ㅇ, 지팡이   **6** |쌀| **7** ③   **8** 폴짝폴짝, 쫓아가

면   **9** 성훈   **10** (1) ㉯ (2) ㉰ (3) ㉮

1 다람쥐를 위해 다리를 놓았습니다.

2 '징검다리'의 '징'에 자음자 'ㅇ', '검'에 자음자 'ㅁ'이 받침으로 들어갔습니다.

3 '안경'의 '안'과 '신발'의 '신'에 받침으로 자음자 'ㄴ'이 들어갑니다.

4 받침 'ㄹ'을 넣어 '하늘'을 완성합니다.

5 '지팜이'의 받침 'ㅁ'을 'ㅇ'으로 고쳐 '지팡이'라고 바르게 써야 합니다.

채점 기준	
상	틀린 받침을 찾아 낱말을 바르게 고쳐 썼습니다.
하	틀린 받침은 찾았지만 낱말을 바르게 고쳐 쓰지 못했거나, 낱말을 바르게 고쳐 썼지만 틀린 받침 글자를 찾아 쓰지 못했습니다.

6 자음자 'ㅆ'을 넣어 '쌀'을 완성합니다.

7 '나'는 토끼에게 언덕을 만들어 주었습니다.

> ❓ **왜 답이 아닐까?**
>
> ① 호랑이를 보고 도망간 인물은 토끼입니다.
> ②, ④ '나'는 토끼에게 언덕을 만들어 주었습니다.
> ⑤ '나'는 호랑이에게 토끼를 쫓아가지 말라고 했습니다.

8 자음자 'ㅉ'이 들어간 낱말은 '폴짝폴짝'과 '쫓아가면'입니다.

채점 기준	
상	'폴짝폴짝'과 '쫓아가면'을 모두 바르게 썼습니다.
하	'폴짝폴짝'과 '쫓아가면' 중에서 하나만 쓰거나 두 낱말 모두 바르게 쓰지 못했습니다.

9 '호랑이'의 '랑'에는 받침으로 자음자 'ㅇ'이 들어갔습니다.

> ❓ **왜 답이 아닐까?**
>
> 규호: '왜'는 받침이 없는 낱말입니다.
> 나현: '언덕'에는 받침 'ㄴ'과 'ㄱ'이 들어갑니다.
> 희수: '쉬었다'에는 '었'에 받침으로 'ㅆ'이 들어갑니다.

10 '쌩쌩'은 자음자 'ㅆ', '쨍쨍'은 자음자 'ㅉ', '뒤뚱뒤뚱'은 자음자 'ㄸ'이 들어간 낱말입니다.

4. 여러 가지 낱말을 익혀요

A단계 단원 평가   14~15쪽

1 (1) ○   **2** ②   **3** (1) ④ (2) ⑦   **4** ①, ⑤   **5** 좋아하다   **6** 손등   **7** ②   **8** ①   **9** ⑤   **10** (1) ⑦ (2) ④

1 그림에 알맞은 낱말은 '배'입니다.

2 얼굴 부분을 가리키는 말 가운데 받침 'ㄴ'이 들어가는 낱말은 '눈'입니다.

> **더 알아보기**
>
> 얼굴 부분을 가리키는 낱말에는 '눈', '코', '입', '귀', '볼', '턱', '이마' 등이 있습니다.

3 (1)에 알맞은 낱말은 '할머니', (2)에 알맞은 낱말은 '어머니'입니다.

4 이 글에서 동생과 엄마, 아빠는 나오지만 형과 언니는 나오지 않습니다.

5 그림과 글의 내용으로 보아, '좋아하다'가 들어가야 알맞습니다.

> **더 알아보기**
>
> 음식과 관련 있는 낱말에는 여러 가지가 있습니다. 이 글에 나오는 '뜨겁다' 외에도 '시원하다', '따뜻하다', '고소하다', '달콤하다', '말랑말랑하다' 등이 있습니다.

6 '손등'이 알맞습니다.

7 '과학실', '운동장', '교실'과 모두 관련 있는 낱말은 '학교'입니다.

> **왜 답이 아닐까?**
>
> ① '은행'과 관련 있는 낱말에는 '돈, 통장, 카드, 번호표' 등이 있습니다.
> ③ '빵집'과 관련 있는 낱말에는 '우유, 잼, 식빵' 등이 있습니다.
> ④ '소방서'와 관련 있는 낱말에는 '소방관, 소방차' 등이 있습니다.
> ⑤ '과일 가게'와 관련 있는 낱말에는 '사과, 포도, 배, 귤, 딸기' 등이 있습니다.

8 빈칸에 알맞은 낱말은 '서점'입니다.

9 이 글에서 '나'는 '치과', '꽃집', '가구점', '공원'을 지났습니다.

10 글의 내용으로 보아 '길을'은 '건너다'와, '아저씨를'은 '만나다'와 어울립니다.

B단계 단원 평가   16~17쪽

1 (1) ○   **2** (1) 팔 (2) 발   **3** (1) ④ (2) ④ (3) ⑦   **4** ③   **5** 피자   **6** ③   **7** 책상   **8** 학교   **9** 예 선인장   **10** (1) ④ (2) ⑦

1 그림 속 꽃의 이름은 '해바라기'입니다.

2 (1)은 '팔', (2)는 '발'을 나타낸 그림입니다.

> **더 알아보기**
>
> '몸'과 관련 있는 낱말에는 '손', '발', '팔', '다리', '어깨', '배' 등이 있습니다.

3 '귀'는 '듣다', '코'는 '맡다', '눈'은 '보다'와 어울립니다.

4 '나'는 "국수 먹으면 내 머리도 길어졌으면 좋겠어."라고 하였습니다.

> **왜 답이 아닐까?**
>
> ① 이 글에서 키가 커진다는 내용은 나와 있지 않습니다.
> ② '나'는 "국수 먹으면 오래 살아?"라고 했지만, 나이가 많아지면 좋겠다는 내용은 나와 있지 않습니다.
> ④ 스파게티를 삼키면 몸 안에 길이 생길 것 같다고 했습니다.
> ⑤ '나'는 "그럼 할머니랑 친구 되는 거야?"라고 했지만, 오빠랑 친구가 되었으면 좋겠다는 내용은 나와 있지 않습니다.

5 '오빠가 좋아하는 피자도 맛있어.'라고 하였으므로 오빠가 좋아하는 음식은 '피자'입니다.

> **채점 기준**
>
> 오빠가 좋아하는 음식의 이름을 바르게 썼으면 정답으로 합니다.

6 '춤추다'가 알맞습니다.

7 빈칸에는 '책상'이 들어가야 알맞습니다.

8 '나'는 학교에 가려고 집을 나섰습니다.

> **더 알아보기**
>
> '내가' 학교 가는 길에 지난 곳: 치과 → 꽃집 → 가구점 → 공원

9 '꽃집'에서 볼 수 있는 것과 발자국 모양의 닮은 점을 떠올려 봅니다.

> **채점 기준**
>
> 빈칸에 꽃집과 관련 있는 낱말을 알맞게 떠올려 썼으면 정답으로 합니다.

10 (1)은 '국수', (2)는 '소방차' 그림입니다.

평가북 **4** 단원

5. 반갑게 인사해요

A단계 단원평가   18~19쪽

1 ③   **2** (1) ○   **3** 수영   **4** ⑤   **5** (1) ○   (3) ○
6 ①, ⑤   **7** ①   **8** (1) ④   (2) ㉮   **9** 걸음
10 (1) ○

1 웃어른을 만났을 때에는 "안녕하세요?"라고 인사해야 합니다.

2 '나'는 친구들에게 "안녕!", 강아지들에게 "안녕?"이라고 인사했습니다.

3 친구들에게는 "안녕!"이라고 인사하고 아랫집 할머니께는 "안녕하세요?"라고 인사했으므로, 친구에게 하는 인사와 웃어른께 하는 인사가 다르다는 것을 알 수 있습니다.

> **왜 답이 아닐까?**
> 이 글에는 아침에 하는 인사와 저녁에 하는 인사가 나오지 않습니다.

4 집에 초대해 준 친구에게 고마워하는 마음으로 인사하는 것이 알맞습니다.

5 뛰어가다 다른 친구와 부딪쳤을 때에는 친구에게 미안하다고 말하고 친구가 많이 아픈지 물어봐야 합니다.

6 이 시에 나오는 인사말은 '잘 자요'와 '내 꿈 꿔요'입니다.

> **더 알아보기**
> 저녁에 할 수 있는 인사말에는 "안녕히 주무세요.", "좋은 꿈 꾸세요." 등이 있습니다.

7 이 시에 나오는 '잘 자요', '내 꿈 꿔요'는 저녁에 자러 갈 때 하는 인사말입니다.

> **왜 답이 아닐까?**
> ② 학교에 다녀왔을 때: "학교 다녀왔습니다."
> ③ 아침에 일어났을 때: "안녕히 주무셨어요?"
> ④ 길에서 웃어른을 만났을 때: "안녕하세요?"
> ⑤ 학교에서 친구들과 헤어질 때: "안녕.", "잘 가."

8 사슴은 자신의 뿔을 자랑스러워했지만 가늘고 긴 다리가 불만이었습니다.

9 사슴은 사냥꾼의 걸음 소리를 듣고 도망갔습니다.

10 '사슴은'은 받침 'ㅁ'이 뒤에 오는 'ㅇ'을 만나 뒷말 첫소리로 자연스럽게 이어져 [사스믄]으로 소리 납니다.

B단계 단원평가   20~21쪽

1 (1) ○   **2** ⑤   **3** 예 고마워하는   **4** 학교
5 (3) ○   **6** (1) ○   **7** ③   **8** ⑤   **9** ㅂ, 지브로
10 (1) 아거 (2) 노리터

1 오랜만에 만났을 때에는 "반갑습니다."라고 인사할 수 있습니다.

2 그림에는 세나가 지아의 물건을 주워 주는 모습이 나타나 있습니다.

3 물건을 주워 준 친구에게 고마워하는 마음으로 인사해야 합니다.

> **채점 기준**
>
> | 상 | 친구에게 고마워하는 마음으로 인사한다는 내용을 알맞게 썼습니다. |
> |---|---|
> | 하 | 미안한 마음, 부끄러운 마음 등과 같이 그림의 상황과 관련 없는 마음가짐으로 인사한다는 내용을 썼습니다. |

4 그림 ❶의 남자아이는 안전하게 학교에 갈 수 있도록 도와주시는 어른께 "고맙습니다."라고 인사했습니다.

5 "생일 축하해."는 친구의 생일을 축하할 때 하는 인사말입니다.

> **왜 답이 아닐까?**
> 학교에 갈 때에는 "다녀오겠습니다.", 간식을 먹을 때에는 "잘 먹겠습니다."와 같은 인사말을 합니다.

6 (1)은 저녁에 하는 인사말이고, (2)는 아침에 하는 인사말입니다.

7 친구의 물통을 엎지른 상황에서는 "미안해."라고 말해야 합니다.

> **왜 답이 아닐까?**
> "괜찮아."는 물통을 엎질러서 미안해하는 친구에게 할 수 있는 인사말입니다.

8 사슴은 나뭇가지 사이에 뿔이 걸려서 한 발짝도 움직일 수 없었습니다.

9 '집으로'는 받침 'ㅂ'이 뒷말 첫소리로 이어져서 [지브로]로 소리 납니다.

> **채점 기준**
> 받침이 뒤에 오는 'ㅇ'을 만나 뒷말 첫소리로 자연스럽게 이어져 읽힌다는 것을 알고 뒤로 넘어가는 받침과 알맞은 소리를 쓰면 정답으로 합니다.

10 '악어'는 [아거]로, '놀이터'는 [노리터]로 소리 납니다.

6. 또박또박 읽어요

1 (1) ○ **2** (1) ○ **3** ⑤ **4** (1) 실내화 (2) 씻습니다 **5** (2) ○ **6** (2) ○ **7** ④ **8** ⓒ **9** ③ **10** ⑤

1 낮에 나무를 심고 있으므로 (1)이 알맞습니다. (2)는 해가 지고 어두운 밤에 나무를 심는다는 뜻입니다.

더 알아보기

띄어 읽기에 따라 의미가 달라지는 문장
• 나물 좀 더 주세요.
  나 물 좀 더 주세요.
• 어서 들어가자.
  어서 들어가, 자.
  어서 들어, 가자!
• 아! 이가 아파요.
  아이가 아파요.

2 그림에서 새가 날아가고 있습니다. 엄마는 사진을 찍고, 친구들은 물놀이를 합니다.

3 엄마는 사진을 찍고 있습니다.

4 '누나가 실내화를 신습니다.', '친구가 손을 씻습니다.'가 그림에 알맞은 문장입니다.

5 친구는 편지를 쓰고 있습니다.

6 바람이 심하게 불던 날 나무가 쓰러지고 말았기 때문에, 할아버지 댁 마당에는 나무가 없습니다.

7 '.'의 이름은 '마침표'입니다. 마침표는 설명하는 문장 끝에 씁니다.

왜 답이 아닐까?

① 쉼표는 부르는 말이나 대답하는 말 뒤에 씁니다.
② 느낌표는 느낌을 나타내는 문장 끝에 씁니다.
③ 따옴표는 글에서 남의 말을 따온 부분이나 글쓴이가 특별히 강조하는 부분의 처음과 끝을 나타내는 표시입니다. 큰따옴표(" ")와 작은따옴표(' ')가 있습니다.
⑤ 물음표는 묻는 문장의 끝에 씁니다.

8 쉼표 뒤인 ⓒ에서 ∨를 하고 조금 쉬어 읽습니다. ⓒ, ⓔ, ⓜ에서는 ∨를 하고 쉼표보다는 조금 더 쉬어 읽습니다.

9 '여우야'는 부르는 말이므로 ',(쉼표)'를, '오늘은 우리 집으로 놀러 올래'는 묻는 문장이므로 '?(물음표)'를 씁니다.

10 문장 부호는 문장의 뜻을 이해하기 쉽도록 도와줍니다.

1 (2) ○ **2** 뜻 **3** (2) ○ **4** ⑤ **5** 토끼와 다람쥐가 시소를 탑니다. **6** (1) ㉮ (2) ㉯ (3) ㉰ **7** ④ **8** ∨ **9** 예 조금 쉬어 **10** (1) ○

1 '타면'를 '가면'으로 읽었으므로 여우는 문장을 정확하게 읽지 않았습니다.

2 여우처럼 문장을 정확하게 읽지 않으면 문장의 뜻을 이해할 수 없습니다.

3 강아지가 뛰는 모습을 나타낸 그림은 (2)입니다.

4 그림의 내용을 가장 알맞게 나타낸 문장은 ⑤입니다.

5 그림에서 토끼와 다람쥐가 시소를 타고 있습니다.

채점 기준

보기에서 낱말을 골라, 토끼와 다람쥐가 무엇을 어찌하는지 알맞게 썼으면 정답으로 합니다.

더 알아보기

문장의 기본 구조와 문장
• 무엇이 어떠하다/어찌하다: 병아리가 귀엽습니다. 동생이 울었습니다.
• 무엇이 무엇이 되다/아니다: 나는 초등학생이 되었습니다. 저 사람은 주인이 아닙니다.
• 무엇이 무엇을 어찌하다: 동생이 만두를 먹습니다. 아기가 잠을 잡니다.

6 코끼리는 눈을 깜빡깜빡, 귀를 팔랑팔랑, 긴 코를 살랑살랑 움직였습니다.

7 "내 필통 구경할래?"는 묻는 문장이므로 물음표가 들어가야 합니다. 물음표를 알맞게 쓴 것은 ④입니다.

더 알아보기

문장 부호에 따라 실감 나게 읽는 법
• 마침표: 끝이 올라가거나 내려가지 않게 읽습니다.
• 물음표: 궁금한 점이나 잘 모르는 점을 물어보는 것처럼 끝을 올려 읽습니다.
• 느낌표: 깜짝 놀라거나 몰랐던 사실을 알게 되었거나 어떤 생각을 하게 되었을 때처럼 느낌을 살려 읽습니다.

8 느낌표와 마침표 뒤에는 ∨를 합니다.

9 쉼표 뒤에는 ∨를 하고 조금 쉬어 읽습니다.

채점 기준

쉼표 뒤에서 조금 쉬어 읽는다는 내용을 썼으면 정답으로 합니다.

10 그림에 알맞은 문장은 (1)입니다.

7. 알맞은 낱말을 찾아요

1 났, 갔   **2** ⑴ ㉯ ⑵ ㉮   **3** 볶   **4** ⑵ ○   **5** ⑴ ㉠ ⑵ ㉡   **6** 닦습니다   **7** ④   **8** ③, ⑤   **9** ①   **10** ⑴ ○

1 같은 자음자가 겹쳐서 된 받침이 들어간 글자는 '났', '갔'입니다.

> **더 알아보기**
>
> 같은 자음자가 겹쳐서 된 자음자는 쌍자음자이고, 받침으로 쓰일 수 있는 쌍자음자는 ㄲ과 ㅆ입니다.
> '낚시'에는 ㄲ 받침이 쓰였고, '갔다'에는 ㅆ 받침이 쓰였습니다.

2 ⑴은 '깎다'가 되도록 ㄲ 받침, ⑵는 '먹었다'가 되도록 ㅆ 받침을 넣어야 합니다.

3 빈칸에 '볶'을 넣으면 '떡볶이'와 '볶음밥'이 모두 완성됩니다.

4 그림에서 유나는 기지개를 켜고 있습니다.

5 그림에서 누가 무엇을 하는지 살펴봅니다.

> **더 알아보기**
>
> 그림 ㉯에 어울리는 문장은 다음과 같습니다.
> • 나는 물을 마십니다.
> • 아버지께서 사과를 깎습니다.
> • 어머니께서 식탁을 닦습니다.

6 그림 ㉯에서 어머니는 식탁을 닦고 있습니다.

7 그림에서 아빠는 수박을 따고, 엄마는 수박을 자릅니다. 따라서 문장의 빈칸에는 모두 '수박'이 들어가야 합니다.

8 그림에서 아이들은 원두막에 있고, 강아지는 수박밭을 뛰어다닙니다.

9 그림에서 곰은 노래를 부르고 있습니다.

> **왜 답이 아닐까?**
>
> ② 토끼는 딸기를 먹고 있습니다.
> ③ 원숭이는 피아노를 치고 있습니다.
> ④ 호랑이는 춤을 추고 있습니다.
> ⑤ 북을 두드리는 동물은 없습니다.

10 그림에서 친구들은 공놀이를 하고 있습니다. 친구들이 물통을 들고 있는 모습은 그림에 나타나 있지 않습니다.

1 ⑵ ○   **2** 준서   **3** | 닦 | 았 | 다 | **4** 달리기   **5** 훌라후프를 합니다   **6** ③   **7** ⑤   **8** ⑵ ○   **9** ①   **10** 예 옷걸이는 침대 옆에 있습니다.

1 하고 싶은 말을 문장으로 표현한 그림은 ⑵입니다.

> **더 알아보기**
>
> 문장으로 표현해야 자신의 생각이나 전달할 내용을 상대에게 정확하게 전달할 수 있습니다.

2 '묶'의 ㄲ 받침은 같은 자음자가 겹쳐서 된 받침이며 이와 같은 받침을 '쌍받침'이라고 합니다.

3 ㄲ 받침과 ㅆ 받침을 넣어 '닦았다'로 써야 알맞습니다.

4 그림에서 원숭이는 달리기를 하고 있으므로 '달리기'에 ○표 합니다.

5 호랑이는 훌라후프를 하고 있습니다. 따라서 <u>보기</u>에서 '훌라후프를'과 '합니다'를 골라 씁니다.

> **채점 기준**
>
> 호랑이가 '무엇을 하는지'를 모두 써서 문장을 완성해야 정답으로 합니다.

6 '사슴'은 '동물'에 포함되는 말입니다.

7 '나'는 그림책을 읽으며 같이 상상 여행을 하면서 놀면 재미있을 것 같기 때문에 같이 놀자고 했습니다.

8 '휘둥그레'의 뜻은 '놀라거나 두려워서 눈이 크고 동그랗게 되는 모양.'입니다.

> **왜 답이 아닐까?**
>
> ⑴ '용기가 있으며 씩씩하고 기운찬.'은 '용감한'의 뜻입니다.
> ⑶ '몸의 한 부분을 갑자기 위로 높이 들어 올리는 모양.'은 '번쩍'의 뜻입니다.

9 빈칸에는 아버지께서 '무엇을' 하시는지가 들어가야 합니다. 따라서 '낚시를'이 들어가야 알맞습니다.

10 '무엇이 어디에 있습니다.'와 같이 문장을 씁니다.

> **채점 기준**
>
> 그림의 물건이 어디에 있는지를 문장으로 알맞게 썼다면 정답으로 합니다.
> 예 • 모자는 옷걸이에 걸려 있습니다.
> • 베개는 침대 위에 놓여 있습니다.

독해의 핵심은 비문학

지문 분석으로 독해를 깊이 있게!

비문학 독해 | 1~6단계

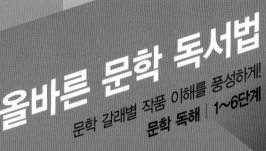

올바른 문학 독서법

문학 갈래별 작품 이해를 풍성하게!

문학 독해 | 1~6단계

결국은 어휘력

비문학 독해로 어휘 이해부터 어휘 확장까지!

어휘 X 독해 | 1~6단계

초등 문해력의 빠른시작 빠작

동아출판

학년   반   번   이름

백점 국어 1·1

믿고 보는 동아출판 초등 교재

기초학습서부터 교과서 개념 다지기, 과목별 전문서까지!
초등학교 입학 전부터, 예비 중등까지!
초등학생에게 꼭 필요한 영역을 빠짐없이! **동아출판 초등 교재 라인업**

BEST

2022 개정
교육과정

초능력
맞춤법 + 받아쓰기

쉽고 빠른 맞춤법 학습 · 받아쓰기 단계별 연습 · 국어 교과서 어휘 학습

초등 국어 1·2

초등 영역별 기초학습서
초능력 국어/수학/과학/한국사/한자

초능력 비주얼씽킹 과학
초능력 비주얼씽킹 초등한국사
초능력 수학 연산
초능력 국어 독해
초능력 급수 한자

초고필
비문학 독해 1

5-6학년
예비 중등

초고필 유리수의 사칙연산
초고필 지금, 국어 문법을 해야 할 때
초고필 지금, 국어 어휘를 해야 할 때
초고필 적중 반편성 배치고사 + 진단평가
초고필 지금, 한국사를 해야 할 때

예비 중등
초고필 국어/수학/한국사
적중 반편성 배치고사 + 진단평가

동아출판

큐브 개념

2022 개정 교육과정

초등 수학
1·1

교과서 개념을 다잡는 기본서

빠작

초등 국어
문학 독해
2단계

뜯어먹는
필수 영단어 1

HIGHTOP
초등 과학 4

Grammar
CLEAR Starter 1

과목별 전문서
빠작 | 큐브 | 하이탑 | 뜯어먹는 초등 필수 영단어 | 그래머 클리어 스타터

최신판

동아 연세
초등 국어사전

동아 연세
초등 영어사전

동아 연세
초등 한자사전

백점
수학 1·1
1 등

공부효율

자습서&
평가문제집

교과서 개념 완벽 학습
백점 | 자습서&평가문제집

연세 초등 사전
국어사전 | 영어사전 | 한자사전

백점 국어 1·1

공부 효율 1등, 백점 1~2학년

백점 국어

백점 수학

동아출판

9 788900 477719
63710
ISBN 978-89-00-47771-9
정가 16,000원

KC마크는 이 제품이 공통안전기준에 적합하였음을 의미합니다.

⚠ 주의
책 모서리에
다칠 수 있으니
주의하시기
바랍니다.

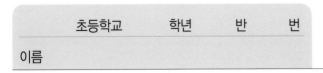

초등학교   학년   반   번

이름

📞 Telephone 1644-0600
🏠 Homepage www.bookdonga.com
✉ Address 서울시 영등포구 은행로 30 (우 07242)

• 정답 및 풀이는 동아출판 홈페이지 내 학습자료실에서 내려받을 수 있습니다.
• 교재에서 발견된 오류는 동아출판 홈페이지 내 정오표에서 확인 가능하며, 잘못 만들어진 책은 구입처에서 교환해 드립니다.
• 학습 상담, 제안 사항, 오류 신고 등 어떠한 이야기라도 들려주세요.

2022 개정 교육과정

백점

수학 1·1

 하루 4쪽

- 개념–문제–응용의 3단계 학습
- 문해력을 높이는 수학 어휘 수록
- 수준별 맞춤형 단원 평가 제공

공부 효율 1등

동아출판

백점 수학 1·1

발행일	2023년 12월 30일
인쇄일	2023년 12월 20일
펴낸곳	동아출판㈜
펴낸이	이욱상
등록번호	제300-1951-4호(1951. 9. 19)
개발총괄	강희경
개발책임	정은림
개발	김수정 손보은 장지나
디자인책임	목진성
디자인	강민영
대표번호	1644-0600
주소	서울시 영등포구 은행로 30 (우 07242)

학습 진도표

백점

수학 1·1

개념북

백점 수학

구성과 특징

하루 4쪽 학습으로 자기주도학습 완성

N일차 4쪽: 개념 학습+문제 학습

서술형 문제

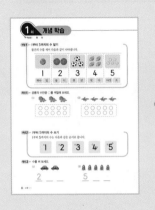 + 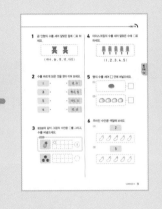 + 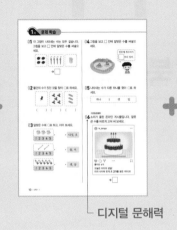 +

디지털 문해력

N일차 4쪽: 응용 학습

문제해결 TIP

 +  + 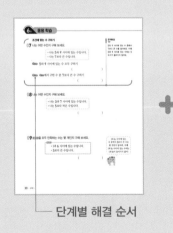 +

단계별 해결 순서

N일차 4쪽: 마무리 평가

수행 평가

 + 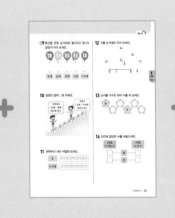 +  +

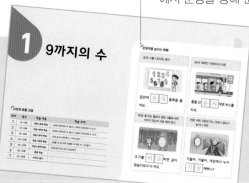

개념 학습

핵심 개념과 개념 확인 예제로 개념을 쉽게 이해할 수
있습니다.

문제 학습

핵심 유형 문제와 서술형 연습 문제로 실력을 쌓을 수
있습니다.
디지털 문해력: 디지털 매체 소재에 대한 문제

응용 학습

응용 유형의 문제를 단계별 해결 순서와 문제해결 TIP을
이용하여 응용력을 높일 수 있습니다.

마무리 평가

한 단원을 마무리하며 실력을 점검할 수 있습니다.
수행 평가: 학교 수행 평가에 대비할 수 있는 문제

평가북 맞춤형 평가 대비 수준별 단원 평가

단원 평가 A단계, B단계

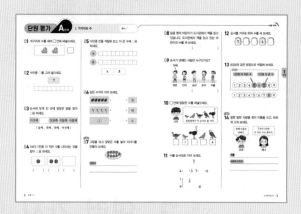

단원별 학습 성취도를 확인하고, 학교 단원 평가
에 대비할 수 있도록 수준별로 A단계, B단계로
구성하였습니다.

1학기 총정리 개념

1학기를 마무리하며 개념을 총정리하고, 다음에
배울 내용을 확인할 수 있습니다.

백점 수학
차례

1 **9까지의 수** ———————————— • 6쪽

1~5회 개념 학습 / 문제 학습   8쪽

6회   응용 학습   28쪽

7회   마무리 평가   32쪽

2 **여러 가지 모양** ———————————— • 36쪽

1~2회 개념 학습 / 문제 학습   38쪽

3회   응용 학습   46쪽

4회   마무리 평가   50쪽

3 **덧셈과 뺄셈** ———————————— • 54쪽

1~6회 개념 학습 / 문제 학습   56쪽

7회   응용 학습   80쪽

8회   마무리 평가   84쪽

하루 4쪽 학습으로 자기주도학습 완성

4 **비교하기** ──────────────● **88쪽**

1~4회	개념 학습 / 문제 학습	90쪽
5회	응용 학습	106쪽
6회	마무리 평가	110쪽

5 **50까지의 수** ──────────────● **114쪽**

1~5회	개념 학습 / 문제 학습	116쪽
6회	응용 학습	136쪽
7회	마무리 평가	140쪽

1

9까지의 수

이번에 배울 내용

회차	쪽수	학습 내용	학습 주제
1	8~11쪽	개념+문제 학습	1부터 5까지의 수 알기 / 1부터 5까지의 수 쓰기
2	12~15쪽	개념+문제 학습	6부터 9까지의 수 알기 / 6부터 9까지의 수 쓰기
3	16~19쪽	개념+문제 학습	수로 순서 나타내기 / 수의 순서
4	20~23쪽	개념+문제 학습	1만큼 더 큰 수와 1만큼 더 작은 수 / 0 알기
5	24~27쪽	개념+문제 학습	9까지의 수의 크기 비교하기
6	28~31쪽	응용 학습	
7	32~35쪽	마무리 평가	

문해력을 높이는 **어휘**

숫자: 수를 나타내는 글자

칠판에 블록을 붙여요.

순서: 정해진 기준에서의 차례

줄을 선 대로 버스를 타요.

비교: 둘 또는 둘보다 많은 사물에 어떤 차이가 있는지 서로 대어 보다.

크기를 하면 곰이 원숭이보다 더 커요.

가장: 여럿 가운데 어느 것보다 정도가 높거나 세게

거울아, 거울아. 세상에서 누가  예쁘니?

학습일 : 월 일

개념 1 **| 부터 5까지의 수 알기**

물건의 수를 세어 다음과 같이 나타냅니다.

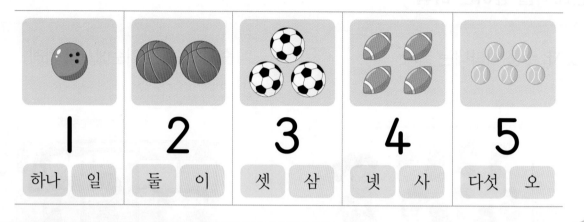

|	**2**	**3**	**4**	**5**
하나 일	둘 이	셋 삼	넷 사	다섯 오

확인 1 공룡의 수만큼 ○를 색칠해 보세요.

(1)

○ ○ ○ ○ ○
○ ○ ○ ○ ○

(2)

○ ○ ○ ○ ○
○ ○ ○ ○ ○

개념 2 **| 부터 5까지의 수 쓰기**

| 부터 5까지의 수는 다음과 같은 순서로 씁니다.

| **|** | **2** | **3** | **4** | **5** |

확인 2 수를 써 보세요.

(1)

2 ___ ___

(2)

5 ___ ___ ___

1 곰 인형의 수를 세어 알맞은 말에 ○표 하세요.

(하나 , 둘 , 셋 , 넷 , 다섯)

2 수를 바르게 읽은 것을 찾아 이어 보세요.

1		넷, 사
3		하나, 일
5		다섯, 오
4		셋, 삼

3 보기와 같이 그림의 수만큼 ○를 그리고, 수를 써넣으세요.

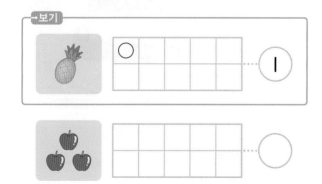

4 아이스크림의 수를 세어 알맞은 수에 ○표 하세요.

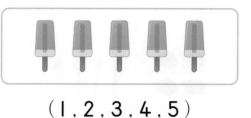

(1 , 2 , 3 , 4 , 5)

5 빵의 수를 세어 □ 안에 써넣으세요.

(1)

(2)

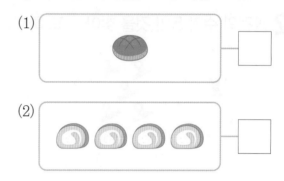

6 주어진 수만큼 색칠해 보세요.

(1)

2

(2)

5

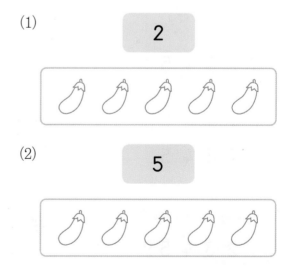

01 각 그림이 나타내는 수는 모두 같습니다. 그림을 보고 □ 안에 알맞은 수를 써넣으세요.

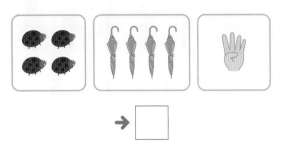

02 물건의 수가 5인 것을 찾아 ○표 하세요.

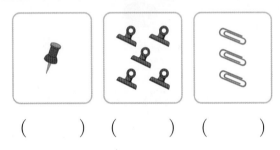

(   )   (   )   (   )

03 알맞은 수에 ○표 하고, 이어 보세요.

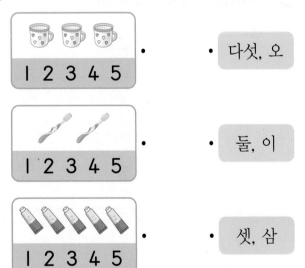

04 그림을 보고 □ 안에 알맞은 수를 써넣으세요.

연못에 개구리가 □ 마리 있어.

05 나타내는 수가 다른 하나를 찾아 ○표 하세요.

하나 | 셋   일

디지털 문해력

06 소미가 올린 온라인 게시물입니다. 잘못 쓴 수를 바르게 고쳐 써 보세요.

hi_donga

좋아요 **4**개

오늘은 미미의 생일!
미미 나이에 맞게 초 **2**개를 꽂은 케이크!

→ □

창의형

07 [보기]와 같이 수를 쓰고, 수만큼 색칠해 보세요.

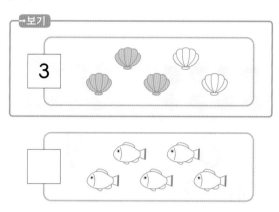

08 초록색 단추의 수를 세어 써 보세요.

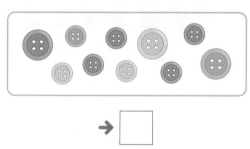

→ ☐

09 들고 있는 물건의 수가 수 카드의 수와 다른 그림에 ○표 하세요.

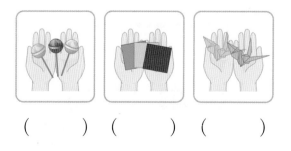

(　　　) (　　　) (　　　)

서술형 문제

10 그림을 보고 잘못 말한 사람을 찾아 이름을 쓰고, 바르게 고쳐 보세요.

이름 ❶ ☐

바르게 고치기 ❷ ☐ 은/는 ☐ 개야.

11 그림을 보고 잘못 말한 사람을 찾아 이름을 쓰고, 바르게 고쳐 보세요.

이름 _____

바르게 고치기 _____

_____

학습 결과에 색칠하세요.

1. 9까지의 수 • **11**

개념 **1** **6부터 9까지의 수 알기**

물건의 수를 세어 다음과 같이 나타냅니다.

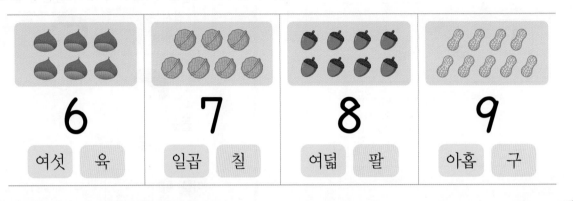

확인 **1** 로봇의 수만큼 ◯를 색칠해 보세요.

(1)

(2)

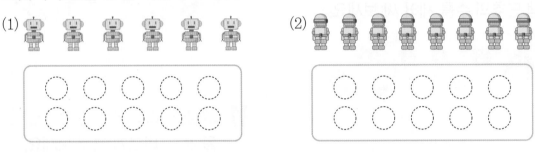

개념 **2** **6부터 9까지의 수 쓰기**

6부터 9까지의 수는 다음과 같은 순서로 씁니다.

확인 **2** 수를 써 보세요.

(1)

(2)

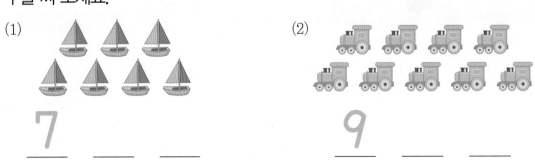

1 주스의 수를 세어 알맞은 말에 ○표 하세요.

(여섯 , 일곱 , 여덟 , 아홉)

2 수를 바르게 읽은 것을 찾아 이어 보세요.

8	•	•	일곱, 칠
7	•	•	여섯, 육
9	•	•	여덟, 팔
6	•	•	아홉, 구

3 [보기]와 같이 그림의 수만큼 ○를 그리고, 수를 써넣으세요.

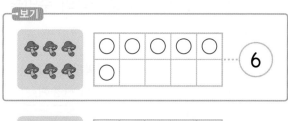

4 꽃의 수를 세어 알맞은 수에 ○표 하세요.

(6 , 7 , 8 , 9)

5 학용품의 수를 세어 □ 안에 써넣으세요.

(1)
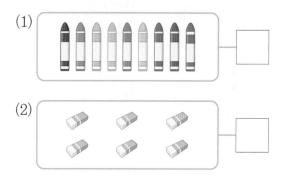

(2)

6 주어진 수만큼 색칠해 보세요.

(1)

6

(2)

8

01 □ 안에 알맞은 수를 써넣으세요.

(1) 일곱 → □ (2) 아홉 → □

02 수를 바르게 읽은 것을 찾아 ○표 하세요.

8

아홉	여섯	팔
( )	( )	( )

03 알맞은 수를 찾아 이어 보세요.

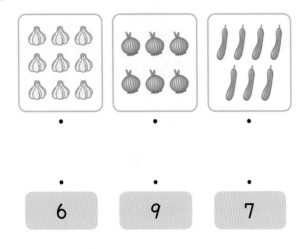

· · ·

· · ·

6   9   7

04 연결 모형의 수가 **7**인 것에 ○표 하세요.

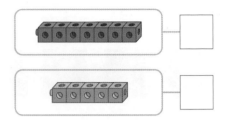

05 그림을 보고 □ 안에 알맞은 수를 써넣으세요.

선인장   낙타

사막에 선인장은 □ 그루 있고, 낙타는 □ 마리 있습니다.

06 세주네 모둠 6명이 아이스크림을 먹으려고 합니다. 필요한 숟가락의 수만큼 ○표 하세요.

한 사람당 숟가락 한 개씩 사용해.

07 시우와 같이 집에 있는 물건의 수를 6, 7, 8, 9로 말해 보세요.

접시에 사탕이 9개 있어.

시우

(   )

08 쓰러진 볼링핀의 수를 세어 써 보세요.

(   )

09 수만큼 ☐로 묶고, 묶지 않은 토끼의 수를 써 보세요.

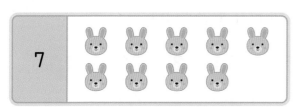

7

묶지 않은 토끼의 수 ➡ ☐

10 예나가 물고기의 수를 잘못 말한 이유를 써 보세요.

어항에 물고기가 7마리 있어.

예나

이유 어항에 있는 물고기의 수를 세어 보면 (다섯 , 여섯 , 일곱)으로 물고기가 ☐마리 있기 때문입니다.

11 유준이가 자동차의 수를 잘못 말한 이유를 써 보세요.

 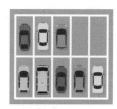

주차장에 자동차가 9대 있어.

유준

이유 _____

_____

_____

1

단원

2회

개념 1 **수로 순서 나타내기**

첫째, 둘째, 셋째, 넷째, 다섯째, 여섯째, 일곱째, 여덟째, 아홉째로 순서를 나타냅니다.

확인 1 수로 순서를 나타내려고 합니다. 빈 곳에 알맞은 수를 써넣으세요.

개념 2 **수의 순서**

• 1부터 9까지의 수를 순서대로 쓰면 다음과 같습니다.

• 9부터 1까지 수의 순서를 거꾸로 하여 쓰면 다음과 같습니다.

확인 2 순서에 알맞게 수를 써 보세요.

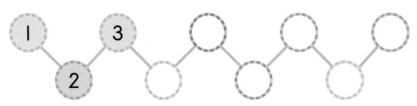

1 순서에 맞게 빈 곳에 알맞은 말을 찾아 ○표 하세요.

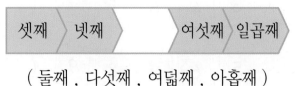

(둘째 , 다섯째 , 여덟째 , 아홉째)

2 순서에 알맞은 자동차를 찾아 ○표 하세요.

(1) 앞에서 다섯째

(2) 앞에서 셋째

3 순서에 알맞게 이어 보세요.

첫째

4 순서에 알맞게 수를 써 보세요.

5 아래에서 여섯째 칸에 색칠해 보세요.

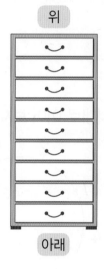

6 수를 순서대로 이어 보세요.

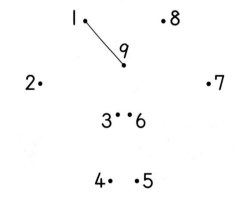

01 그림을 보고 알맞은 쌓기나무를 찾아 이어 보세요.

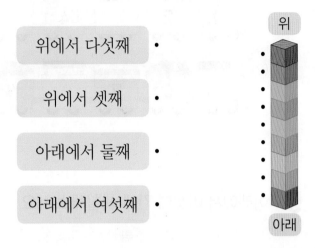

위에서 다섯째 •

위에서 셋째 •

아래에서 둘째 •

아래에서 여섯째 •

02 수를 순서대로 이어 보세요.

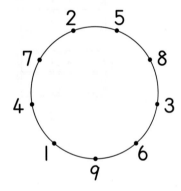

03 순서를 거꾸로 하여 수를 써 보세요.

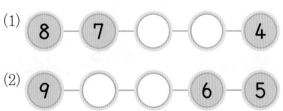

(1) 8 — 7 — ◯ — ◯ — 4

(2) 9 — ◯ — ◯ — 6 — 5

04 순서에 알맞게 수를 쓴 것에 ◯표 하세요.

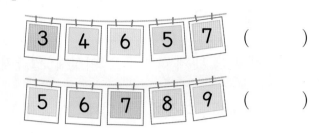

3 4 6 5 7 ( )

5 6 7 8 9 ( )

05 급식을 받기 위해 순서대로 줄을 서서 기다리고 있습니다. 물음에 답하세요.

진형 혜정 경호 수연 정수

(1) 앞에서 둘째인 사람의 이름을 써 보세요.

( )

(2) 수연이는 앞에서 몇째에 서 있는지 써 보세요.

( )

디지털 문해력

06 광고 화면을 보고 알맞은 말에 ◯표 하세요.

무지개 곰 젤리 출시

노란색 젤리는 왼쪽에서 (셋째 , 넷째),

오른쪽에서 (넷째 , 다섯째)에 있습니다.

07 □ 안에 알맞은 수를 써넣으세요.

이 순서로 좋아해.

| □ | 1 | □ | □ | 3 |

08 보기 와 같이 왼쪽부터 세어 색칠해 보세요.

창의형
09 서랍에 물건을 넣으려고 합니다. 물건을 어떻게 정리할지 순서를 나타내는 말을 사용하여 말해 보세요.

치마는 아래에서 둘째 서랍에 넣을래.

( )

10 사물함의 번호를 순서대로 써넣으려고 합니다. 소미의 사물함 번호는 몇인지 풀이 과정을 쓰고, 답을 구해 보세요.

❶ 사물함의 번호를 순서대로 써 보면 1, □, □, □, □ 입니다.

❷ 따라서 소미의 사물함 번호는 □ 입니다.

답 _____

11 책꽂이에 책을 번호 순서대로 꽂았습니다. '해님 달님' 책의 번호는 몇인지 풀이 과정을 쓰고, 답을 구해 보세요.

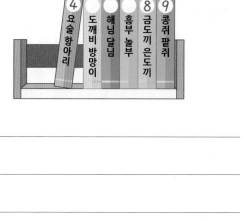

_____

_____

_____

_____

답 _____

1 단원 3회

학습 결과에 색칠하세요.
😄 🙂 😣

개념 1 **1만큼 더 큰 수와 1만큼 더 작은 수**

수를 순서대로 썼을 때 바로 뒤의 수가 1만큼 더 큰 수이고,
바로 앞의 수가 1만큼 더 작은 수입니다.

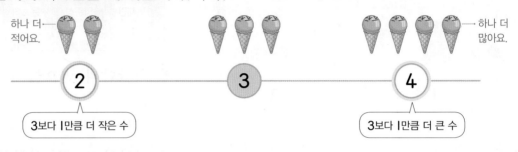

확인 1 빈칸에 4보다 1만큼 더 큰 수와 1만큼 더 작은 수를 써넣으세요.

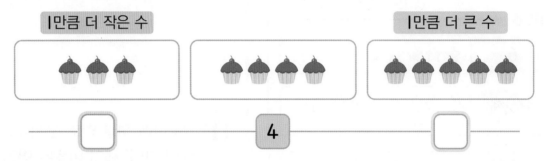

개념 2 **0 알기**

아무것도 없는 것을 0이라 쓰고 영이라고 읽습니다.

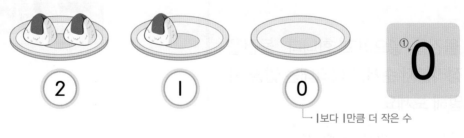

확인 2 딸기의 수를 세어 □ 안에 알맞은 수를 써넣으세요.

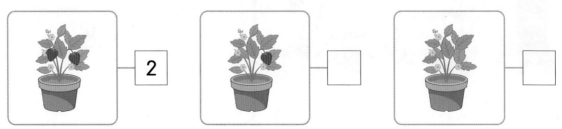

1 6보다 1만큼 더 큰 수와 1만큼 더 작은 수를 ○로 나타내고, 빈칸에 알맞은 수를 써넣으세요.

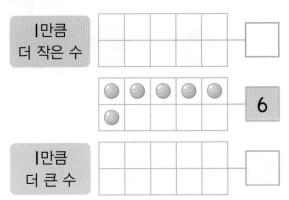

2 5보다 1만큼 더 큰 수를 나타내는 것에 ○표 하세요.

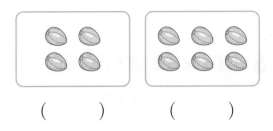

(   )   (   )

3 펼친 손가락의 수를 세어 보세요.

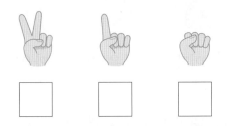

4 □ 안에 알맞은 수를 써넣으세요.

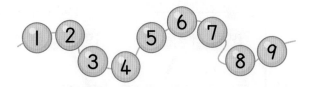

(1) 8보다 1만큼 더 작은 수는 □입니다.

(2) 1보다 1만큼 더 큰 수는 □입니다.

5 다음이 나타내는 수를 써 보세요.

1보다 1만큼 더 작은 수

(   )

6 빈칸에 알맞은 수를 써넣으세요.

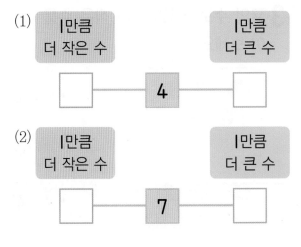

01 보기 와 같은 방법으로 색칠해 보세요.

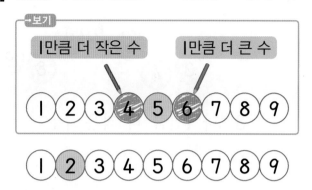

02 사탕의 수보다 1만큼 더 큰 수에 ○표 하세요.

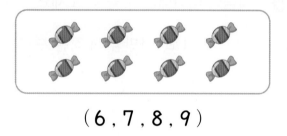

(6 , 7 , 8 , 9)

03 귤의 수보다 1만큼 더 작은 수를 찾아 이어 보세요.

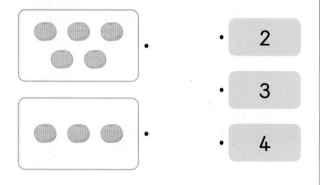

04 연아, 도진, 지수가 고리 던지기를 했습니다. 지수가 넣은 고리는 몇 개인가요?

(   )

05 빈칸에 알맞은 수를 써넣으세요.

06 그림을 보고 물음에 답하세요.

(1) 어제의 기록은 몇 번일까요?

(   )

(2) 내일의 목표는 몇 번일까요?

(   )

창의형
07 서진이와 같이 0을 사용하여 이야기해 보세요.

오늘 우리 반에서 학교에 오지 않은 학생은 0명이야.

서진

(   )

08 □ 안에 알맞은 수를 써넣으세요.

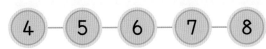

4   5   6   7   8

7은 □보다 **1**만큼 더 큰 수이고,

6은 □보다 **1**만큼 더 작은 수입니다.

09 그림을 보고 □ 안에 알맞은 수를 써넣으세요.

안녕하세요.

아랫집에 사는 아이구나!

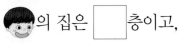 의 집은 □층이고,

 의 집은 □층입니다.

---

10 잘못 말한 사람을 찾아 이름을 쓰고, 바르게 고쳐 보세요.

9보다 **1**만큼 더 작은 수는 7이야.

6보다 **1**만큼 더 작은 수는 5야.

도현   다은

이름 ❶ □

바르게 고치기 ❷ □보다 **1**만큼 더 작은

수는 □이야.

11 잘못 말한 사람을 찾아 이름을 쓰고, 바르게 고쳐 보세요.

3보다 **1**만큼 더 작은 수는 2야.

2보다 **1**만큼 더 큰 수는 **1**이야.

소율   시우

이름

바르게 고치기

1
단원

4회

학습 결과에 색칠하세요.
😄 ☺ 😣

1. 9까지의 수 • **23**

개념**1** **수를 세어 크기 비교하기**

꽃과 나뭇잎의 수를 비교하면 다음과 같습니다.

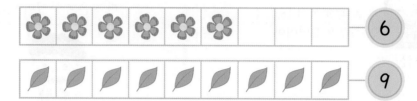

• 🍃은 🌸보다 **많습니다.** ➡ 9는 6보다 **큽니다.**

> 양을 비교할 때는 '많다', '적다'를 사용하고
> 수의 크기를 비교할 때는 '크다', '작다'를 사용해.

• 🌸은 🍃보다 **적습니다.** ➡ 6은 9보다 **작습니다.**

확인**1** 그림을 보고 더 큰 수에 ○표 하세요.

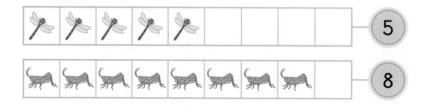

개념**2** **수의 순서를 이용하여 크기 비교하기**

1부터 9까지의 수를 순서대로 썼을 때 **뒤에 있는 수**가 더 큰 수이고,
앞에 있는 수가 더 작은 수입니다.

• 7은 5보다 뒤에 있는 수입니다. ➡ 7은 5보다 **큽니다.**

• 4는 5보다 앞에 있는 수입니다. ➡ 4는 5보다 **작습니다.**

확인**2** 수의 순서를 보고 두 수의 크기를 비교해 보세요.

⑴ 3은 8보다 (앞 , 뒤)에 있는 수입니다. ➡ 3은 8보다 (큽니다 , 작습니다).

⑵ 8은 3보다 (앞 , 뒤)에 있는 수입니다. ➡ 8은 3보다 (큽니다 , 작습니다).

1 두 수의 크기를 비교하여 알맞은 말에 ○표 하세요.

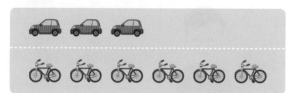

🚗는 🚲보다 (많습니다 , 적습니다).

3은 6보다 (큽니다 , 작습니다).

2 수만큼 ○를 그리고, 알맞은 말에 ○표 하세요.

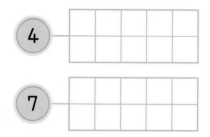

4는 7보다 (큽니다 , 작습니다).

7은 4보다 (큽니다 , 작습니다).

3 두 수를 찾아 색칠하고, 색칠한 수 중에서 더 작은 수에 △표 하세요.

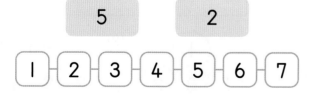

4 더 큰 수에 ○표 하세요.

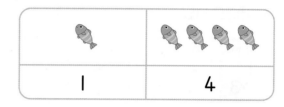

5 수를 세어 ○ 안에 알맞은 수를 써넣고, 더 작은 수에 △표 하세요.

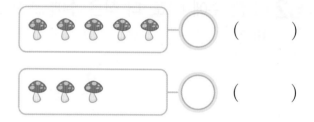

( )

( )

6 준서와 수민이가 수 카드를 한 장씩 뽑았습니다. 바르게 설명한 것에 ○표 하세요.

8은 2보다 작습니다.

2는 8보다 작습니다.

01 수만큼 ○를 그리고, □ 안에 알맞은 수를 써넣으세요.

7				
3				

□ 은 □ 보다 큽니다.

02 더 큰 수에 ○표, 더 작은 수에 △표 하세요.

8	9

03 왼쪽의 수보다 작은 수에 △표 하세요.

04 5보다 큰 수에 ○표, 5보다 작은 수에 △표 하세요.

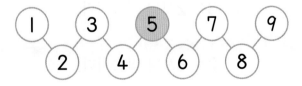

05 뉴스 화면을 보고 물음에 답하세요.

풀밭에 풀어 두고 키운 닭이 더 건강해

(1) 뉴스 화면에서 수를 세어 □ 안에 써넣으세요.

(2) 더 적은 것에 △표 하세요.

(3) □ 안에 알맞은 수를 써넣으세요.

□ 은 □ 보다 작습니다.

06 보기 와 같은 방법으로 색칠해 보세요.

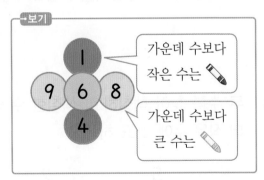

보기

가운데 수보다 작은 수는 🖍️

가운데 수보다 큰 수는 🖍️

(1)　　　　(2)

07 가장 작은 수를 찾아 써 보세요.

| 5   3   8 |

( )

창의형

08 수 카드를 보고 물음에 답하세요.

| 7 | 2 | 4 | 8 | 5 | 0 |

(1) 수 카드 **3**장을 골라 써 보세요.

☐ ☐ ☐

(2) 고른 수 카드의 수를 작은 수부터 순서대로 쓴 다음 가장 작은 수와 가장 큰 수를 각각 써 보세요.

☐ ☐ ☐

가장 작은 수 ( )
가장 큰 수 ( )

09 딸기의 수보다 큰 수를 찾아 써 보세요.

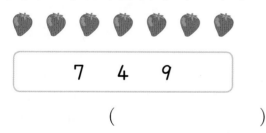

| 7   4   9 |

( )

10 간식 통에 사탕은 **3**개, 초콜릿은 **4**개 있습니다. 사탕과 초콜릿 중에서 더 많은 것은 무엇인지 풀이 과정을 쓰고, 답을 구해 보세요.

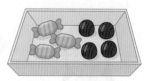

❶ **3**과 **4**의 크기를 비교하면 ☐이/가

☐ 보다 큽니다.

❷ 따라서 간식 통에 더 많은 것은
(사탕 , 초콜릿)입니다.

답 _____

11 귤을 은진이는 **7**개, 지혜는 **5**개 가지고 있습니다. 은진이와 지혜 중에서 귤을 더 적게 가지고 있는 사람은 누구인지 풀이 과정을 쓰고, 답을 구해 보세요.

_____

_____

_____

답 _____

학습 결과에 색칠하세요.

😆 🙂 😣

말한 수의 크기 비교하기

01 가장 큰 수를 말한 사람은 누구인지 써 보세요.

채아: 7

유준: 다섯

예나: 7보다 1만큼 더 작은 수

1단계 채아, 유준, 예나가 말한 수를 각각 수로 나타내기

채아: ☐, 유준: ☐, 예나: ☐

2단계 가장 큰 수를 말한 사람 찾기

( )

문제해결 TIP

각각 수로 나타낸 다음 순서대로 써 보았을 때 가장 뒤에 있는 수가 가장 큰 수예요.

02 가장 작은 수를 말한 사람은 누구인지 써 보세요.

서진: 3

다은: 1보다 1만큼 더 큰 수

도현: 영

( )

03 가장 큰 수를 말한 사람은 누구인지 써 보세요.

• 연아: 여덟
• 서준: 5보다 1만큼 더 큰 수
• 재호: 7
• 채민: 6보다 1만큼 더 작은 수

( )

4명이 말한 수를 각각 수로 나타낸 다음 순서대로 써 보았을 때 가장 뒤에 있는 수가 가장 큰 수야!

다른 기준에서의 순서 구하기

04 오른쪽에서 셋째에 있는 나무는 왼쪽에서 몇째에 있는지 구해 보세요.

1단계 오른쪽에서 셋째에 있는 나무에 ○표 하기

2단계 오른쪽에서 셋째에 있는 나무는 왼쪽에서 몇째에 있는지 구하기

( )

문제해결 TIP

주어진 기준에서의 순서에 위치한 나무를 찾은 다음 다른 기준에서는 몇째인지 알아봐요.

1
단원
6회

05 왼쪽에서 다섯째에 놓인 주스는 오른쪽에서 몇째에 놓여 있는지 구해 보세요.

( )

06 8명의 어린이가 손을 씻으려고 세면대 앞에 한 줄로 서 있습니다. 한나는 뒤에서 넷째에 서 있습니다. 한나는 앞에서 몇째에 서 있는지 구해 보세요.

( )

8명을 ○로 그린 다음 뒤를 기준으로 한나의 위치를 찾고 다시 앞을 기준으로 순서를 알아보면 돼!

조건에 맞는 수 구하기

07 나는 어떤 수인지 구해 보세요.

> • 나는 **5**와 **9** 사이에 있는 수입니다.
> • 나는 **7**보다 큰 수입니다.

1단계 5와 9 사이에 있는 수 모두 구하기

( )

2단계 **1단계**에서 구한 수 중 **7**보다 큰 수 구하기

( )

문제해결 TIP

5와 9 사이에 있는 수 중에서 7보다 큰 수를 알아봐요. 이때 5와 9 사이에 있는 수에는 5와 9가 들어가지 않아요.

08 나는 어떤 수인지 구해 보세요.

> • 나는 **3**과 **7** 사이에 있는 수입니다.
> • 나는 **5**보다 작은 수입니다.

( )

09 **조건**을 모두 만족하는 수는 몇 개인지 구해 보세요.

> **조건**
> • **1**과 **6** 사이에 있는 수입니다.
> • **3**보다 큰 수입니다.

( )

1과 6 사이에 있는 수 중에서 3보다 큰 수는 몇 개인지 알아봐. 이때 1과 6 사이에 있는 수에는 1과 6이 들어가지 않아!

순서를 보고 전체 수 구하기

10 민규와 친구들이 줄을 서 있습니다. 민규는 앞에서 다섯째, 뒤에서 셋째로 서 있습니다. 줄을 서 있는 어린이는 모두 몇 명인지 구해 보세요.

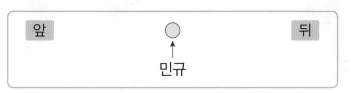

①단계 민규가 앞에서 다섯째가 되도록 민규 앞에 ○ 그리기

②단계 민규가 뒤에서 셋째가 되도록 민규 뒤에 ○ 그리기

③단계 줄을 서 있는 어린이는 모두 몇 명인지 구하기

( )

문제해결 TIP

줄을 서 있는 어린이를 각 기준에서의 순서에 맞게 수만큼 ○로 나타낸 다음 ○의 수를 세어 보면 전체 어린이 수를 알 수 있어요.

1 단원 6회

11 해주와 친구들이 달리기를 하고 있습니다. 해주는 앞에서 넷째, 뒤에서 여섯째로 달리고 있습니다. 달리기를 하고 있는 어린이는 모두 몇 명인지 구해 보세요.

( )

12 지호는 아래에서 여섯째 층, 위에서 둘째 층에 살고 있습니다. 지호가 살고 있는 건물은 모두 몇 층인지 구해 보세요.

( )

지호네 층이 아래에서 여섯째, 위에서 둘째에 있도록 나머지 층을 더 그린 다음 전체 층수를 세어 봐!

학습 결과에 색칠하세요.

학습일 :   월   일

01 와플의 수를 세어 알맞은 수에 ○표 하세요.

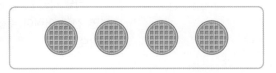

(1 , 2 , 3 , 4 , 5)

02 멜론의 수를 바르게 읽은 것을 모두 찾아 ○표 하세요.

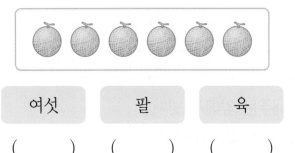

| 여섯 | 팔 | 육 |

(   ) (   ) (   )

03 앞에서 여섯째에 서 있는 사람에 ○표 하세요.

04 순서에 알맞게 수를 써 보세요.

05 꽃의 수를 세어 □ 안에 알맞은 수를 써넣으세요.

2

06 더 큰 수에 ○표 하세요.

| 7 | 5 |

07 동물의 수가 **3**인 것을 찾아 ○표 하세요.

(   ) (   ) (   )

08 수만큼 [　　]로 묶어 보세요.

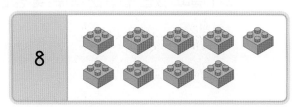

8

09 풍선을 번호 순서대로 놓으려고 합니다. 알맞게 이어 보세요.

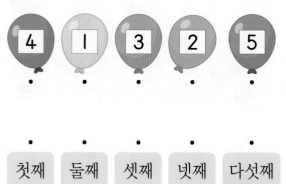

12 수를 순서대로 이어 보세요.

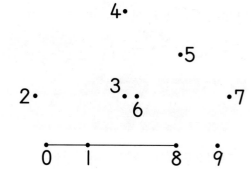

10 알맞은 말에 ○표 하세요.

13 순서를 거꾸로 하여 수를 써 보세요.

11 왼쪽부터 세어 색칠해 보세요.

14 빈칸에 알맞은 수를 써넣으세요.

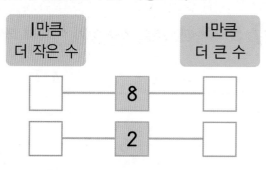

|15~16| 그림을 보고 물음에 답하세요.

15 그림에서 수를 세어 써 보세요.

16 그림에서 수를 세어 쓰고 두 수의 크기를 비교해 보세요.

→ ☐ 는 ☐ 보다 큽니다.

17 5보다 큰 수를 모두 찾아 색칠해 보세요.

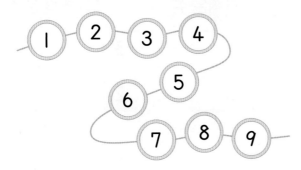

18 ☐ 안에 알맞은 수를 써넣으세요.

가장 큰 수는 ☐, 가장 작은 수는 ☐ 입니다.

서술형
19 잘못 말한 사람을 찾아 이름을 쓰고, 바르게 고쳐 보세요.

3은 8보다 작아. 소율

7보다 1만큼 더 큰 수는 9야. 시우

이름

바르게 고치기

20 가지고 있는 연필의 수가 4보다 1만큼 더 작은 수인 사람은 누구인가요?

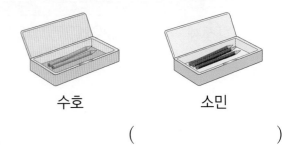

수호   소민

(   )

21 4보다 크고 8보다 작은 수는 모두 몇 개인지 풀이 과정을 쓰고, 답을 구해 보세요.

_____

_____

_____

_____

답 _____

22 그네를 타려고 6명이 줄을 서 있습니다. 서아는 앞에서 둘째에 서 있습니다. 서아 뒤에 서 있는 사람은 몇 명인가요?

(   )

23 사진을 수지는 8장, 민호는 9장, 우빈이는 6장 찍었습니다. 세 사람 중에서 사진을 가장 많이 찍은 사람은 누구인가요?

(   )

| 24~25 | 준규의 말을 듣고 세호가 스케치북에 그림을 그렸습니다. 물음에 답하세요.

세호야, 내가 말하는 대로 그림을 그려 줄래?

응!

오, 맞아! 내가 말한 대로 잘 그렸다.

준규

세호

준규

1 단원
7회

24 준규가 세호에게 어떤 그림을 그려 달라고 했을지 □ 안에 알맞은 수를 써넣으세요.

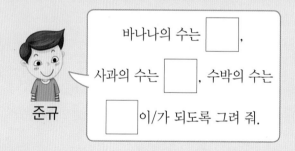

준규

바나나의 수는 □,

사과의 수는 □, 수박의 수는

□ 이/가 되도록 그려 줘.

25 세호가 그린 사과의 수보다 1만큼 더 큰 수는 얼마인지 풀이 과정을 쓰고, 답을 구해 보세요.

답 _____

2 여러 가지 모양

이번에 배울 내용

회차	쪽수	학습 내용	학습 주제
1	38~41쪽	개념+문제 학습	여러 가지 모양 찾기 / 여러 가지 모양 알기
2	42~45쪽	개념+문제 학습	여러 가지 모양으로 만들기 / 모양 찾기 놀이하기
3	46~49쪽	응용 학습	
4	50~53쪽	마무리 평가	

문해력을 높이는 **어휘**

평평하다: 바닥이 높고 낮은 곳 없이 고르다.

평 평 한 쟁반 위에 음식들을 올려 놓았어요.

뾰족하다: 물건 끝이 점차 가늘어져서 날카롭다.

끝이 뾰 족 한 물건을 사용할 때는 다치지 않게 조심해요.

둥글다: 동그라미나 공과 모양이 같거나 비슷하다.

축구공은 둥 글 어서 데굴데굴 잘 굴러가요.

쌓다: 여러 개의 물건을 놓인 것 위에 또 올려놓다.

블록을 쌓 아 멋진 성을 만들었어요.

학습일 : 월 일

개념1 **여러 가지 모양 찾기**

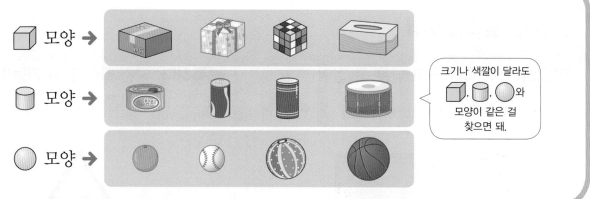

크기나 색깔이 달라도
⬛,⬚,◯와
모양이 같은 걸
찾으면 돼.

확인1 알맞은 모양에 ◯표 하세요.

(1) 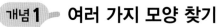 는 (⬛ , ⬚ , ◯) 모양입니다.

(2) ◯은 (⬛ , ⬚ , ◯) 모양입니다.

개념2 **여러 가지 모양 알기**

모양	특징
뾰족한 부분 / 평평한 부분 **평평한 부분**과 **뾰족한 부분**이 있습니다.	• 여러 방향으로 잘 쌓을 수 있습니다. • 잘 굴러가지 않습니다.
평평한 부분 / 둥근 부분 **평평한 부분**과 **둥근 부분**이 있습니다.	• 세우면 쌓을 수 있습니다. • 눕히면 잘 굴러갑니다.
둥근 부분 **둥근 부분**만 있습니다.	• 쌓을 수 없습니다. • 여러 방향으로 잘 굴러갑니다.

확인2 ⬚ 모양에 대한 설명으로 알맞은 것에 ◯표 하세요.

둥근 부분이 있습니다.   쌓을 수 없습니다.

(   )   (   )

1 왼쪽과 같은 모양에 ◯표 하세요.

(1)
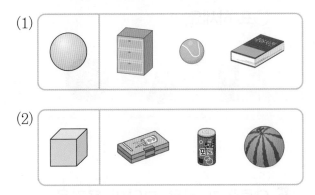

(2)

2 같은 모양끼리 이어 보세요.

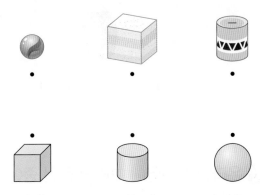

3 ⬜, ⬤, ◯ 모양을 모두 찾아 기호를 써 보세요.

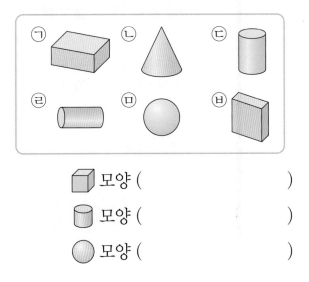

⬜ 모양 ( )

⬤ 모양 ( )

◯ 모양 ( )

4 왼쪽에서 보이는 모양을 보고 전체 모양을 찾아 ◯표 하세요.

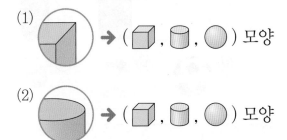

(1) ➡ (⬜ , ⬤ , ◯) 모양

(2) ➡ (⬜ , ⬤ , ◯) 모양

5 잘 굴러가지 않는 모양을 찾아 ◯표 하세요.

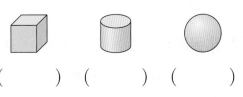

( ) ( ) ( )

6 유준이가 상자 속에서 잡은 물건에 대해 설명하고 있습니다. 유준이가 잡은 물건을 찾아 ◯표 하세요.

평평한 부분이 없고 둥글둥글해.

유준

( ) ( ) ( )

01 같은 모양을 찾아 기호를 써 보세요.

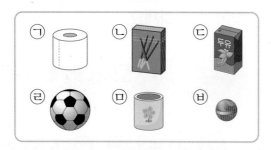

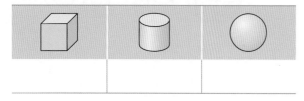

02 잘 굴러가는 것을 모두 찾아 ○표 하세요.

(   ) (   ) (   )

03 책상 위의 물건 중에서 ⬜ 모양은 □표,
◯ 모양은 △표, ◯ 모양은 ○표 하세요.

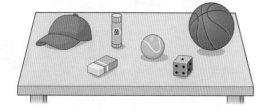

04 음료수 캔과 같은 모양의 물건을 찾아
○표 하세요.

05 오른쪽과 같은 모양의 물건을
찾아 ○표 하세요.

(   ) (   ) (   )

디지털 문해력

06 온라인 게시글에 그려진 물건 중에서 쌓기
어려운 모양을 골라 ○표 하세요.

07 알맞은 것끼리 이어 보세요.

굴러가고 쌓을 수 있어.

굴러가지 않지만 쌓을 수 있어.

쌓을 수 없지만 잘 굴러가.

소율

도현

예나

창의형
08 자전거 바퀴가 모양이라면 어떤 일이 생길지 말해 보세요.

_____

_____

09 오른쪽 물통과 같은 모양이 있는 칸을 모두 찾아 색칠해 보세요.

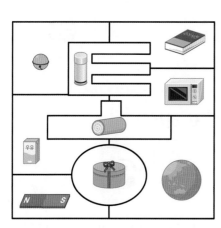

서술형 문제

10 같은 모양끼리 바르게 모은 사람은 누구인지 풀이 과정을 쓰고, 답을 구해 보세요.

지수	연호

❶ 지수가 모은 물건 중 음료 팩과 시계는 (, ,) 모양이고, 초콜릿은 (, ,) 모양입니다.

❷ 연호가 모은 물건은 모두 (, ,) 모양입니다.

❸ 따라서 같은 모양끼리 바르게 모은 사람은 □□ 입니다.

답 _____

11 같은 모양끼리 바르게 모은 사람은 누구인지 풀이 과정을 쓰고, 답을 구해 보세요.

태인	예서
	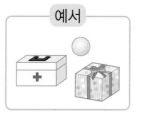

_____

_____

_____

답 _____

개념 1 **여러 가지 모양으로 만들기**

◻️, ⬭, ⚪ 모양으로 여러 가지 모양을 만들 수 있습니다.

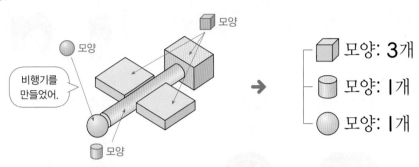

확인 1 ◻️ 모양만 사용하여 만든 모양을 찾아 ○표 하세요.

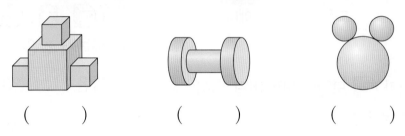

( ) ( ) ( )

개념 2 **모양 찾기 놀이하기**

그림 카드에 그려진 물건을 보고 같은 모양끼리 모을 수 있습니다.

확인 2 그림 카드에 그려진 물건이 어떤 모양인지 찾아 ○표 하세요.

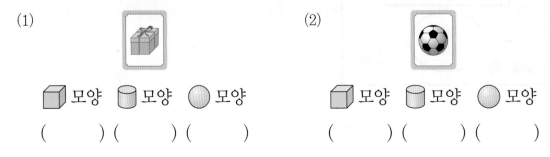

(1)

◻️ 모양 ⬭ 모양 ⚪ 모양

( ) ( ) ( )

(2)

◻️ 모양 ⬭ 모양 ⚪ 모양

( ) ( ) ( )

1 다음과 같은 모양을 만드는 데 사용한 모양을 모두 찾아 ○표 하세요.

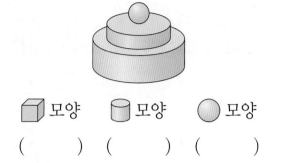

⬛ 모양   🔵 모양   ⚪ 모양
(   )   (   )   (   )

2 ⚪ 모양을 모두 찾아 색칠해 보세요.

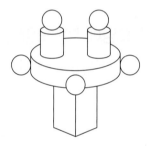

3 다음과 같은 모양을 만드는 데 사용하지 않은 모양을 찾아 ×표 하세요.

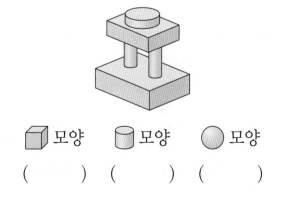

⬛ 모양   🔵 모양   ⚪ 모양
(   )   (   )   (   )

4 ⬛ 모양은 모두 몇 개 사용했는지 세어 보세요.

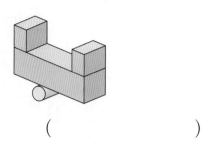

(   )

5 ⬛, 🔵, ⚪ 모양을 각각 몇 개 사용했는지 세어 보세요.

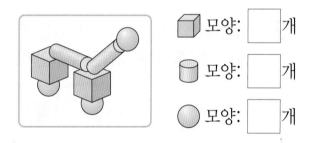

⬛ 모양: ☐ 개

🔵 모양: ☐ 개

⚪ 모양: ☐ 개

6 주어진 모양을 모두 사용하여 만든 모양에 ○표 하세요.

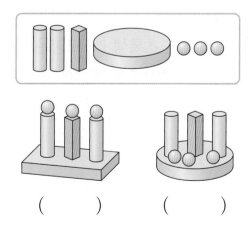

(   )   (   )

01 다음 모양을 만드는 데 사용한 모양의 수가 **4**개인 모양을 찾아 ◯표 하세요.

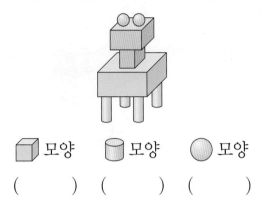

◻ 모양   ▯ 모양   ◯ 모양

(　　)   (　　)   (　　)

02 카드 놀이를 하고 있습니다. 같은 모양이 그려진 카드를 모은 사람은 누구인가요?

지호　　　　　　두나

(　　　　　　　　)

03 ◻ 모양은 초록색, ▯ 모양은 빨간색, ◯ 모양은 노란색으로 색칠해 보세요.

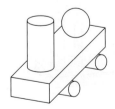

04 주어진 모양을 모두 사용하여 만든 모양을 찾아 이어 보세요.

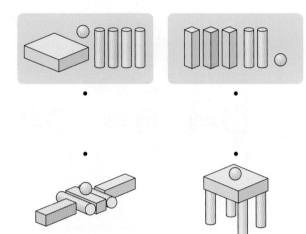

05 주어진 모양에 ▯ 모양 **2**개와 ◯ 모양 **2**개를 더 사용하여 케이크 모양을 만들어 보세요.

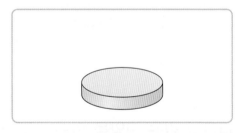

06 두 모양에서 서로 다른 부분을 모두 찾아 ◯표 하세요.

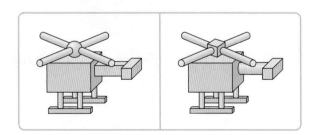

07 모양의 순서대로 길을 따라가 보고 도착한 장소에 ○표 하세요.

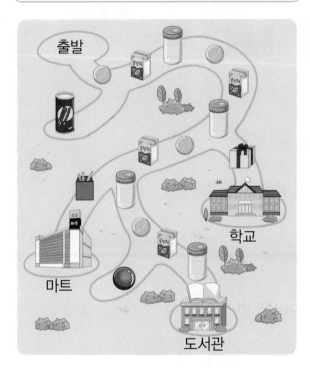

08 ◻ 모양 3개, ⬠ 모양 2개, ◯ 모양 3개를 사용하여 모양을 만든 사람은 누구인가요?

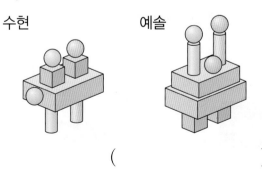

수현   예솔

(   )

서술형 문제

09 ◻, ⬠, ◯ 모양 중 가장 많이 사용한 모양은 무엇인지 풀이 과정을 쓰고, 답을 구해 보세요.

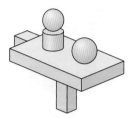

❶ ◻ 모양 ☐개, ⬠ 모양 ☐개,

◯ 모양 ☐개를 사용하여 만든 모양입니다.

❷ 따라서 가장 많이 사용한 모양은 (◻ , ⬠ , ◯) 모양입니다.

답 _____

10 ◻, ⬠, ◯ 모양 중 가장 많이 사용한 모양은 무엇인지 풀이 과정을 쓰고, 답을 구해 보세요.

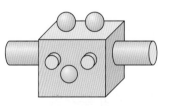

_____

_____

_____

_____

답 _____

○ 학습일 : 　월　　일

각 모양의 개수 비교하기

01  모양의 물건 중에서 가장 많은 모양은 몇 개인지 구해 보세요.

1단계 각 모양이 몇 개씩 있는지 세기

모양: ☐ 개, 모양: ☐ 개, 모양: ☐ 개

2단계 ▢, ▢, ◯ 모양 중에서 가장 많은 모양의 개수 쓰기

(　　　　　　)

02 ▢, ▢, ◯ 모양의 물건 중에서 가장 적은 모양은 몇 개인지 구해 보세요.

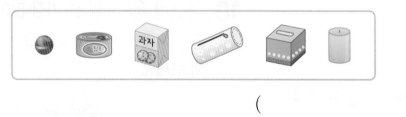

(　　　　　　)

03 ◯ 모양의 물건을 더 적게 가지고 있는 사람의 이름을 써 보세요.

(　　　　　　)

문제해결 TIP

▢, ▢, ◯ 모양이 각각 몇 개인지 센 다음 개수를 비교하여 가장 많은 모양을 찾고 그 개수를 써요.

유리와 지호가 가지고 있는 ◯ 모양의 개수를 각각 센 다음 비교해야 해!

설명하는 모양 찾기

문제해결
TIP

평평한 부분이 있으면 쌓을 수
있고, 둥근 부분이 있으면 잘 굴
러가요. 모양의 특징을 생각하
며 친구들이 설명하는 모양의
물건을 모두 찾아요.

04 친구들이 설명하는 모양의 물건을 모두 찾아 기호를 써 보세요.

여러 방향으로 잘 굴러가. — 시우

쌓을 수 없어. — 채아

1단계 친구들이 설명하는 모양 찾기

(📦 , 🥫 , ⚪) 모양

2단계 친구들이 설명하는 모양의 물건을 모두 찾아 기호 쓰기

(   )

2
단원
3회

05 친구들이 설명하는 모양의 물건을 모두 찾아 기호를 써 보세요.

세우면 쌓을 수 있어. — 다은

눕히면 잘 굴러가. — 서진

(   )

06 설명에 맞는 모양의 물건을 모은 사람의 이름을 써 보세요.

잘 쌓을 수 있고, 잘 굴러가지 않습니다.

수지

연호

(   )

잘 쌓을 수 있고,
잘 굴러가지 않으려면 둥근
부분이 없는 모양이겠군!

사용한 모양의 개수 비교하기

문제해결
TIP

각 모양의 개수를 센 다음 1만큼 더 큰 수를 이용하여 개수의 차이를 구해요.

07 오른쪽 모양에서 ⬜ 모양은 ⬭ 모양보다 몇 개 더 많이 사용했는지 구해 보세요.

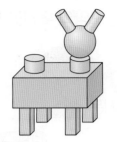

1단계 사용한 ⬜ 모양과 ⬭ 모양의 개수 각각 세기

⬜ 모양 (   ), ⬭ 모양 (   )

2단계 ⬜ 모양은 ⬭ 모양보다 몇 개 더 많이 사용했는지 구하기

(   )

08 주어진 모양에서 ⬭ 모양은 ◯ 모양보다 몇 개 더 적게 사용했는지 구해 보세요.

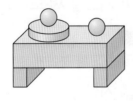

(   )

09 주어진 모양을 만드는 데 ⬜, ⬭, ◯ 모양 중 가장 많이 사용한 모양은 둘째로 많이 사용한 모양보다 몇 개 더 많이 사용했는지 구해 보세요.

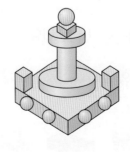

(   )

⬜, ⬭, ◯ 모양의 개수를 각각 센 다음 1만큼 더 큰 수를 이용하여 가장 많은 개수와 둘째로 많은 개수의 차이를 구해!

모양의 일부분을 보고 사용한 모양의 개수 세기

10 돋보기 안에 보이는 모양이 오른쪽 모양에는 몇 개 있는지 세어 보세요.

ⓛ단계 돋보기 안에 보이는 모양 찾기

 (▨ , ▯ , ◯) 모양

②단계 오른쪽 모양에 ⓛ단계에서 찾은 모양이 몇 개 있는지 세기

( )

문제해결 TIP

돋보기 안에 보이는 모양에 평평한 부분, 뾰족한 부분, 둥근 부분 중 어떤 부분이 있는지를 살펴보고 모양을 찾은 다음 오른쪽 모양에서 찾은 모양의 수를 세어요.

2단원 3회

11 돋보기 안에 보이는 모양이 오른쪽 모양에는 몇 개 있는지 세어 보세요.

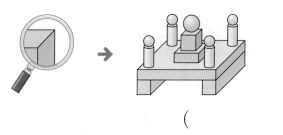

( )

12 상자 안에 보이는 모양을 4개 사용하여 만든 모양의 기호를 써 보세요.

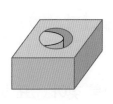

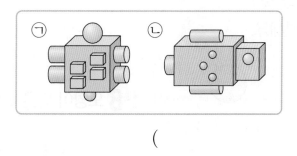

( )

만든 두 모양에서 ▨, ▯, ◯ 모양의 개수를 모두 셀 필요는 없어! 상자 안에 보이는 모양만 찾아 세면 돼!

01 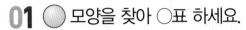 모양을 찾아 ○표 하세요.

( ) ( ) ( )

|02~03| 그림을 보고 물음에 답하세요.

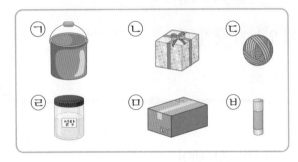

02 모양을 모두 찾아 기호를 써 보세요.

( )

03 모양은 모두 몇 개인지 세어 보세요.

( )

04 오른쪽에서 보이는 모양을 보고 전체 모양을 찾아 ○표 하세요.

( ) ( ) ( )

05 소율이가 말하는 모양의 물건을 찾아 ○표 하세요.

소율

평평한 부분과 둥근 부분이 있어.

( ) ( ) ( )

06 다음과 같은 모양을 만드는 데 사용한 모양을 모두 찾아 ○표 하세요.

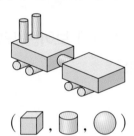

(, ,)

07 어떤 모양끼리 모아 놓은 것인지 알맞은 모양에 ○표 하세요.

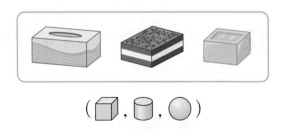

(, ,)

08 모양이 다른 하나를 찾아 ○표 하세요.

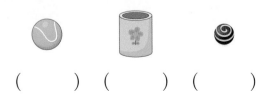

( ) ( ) ( )

09 ⬡ 모양은 □표, ⬢ 모양은 △표, ⚪ 모양은 ○표 하세요.

10 다음 물건 중에서 가장 많은 모양을 찾아 ○표 하세요.

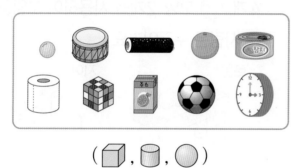

11 다음에서 설명하는 모양에 ○표 하세요.

> • 평평한 부분이 없어 쌓을 수 없습니다.
> • 여러 방향으로 잘 굴러갑니다.

(⬡ , ⬢ , ⚪)

12 잘 굴러가는 모양이 아닌 물건을 찾아 ×표 하세요.

(   ) (   ) (   ) (   )

서술형
13 ⚪ 모양과 ⬢ 모양의 같은 점과 다른 점을 한 가지씩 써 보세요.

같은 점

다른 점

14 다음에서 설명하는 모양의 물건을 주변에서 찾아 2개 써 보세요.

> • 평평한 부분이 있습니다.
> • 둥근 부분이 있습니다.

(   ), (   )

서술형

15 🛢️ 모양만 사용하여 만든 모양을 찾아 기호를 쓰려고 합니다. 풀이 과정을 쓰고, 답을 구해 보세요.

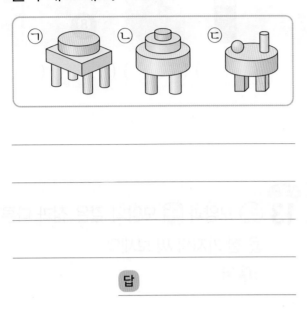

_____

_____

답 _____

| 16 ~ 17 | 📦, 🛢️, ⚪ 모양을 사용하여 기차를 만들었습니다. 그림을 보고 물음에 답하세요.

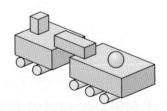

16 사용한 모양은 각각 몇 개인지 빈칸에 써넣으세요.

모양	📦	🛢️	⚪
수(개)			

17 가장 많이 사용한 모양에 ○표 하세요.

(📦 , 🛢️ , ⚪)

18 보기 의 모양을 모두 사용하여 만든 모양에 ○표 하세요.

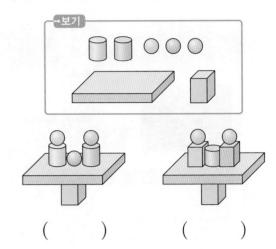

(   )   (   )

19 로운이와 지아 중 📦 모양 3개, 🛢️ 모양 4개, ⚪ 모양 2개를 사용하여 모양을 만든 사람은 누구인가요?

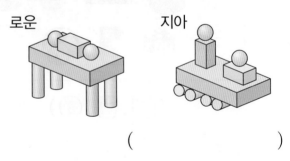

(   )

20 다음 중 과자 상자 와 모양이 같은 물건은 모두 몇 개인가요?

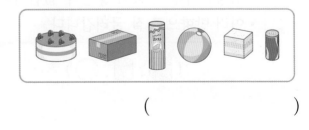

(   )

21 잘 쌓을 수 있는 모양의 물건만 모은 사람은 누구인가요?

예나   유준   다은

(   )

22 오른쪽 모양은 왼쪽 모양보다 ⬤ 모양을 몇 개 더 많이 사용했나요?

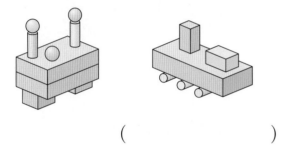

(   )

23 지유가 다음과 같은 모양을 만들려고 합니다. ⬤ 모양이 1개 부족하다면 지유가 가지고 있는 ⬤ 모양은 몇 개일까요?

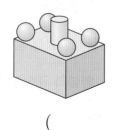

(   )

수행 평가

| 24~25 | **오늘은 수아네 학교 운동회 날입니다. 그림을 보고 물음에 답하세요.**

24 운동회에서 볼 수 있는 물건들은 각각 어떤 모양인지 이어 보세요.

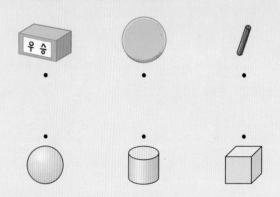

2
단원
4회

25 우승 상품은 잘 쌓을 수 있고 굴러가지 않는 모양의 물건이라고 합니다. 상품이 무엇일지 쓰고, 그렇게 생각한 이유를 써 보세요.

상품
이유

3 덧셈과 뺄셈

이번에 배울 내용

회차	쪽수	학습 내용	학습 주제
1	56~59쪽	개념+문제 학습	모으기와 가르기
2	60~63쪽	개념+문제 학습	그림을 보고 덧셈 이야기 만들기 / 덧셈 알기
3	64~67쪽	개념+문제 학습	다양한 방법으로 덧셈하기 / 덧셈의 규칙 찾기
4	68~71쪽	개념+문제 학습	그림을 보고 뺄셈 이야기 만들기 / 뺄셈 알기
5	72~75쪽	개념+문제 학습	다양한 방법으로 뺄셈하기 / 뺄셈의 규칙 찾기
6	76~79쪽	개념+문제 학습	0이 있는 덧셈 / 0이 있는 뺄셈
7	80~83쪽	응용 학습	
8	84~87쪽	마무리 평가	

문해력을 높이는 **어휘**

모으다: 한곳에 합치다.

두 바구니에 담겨 있는 고구마를

| 모 | 아 | 상자에 담았어요.

더하다: 더 보태어 늘리거나 많게 하다.

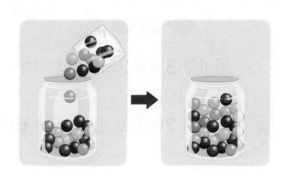

새로 산 구슬을 | 더 | 해 | 구

슬이 더 많아졌어요.

가르다: 쪼개거나 나누어 따로따로 되게 하다.

반 전체를 두 모둠으로

| 갈 | 라 | 줄다리기를 했어요.

빼다: 전체에서 일부를 제외하거나 덜어내다.

블록을 하나 | 빼 | 서 | 쓰러

져 버렸어요.

개념1 **그림이나 구체물을 이용하여 모으기와 가르기**

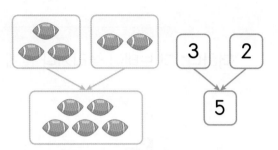

• 모으기

럭비공 3개와 2개를 모으기하면 5개가 됩니다.

→ 3과 2를 모으기하면 5가 됩니다.

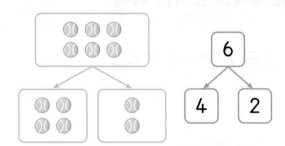

• 가르기

테니스공 6개는 4개와 2개로 가르기할 수 있습니다.

→ 6은 4와 2로 가르기할 수 있습니다.

확인1 그림을 보고 모으기와 가르기를 해 보세요.

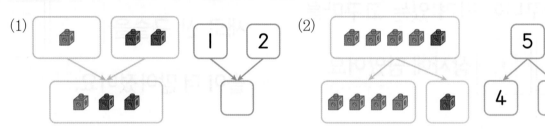

(1)

(2)

개념2 **9까지의 수를 모으기와 가르기**

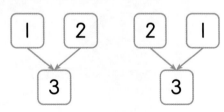

• 3이 되도록 두 수 모으기

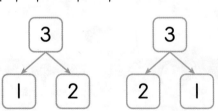

• 3을 두 수로 가르기

확인2 모으기와 가르기를 해 보세요.

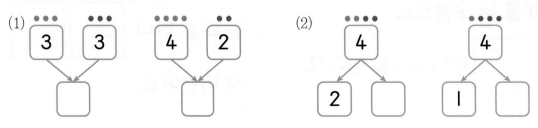

(1)

(2)

1 모으기를 해 보세요.

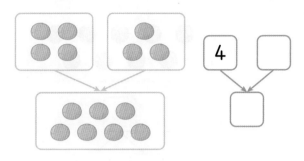

2 가르기를 해 보세요.

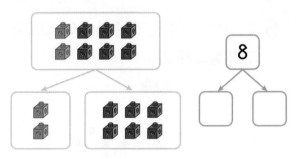

3 모으기를 해 보세요.

4 모으기를 해 보세요.

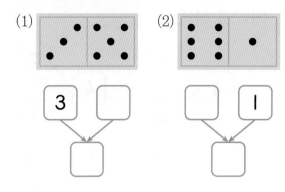

5 두 가지 방법으로 가르기를 해 보세요.

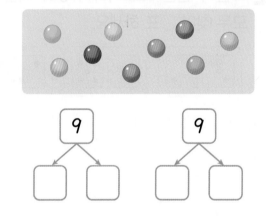

6 모으기와 가르기를 해 보세요.

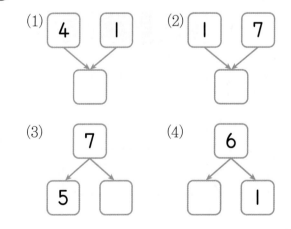

01 4를 두 수로 가르기한 것입니다. 옳은 것에 ○표 하세요.

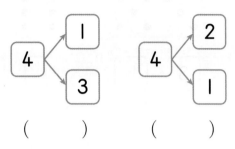

(   )   (   )

02 그림의 점을 모으기하여 6이 되는 것을 모두 찾아 ○표 하세요.

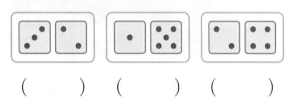

(   ) (   ) (   )

03 보기 와 같이 두 가지 색으로 칸을 칠하고, 수를 써넣으세요.

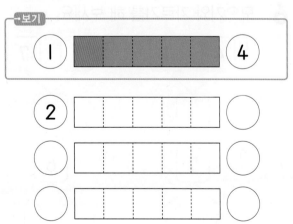

창의형
04 가르기를 해 보세요.

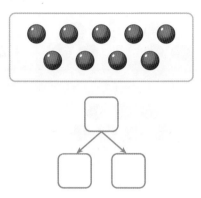

창의형
05 보기 와 같이 점의 수가 7이 되도록 점을 그려 넣으세요.

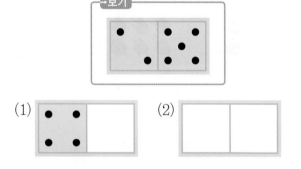

(1)   (2)

06 6을 위와 아래의 두 수로 가르기를 하려고 합니다. 빈칸에 알맞은 수를 써넣으세요.

6	1	2	3	4	5

07 모으기를 하여 8이 되도록 두 수를 묶어 보세요.

7	2	1
1	4	3
6	2	5

08 수 카드의 수를 알맞게 써넣으세요.

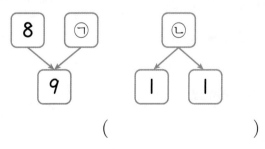

두 수를 모으기하면 5야.

내 수 카드의 수가 더 커!

서진   다은

09 ㉠과 ㉡에 알맞은 수가 더 작은 것의 기호를 써 보세요.

8   ㉠   ㉡

9   1   1

(   )

10 나리는 빵 5개를 동생과 나누어 먹었습니다. 동생이 빵을 3개 먹었다면 나리가 먹은 빵은 몇 개인지 풀이 과정을 쓰고, 답을 구해 보세요.

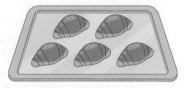

❶ 5는 1과 ☐, 2와 ☐, 3과 ☐, 4와 ☐로 가르기할 수 있습니다.

❷ 동생이 빵을 3개 먹었다면 5를 3과 ☐로 가르기한 것이므로 나리가 먹은 빵은 ☐개입니다.

답

11 지호는 딱지 4장을 형과 나누어 가지려고 합니다. 지호가 딱지를 2장 가진다면 형이 가지게 되는 딱지는 몇 장인지 풀이 과정을 쓰고, 답을 구해 보세요.

답

3
단원
1회

2회 개념 학습

학습일 :　　월　　일

개념 1 **그림을 보고 덧셈 이야기 만들기**

수를 **모으거나 더하는 상황**은 '**모은다**', '**모두**'와 같은 말을 이용하여 덧셈 이야기를 만듭니다.

오징어 **2**마리와 문어 **3**마리를 모으면 모두 **5**마리가 됩니다.

확인 1 그림을 보고 덧셈 이야기를 만들어 보세요.

나뭇가지에 앉아 있는 새 ⬚ 마리와

날아오는 새 ⬚ 마리를 (모으면 , 가르면)

모두 ⬚ 마리가 됩니다.

개념 2 **덧셈 알기**

닭 1마리가 있었는데 3마리가 더 왔어요.

1+3

닭은 모두 4마리가 되었어요.

4

(덧셈식) 1+3＝4　　(읽기) 1 더하기 3은 4와 같습니다.
1과 3의 합은 4입니다.

> 더하기는 +로 나타내고, 같다는 ＝로 나타내.

확인 2 토끼는 모두 몇 마리인지 덧셈식을 쓰고 읽어 보세요.

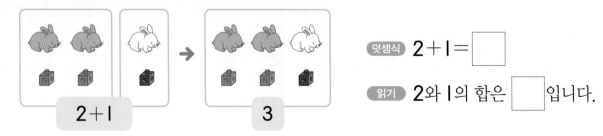

2+1

3

(덧셈식) 2+1＝ ⬚

(읽기) 2와 1의 합은 ⬚ 입니다.

1 그림을 보고 ☐ 안에 알맞은 수를 써넣으세요.

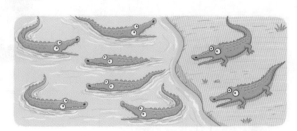

호수에 악어 **6**마리가 있었는데

악어 ☐ 마리가 더 와서 악어는

모두 ☐ 마리가 되었습니다.

2 그림에 알맞은 덧셈식을 쓰려고 합니다. ○ 안에 ＋, ＝를 알맞게 써넣으세요.

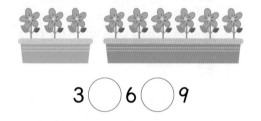

3 ◯ 6 ◯ 9

3 덧셈식으로 나타내어 보세요.

4 더하기 **2**는 **6**과 같습니다.

→ _____

4 덧셈식을 바르게 읽은 것에 ○표 하세요.

2＋5＝7

2 더하기 **7**은 **5**와 같습니다. ☐

2와 **5**의 합은 **7**입니다. ☐

5 덧셈식을 쓰고 읽어 보세요.

(1)

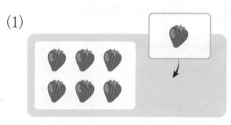

덧셈식 6＋1＝ ☐

읽기 **6** 더하기 **1**은 ☐ 과 같습니다.

(2)

덧셈식 3＋3＝ ☐

읽기 **3**과 **3**의 합은 ☐ 입니다.

01 나비는 모두 몇 마리인지 덧셈식을 써 보세요.

$\boxed{}+\boxed{}=\boxed{}$

02 알맞은 것끼리 이어 보세요.

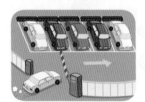 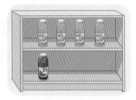

·   ·

·   ·

$\boxed{4+1=5}$ $\boxed{5+1=6}$

03 덧셈식을 써 보세요.

$3+\boxed{}=\boxed{}$

04 그림을 보고 덧셈식을 쓰고 읽어 보세요.

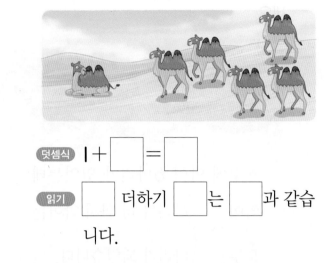

덧셈식 $1+\boxed{}=\boxed{}$

읽기 $\boxed{}$ 더하기 $\boxed{}$ 는 $\boxed{}$ 과 같습
니다.

디지털 문해력

05 블로그 게시물에서 북극곰은 모두 몇 마리인지 알아보려고 합니다. 덧셈식을 써 보세요.

블로그   지구 지킴이의 블로그♡   ≡

세계 북극곰의 날을 알고 있나요?

지구 지킴이   [이웃]
3시간 전

환경이 파괴되면서 북극의 빙하가 녹아 점점 줄어들고 있어요. 위기에 빠진 북극곰이 멸종되지 않도록 보호하기 위해 2월 27일이 세계 북극곰의 날로 정해졌답니다.

$1+\boxed{}=\boxed{}$

06 그림을 보고 덧셈식을 써 보세요.

☐ + ☐ = ☐

☐ + ☐ = ☐

07 자신의 집을 살펴보고, ☐ 안에 알맞은 수를 써넣으세요.

• 우리집에 있는 의자: ☐ 개

• 우리집에 있는 탁자: ☐ 개

☐ + ☐ = ☐

08 모양 물건의 수와 🛢 모양 물건의 수를 써넣고, 두 모양은 모두 몇 개인지 덧셈식을 써 보세요.

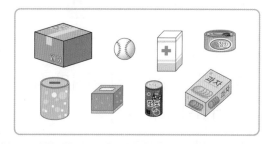

 ☐ 모양: ☐ 개　🛢 모양: ☐ 개

☐ + ☐ = ☐

09 '모은다'와 '모두'를 이용하여 그림에 알맞은 덧셈 이야기를 만들고, 덧셈식을 써 보세요.

이야기 ❶ 미끄럼틀에서 놀고 있는 어린이 ☐ 명과 시소를 타고 있는 어린이 ☐ 명을 (모으면 , 가르면) ☐ 5명이 됩니다.

덧셈식 ❷ 3 + ☐ = ☐

10 '모은다'와 '모두'를 이용하여 그림에 알맞은 덧셈 이야기를 만들고, 덧셈식을 써 보세요.

이야기 _____

덧셈식 _____

개념 1 **다양한 방법으로 덧셈하기**

사과는 모두 몇 개인지 다양한 방법으로 덧셈을 할 수 있습니다.

방법 1
손가락으로 덧셈하기
손가락 **3**개와 **1**개를 펴
고 수를 모두 셉니다.

$3+1=4$

방법 2
연결 모형으로 덧셈하기
연결 모형 **3**개에 **1**개를
더 놓으며 이어 셉니다.

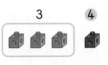

$3+1=4$

방법 3
수판에 그려서 덧셈하기
○ **3**개를 그린 후 **1**개를
더 그려 수를 모두 셉니다.

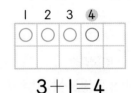

$3+1=4$

확인 1 사탕은 모두 몇 개인지 모으기로 알아보고, 덧셈을 해 보세요.

$$\boxed{6} \quad \boxed{2}$$
$$\downarrow$$
$$\boxed{}$$

$6+\boxed{}=\boxed{}$

개념 2 **덧셈의 규칙 찾기**

• 수의 순서를 바꾸어 더하는 규칙

$$\boxed{4} + \boxed{2} = \boxed{6}$$

$$\boxed{2} + \boxed{4} = \boxed{6}$$

→ 수의 순서를 바꾸어 더해도 합은
같습니다.

• 더하는 수가 **1**씩 커지는 규칙

$$5 + \boxed{1} = \boxed{6}$$
$$5 + \boxed{2} = \boxed{7}$$
$$5 + \boxed{3} = \boxed{8}$$

→ 더하는 수가 **1**씩 커지면 합도 **1**씩
커집니다.

확인 2 도넛은 모두 몇 개인지 덧셈을 해 보세요.

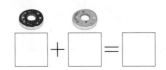

$\boxed{}+\boxed{}=\boxed{}$

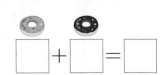

$\boxed{}+\boxed{}=\boxed{}$

1 그림을 보고 연결 모형으로 덧셈을 해 보세요.

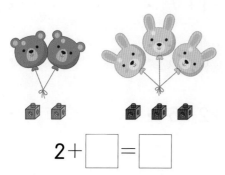

$2 +$ ☐ $=$ ☐

2 보기 와 같이 수판에 ○를 그려서 덧셈을 해 보세요.

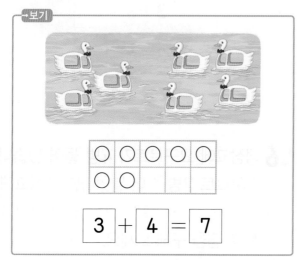

보기

$3 + 4 = 7$

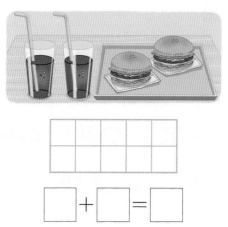

☐ $+$ ☐ $=$ ☐

3 알맞은 것끼리 이어 보세요.

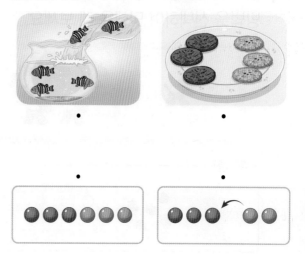

4 점의 수를 세어 덧셈을 하고, 알맞은 말에 ○표 하세요.

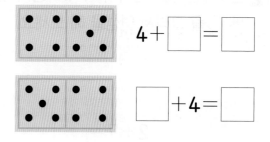

$4 +$ ☐ $=$ ☐

☐ $+ 4 =$ ☐

수의 순서를 바꾸어 더해도 합은 (같습니다 , 다릅니다).

5 덧셈을 해 보세요.

$1 + 1 =$ ☐

$1 + 2 =$ ☐

$1 + 3 =$ ☐

3. 덧셈과 뺄셈 • **65**

01 강아지 풍선은 모두 몇 개인지 [보기]에서 방법을 선택하여 덧셈을 해 보세요.

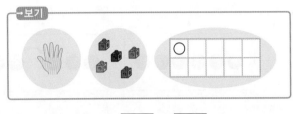

$1 + \boxed{} = \boxed{}$

02 2+7은 얼마인지 구하려고 합니다. 수판에 ○를 그려서 덧셈을 해 보세요.

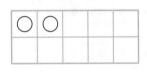

$2 + 7 = \boxed{}$

03 모으기를 이용하여 덧셈을 해 보세요.

(1)
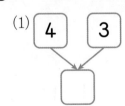

$4 + 3 = \boxed{}$

(2)
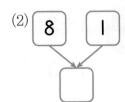

$8 + 1 = \boxed{}$

04 합이 같은 것끼리 이어 보세요.

$1+7$ ·   · $3+6$

$6+3$ ·   · $5+2$

$2+5$ ·   · $7+1$

05 덧셈을 해 보세요.

$3+2=\boxed{}$

$3+3=\boxed{}$

$3+4=\boxed{}$

06 냉장고에 요구르트가 4병 들어 있습니다. 요구르트 2병을 더 넣었다면 냉장고에 들어 있는 요구르트는 모두 몇 병인지 식을 쓰고, 답을 구해 보세요.

식 _____

답 _____

07 합이 가장 큰 것을 찾아 ○표 하세요.

$6+1$ $4+4$ $1+8$

(   )   (   )   (   )

창의형
08 합이 같은 덧셈식을 써 보세요.

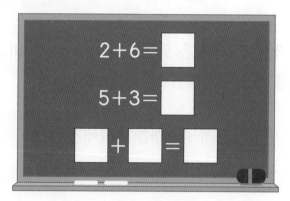

$2+6=$ ☐

$5+3=$ ☐

☐ $+$ ☐ $=$ ☐

창의형
09 무당벌레 날개의 점의 수가 6이 되도록 ●를 그려 꾸미려고 합니다. 합이 6인 덧셈식을 쓰고, 덧셈식에 알맞게 점을 그려 보세요.

☐ $+$ ☐ $=6$

10 수 카드 중에서 가장 큰 수와 가장 작은 수의 합을 구해 보세요.

| 4 | 7 | 2 | 5 |

(   )

11 재호는 딱지 6장을 모았습니다. 은조는 딱지가 2장 있었는데 3장을 더 모았습니다. 딱지를 더 많이 모은 사람은 누구인지 풀이 과정을 쓰고, 답을 구해 보세요.

❶ 재호는 딱지 ☐ 장을 모았고, 은조는 딱지 2장에 ☐ 장을 더 모았으므로 모두 2+☐ = ☐ (장) 모았습니다.

❷ ☐ 이 ☐ 보다 크므로 딱지를 더 많이 모은 사람은 ☐ 입니다.

답 _____

12 영지는 오늘 꿀떡을 5개 먹었습니다. 준수는 오늘 꿀떡을 아침에 1개, 저녁에 6개 먹었습니다. 오늘 꿀떡을 더 많이 먹은 사람은 누구인지 풀이 과정을 쓰고, 답을 구해 보세요.

_____

_____

_____

_____

답 _____

3
단원
3회

학습 결과에 색칠하세요.

○ 학습일 :　 월　 일

개념 1 **그림을 보고 뺄셈 이야기 만들기**

수를 **가르거나 덜어 내는** 상황은 '**가른다**', '**남는다**'와 같은 말을 이용하고, 수를 **비교하는** 상황은 '**더 많다**', '**더 적다**'와 같은 말을 이용하여 뺄셈 이야기를 만듭니다.

햄버거 **3**개 중 **1**개를 손님에게 주면 **2**개가 남습니다.

확인 1 그림을 보고 뺄셈 이야기를 만들어 보세요.

빨간색 꽃은 보라색 꽃보다

□송이 더 (많습니다 , 적습니다).

개념 2 **뺄셈 알기**

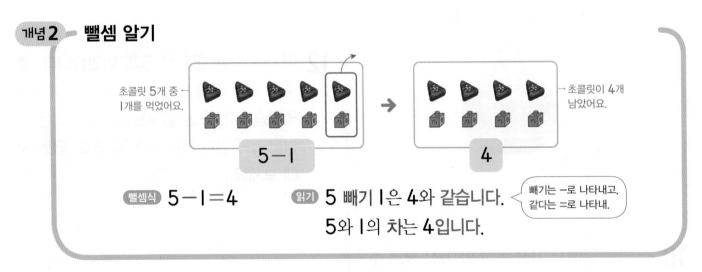

초콜릿 5개 중 1개를 먹었어요.

5-1

초콜릿이 4개 남았어요.

4

뺄셈식 5-1=4　　**읽기** 5 빼기 1은 4와 **같습니다.**

5와 1의 **차**는 4입니다.

> 빼기는 ―로 나타내고, 같다는 =로 나타내.

확인 2 고구마가 감자보다 얼마나 더 많은지 뺄셈식을 쓰고 읽어 보세요.

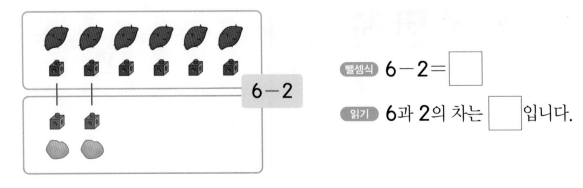

6-2

뺄셈식 6-2=□

읽기 6과 2의 차는 □입니다.

1 그림을 보고 □ 안에 알맞은 수를 써넣으세요.

연못에 개구리가 **7**마리 있었는데

□마리가 연못 밖으로 뛰어나가서

연못 안에는 □마리가 남았습니다.

2 그림에 알맞은 뺄셈식을 쓰려고 합니다. ○ 안에 ―, ＝를 알맞게 써넣으세요.

8 ○ 3 ○ 5

3 뺄셈식으로 나타내어 보세요.

9 빼기 **5**는 **4**와 같습니다.

→ _____

4 뺄셈식을 바르게 읽은 것을 모두 찾아 ○표 하세요.

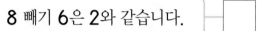

8 − 6 = 2

8과 6의 합은 2입니다. □

8 빼기 6은 2와 같습니다. □

8과 6의 차는 2입니다. □

5 뺄셈식을 쓰고 읽어 보세요.

(1)

뺄셈식 4 − 2 = □

읽기 4 빼기 2는 □와 같습니다.

(2)

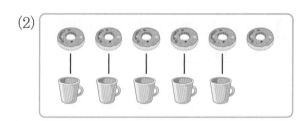

뺄셈식 6 − 5 = □

읽기 6과 5의 차는 □입니다.

01 알맞은 것끼리 이어 보세요.

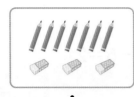   

‧   ‧

‧   ‧

$7-3=4$ $4-3=1$

02 남은 바나나는 몇 개인지 뺄셈식을 써 보세요.

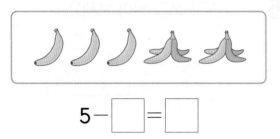

$5-\boxed{}=\boxed{}$

03 치킨은 포크보다 얼마나 더 많은지 뺄셈식을 써 보세요.

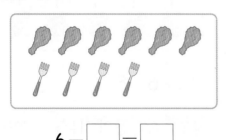

$6-\boxed{}=\boxed{}$

04 그림을 보고 뺄셈식을 쓰고 읽어 보세요.

뺄셈식 $7-\boxed{}=\boxed{}$

읽기 $\boxed{}$ 과 $\boxed{}$ 의 차는 $\boxed{}$ 입니다.

디지털 문해력

05 소미가 올린 온라인 게시물입니다. 소미와 동생이 먹고 남은 꼬치는 몇 개인지 뺄셈식을 쓰고 읽어 보세요.

hi_donga

좋아요 **8**개
우리 가족의 즐거운 캠핑. 😎
아빠가 구워 주신 꼬치는 정말 맛있었다!
동생이랑 둘이서 **8**개 중에 **4**개나 먹었다.

뺄셈식 $8-\boxed{}=\boxed{}$

읽기 8 빼기 $\boxed{}$ 는 $\boxed{}$ 와 같습니다.

06 그림을 보고 뺄셈식을 써 보세요.

□ － □ ＝ □

□ － □ ＝ □

(창의형)
07 수 카드의 수를 한 번씩만 사용하여 뺄셈식을 써 보세요.

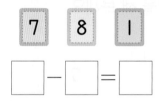

□ － □ ＝ □

08 🔲 모양의 수와 ◯ 모양의 수를 써넣고, 🔲 모양은 ◯ 모양보다 얼마나 더 많은지 뺄셈식을 써 보세요.

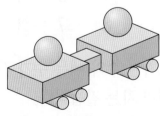

🔲 모양: □ 개   ◯ 모양: □ 개

□ － □ ＝ □

09 '더 적다'를 이용하여 그림에 알맞은 뺄셈 이야기를 만들고, 뺄셈식을 써 보세요.

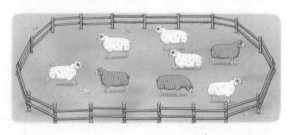

이야기 ❶ 우리에 있는 갈색 양은 흰색 양보다 □ 마리 더 (많습니다 , 적습니다).

뺄셈식 ❷ 5 － □ ＝ □

10 '더 많다'를 이용하여 그림에 알맞은 뺄셈 이야기를 만들고, 뺄셈식을 써 보세요.

이야기
_____
_____
_____

뺄셈식
_____

학습 결과에 색칠하세요.
😆 🙂 😣

○ 학습일 :   월   일

다양한 방법으로 뺄셈하기

달걀이 몇 개 남았는지 다양한 방법으로 뺄셈을 할 수 있습니다.

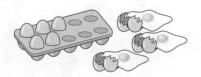

방법 1

손가락으로 뺄셈하기
손가락 **8**개를 펴고 **3**개를 접은 후 수를 셉니다.

$8-3=5$

방법 2

연결 모형으로 뺄셈하기
연결 모형 **8**개를 놓고 **3**개를 뺀 후 수를 셉니다.

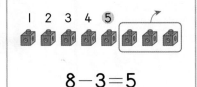

$8-3=5$

방법 3

수판에 그려서 뺄셈하기
○ **8**개 중 **3**개를 지우고 남은 ○의 수를 셉니다.

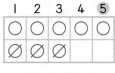

$8-3=5$

확인 1 ── 호두과자가 몇 개 남았는지 가르기로 알아보고, 뺄셈을 해 보세요.

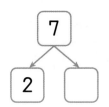

$7-\boxed{}=\boxed{}$

뺄셈의 규칙 찾기

• 빼는 수가 **1**씩 커지는 규칙

$$5-\boxed{1}=\boxed{4}$$
$$5-\boxed{2}=\boxed{3}$$
$$5-\boxed{3}=\boxed{2}$$

➡ 빼는 수가 **1**씩 커지면 차는 **1**씩 작아집니다.

• 차가 같은 뺄셈식 규칙

$$\boxed{6}-\boxed{5}=\boxed{1}$$
$$\boxed{7}-\boxed{6}=\boxed{1}$$
$$\boxed{8}-\boxed{7}=\boxed{1}$$

➡ 빼지는 수와 빼는 수가 각각 **1**씩 커지면 차는 같습니다.

확인 2 ── 빼는 수를 다르게 하여 뺄셈을 해 보세요.

$4-\boxed{}=\boxed{}$

$4-\boxed{}=\boxed{}$

1 그림을 보고 손가락으로 뺄셈을 해 보세요.

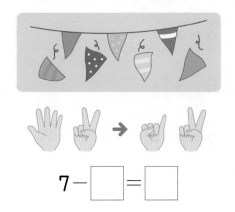

$7 - \square = \square$

2 날아간 새의 수만큼 ○를 /으로 지우고, 뺄셈을 해 보세요.

$6 - \square = \square$

3 그림을 보고 알맞은 뺄셈식을 써 보세요.

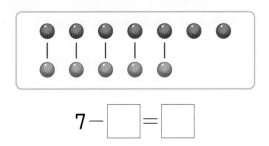

$7 - \square = \square$

4 ●와 ●를 하나씩 이어 보고, 뺄셈을 해 보세요.

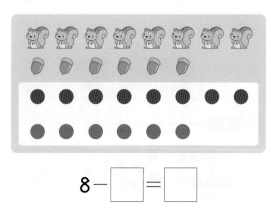

$8 - \square = \square$

5 알맞은 것끼리 이어 보세요.

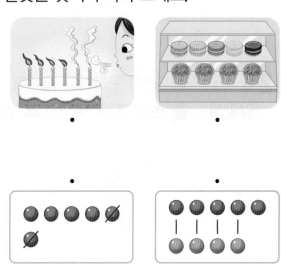

6 뺄셈을 해 보세요.

$9 - 1 = \square$

$9 - 2 = \square$

$9 - 3 = \square$

01 야구 글러브가 야구공보다 얼마나 더 많은 지 보기 에서 방법을 선택하여 뺄셈을 해 보세요.

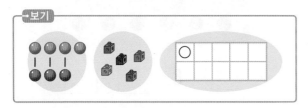

$$3 - \boxed{} = \boxed{}$$

02 8−5는 얼마인지 구하려고 합니다. 식에 알맞게 ○를 /으로 지워 뺄셈을 해 보세요.

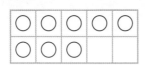

$$8 - 5 = \boxed{}$$

03 뺄셈을 해 보세요.

(1) $4 - 3 = \boxed{}$ (2) $9 - 5 = \boxed{}$

(3) $7 - 1 = \boxed{}$ (4) $6 - 3 = \boxed{}$

04 차가 같은 것끼리 이어 보세요.

$8-3$ ·   · $7-6$

$5-3$ ·   · $4-2$

$9-8$ ·   · $9-4$

05 보기 와 같이 계산해 보세요.

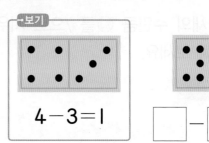

$$4 - 3 = 1 \qquad \boxed{} - \boxed{} = \boxed{}$$

창의형
06 두 채소를 골라 ○표 하고, 어느 채소가 얼마나 더 많은지 뺄셈을 해 보세요.

채소 고르기 (오이 , 애호박 , 파프리카)

$$\boxed{} - \boxed{} = \boxed{}$$

창의형

07 차가 같은 뺄셈식을 써 보세요.

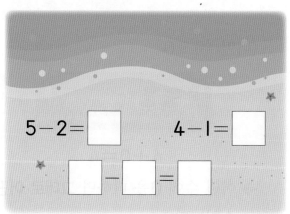

$5-2=$ ☐ $4-1=$ ☐

☐ $-$ ☐ $=$ ☐

08 차가 작은 것부터 순서대로 ( ) 안에 1, 2, 3을 써넣으세요.

| $8-2$ | $5-4$ | $9-7$ |

( )   ( )   ( )

09 수학 구슬 뽑기를 하고 있습니다. 규칙에 따라 어떤 수가 나오는지 구슬에 써 보세요.

1을 뺀 수가 나와.

10 연필꽂이에 색연필은 7자루 꽂혀 있고, 연필은 3자루 꽂혀 있습니다. 색연필은 연필보다 몇 자루 더 많은지 풀이 과정을 쓰고, 답을 구해 보세요.

❶ 연필꽂이에 꽂혀 있는 색연필의 수에서 연필의 수를 (더하면 , 빼면) 되므로

☐ $-$ ☐ 을 계산합니다.

❷ ☐ $-$ ☐ $=$ ☐ 이므로 색연필은

연필보다 ☐ 자루 더 많습니다.

답

11 젤리를 연서는 6개 먹었고, 지한이는 4개 먹었습니다. 연서는 지한이보다 젤리를 몇 개 더 많이 먹었는지 풀이 과정을 쓰고, 답을 구해 보세요.

_____

_____

_____

_____

답

개념 1　**0이 있는 덧셈**

・0＋(어떤 수)

아무것도 없으면 0이에요.

0＋4＝4

➜ 0에 어떤 수를 더하면 **어떤 수**가 됩니다.

・(어떤 수)＋0

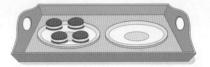

4＋0＝4

➜ 어떤 수에 0을 더하면 **그대로 어떤 수**입니다.

확인 1　덧셈을 해 보세요.

(1)

0＋3＝□

(2)

3＋0＝□

개념 2　**0이 있는 뺄셈**

・(전체)－(전체)

사탕을 모두 먹었어.

5－5＝0

➜ 전체에서 전체를 빼면 **0**입니다.

・(어떤 수)－0

사탕을 안 먹었어.

5－0＝5

➜ 어떤 수에서 0을 빼면 **그대로 어떤 수**입니다.

확인 2　뺄셈을 해 보세요.

(1)

3－3＝□

(2)

3－0＝□

1 덧셈을 해 보세요.

(1)

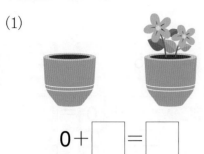

$0+\boxed{}=\boxed{}$

(2)

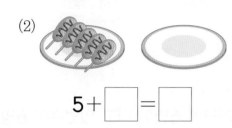

$5+\boxed{}=\boxed{}$

2 뺄셈을 해 보세요.

(1)

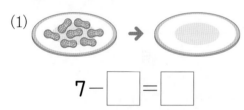

$7-\boxed{}=\boxed{}$

(2)

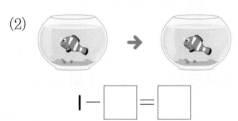

$1-\boxed{}=\boxed{}$

3 알맞게 이어 보세요.

 •

• $2+0=2$

 •

• $2-0=2$

4 점의 수를 세어 덧셈을 해 보세요.

(1)

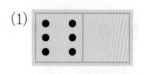

$6+\boxed{}=\boxed{}$

(2)

$\boxed{}+5=\boxed{}$

5 물속에 남아 있는 하마는 몇 마리인지 뺄셈을 해 보세요.

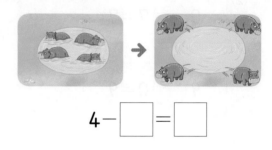

$4-\boxed{}=\boxed{}$

6 덧셈을 해 보세요.

(1) $0+9=\boxed{}$　　(2) $8+0=\boxed{}$

7 뺄셈을 해 보세요.

(1) $1-1=\boxed{}$　　(2) $7-0=\boxed{}$

01 계산 결과가 0인 것을 찾아 ○표 하세요.

| 0+1 | 6-0 | 8-8 |

(   )   (   )   (   )

02 ○ 안에 +, -를 알맞게 써넣으세요.

(1) 2 ◯ 2=0

(2) 0 ◯ 7=7

(3) 9 ◯ 0=9

03 그림과 어울리는 식을 쓰고, 그림과 식을 이어 보세요.

2+ ☐ = ☐   3- ☐ = ☐

04 수 카드를 골라 덧셈식과 뺄셈식을 써 보세요.

| 1 | 4 | 5 | 1 | 4 | 5 |

덧셈식 ☐ + 0 = ☐

뺄셈식 ☐ - 0 = ☐

05 놀이 기구에 6명이 타고 있었는데 6명이 모두 내렸습니다. 놀이 기구에 남아 있는 사람은 몇 명인지 식을 쓰고, 답을 구해 보세요.

식

답

06 계산 결과가 3인 식을 모두 찾아 색칠하고, 어떤 글자가 보이는지 써 보세요.

3-0	6+2	5-0
7-4	9-6	0+3
2-1	4-4	7-7
6-3	3+0	4-1
2+5	1+2	0+9

(   )

디지털 문해력

07 지식 백과를 보고 거미 1마리와 달팽이 1마리의 다리는 모두 몇 개인지 덧셈을 해 보세요.

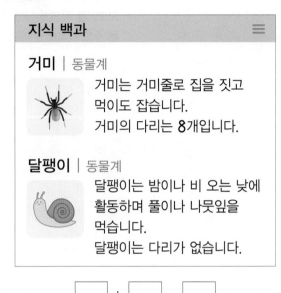

$$\boxed{} + \boxed{} = \boxed{}$$

08 옥수수가 모두 5개 있습니다. 냄비 속에 들어 있는 옥수수는 몇 개인지 □ 안에 알맞은 수를 써넣으세요.

$$5 + \boxed{} = 5$$

서술형 문제

09 계산 결과가 더 큰 식을 말한 사람은 누구인지 풀이 과정을 쓰고, 답을 구해 보세요.

채아   시우

❶ 채아가 말한 식을 계산하면

$8 - 0 = \boxed{}$, 시우가 말한 식을 계산

하면 $5 + 2 = \boxed{}$입니다.

❷ $\boxed{}$이 $\boxed{}$보다 크므로 계산 결과가

더 큰 식을 말한 사람은 $\boxed{}$입니다.

답 _____

10 계산 결과가 더 작은 식을 말한 사람은 누구인지 풀이 과정을 쓰고, 답을 구해 보세요.

유준   소율

_____

_____

_____

답 _____

수를 여러 번 모으거나 가르기

01 ㉡에 알맞은 수를 구해 보세요.

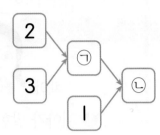

1단계 ㉠에 알맞은 수 구하기

( )

2단계 ㉡에 알맞은 수 구하기

( )

문제해결 TIP

두 수가 모두 주어진 부분부터 모으기를 하면서 ㉠, ㉡에 알맞은 수를 차례로 구해요.

02 ㉡에 알맞은 수를 구해 보세요.

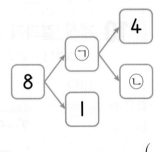

( )

03 빈 곳에 알맞은 수를 써넣으세요.

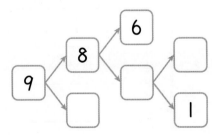

가장 왼쪽의 수부터 하나씩 가르기를 하며 빈 곳에 알맞은 수를 차례로 구해.

모양에 알맞은 수 구하기

문제해결
TIP
더하는 두 수가 모두 주어진 식
부터 계산하여 각 모양에 알맞
은 수를 차례로 구해요.

04 같은 모양은 같은 수를 나타냅니다. ♣에 알맞은 수를 구해 보세요.

$$4+5=★$$
$$★-7=♣$$

1단계 ★에 알맞은 수 구하기

(   )

2단계 ♣에 알맞은 수 구하기

(   )

05 같은 모양은 같은 수를 나타냅니다. ■에 알맞은 수를 구해 보세요.

$$5-2=●$$
$$●+4=■$$

(   )

06 같은 모양은 같은 수를 나타냅니다. ♥에 알맞은 수를 구해 보세요.

$$3+3=▲$$
$$▲+2=♣$$
$$♣-5=♥$$

더하는 두 수가 모두
주어진 식부터 계산하고
▲, ♣, ♥에 알맞은
수를 차례로 구해!

(   )

합 또는 차가 가장 큰 식 만들기

07 4장의 수 카드 중에서 2장을 골라 한 번씩만 사용하여 차가 가장 큰 뺄셈식을 만들고, 차를 구해 보세요.

| 2 | 7 | 5 | 4 |

1단계 차가 가장 큰 뺄셈식 만드는 방법 알기

> 차가 가장 크려면 가장 (큰 , 작은) 수에서
> 가장 (큰 , 작은) 수를 빼야 합니다.

2단계 차가 가장 큰 뺄셈식 만들고, 차 구하기

□ − □ = □

문제해결 TIP

큰 수에서 작은 수를 빼서 차를 구하는 것이므로 뺄셈식에서 빼지는 수가 클수록, 빼는 수가 작을수록 차가 커져요.

08 4장의 수 카드 중에서 2장을 골라 한 번씩만 사용하여 차가 가장 큰 뺄셈식을 만들고, 차를 구해 보세요.

| 8 | 3 | 9 | 6 |

□ − □ = □

09 5장의 수 카드 중에서 2장을 골라 한 번씩만 사용하여 합이 가장 큰 덧셈식을 만들고, 합을 구해 보세요.

| 1 | 5 | 2 | 4 | 3 |

□ + □ = □

> 두 수를 더하여
> 합을 구하는 거니까
> 더하는 두 수가 클수록
> 합은 커져!

나눈 물건의 수 구하기

10 자두 4개를 접시 2개에 똑같이 나누어 담으려고 합니다. 접시 한 개에 자두를 몇 개씩 담아야 할지 구해 보세요.

문제해결
TIP
자두의 수를 여러 가지 방법으로 가르기를 한 다음 똑같은 두 수로 가른 경우를 찾아요.

1단계 4를 두 수로 가르기하고, 똑같은 두 수로 가르기한 것에 ○표 하기

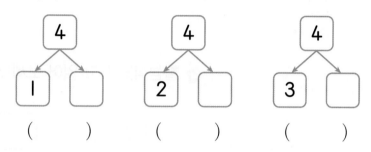

(   )   (   )   (   )

2단계 접시 한 개에 자두를 몇 개씩 담아야 할지 구하기

(   )

11 초콜릿 8개를 지민이와 연우가 똑같이 나누어 먹으려고 합니다. 한 명이 먹게 되는 초콜릿은 몇 개인지 구해 보세요.

(   )

12 그림엽서 6장을 선재와 해나가 나누어 가지려고 합니다. 선재가 해나보다 2장 더 많이 가지려면 선재는 그림엽서를 몇 장 가져야 하는지 구해 보세요.

그림엽서의 수를 여러 가지 방법으로 가르기를 한 다음 선재가 더 많이 가지면서 두 수의 차가 2인 경우를 찾아봐!

(   )

학습 결과에 색칠하세요.

3 단원 7회

01 빈 곳에 알맞은 수만큼 △를 그리고, 모으기를 해 보세요.

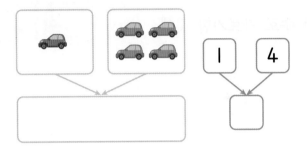

02 가르기를 해 보세요.

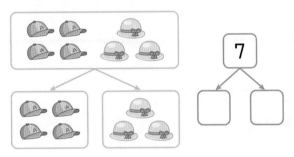

7

03 그림을 보고 ☐ 안에 알맞은 수를 써넣으세요.

곰 **3**마리가 있었는데 곰 ☐마리가 더

와서 곰은 모두 ☐마리가 되었습니다.

04 덧셈식으로 나타내어 보세요.

5 더하기 **4**는 **9**와 같습니다.

→ _____

05 뺄셈식을 쓰고 읽어 보세요.

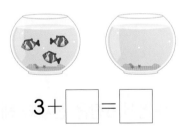

뺄셈식 6 − ☐ = ☐

읽기 6 빼기 ☐ 은 ☐ 과 같습니다.

06 덧셈을 해 보세요.

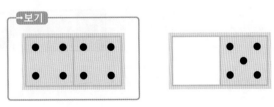

3 + ☐ = ☐

07 보기 와 같이 점의 수가 **8**이 되도록 점을 그려 넣으세요.

보기

08 덧셈식으로 잘못 나타낸 것에 ×표 하세요.

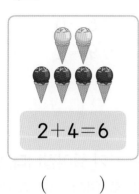

$2+4=6$

$5+3=2$

(   )   (   )

09 $6+2$는 얼마인지 구하려고 합니다. 수판에 ○를 그려서 덧셈을 해 보세요.

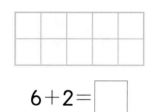

$6+2=\boxed{}$

10 빈 곳에 알맞은 수를 써넣으세요.

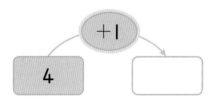

11 상자에 종이학이 3개 들어 있습니다. 상자에 종이학을 6개 더 넣었다면 상자에 들어 있는 종이학은 모두 몇 개인지 식을 쓰고, 답을 구해 보세요.

식

답

12 알맞은 것끼리 이어 보세요.

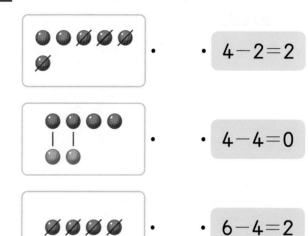

$4-2=2$

$4-4=0$

$6-4=2$

3 단원 8회

서술형
13 주헌이는 사탕을 5개 가지고 있었습니다. 그중에서 사탕 3개를 먹었습니다. 지금 주헌이에게 남아 있는 사탕은 몇 개인지 풀이 과정을 쓰고, 답을 구해 보세요.

답

14 차가 가장 큰 뺄셈식을 찾아 색칠해 보세요.

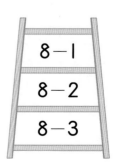

$8-1$

$8-2$

$8-3$

15 두 수의 차가 **3**인 뺄셈식을 **2**개 만들어 보세요.

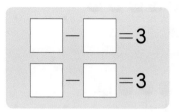

$$\boxed{} - \boxed{} = 3$$

$$\boxed{} - \boxed{} = 3$$

|16~17| 그림을 보고 물음에 답하세요.

16 장난감 비행기는 모두 몇 개인지 덧셈식을 써 보세요.

$$1 + \boxed{} = \boxed{}$$

17 야구 방망이가 야구 글러브보다 몇 개 더 많은지 뺄셈식을 써 보세요.

$$\boxed{} - \boxed{} = \boxed{}$$

18 계산 결과가 같은 것을 모두 골라 보세요.

(   )

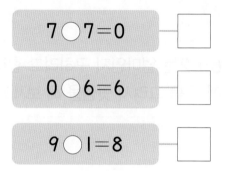

① 5＋2   ② 6−0
③ 2＋2   ④ 9−2
⑤ 0＋5

19 ○ 안에는 ＋ 또는 − 가 들어갑니다. 알맞은 기호가 다른 하나를 찾아 ○표 하세요.

7 ○ 7＝0   □

0 ○ 6＝6   □

9 ○ 1＝8   □

(서술형)
20 수 카드의 수를 모으기하려고 합니다. 모으기한 수가 더 큰 사람은 누구인지 풀이 과정을 쓰고, 답을 구해 보세요.

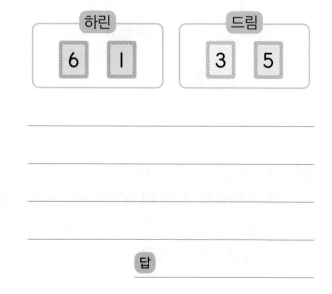

하린   6   1   드림   3   5

답

21 수 카드 중에서 가장 큰 수와 가장 작은 수의 차를 구해 보세요.

( )

22 ㉠과 ㉡에 알맞은 수의 합을 구해 보세요.

$$5+㉠=7 \qquad ㉡-4=2$$

( )

23 예나와 도현이가 오늘 읽은 책의 쪽수는 모두 몇 쪽인지 구해 보세요.

나는 오늘 책을 3쪽 읽었어.

나는 오늘 예나보다 책을 2쪽 더 많이 읽었어.

예나

도현

( )

| 24~25 | 재하네 가족이 바다낚시 체험장에 갔습니다. 물음에 답하세요.

24 아버지께서 미끼 5마리를 주셨습니다. 재하와 형이 미끼를 나누어 가질 수 있는 경우를 모두 찾아보세요. (단, 미끼를 반드시 1마리는 가져야 합니다.)

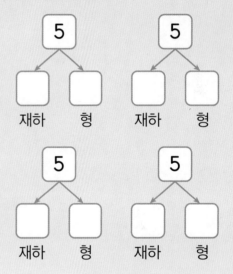

재하 형 재하 형

재하 형 재하 형

3 단원 8회

25 재하네 가족은 방어 2마리와 노래미 5마리를 잡았습니다. 재하네 가족이 잡은 물고기는 모두 몇 마리인지 풀이 과정을 쓰고, 답을 구해 보세요.

답 _____

4 비교하기

이번에 배울 내용

회차	쪽수	학습 내용	학습 주제
1	90~93쪽	개념+문제 학습	두 가지 물건의 길이 비교하기 / 세 가지 물건의 길이 비교하기
2	94~97쪽	개념+문제 학습	두 가지 물건의 무게 비교하기 / 세 가지 물건의 무게 비교하기
3	98~101쪽	개념+문제 학습	두 가지 물건의 넓이 비교하기 / 세 가지 물건의 넓이 비교하기
4	102~105쪽	개념+문제 학습	담을 수 있는 양 비교하기 / 담긴 양 비교하기
5	106~109쪽	응용 학습	
6	110~113쪽	마무리 평가	

문해력을 높이는 **어휘**

길이: 한끝에서 다른 한끝까지의 거리

피노키오는 거짓말을 하면 코의

 가 길어져요.

무게: 물건의 무거운 정도

무 게 가 너무 무거워서

들 수가 없어요.

넓이: 평평한 면에서 차지하는 공간의 크기

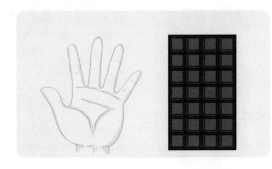

내 손바닥만한 의

초콜릿을 선물로 받았어요.

높이: 아래에서 위까지의 길이가 긴 정도

무시무시한 용이 가

높은 성을 지키고 있어요.

개념1 두 가지 물건의 길이 비교하기

한쪽 끝을 맞추어 맞대어 볼 때 다른 쪽 끝이 더 많이 나간 것이 더 깁니다.

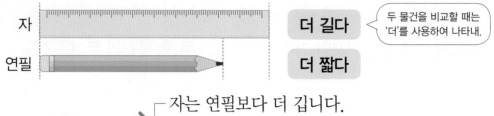

두 물건을 비교할 때는 '더'를 사용하여 나타내.

→ 자는 연필보다 더 깁니다.
연필은 자보다 더 짧습니다.

참고 높이를 비교할 때는 '더 높다', '더 낮다'로 나타내고, 키를 비교할 때는 '더 크다', '더 작다'로 나타냅니다.

확인1 길이를 맞대어 비교하려고 합니다. 바르게 비교한 것에 ○표 하세요.

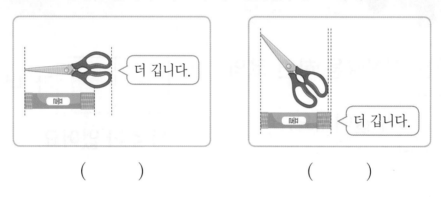

( )   ( )

개념2 세 가지 물건의 길이 비교하기

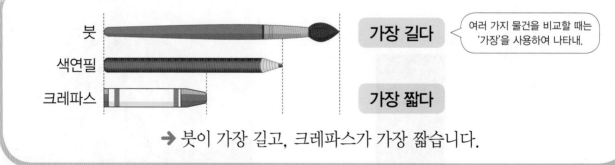

여러 가지 물건을 비교할 때는 '가장'을 사용하여 나타내.

→ 붓이 가장 길고, 크레파스가 가장 짧습니다.

확인2 세 물건의 길이를 비교한 것을 보고 알맞은 말에 ○표 하세요.

가장 (깁니다 , 짧습니다).

1 필통과 지우개의 길이를 비교하려고 합니다. 알맞은 말에 ○표 하세요.

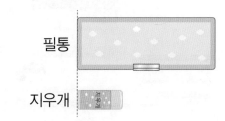

필통

지우개

(1) 지우개는 필통보다
   더 (깁니다 , 짧습니다).

(2) 필통은 지우개보다
   더 (깁니다 , 짧습니다).

2 더 긴 것에 ○표 하세요.

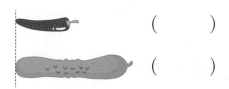

(   )

(   )

3 더 짧은 것에 색칠해 보세요.

4 더 낮은 것에 △표 하세요.

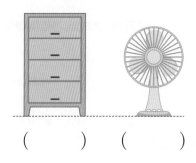

(   )   (   )

5 키가 더 큰 동물에 ○표 하세요.

(   )   (   )

6 선을 따라 그리고, 길이를 비교하는 말을 찾아 이어 보세요.

•   • 더 길다

•   • 더 짧다

7 □ 안에 알맞은 말을 써넣으세요.

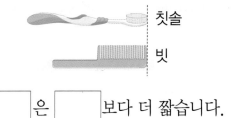

칫솔

빗

☐ 은 ☐ 보다 더 짧습니다.

4
단원
1회

01 알맞은 말에 ○표 하세요.

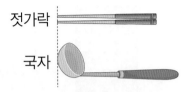

젓가락

국자

길이가 더 짧은 것은 (젓가락 , 국자) 입니다.

02 당근보다 더 긴 것을 모두 찾아 ○표 하세요.

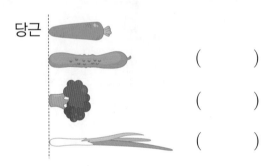

당근

(   )

(   )

(   )

03 가장 긴 것에 ○표, 가장 짧은 것에 △표 하세요.

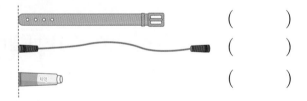

(   )

(   )

(   )

창의형
04 색연필보다 더 길게 선을 그어 보세요.

05 그림을 보고 알맞은 말에 ○표 하세요.

(1) 전등은 서랍장보다
더 (높습니다 , 낮습니다).

(2) 장난감 자동차는 장난감 기차보다
더 (깁니다 , 짧습니다).

디지털 문해력
06 온라인 뉴스 기사를 보고 김동아 선수를 찾아 ○표 하세요.

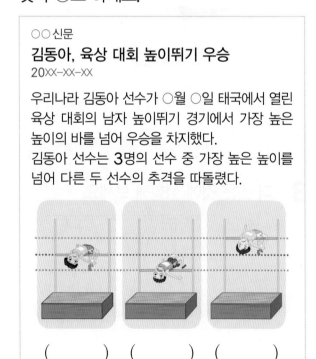

○○신문
김동아, 육상 대회 높이뛰기 우승
20xx-xx-xx

우리나라 김동아 선수가 ○월 ○일 태국에서 열린 육상 대회의 남자 높이뛰기 경기에서 가장 높은 높이의 바를 넘어 우승을 차지했다.
김동아 선수는 **3**명의 선수 중 가장 높은 높이를 넘어 다른 두 선수의 추격을 따돌렸다.

(   ) (   ) (   )

07 창의형 보기와 같이 두 색 테이프의 길이를 다르게 색칠해 보고, 비교해 보세요.

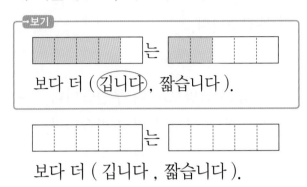

보다 더 ((깁니다) , 짧습니다).

보다 더 (깁니다 , 짧습니다).

08 가장 긴 것을 찾아 ○표 하세요.

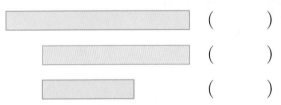

( )
( )
( )

09 풀보다 더 짧은 것을 모두 찾아 ○표 하세요.

10 높이를 비교하려고 합니다. 잘못 말한 사람을 찾아 이름을 쓰고, 바르게 고쳐 보세요.

철봉   미끄럼틀   시소

- 진원: 시소는 미끄럼틀보다 더 낮아.
- 해수: 미끄럼틀은 철봉보다 더 높아.
- 현우: 철봉은 시소보다 더 낮아.

이름 ❶ ▢

바르게 고치기 ❷ 철봉은 ▢ 보다 더 (높아 , 낮아).

11 길이를 비교하려고 합니다. 잘못 말한 사람을 찾아 이름을 쓰고, 바르게 고쳐 보세요.

막대 사탕
머리핀
클립

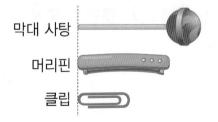

- 지나: 머리핀은 클립보다 더 길어.
- 승원: 막대 사탕이 가장 짧아.
- 소민: 클립은 막대 사탕보다 더 짧지.

이름

바르게 고치기

4 단원 1회

개념 1 두 가지 물건의 무게 비교하기

손으로 들어 보았을 때 힘이 더 드는 것이 더 무겁습니다.

필통

연필

더 무겁다　　**더 가볍다**

→ ┌ 필통은 연필보다 더 무겁습니다.
　 └ 연필은 필통보다 더 가볍습니다.

참고 저울로 무게를 비교할 수도 있습니다.
저울에 물건을 올려놓았을 때 무거운 쪽은 아래로 내려가고, 가벼운 쪽은
위로 올라갑니다.

확인 1 우유와 케이크가 든 상자 중에서 더 무거운 것에 ○표 하세요.

우유　　　　　　케이크가 든 상자

(　　　)　　　　　　　(　　　)

개념 2 세 가지 물건의 무게 비교하기

들어 보았을 때
힘이 가장 많이 들어.

수박

가장 무겁다

참외

딸기

가장 가볍다

들어 보았을 때
힘이 가장 적게 들어.

→ 수박이 가장 무겁고, 딸기가 가장 가볍습니다.

확인 2 세 물건의 무게를 비교하여 알맞은 말에 ○표 하세요.

물병　　　책상　　　책가방

물병이 가장
(무겁습니다 , 가볍습니다).

1 사전과 공책의 무게를 비교하려고 합니다. 알맞은 말에 ○표 하세요.

사전　　　공책

(1) 사전은 공책보다
　　　더 (무겁습니다 , 가볍습니다).

(2) 공책은 사전보다
　　　더 (무겁습니다 , 가볍습니다).

2 더 무거운 것에 ○표 하세요.

(1)

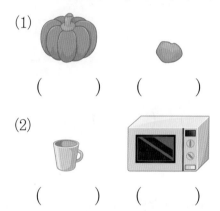

(　　) (　　)

(2)

(　　) (　　)

3 더 가벼운 것에 △표 하세요.

(　　) (　　)

4 저울은 더 무거운 쪽이 아래로 내려갑니다. 더 무거운 쪽에 ○표 하세요.

(　　) (　　)

5 그림과 어울리는 말을 찾아 이어 보세요.

·　　　　　　·

·　　　　　　·

더 가볍다　　　　더 무겁다

6 □ 안에 알맞은 말을 써넣으세요.

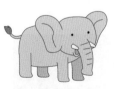

코끼리　　　　　돼지

□ 는 □ 보다 더 가볍습니다.

01 무게를 비교하려고 합니다. 알맞게 이어 보세요.

• 더 가볍다

• 더 무겁다

02 초아와 주혁이가 시소에 탔습니다. 더 무거운 사람은 누구인가요?

( )

03 가장 무거운 것에 ○표, 가장 가벼운 것에 △표 하세요.

( ) ( ) ( )

04 □ 안에 알맞은 말을 써넣으세요.

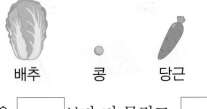

배추 콩 당근

당근은 □보다 더 무겁고, □ 보다 더 가볍습니다.

┌─ 용수철은 매달린 물건이 무거울수록 더 많이 늘어나요.

05 똑같은 용수철에 물건을 매달았더니 그림과 같이 용수철이 늘어났습니다. 가장 무거운 물건을 찾아 ○표 하세요.

( ) ( ) ( )

06 똑같은 빈 상자 위에 물건을 올려놓았습니다. 각 상자 위에 올려놓았던 물건을 찾아 이어 보세요.

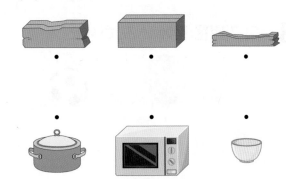

07 가장 가벼운 것을 찾아 △표 하세요.

(   ) (   ) (   )

08 ◯에 들어갈 수 있는 쌓기나무를 모두 찾아 ◯표 하세요.

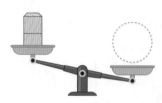

쌓기나무

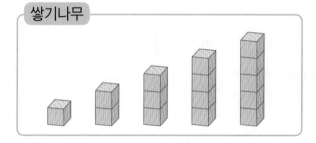

09 그림에 어울리는 물건의 이름을 써넣어 이야기를 만들어 보세요.

⬚ 은/는
농구공보다 더 무거워.

10 그림을 보고 무게를 비교하는 말을 사용하여 문장을 2개 만들어 보세요.

컵   숟가락   주전자

문장 1 ❶ ⬚ 이/가 가장 무겁습니다.

문장 2 ❷ ⬚ 은/는 ⬚ 보다
더 가볍습니다.

11 그림을 보고 무게를 비교하는 말을 사용하여 문장을 2개 만들어 보세요.

피아노   기타   탬버린

문장 1 _____

_____

문장 2 _____

_____

4
단원
2회

개념1 **두 가지 물건의 넓이 비교하기**

겹쳐 맞대었을 때 남는 부분이 있는 것이 더 넓습니다.

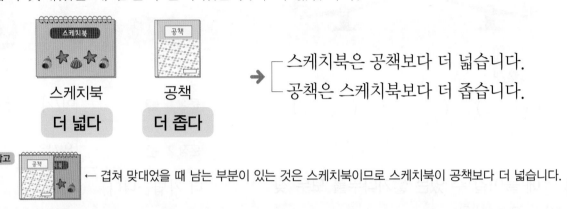

→ 스케치북은 공책보다 더 넓습니다.
   공책은 스케치북보다 더 좁습니다.

참고 ← 겹쳐 맞대었을 때 남는 부분이 있는 것은 스케치북이므로 스케치북이 공책보다 더 넓습니다.

확인1 엽서와 우표의 넓이를 비교하여 알맞은 말에 ○표 하세요.

엽서와 우표를 겹쳐 맞대었을 때 남는 부분이 있는 것은 (엽서 , 우표)입니다.

➡ 엽서는 우표보다 더 (넓습니다 , 좁습니다).

개념2 **세 가지 물건의 넓이 비교하기**

➡ 교과서가 가장 넓고, 수첩이 가장 좁습니다.

확인2 세 물건의 넓이를 비교하여 알맞은 말에 ○표 하세요.

(방석 , 손수건 , 이불)이
가장 좁습니다.

정답 26쪽

1 칠판과 액자의 넓이를 비교하려고 합니다. 알맞은 말에 ○표 하세요.

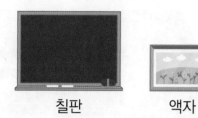

칠판　　　　　액자

(1) 액자는 칠판보다

　　　더 (넓습니다 , 좁습니다).

(2) 칠판은 액자보다

　　　더 (넓습니다 , 좁습니다).

2 더 좁은 것에 △표 하세요.

(1)

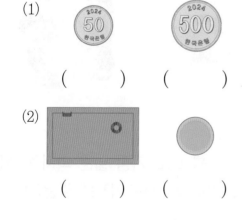

　(　　) 　(　　)

(2)

　(　　) 　(　　)

3 더 넓은 것에 색칠해 보세요.

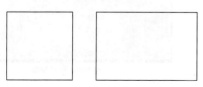

4 책상 면이 더 넓은 것에 ○표 하세요.

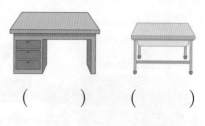

(　　) 　　 (　　)

5 관계있는 것끼리 이어 보세요.

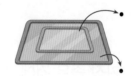

・ 더 좁다

・ 더 넓다

6 □ 안에 알맞은 말을 써넣으세요.

달력　　　　　신문지

(1) [　　　] 은/는 [　　　] 보다 더 넓습

니다.

(2) [　　　] 은/는 [　　　] 보다 더 좁습

니다.

01 그림을 보고 알맞은 말에 ○표 하세요.

지혜가 든 액자는 벽에 걸린 액자보다
더 (넓습니다 , 좁습니다).

02 가장 넓은 것에 ○표, 가장 좁은 것에 △표
하세요.

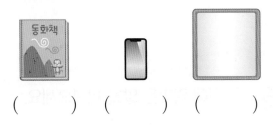

(   )   (   )   (   )

03 가장 넓은 창문에 ○표 하세요.

창의형
04 □ 안에 알맞은 장소를 써넣으세요.

공원

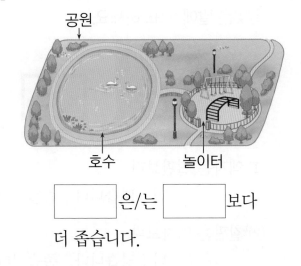

호수   놀이터

□ 은/는 □ 보다
더 좁습니다.

05 오른쪽에 있는 5명의 친구들이 모두 앉을
수 있는 돗자리를 그려 보세요.

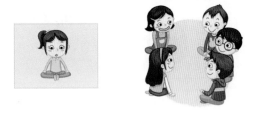

디지털 문해력
06 피자 광고를 보고 가장 넓은 피자를 주문
하려고 합니다. 어느 피자를 주문해야 할
까요?

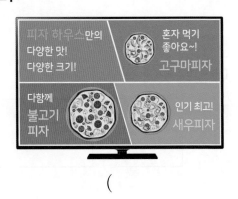

(   )

07 1부터 6까지 순서대로 이어 보고, 더 좁은 쪽에 △표 하세요.

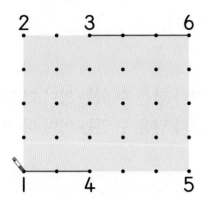

10 작은 한 칸의 크기는 모두 같습니다. 가와 나 중에서 더 좁은 것은 무엇인지 풀이 과정을 쓰고, 답을 구해 보세요.

❶ 칸 수를 각각 세어 보면 가는 ☐ 칸, 나는 ☐ 칸입니다.

❷ 칸 수가 (많을수록 , 적을수록) 더 좁은 것이므로 가와 나 중에서 더 좁은 것은 ☐ 입니다.

답 _____

08 빈 곳에 보다 넓고 ⬤보다 좁은 ○ 모양을 그려 넣으세요.

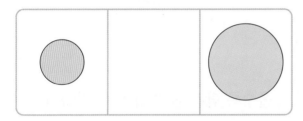

11 작은 한 칸의 크기는 모두 같습니다. 가와 나 중에서 더 넓은 것은 무엇인지 풀이 과정을 쓰고, 답을 구해 보세요.

답 _____

09 카드를 자르거나 접지 않고 넣을 수 있는 봉투를 찾아 ○표 하세요.

(   )   (   )   (   )

학습 결과에 색칠하세요.

😆 🙂 😣

개념1 담을 수 있는 양 비교하기

그릇의 크기가 클수록 담을 수 있는 양이 더 많습니다.

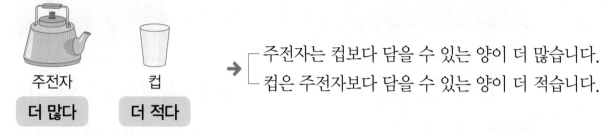

주전자   컵

더 많다   더 적다

→ ┌ 주전자는 컵보다 담을 수 있는 양이 더 많습니다.
　 └ 컵은 주전자보다 담을 수 있는 양이 더 적습니다.

확인1 담을 수 있는 양을 비교하여 알맞은 말에 ○표 하세요.

양동이   냄비   밥그릇

밥그릇은 담을 수 있는 양이
가장 (많습니다 , 적습니다).

개념2 담긴 양 비교하기

그릇의 모양과 크기가 같으면 물의 높이가 높을수록 담긴 물의 양이 더 많습니다.

물의 높이가 가장 높아.   물의 높이가 가장 낮아.

가   나   다

가장 많다   가장 적다

→ 가에 담긴 물의 양이 가장 많고, 다에 담긴 물의 양이 가장 적습니다.

참고 물의 높이가 같으면 그릇의 크기가 클수록 담긴 물의 양이 더 많습니다.

담긴 물의 양이 가장 적어.   담긴 물의 양이 가장 많아.

확인2 담긴 물의 양이 더 많은 것에 ○표 하세요.

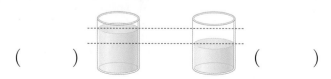

(   )   (   )

1 세숫대야와 바가지에 담을 수 있는 양을 비교하려고 합니다. 알맞은 말에 ○표 하세요.

세숫대야   바가지

(1) 바가지는 세숫대야보다 담을 수 있는 양이 더 (많습니다 , 적습니다).

(2) 세숫대야는 바가지보다 담을 수 있는 양이 더 (많습니다 , 적습니다).

2 담을 수 있는 양이 더 많은 것에 ○표 하세요.

(1)

(   )   (   )

(2)

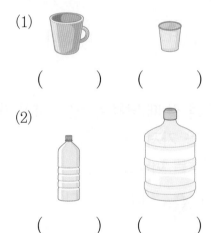

(   )   (   )

3 담긴 물의 양이 더 적은 것에 △표 하세요.

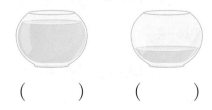

(   )   (   )

4 담긴 물의 양이 더 많은 것에 ○표 하세요.

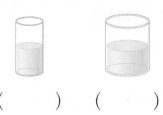

(   )   (   )

5 관계있는 것끼리 이어 보세요.

•   •

•   •

| 담을 수 있는 양이 더 많다 | 담을 수 있는 양이 더 적다 |

6 ☐ 안에 알맞은 말을 써넣으세요.

컵   욕조

(1) ☐ 은/는 ☐ 보다 담을 수 있는 양이 더 적습니다.

(2) ☐ 은/는 ☐ 보다 담을 수 있는 양이 더 많습니다.

01 왼쪽보다 담긴 물의 양이 더 많은 것을 찾아 ○표 하세요.

(   )(   )(   )

02 담을 수 있는 양이 가장 많은 것에 ○표, 가장 적은 것에 △표 하세요.

(   ) (   ) (   )

03 알맞은 컵을 찾아 이어 보세요.

내 컵에 담을 수 있는 양이 가장 많아.

내 컵에 담을 수 있는 양이 가장 적어.

04 병에 담긴 물의 양을 보고 설명이 맞으면 ○표, 틀리면 ×표 하세요.

물의 높이가 같으므로 담긴 물의 양도 같습니다. ☐

05 주어진 말에 알맞게 컵 안에 담긴 물의 양을 색칠해 보세요.

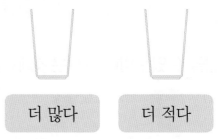

더 많다   더 적다

06 체험 학습을 갈 때 담을 수 있는 양이 가장 적은 물통을 가져가려고 합니다. ☐ 안에 알맞은 기호를 써넣으세요.

가   나   다

- ☐ 는 나보다 담을 수 있는 양이 더 많아요.
- ☐ 는 나보다 담을 수 있는 양이 더 적어요.
- 나는 ☐ 를 가져갈래요.

07 담긴 물의 양이 가장 적은 것을 찾아 △표 하세요.

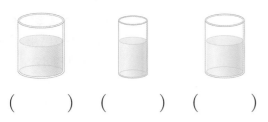

(   ) (   ) (   )

08 그림을 보고 알맞은 것을 찾아 이어 보세요.

 시우   채아   유준

나는 가장 적게 담긴 것을 먹을래.

나는 시우 보다 더 많이 담긴 것을 먹을 거야.

나는 채아 보다 더 적게 담긴 것을 먹어야지.

•   •   •

•   •   •

09 담긴 물의 양이 많은 것부터 (   ) 안에 순서대로 1, 2, 3, 4를 써 보세요.

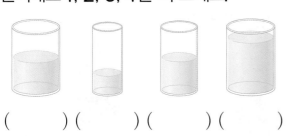

(   ) (   ) (   ) (   )

10 세 사람이 다음과 같이 컵에 담긴 주스를 모두 마셨습니다. 마신 주스의 양이 가장 많은 사람은 누구인지 풀이 과정을 쓰고, 답을 구해 보세요.

민지   석우   유미

❶ 담긴 주스의 높이가 높을수록 마신 주스의 양이 더 (많습니다 , 적습니다).

❷ 따라서 마신 주스의 양이 가장 많은 사람은 담긴 주스의 높이가 가장 높은 ☐ 입니다.

답 _____

11 세 사람이 다음과 같이 컵에 담긴 주스를 모두 마셨습니다. 마신 주스의 양이 가장 적은 사람은 누구인지 풀이 과정을 쓰고, 답을 구해 보세요.

정민   예서   준이

_____

_____

_____

답 _____

학습 결과에 색칠하세요.

😆 🙂 😣

학습일 : 　월　　일

구부러진 선의 길이 비교하기

문제해결
TIP
양쪽 끝이 맞추어져 있을 때 많이 구부러져 있는 것이 곧게 폈을 때 더 길어요.

01 가장 긴 선을 찾아 기호를 써 보세요.

가 〰〰〰〰〰

나 〰〰〰〰〰

다 〰〰〰〰〰

1단계 구부러져 있는 선의 길이 비교하는 방법 알기

> 양쪽 끝이 맞추어져 있을 때 선이 (많이 , 적게)
> 구부러져 있을수록 더 깁니다.

2단계 가장 긴 선을 찾아 기호 쓰기

(　　　　　)

02 가장 짧은 선을 찾아 기호를 써 보세요.

가 〰〰〰〰〰

나 〰〰〰〰〰

다 ⟲⟲⟲⟲⟲⟲⟲⟲

(　　　　　)

03 집에서 학교까지 가는 3가지 길이 있습니다. 가장 짧은 길을 찾아 기호를 써 보세요.

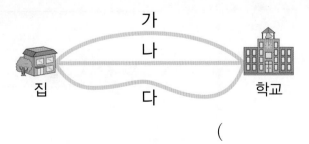

(　　　　　)

3가지 길의 양쪽 끝이 맞추어져 있으니까 적게 구부러진 길일수록 짧아.

칸 수를 세어 넓이 비교하기

04 현아네 가족은 작은 한 칸의 크기가 모두 같은 텃밭에 다음과 같이 파, 상추, 고추를 심었습니다. 가장 넓은 곳에 심은 채소는 무엇인지 써 보세요.

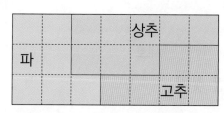

1단계 파, 상추, 고추를 심은 곳은 각각 몇 칸인지 세기

파: ☐ 칸, 상추: ☐ 칸, 고추: ☐ 칸

2단계 가장 넓은 곳에 심은 채소 찾기

( )

4 단원 5회

문제해결 TIP
한 칸의 크기가 모두 같으므로 심은 칸 수가 많을수록 넓이가 더 넓은 곳이에요. 먼저 각 채소를 심은 칸 수를 세어 넓이를 비교해요.

05 작은 한 칸의 크기가 모두 같은 화단에 다음과 같이 나리, 달맞이꽃, 수국을 심었습니다. 가장 좁은 곳에 심은 꽃은 무엇인지 써 보세요.

( )

06 타일 꾸미기 놀이를 하고 있습니다. 타일 한 칸의 크기가 모두 같을 때 가장 넓게 꾸민 사람은 누구인지 써 보세요.

 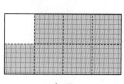

소리   지형   승호

타일 한 칸의 크기가 모두 같으니까 꾸민 칸 수가 많을수록 더 넓게 꾸민 거야!

( )

남은 양을 보고 마신 양 비교하기

07 세 사람이 똑같은 컵에 물을 가득 담아 각각 마시고 남은 것입니다. 물을 가장 많이 마신 사람은 누구인지 써 보세요.

우재　　　　은지　　　　세호

①단계 남은 물의 양이 가장 적은 사람 찾기

(　　　　　　)

②단계 물을 가장 많이 마신 사람 찾기

(　　　　　　)

08 세 사람이 똑같은 주스를 사서 각각 마시고 남은 것입니다. 주스를 가장 적게 마신 사람은 누구인지 써 보세요.

유나　　　　지원　　　　시현

(　　　　　　)

09 세 사람이 똑같은 컵에 물을 가득 담아 각각 마시고 남은 것입니다. 도윤이가 물을 가장 많이 마셨다면 도윤이의 컵은 어느 컵인지 기호를 써 보세요.

가 　　나 　　다

(　　　　　　)

도윤이가 물을 가장 많이 마셨으니까 남은 물의 양이 가장 적은 컵을 찾아야 해!

설명을 읽고 무게 비교하기

10 재민, 새미, 초아 중에서 가장 무거운 사람은 누구인지 써 보세요.

> • 재민이는 새미보다 더 무겁습니다.
> • 초아는 새미보다 더 가볍습니다.

1단계 재민이와 새미 중에서 더 무거운 사람 찾기

(   )

2단계 초아와 새미 중에서 더 무거운 사람 찾기

(   )

3단계 가장 무거운 사람 찾기

(   )

문제해결
TIP

세 사람의 무게를 두 명씩 비교한 것이므로 이름이 두 번 나온 새미를 기준으로 더 무거운 사람을 비교하는 과정에서 가장 무거운 사람을 찾을 수 있어요.

4
단원
5회

11 솔이, 해리, 지민이 중에서 가장 가벼운 사람은 누구인지 써 보세요.

> • 솔이는 해리보다 더 가볍습니다.
> • 지민이는 솔이보다 더 가볍습니다.

(   )

12 영우, 현수, 지아가 시소를 타고 있습니다. 무거운 사람부터 순서대로 이름을 써 보세요.

> • 영우는 현수보다 더 가볍습니다.
> • 현수는 지아보다 더 무겁습니다.
> • 지아는 영우보다 더 무겁습니다.

(   )

세 사람의 무게를 두 명씩 비교하면서 더 무거운 사람을 찾아. 그럼 가장 무거운 사람부터 순서대로 쓸 수 있을 거야.

학습 결과에 색칠하세요.

01 더 긴 것에 ○표 하세요.

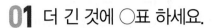

(   )

(   )

02 □ 안에 알맞은 말은 어느 것인가요?

(   )

막대 사탕

막대 과자

> 막대 사탕은 막대 과자보다 더
>   .

① 깁니다   ② 짧습니다
③ 낮습니다   ④ 좁습니다
⑤ 높습니다

03 축구공보다 더 가벼운 것에 △표 하세요.

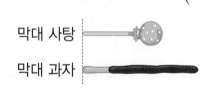

축구공

(   ) (   )

04 관계있는 것끼리 이어 보세요.

·

· 더 넓다

·

· 더 좁다

05 알맞은 말에 ○표 하세요.

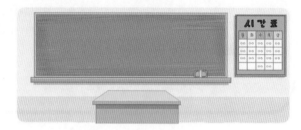

시간표는 칠판보다
더 (넓습니다 , 좁습니다).

06 담을 수 있는 양이 더 적은 것에 △표 하세요.

(   ) (   )

07 가장 긴 것에 ○표, 가장 짧은 것에 △표 하세요.

(   )

(   )

(   )

서술형
08 그림을 보고 높이를 비교하는 말을 사용하여 문장을 2개 만들어 보세요.

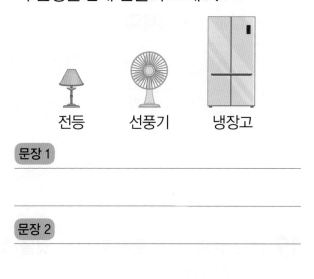

전등   선풍기   냉장고

문장 1

_____

_____

문장 2

_____

_____

09 연필보다 더 짧은 것을 모두 골라 보세요.

(   )

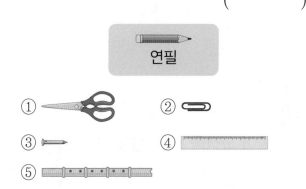

연필

① ✂   ② 🖇
③ 📌   ④ 📏
⑤ 〰

10 가장 가벼운 것을 찾아 △표 하세요.

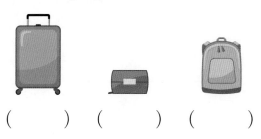

(   )   (   )   (   )

11 (   ) 안에 알맞은 물건을 써 보세요.

의자보다 더 가벼운 것은
(   )입니다.

12 장바구니 안에 어떤 물건이 들어 있을지 알맞게 이어 보세요.

13 가장 가벼운 사람을 찾아 △표 하세요.

시원   지아   준호

(   )   (   )   (   )

14 가장 넓은 것에 ○표, 가장 좁은 것에 △표 하세요.

(   )   (   )   (   )

15 가장 넓은 부분에 빨간색, 가장 좁은 부분에 파란색을 색칠해 보세요.

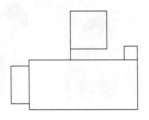

16 빈 곳에 △보다 넓고 △보다 좁은 △ 모양을 그려 넣으세요.

17 담을 수 있는 양이 많은 것부터 (   ) 안에 순서대로 1, 2, 3을 써 보세요.

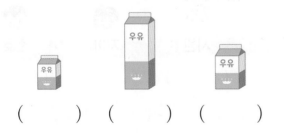

(   )   (   )   (   )

18 왼쪽 컵에 물이 가득 담겨 있습니다. 이 컵의 물을 넘치지 않게 모두 옮겨 담을 수 있는 컵에 ○표 하세요.

(   )   (   )

19 담긴 물의 양이 둘째로 많은 것을 찾아 ○표 하세요.

(   )   (   )   (   )

서술형
20 키가 가장 작은 동물을 찾으려고 합니다. 풀이 과정을 쓰고, 답을 구해 보세요.

원숭이   햄스터   닭

_____

_____

_____

_____

답 _____

21 지수, 혜미, 민규 중에서 가장 가벼운 사람은 누구인가요?

> • 지수는 혜미보다 더 가볍습니다.
> • 혜미는 민규보다 더 무겁습니다.
> • 지수는 민규보다 더 가볍습니다.

( )

22 작은 한 칸의 크기는 모두 같습니다. 넓은 것부터 순서대로 기호를 써 보세요.

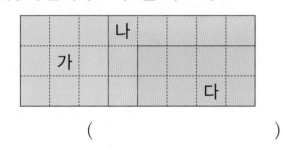

( )

23 똑같은 컵 3개에 다음과 같이 물이 담겨 있습니다. 컵에 물을 가득 채우려고 합니다. 더 담아야 하는 물이 가장 많은 컵을 찾아 기호를 써 보세요.

( )

| 24~25 | 지훈이네 가족이 엄마의 생신 파티를 준비하고 있습니다. 그림을 보고 물음에 답하세요.

24 식탁보로 탁자를 덮으려고 합니다. 탁자보다 더 넓은 식탁보를 그려 보세요.

25 담긴 주스의 양이 더 많은 컵이 엄마의 컵입니다. 엄마의 컵은 어느 컵인지 풀이 과정을 쓰고, 답을 구해 보세요.

답 _____

4

단원

6회

학습 결과에 색칠하세요.
😆 🙂 😣

4. 비교하기 • **113**

5 50까지의 수

이번에 배울 내용

회차	쪽수	학습 내용	학습 주제
1	116~119쪽	개념+문제 학습	10 알기 / 십몇 알기
2	120~123쪽	개념+문제 학습	두 수를 모으기 / 두 수로 가르기
3	124~127쪽	개념+문제 학습	10개씩 묶어 세기 / 몇십의 크기 비교하기
4	128~131쪽	개념+문제 학습	50까지의 수 세기 / 수를 세어 10개씩 묶음과 낱개로 나타내기
5	132~135쪽	개념+문제 학습	50까지의 수의 순서 / 50까지의 수의 크기 비교하기
6	136~139쪽	응용 학습	
7	140~143쪽	마무리 평가	

문해력을 높이는 **어휘**

묶음: 작게 뭉쳐서 이루어진 것을 묶어 세는 단위

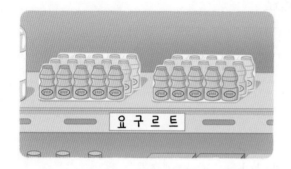

마트에서 요구르트를 5병씩 한 | 묶 | 음 | 으로 팔고 있어요.

낱개: 많은 수의 물건 중 따로따로인 한 개 한 개

친구 한 명 한 명에게 줄 선물을 | 낱 | 개 | 로 포장했어요.

방법: 어떤 일을 해 나가는 순서나 모양

선생님께 수영하는 | 방 | 법 |

을 배웠어요.

만큼: 앞의 말과 비슷한 정도

엄마, 아빠를 우주 | 만 | 큼 |

사랑해요.

개념1 **10 알기**

9보다 1만큼 더 큰 수를 10이라고 합니다.

쓰기 10
읽기 십, 열

확인1 초콜릿의 수만큼 ○를 그리고, 수를 써넣으세요.

개념2 **십몇 알기**

• 10개씩 묶음 1개와 낱개 3개를 13이라고 합니다.

쓰기 13
읽기 십삼, 열셋

• 11부터 19까지의 수는 다음과 같이 쓰고 읽습니다.

11	12	13	14	15	16	17	18	19
십일	십이	십삼	십사	십오	십육	십칠	십팔	십구
열하나	열둘	열셋	열넷	열다섯	열여섯	열일곱	열여덟	열아홉

• 십몇은 **낱개의 수가 클수록 더 큽니다.** ─ 10개씩 묶음의 수는 모두 1이므로 비교하지 않아도 돼요.

14

11

→ 14는 11보다 큽니다. 11은 14보다 작습니다.

확인2 알맞은 수를 써 보세요.

10개씩 묶음 1개와 낱개 8개 →

1 여러 가지 방법으로 사과의 수를 센 것입니다. 잘못 센 것에 ×표 하세요.

다섯 하고 여섯, 일곱, 여덟, 아홉, 열로 이어 세었어요. ☐

일, 이, 삼, 사, 오, 육, 칠, 팔, 구, 십으로 세었어요. ☐

하나, 둘, 셋, 넷, 다섯, 여섯, 일곱, 여덟, 아홉으로 세었어요. ☐

2 바나나의 수를 세어 써 보세요.

☐

3 그림을 보고 가르기를 해 보세요.

4 달걀의 수만큼 ○를 그리고, ☐ 안에 알맞은 수를 써넣으세요.

10개씩 묶음 ☐개와 낱개 ☐개는

☐입니다.

→ 달걀의 수는 ☐입니다.

5 10개씩 묶고, 수로 나타내어 보세요.

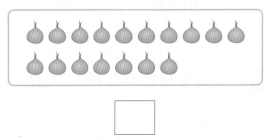

☐

6 ☐ 안에 알맞은 수를 쓰고, 이어 보세요.

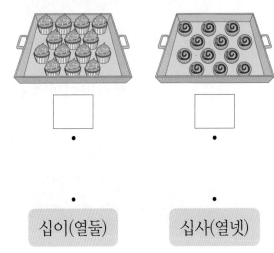

☐   ☐
·   ·

·   ·
십이(열둘)   십사(열넷)

01 10개인 것을 모두 찾아 ○표 하세요.

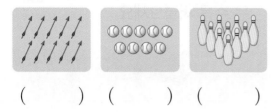

(   ) (   ) (   )

02 그림을 보고 □ 안에 알맞은 수를 써넣으세요.

10개씩 묶음 □개와 낱개 □개는

□입니다.

03 □ 안에 알맞은 수를 써넣으세요.

칭찬 붙임딱지 □장을 붙였다.

남은 □장도 빨리 붙이면 좋겠다.

칭찬 붙임딱지 □장을 모두 붙였다.

04 빈칸에 알맞은 수를 써넣으세요.

10개씩 묶음	낱개	수	읽기
1	2		십이
		15	열다섯
			십구

05 그림을 색칠하여 완성하고, 빈칸에 알맞은 수를 써넣으세요.

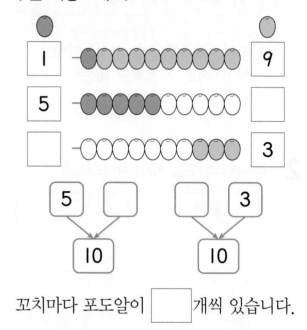

꼬치마다 포도알이 □개씩 있습니다.

06 그림을 색칠하여 완성하고, 빈칸에 알맞은 수를 써넣으세요.

(1)   (2)

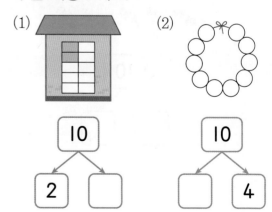

07 빈 곳에 알맞은 수를 써넣으세요.

08 어떤 배 상자를 사고 싶은지 골라 보세요.

나는 배가 [   ] 개 들어 있는 상자를 살래.

나는 배가 (더 큰 , 더 많은) 것이 좋아.

09 □ 안에 알맞은 수를 쓰고, 수의 크기를 비교해 보세요.

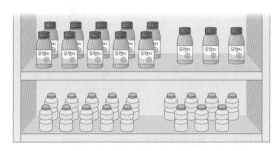

 13   [   ]

13은 [   ] 보다 (큽니다 , 작습니다).

10 재희 형의 생일 케이크입니다. 재희 형의 나이는 몇 살인지 풀이 과정을 쓰고, 답을 구해 보세요.

긴 초는 10살, 짧은 초는 1살을 나타내.

❶ 10살을 나타내는 초가 [   ] 개, 1살을 나타내는 초가 [   ] 개 있습니다.

❷ 10개씩 묶음 [   ] 개와 낱개 [   ] 개는 [   ] 이므로 재희 형의 나이는 [   ] 살입니다.

답 _____

11 민지 언니의 생일 케이크입니다. 민지 언니의 나이는 몇 살인지 풀이 과정을 쓰고, 답을 구해 보세요.

긴 초는 10살, 짧은 초는 1살을 나타내.

_____

_____

_____

_____

답 _____

5
단원
1회

학습 결과에 색칠하세요.

😄 ☺ 😣

5. 50까지의 수 • **119**

○ 학습일 : 　월　일

개념 1 두 수를 모으기

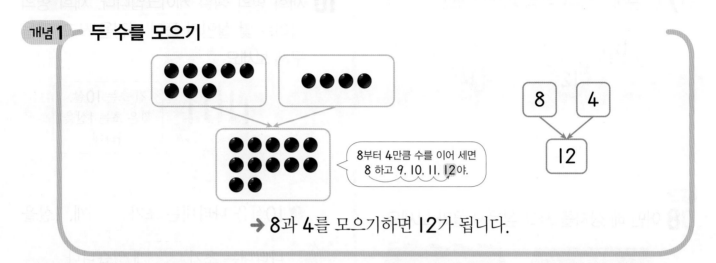

8부터 4만큼 수를 이어 세면
8 하고 9, 10, 11, 12야.

→ 8과 4를 모으기하면 12가 됩니다.

확인 1 모으기를 해 보세요.

9부터 2만큼 수를 이어 세면

9 하고 ▢, ▢ 입니다.

→ 9와 2를 모으기하면 ▢ 이 됩니다.

개념 2 두 수로 가르기

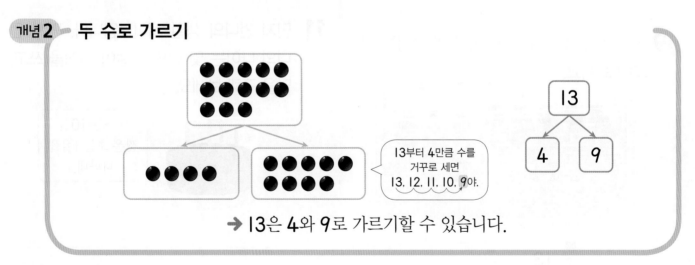

13부터 4만큼 수를
거꾸로 세면
13, 12, 11, 10, 9야.

→ 13은 4와 9로 가르기할 수 있습니다.

확인 2 가르기를 해 보세요.

14부터 5만큼 수를 거꾸로 세면

14, 13, 12, 11, ▢, ▢ 입니다.

→ 14는 5와 ▢ 로 가르기할 수 있습니다.

1 빈 곳에 알맞은 수만큼 ○를 그려 보세요.

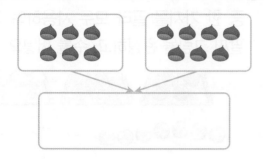

2 모으기를 해 보세요.

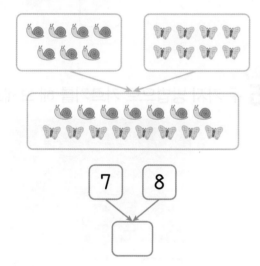

3 가르기를 해 보세요.

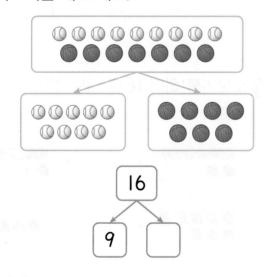

4 빈 곳에 알맞은 수만큼 ○를 그리고, 모으기를 해 보세요.

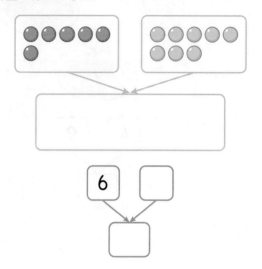

5 빈 곳에 알맞은 수만큼 ○를 그리고, 가르기를 해 보세요.

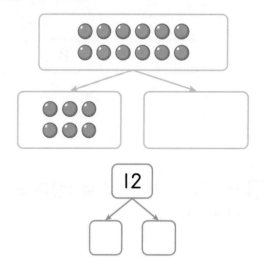

6 가르기를 해 보세요.

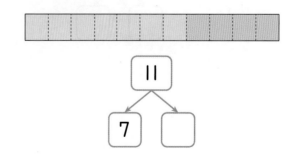

01 모으기를 해 보세요.

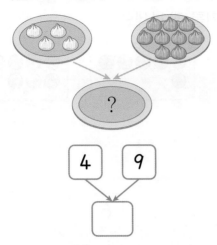

4 9

02 모으기와 가르기를 해 보세요.

(1) 5 6

(2) 17

8

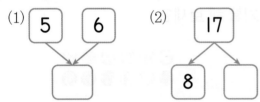

창의형
03 15칸을 두 가지 색으로 색칠하고, 가르기를 해 보세요.

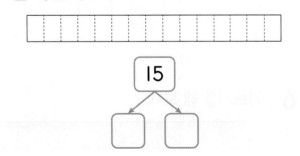

15

창의형
04 팔찌를 만들려고 합니다. 세 가지 색 구슬 중 한 가지를 골라 모두 사용하여 아래의 팔찌 그림을 완성하고, 수를 써넣으세요.

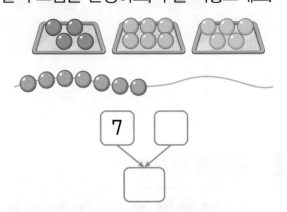

7

창의형
05 두 가지 방법으로 가르기를 해 보세요.

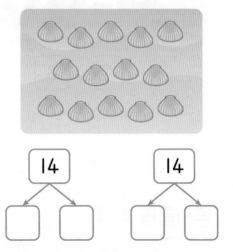

14   14

06 모으기를 하여 16이 되는 것끼리 이어 보세요.

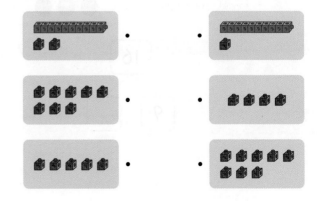

• 정답 32쪽

07 두 가지 방법으로 가르기를 해 보세요.

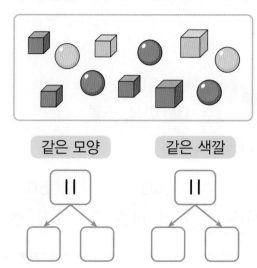

같은 모양	같은 색깔
12	12

08 소미가 올린 온라인 게시물을 보고 소미와 오빠가 초콜릿 12개를 어떻게 나누어 먹었을지 ○를 그려 나타내어 보세요.

hi_donga • • •

좋아요 12개
이모께서 사 주신 초콜릿!
오빠랑 둘이 먹었더니 벌써 다 먹었네. ☹
그래도 오빠보다 내가 더 많이 먹었다!

| 소미 | 오빠 |

09 모으기하여 14가 되는 두 수를 찾으려고 합니다. 풀이 과정을 쓰고, 답을 구해 보세요.

| 8 | 5 | 6 |

❶ 8과 5를 모으기하면 ⬜, 8과 6을 모으기하면 ⬜, 5와 6을 모으기하면 ⬜이 됩니다.

❷ 따라서 모으기하여 14가 되는 두 수는 ⬜와/과 ⬜입니다.

답

10 모으기하여 15가 되는 두 수를 찾으려고 합니다. 풀이 과정을 쓰고, 답을 구해 보세요.

| 7 | 6 | 9 |

답

5
단원
2회

개념 1 **10개씩 묶어 세기**

• 10개씩 묶음 2개를 20이라고 합니다.

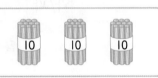

쓰기 20
읽기 이십, 스물

• 몇십은 다음과 같이 쓰고 읽습니다. ── 몇십은 낱개의 수가 0이에요.

수	20	30	40	50
읽기	이십, 스물	삼십, 서른	사십, 마흔	오십, 쉰

확인 1 □ 안에 알맞은 수를 써넣으세요.

10개씩 묶음 □ 개 ➡ □

개념 2 **몇십의 크기 비교하기**

몇십은 10개씩 묶음의 수가 클수록 더 큽니다. ── 낱개의 수는 모두 0이므로 비교하지 않아도 돼요.

40 ── 10개씩 묶음 4개   20 ── 10개씩 묶음 2개

➡ 40은 20보다 큽니다. 20은 40보다 작습니다.

확인 2 □ 안에 알맞은 수를 써넣고, 수의 크기를 비교해 보세요.

 □   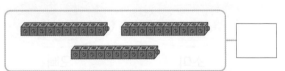 □

┌ 빨간색 연결 모형은 초록색 연결 모형보다 (많습니다 , 적습니다).

└ 10은 □ 보다 (큽니다 , 작습니다).

1 □ 안에 알맞은 수를 써넣으세요.

(1)

10개씩 묶음 4개

➡ □

(2)

50

➡ 10개씩 묶음 □ 개

2 □ 안에 알맞은 수를 써넣으세요.

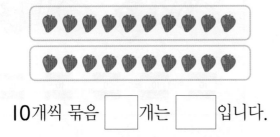

10개씩 묶음 □ 개는 □ 입니다.

3 10개씩 묶고, 수를 세어 써 보세요.

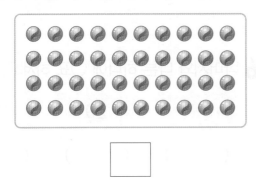

□

4 같은 수끼리 이어 보세요.

| 20 | 30 | 40 | 50 |
| · | · | · | · |

| · | · | · | · |
| 마흔 | 삼십 | 쉰 | 이십 |

5 수를 세어 쓰고, 바르게 읽은 것을 찾아 ○표 하세요.

□   읽기 (스물 , 사십 , 서른)

6 □ 안에 알맞은 수를 써넣으세요.

| 20 | 10 |

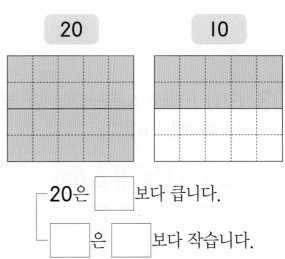

20은 □ 보다 큽니다.

□ 은 □ 보다 작습니다.

5단원 3회

5. 50까지의 수 • **125**

01 단추의 수만큼 ○를 그리고, □ 안에 알맞은 수를 써넣으세요.

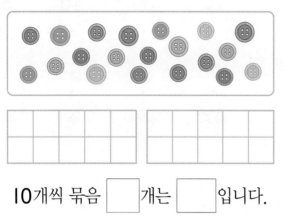

10개씩 묶음 □개는 □입니다.

02 알맞게 이어 보세요.

10개씩 묶음 3개	•		•	마흔
10개씩 묶음 4개	•		•	쉰
10개씩 묶음 5개	•		•	서른

03 달걀이 10개씩 4묶음 있습니다. 달걀은 모두 몇 개인가요?

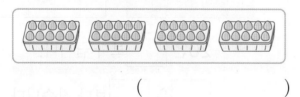

( )

04 30개가 되도록 ○를 더 그려 넣으세요.

05 준비물의 수를 써 보세요.

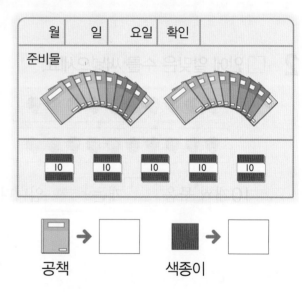

| 월 | 일 | 요일 | 확인 |

공책 → □

색종이 → □

06 나머지와 다른 하나에 ○표 하세요.

| 스물 | 20 | 서른 |

( )　( )　( )

창의형

07 사용한 연결 모형의 수를 쓰고, 알맞게 답해 보세요.

나는 강아지 세 마리를 만들었어.

시우

강아지

나는 강아지 두 마리를 만들었어.

예나

시우가 사용한 연결 모형의 수	

예나가 사용한 연결 모형의 수	

- ☐ 은/는 ☐ 보다
(큽니다 , 작습니다).
- 강아지 5마리를 만드는 데 연결 모형
☐ 개를 사용했습니다.

08 곶감이 10개씩 묶음 2개 있습니다. 곶감이 40개가 되려면 10개씩 묶음 몇 개가 더 필요할까요?

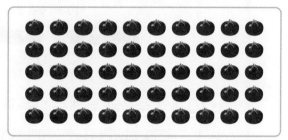

( )

서술형 문제

09 토마토가 50개 있습니다. 한 봉지에 토마토를 10개씩 담는다면 몇 봉지가 되는지 풀이 과정을 쓰고, 답을 구해 보세요.

❶ 한 봉지에 토마토를 ☐ 개씩 담아야 하므로 토마토 50개를 10개씩 묶어 세면 10개씩 묶음 ☐ 개입니다.

❷ 따라서 토마토는 ☐ 봉지가 됩니다.

답 _____

10 구슬을 30개 사려고 합니다. 문구점에서 구슬을 10개씩 묶음으로 판매한다면 구슬을 몇 묶음 사야 하는지 풀이 과정을 쓰고, 답을 구해 보세요.

_____
_____
_____
_____

답 _____

학습 결과에 색칠하세요.

4회 개념 학습

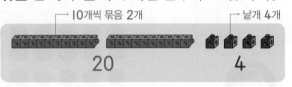
학습일 :　월　일

개념 1　50까지의 수 세기

· 10개씩 묶음 2개와 낱개 4개를 24라고 합니다.

쓰기 24
읽기 이십사, 스물넷

· 10개씩 묶음과 낱개는 다음과 같이 쓰고 읽습니다.

10개씩 묶음	낱개
3	6

→36←

읽기 삼십육, 서른여섯

10개씩 묶음	낱개
4	1

→41←

읽기 사십일, 마흔하나

확인 1　☐ 안에 알맞은 수를 써넣으세요.

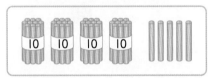

10개씩 묶음 4개와 낱개 ☐개 → ☐

개념 2　수를 세어 10개씩 묶음과 낱개로 나타내기

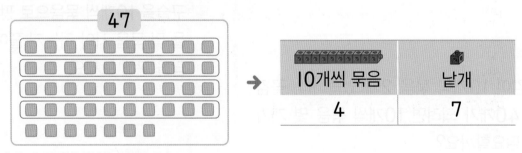

47

10개씩 묶음	낱개
4	7

참고　수 ■▲에서 ■는 10개씩 묶음의 수를 나타내고, ▲는 낱개의 수를 나타냅니다.

확인 2　10개씩 묶음과 낱개의 수를 써 보세요.

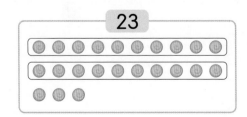

23

10개씩 묶음	낱개

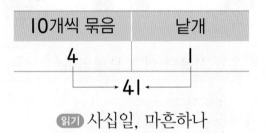

● 정답 34쪽

1 □ 안에 알맞은 수를 써넣으세요.

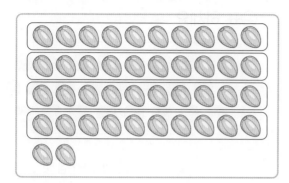

10개씩 묶음 **4**개와 낱개 □개는

□입니다.

2 빈칸에 알맞은 수를 써넣으세요.

10개씩 묶음 **3**개와 낱개 **7**개	
10개씩 묶음 **2**개와 낱개 **1**개	
10개씩 묶음 **4**개와 낱개 **3**개	

3 연필의 수를 세어 써 보세요.

□

4 수를 바르게 읽은 것을 모두 찾아 ○표 하세요.

28

이십팔	스물여덟	팔십이
( )	( )	( )

5 단원 4회

5 수를 세어 쓰고, 바르게 읽은 것을 찾아 ○표 하세요.

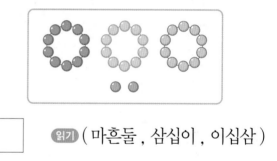

□ 읽기 (마흔둘 , 삼십이 , 이십삼)

6 수를 10개씩 묶음과 낱개의 수로 나타내어 보세요.

49 →	10개씩 묶음	낱개

01 바둑돌의 수를 10개씩 묶음과 낱개의 수로 나타내어 세어 보세요.

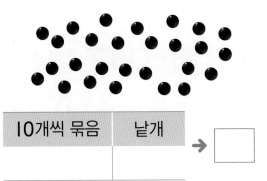

10개씩 묶음	낱개

→

02 빈칸에 알맞은 수를 써넣으세요.

수	10개씩 묶음	낱개
19	1	9
25	2	
31		1
	4	6

03 그림을 보고 알맞은 수를 써넣으세요.

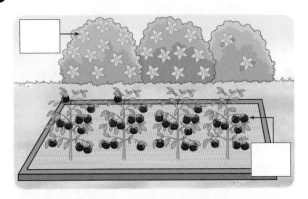

이름	10개씩 묶음	낱개
꽃 🌼		
방울토마토 🍅		

04 수를 세어 쓰고, 바르게 읽은 것을 찾아 ○표 하세요.

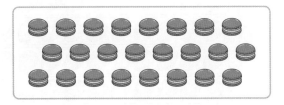

(읽기) (스물넷 , 이십넷 , 사십이)

05 칠판에 쓰인 수를 보고 10개씩 묶음의 수와 낱개의 수를 바르게 말한 사람은 누구인가요?

( )

06 도현이와 같이 생활 속에서 50까지의 수를 찾아 이야기해 보세요.

( )

07 4명의 어린이가 체험 학습에서 딴 딸기의 수입니다. 딴 딸기의 수가 나머지 셋과 다른 사람은 누구인가요?

삼십구 — 서진
39 — 채아
마흔여덟 — 소율
서른아홉 — 시우

(   )

창의형
08 그림과 수를 보고 색칠해 보세요.

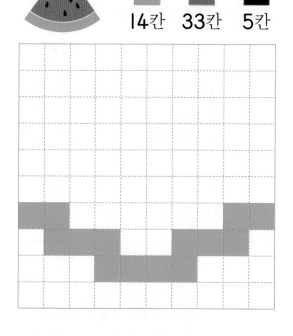

14칸   33칸   5칸

서술형 문제

09 감자가 10개씩 2상자와 낱개 14개가 있습니다. 감자는 모두 몇 개인지 풀이 과정을 쓰고, 답을 구해 보세요.

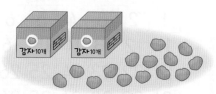

❶ 낱개 14개는 10개씩 ☐ 상자와 낱개 ☐ 개입니다.

❷ 따라서 감자는 10개씩 ☐ 상자와 낱개 4개이므로 감자는 모두 ☐ 개입니다.

답 _____

10 과자가 10개씩 3상자와 낱개 12개가 있습니다. 과자는 모두 몇 개인지 풀이 과정을 쓰고, 답을 구해 보세요.

_____
_____
_____
_____

답 _____

학습 결과에 색칠하세요.

학습일 : 월 일

개념 **1** **50까지의 수의 순서**

1씩 커져요. →

1	2	3	4	5	6	7	8	9	10
11	12	13	14	15	16	17	18	19	20
21	22	㉓	24	㉕	26	27	28	29	30
31	32	33	34	35	36	㊲	38	39	40
41	42	43	44	45	46	47	48	49	50

← 1씩 작아져요.

• **24**보다 **1**만큼 더 큰 수 → **25**
            └─ 바로 뒤의 수

• **24**보다 **1**만큼 더 작은 수 → **23**
            └─ 바로 앞의 수

• **36**과 **38** 사이의 수 → **37**

확인 **1** □ 안에 알맞은 수를 써넣으세요.

18	19	20	21	22	23

21보다 **1**만큼 더 큰 수는 □ 이고, **21**보다 **1**만큼 더 작은 수는 □ 입니다.

개념 **2** **50까지의 수의 크기 비교하기**

① **10**개씩 묶음의 수가 다를 때는
10개씩 묶음의 수가 클수록 더 큽니다.

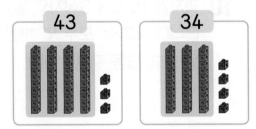

➜ **43**은 **34**보다 큽니다.
   34는 **43**보다 작습니다.

② **10**개씩 묶음의 수가 같을 때는
낱개의 수가 클수록 더 큽니다.

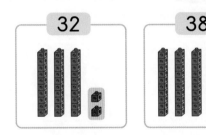

➜ **32**는 **38**보다 작습니다.
   38은 **32**보다 큽니다.

확인 **2** 알맞은 말에 ○표 하세요.

24는 **21**보다 (큽니다 , 작습니다).

1 수의 순서에 맞게 빈칸에 알맞은 수를 써 넣으세요.

(1) 32 □ 34

(2) 45 □ 47

2 수의 순서에 맞게 빈칸에 알맞은 수를 써 넣으세요.

14	15		17			20

3 20부터 40까지의 수를 순서대로 쓰려고 합니다. 빈칸에 알맞은 수를 써넣으세요.

20	21	22	23	24	25	26
27	28			31	32	33
34			37	38		40

4 빈 곳에 알맞은 수를 써넣으세요.

5 수만큼 색칠하고, □ 안에 알맞은 수를 써 넣으세요.

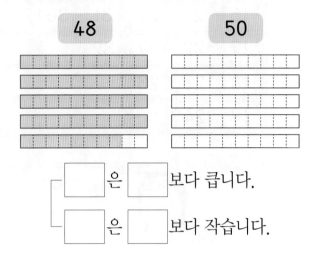

48   50

□ 은 □ 보다 큽니다.

□ 은 □ 보다 작습니다.

6 □ 안에 알맞은 수를 써넣고, 더 큰 수에 ○표 하세요.

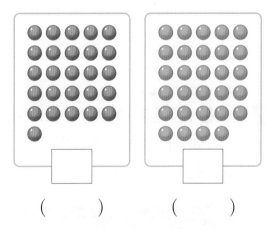

(   )   (   )

7 더 큰 수에 ○표 하세요.

(1)
18	22

(2)
33	37

01 그림을 보고 물음에 답하세요.

예나

(1) 예나의 보관함을 찾아 수를 써넣으세요.

(2)  보다 1만큼 더 작은 수를 써 보세요.

(   )

디지털 문해력

02 '즐거운 종이접기' 동영상의 조회수가 다음 과 같습니다. 이 동영상을 1명이 더 본다면 조회수는 몇 회가 될까요?

#2
즐거운
종이접기

즐거운 종이접기   조회수 39회

백점맨   구독

(   )

03 33보다 작은 수를 찾아 △표 하세요.

36	41	30

04 가장 작은 수에 △표 하세요.

(   )   (   )   (   )

05 27부터 50까지의 수를 순서대로 써 보 세요.

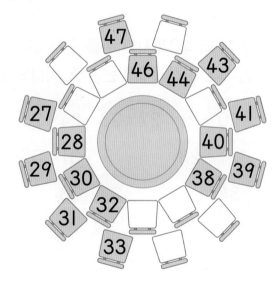

창의형

06 50까지의 수 중에서 설명에 알맞은 수를 1개만 써 보세요.

43보다 큰 수

(   )

07 더 큰 수를 찾아 길을 따라가 보고, 도착한 곳은 어디인지 써 보세요.

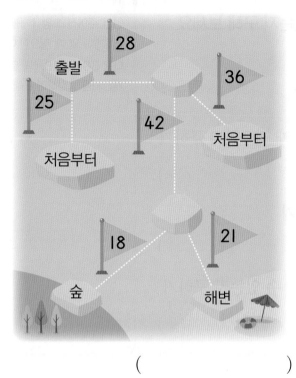

( )

08 키위가 **39**개, 망고가 **35**개 있습니다. 키위와 망고 중에서 어느 것이 더 많은가요?

( )

09 가장 큰 수를 찾아 기호를 써 보세요.

> ㉠ **45**보다 **1**만큼 더 작은 수
> ㉡ **10**개씩 묶음 **4**개와 낱개 **9**개인 수
> ㉢ 마흔

( )

10 두 수 사이에 있는 수를 모두 구하려고 합니다. 풀이 과정을 쓰고, 답을 구해 보세요.

> 삼십칠   마흔하나

❶ 삼십칠을 수로 나타내면 ☐ 이고, 마흔하나를 수로 나타내면 ☐ 입니다.

❷ 따라서 ☐ 과 ☐ 사이에 있는 수는 ☐, ☐, ☐ 입니다.

답 _____

5
단원
5회

11 두 수 사이에 있는 수를 모두 구하려고 합니다. 풀이 과정을 쓰고, 답을 구해 보세요.

> 이십구   서른넷

_____

_____

_____

답 _____

만들 수 있는 모양의 개수 구하기

01 30개로 주어진 모양을 몇 개 만들 수 있는지 구해 보세요.

문제해결 TIP

먼저 주어진 모양 1개를 만드는 데 █이 몇 개 필요한지 알아본 다음 30개는 10개씩 묶음이 몇 개인지를 생각하여 구해요.

1단계 주어진 모양 1개를 만드는 데 █이 몇 개 필요한지 구하기

(   )

2단계 30은 10개씩 묶음이 몇 개인지 구하기

(   )

3단계 █ 30개로 주어진 모양을 몇 개 만들 수 있는지 구하기

(   )

02 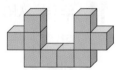20개로 주어진 모양을 몇 개 만들 수 있는지 구해 보세요.

(   )

03 주어진 █으로 보기의 모양을 몇 개 만들 수 있는지 구해 보세요.

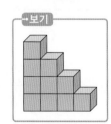 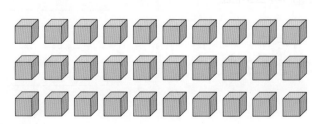

먼저 보기의 모양 1개를 만드는 데 필요한 █이 몇 개인지 알아보고, 주어진 █의 수를 세어 봐!

(   )

두 수를 골라 몇십몇 만들기

문제해결
TIP
10개씩 묶음의 수가 클수록 큰 수이고, 10개씩 묶음의 수가 같으면 낱개의 수가 클수록 큰 수예요.

04 3장의 수 카드 중에서 2장을 골라 한 번씩만 사용하여 몇십몇을 만들려고 합니다. 만들 수 있는 가장 큰 수를 구해 보세요.

| 1 | 3 | 4 |

1단계 가장 큰 몇십몇을 만드는 방법 알기

> 가장 큰 몇십몇을 만들려면 10개씩 묶음의 수에 (가장 큰 , 둘째로 큰 , 가장 작은) 수를 쓰고, 낱개의 수에 (가장 큰 , 둘째로 큰 , 가장 작은) 수를 써야 합니다.

2단계 만들 수 있는 가장 큰 몇십몇 구하기

( )

05 3장의 수 카드 중에서 2장을 골라 한 번씩만 사용하여 몇십몇을 만들려고 합니다. 만들 수 있는 가장 작은 수를 구해 보세요.

| 2 | 8 | 5 |

( )

06 10개씩 묶음의 수를 나타내는 노란색 공과 낱개의 수를 나타내는 빨간색 공을 1개씩 뽑아 몇십몇을 만들려고 합니다. 만들 수 있는 가장 큰 수를 구해 보세요.

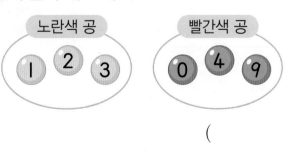

노란색 공
1 2 3

빨간색 공
0 4 9

10개씩 묶음의 수와 낱개의 수가 클수록 더 큰 몇십몇을 만들 수 있어!

( )

조건을 만족하는 수 구하기

07 [조건]을 만족하는 수를 모두 구해 보세요.

> **조건**
> • 10개씩 묶음 **3**개와 낱개 **5**개인 수보다 큰 수입니다.
> • **40**보다 작은 수입니다.

1단계 10개씩 묶음 **3**개와 낱개 **5**개인 수 구하기

(   )

2단계 [조건]을 만족하는 수 모두 구하기

(   )

> **문제해결**
> TIP
> 10개씩 묶음 3개와 낱개 5개인 수를 구한 다음, 구한 수보다 크고 40보다 작은 수를 모두 찾아 써요.

08 [조건]을 만족하는 수를 모두 구해 보세요.

> **조건**
> • **10**과 **30** 사이에 있는 수입니다.
> • **26**보다 큰 수입니다.

(   )

09 [조건]을 만족하는 수를 구해 보세요.

> **조건**
> • 10개씩 묶음 **1**개와 낱개 **8**개인 수보다 큰 수입니다.
> • **30**보다 작은 수입니다.
> • 10개씩 묶음의 수와 낱개의 수가 서로 같습니다.

(   )

> 10개씩 묶음의 수와 낱개의 수가 서로 같은 수는 11, 22, 33, 44 등이 있어.

■에 알맞은 수 구하기

10 25보다 크고 ■보다 작은 수는 모두 5개입니다. ■에 알맞은 수를 구해 보세요.

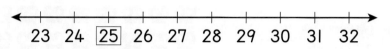

1단계 25보다 큰 수를 25 바로 뒤의 수부터 순서대로 5개 쓰기

□ , □ , □ , □ , □

2단계 ■에 알맞은 수 구하기

( )

문제해결 TIP

25 바로 뒤의 수부터 순서대로 5개를 써요. 이때 마지막에 쓴 수의 바로 뒤의 수가 ■예요.

5 단원

6회

11 33보다 크고 ■보다 작은 수는 모두 4개입니다. ■에 알맞은 수를 구해 보세요.

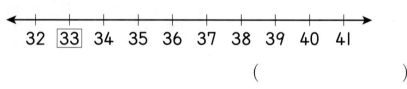

( )

12 ■보다 크고 22보다 작은 수는 모두 4개입니다. ■에 알맞은 수를 구해 보세요.

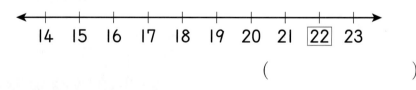

( )

■가 22보다 작은 수이니까 22 바로 앞의 수부터 거꾸로 수를 4개 써 봐.

학습 결과에 색칠하세요.

○ 학습일 :　　월　　일

01 그림의 수와 같은 것을 모두 찾아 ○표 하세요.

(열여덟 , 16 , 십육 , 18)

02 가르기를 해 보세요.

 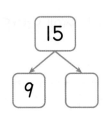

03 수를 세어 쓰고, 바르게 읽은 것을 찾아 ○표 하세요.

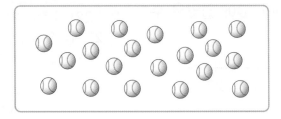

☐ **읽기** (삼십 , 스물 , 마흔)

04 과자의 수를 10개씩 묶음과 낱개의 수로 나타내어 세어 보세요.

10개씩 묶음	낱개	→	☐

05 수의 순서에 맞게 빈칸에 알맞은 수를 써넣으세요.

23	24			27		29

06 더 작은 수에 △표 하세요.

41	35

07 ☐ 안에 알맞은 수를 써넣으세요.

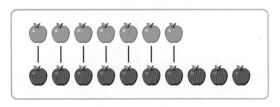

7보다 ☐ 만큼 더 큰 수는 10입니다.

08 10을 읽는 방법이 <u>다른</u> 것은 어느 것인가요? (   )

① 손가락은 10개입니다.
② 10일 후에 방학을 합니다.
③ 책을 10권 읽었습니다.
④ 지호의 나이는 10살입니다.
⑤ 소라는 줄넘기를 10번 넘었습니다.

09 가지가 상자 안에 10개 들어 있고 상자 밖에 4개 있습니다. 가지는 모두 몇 개인가요?

(   )

10 모으기를 하여 18이 되는 두 수끼리 이어 보세요.

5	8	12	9

10	6	9	13

11 유리가 사탕 4봉지를 샀습니다. 사탕이 한 봉지에 10개씩 들어 있다면 유리가 산 사탕은 모두 몇 개일까요?

(   )

12 나타내는 수가 다른 하나에 ○표 하세요.

45	서른다섯	사십오

(   ) (   ) (   )

서술형
13 수를 순서대로 쓴 것입니다. ★에 알맞은 수는 얼마인지 풀이 과정을 쓰고, 답을 구해 보세요.

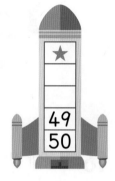

_____

_____

_____

_____

답 _____

14 작은 수부터 순서대로 써 보세요.

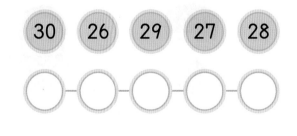

15 버스에서 소율이의 자리에 ○표 하세요.

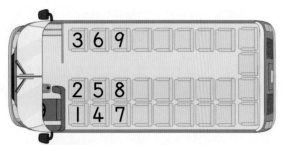

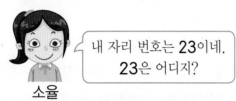

내 자리 번호는 23이네.
23은 어디지?

소율

16 설명에 알맞은 수를 구해 보세요.

10개씩 묶음 4개와 낱개 9개인
수보다 I만큼 더 큰 수

( )

17 시우와 채아 중에서 구슬을 더 많이 가지고 있는 사람은 누구인가요?

나는 구슬을
43개 가지고 있어.

나는 구슬을
34개 가지고 있어.

시우

채아

( )

18 가장 큰 수에 ○표, 가장 작은 수에 △표 하세요.

| 29 | 24 | 32 |

19 36보다 큰 수를 모두 찾아 써 보세요.

12   31   50
43   25

( )

서술형
20 단추를 모아 놓은 것입니다. 단추가 50개가 되려면 10개씩 묶음 몇 개가 더 필요한지 풀이 과정을 쓰고, 답을 구해 보세요.

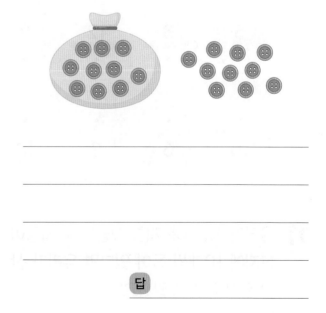

답 _____

21 다음 중 두 수 사이에 있는 수를 모두 찾아 써 보세요.

열다섯	서른여덟

15	26	38	44
10	19	36	16

(   )

22 조건 을 만족하는 수를 구해 보세요.

조건
· 40보다 크고 50보다 작은 수입니다.
· 낱개의 수는 7입니다.

(   )

23 10개씩 묶음의 수를 나타내는 빨간색 공과 낱개의 수를 나타내는 파란색 공을 1개씩 뽑아 몇십몇을 만들려고 합니다. 만들 수 있는 가장 작은 수를 구해 보세요.

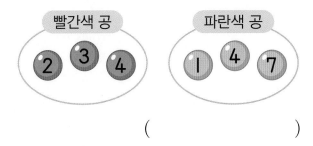

빨간색 공 파란색 공

(   )

| **24~25** | 수민이와 태연이는 어린이 마라톤 대회에 참가했습니다. 그림을 보고 물음에 답하세요.

마라톤 대회

수민   태연

24 수민이의 번호를 바르게 읽은 것을 모두 찾아 ○표 하세요.

서른둘	삼십일	서른하나

(   )   (   )   (   )

25 결승선에 수민이는 12번째로 들어오고 태연이는 16번째로 들어왔습니다. 수민이와 태연이 사이에 들어온 어린이는 몇 명인지 풀이 과정을 쓰고, 답을 구해 보세요.

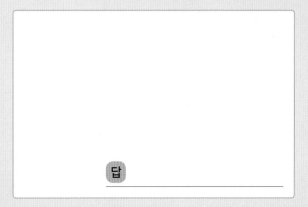

답

5
단원
7회

MEMO

초등 1, 2학년을 위한
추천 라인업

1~2학년 1, 2학기(전 4권)

어휘를 높이는
초능력 맞춤법 + 받아쓰기

- 쉽고 빠르게 배우는 **맞춤법 학습**
- 단계별 낱말과 문장 **바르게 쓰기 연습**
- 학년, 학기별 국어 교과서 **어휘 학습**

➕ 선생님이 불러주는 듣기 자료, 맞춤법 원리 학습 동영상 강의

1~2학년 대상

빠르고 재밌게 배우는
초능력 구구단

- 3회 누적 학습으로 **구구단 완벽 암기**
- 기초부터 활용까지 **3단계 학습**
- 개념을 시각화하여 **직관적 구구단 원리 이해**
- 다양한 유형으로 구구단 **유창성과 적용력 향상**

➕ 구구단송

1~2학년 대상

원리부터 응용까지
초능력 시계·달력

- 초등 1~3학년에 걸쳐 있는 시계 학습을 **한 권으로 완성**
- 기초부터 활용까지 **3단계 학습**
- 개념을 시각화하여 **시계달력 원리를 쉽게 이해**
- 다양한 유형의 **연습 문제와 실생활 문제로 흥미 유발**

➕ 시계·달력 개념 동영상 강의

2022 개정 교육과정

백점

수학 1·1

평가북

- 학교 시험 대비 수준별 **단원 평가**
- 핵심만 모은 **총정리 개념**

동아출판

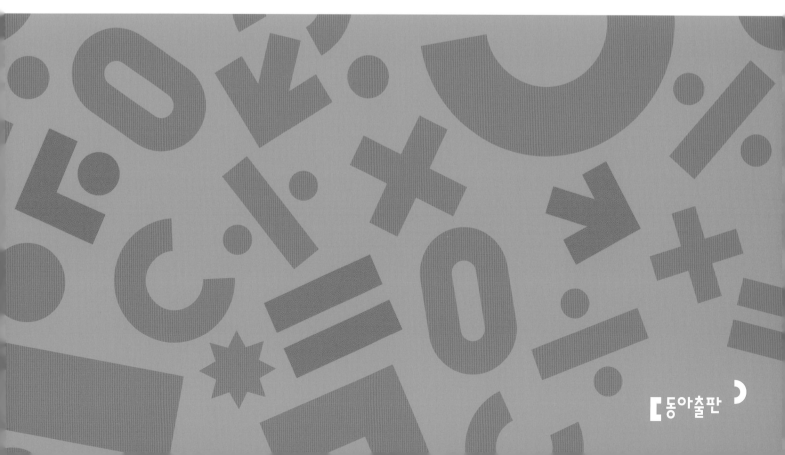

평가북 구성과 특징

1 **수준별 단원 평가**가 있습니다.
A단계, B단계 두 가지 난이도로 **단원 평가**를 제공

2 **총정리 개념**이 있습니다.
학습한 내용을 점검하며 마무리할 수 있도록 각
단원의 핵심 개념을 제공

백점

수학 1·1

평가북

● 차례

① 9까지의 수 ·················· 2쪽

② 여러 가지 모양 ·················· 8쪽

③ 덧셈과 뺄셈 ·················· 14쪽

④ 비교하기 ·················· 20쪽

⑤ 50까지의 수 ·················· 26쪽

1학기 총정리 개념 ·················· 32쪽

1

01 개구리의 수를 세어 □ 안에 써넣으세요.

□

02 수만큼 ○를 그려 넣으세요.

7

03 순서에 맞게 빈 곳에 알맞은 말을 찾아 ○표 하세요.

다섯째 □ 일곱째 여덟째 아홉째

(둘째 , 셋째 , 넷째 , 여섯째)

04 1보다 1만큼 더 작은 수를 나타내는 것을 찾아 △표 하세요.

(   ) (   ) (   )

05 수만큼 칸을 색칠해 보고, 더 큰 수에 ○표 하세요.

④

⑧

| 4 | 8 |

06 같은 수끼리 이어 보세요.

 •   • 일

• 넷

• 오

서술형
07 그림을 보고 알맞은 수를 넣어 이야기를 만들어 보세요.

이야기 _____

08 일곱 명의 어린이가 도서관에서 책을 읽고 있습니다. 도서관에서 책을 읽고 있는 어린이의 수를 써 보세요.

(   )

09 순서가 넷째인 사람은 누구인가요?

(   )

10 ☐ 안에 알맞은 수를 써넣으세요.

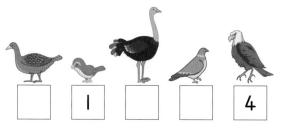

11 수를 순서대로 이어 보세요.

5

4·　·3　7·　·6

1·　·2

9·　·8

12 순서를 거꾸로 하여 수를 써 보세요.

13 보기 와 같은 방법으로 색칠해 보세요.

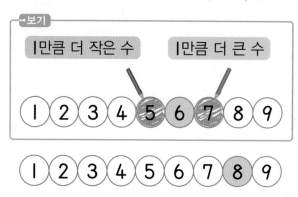

서술형
14 잘못 말한 사람을 찾아 이름을 쓰고, 바르게 고쳐 보세요.

이름

바르게 고치기

15 보기 와 같이 빈칸에 알맞은 수를 쓰고, 더 작은 수에 △표 하세요.

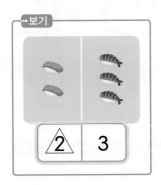

16 □ 안에 알맞은 수를 써넣으세요.

6은 □ 보다 큽니다.

17 수 카드의 수 중에서 가장 작은 수를 찾아 써 보세요.

6 9 8

(   )

18 8명의 어린이가 달리기를 하였습니다. 지수는 뒤에서 셋째로 들어왔습니다. 지수는 달리기에서 몇 등을 했을까요?

(   )

19 가장 많은 동물의 수보다 1만큼 더 큰 수는 얼마인가요?

(   )

20 2보다 크고 8보다 작은 수는 모두 몇 개인가요?

(   )

단원 평가 B단계　1. 9까지의 수

점수 /

01 5만큼 색칠해 보세요.

02 수를 바르게 읽은 것을 찾아 ○표 하세요.

2	6	8
일	다섯	팔
( )	( )	( )

03 순서에 알맞은 병아리를 찾아 ○표 하세요.

일곱째

첫째

04 순서에 알맞게 빈 곳에 수를 써넣으세요.

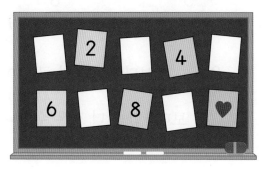

05 같은 수끼리 이어 보세요.

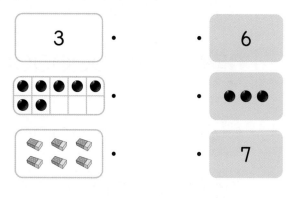

06 □ 안에 알맞은 수를 써넣으세요.

바구니 안에 있는 고구마의 수는

□ 입니다.

서술형 07 뒤에서 셋째에 서 있는 사람은 누구인지 풀이 과정을 쓰고, 답을 구해 보세요.

현규　소라　정우　민서　누리　건하　지호

_____

_____

_____

_____

답 _____

1
단원

08 보기 와 같이 왼쪽부터 세어 색칠해 보세요.

09 순서에 알맞게 수를 쓴 것에 ○표 하세요.

10 신발장의 번호를 순서대로 써넣으려고 합니다. 아린이의 신발장 번호는 몇인가요?

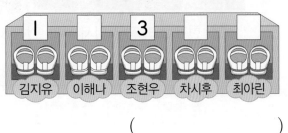

( )

11 채아와 도현이 중 바르게 말한 사람은 누구인가요?

( )

12 ♡ 안의 수보다 |만큼 더 큰 수에 ○표, |만큼 더 작은 수에 △표 하세요.

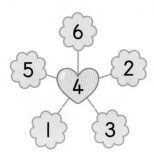

13 □ 안에 알맞은 수를 써넣으세요.

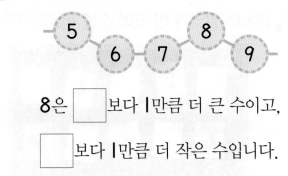

8은 □보다 |만큼 더 큰 수이고,

□보다 |만큼 더 작은 수입니다.

14 서준이 동생은 **7**살입니다. 서준이는 동생보다 **1**살 더 많습니다. 서준이는 몇 살인가요?

( )

15 왼쪽 수보다 큰 수를 찾아 ○표 하세요.

| 5 | 7 | 1 | 3 |

16 수 카드의 수 중에서 **4**보다 큰 수를 모두 찾아 써 보세요.

1 2 3 4 5
6 7 8 9

( )

17 가장 큰 수와 가장 작은 수를 각각 찾아 써 보세요.

8 6 4 7

가장 큰 수 ( )

가장 작은 수 ( )

18 왼쪽에서 일곱째에 있는 과일은 오른쪽에서 몇째에 있는지 풀이 과정을 쓰고, 답을 구해 보세요.

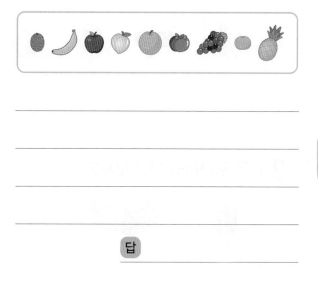

_____

_____

_____

_____

답

1 단원

19 아몬드를 진주는 **9**개, 혜지는 **6**개, 성주는 **7**개 먹었습니다. 아몬드를 가장 적게 먹은 사람은 누구인가요?

( )

20 나는 어떤 수인지 구해 보세요.

• 나는 **2**와 **6** 사이에 있는 수입니다.
• 나는 **4**보다 작은 수입니다.

( )

01 왼쪽과 같은 모양에 ○표 하세요.

(   ) (   ) (   )

02 같은 모양끼리 이어 보세요.

| 03~04 | 구멍에서 보이는 모양을 보고 전체 모양을 보기 에서 찾아 기호를 써 보세요.

→보기

ㄱ   ㄴ   ㄷ

03 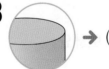 → (   )

04  → (   )

05 다음과 같은 모양을 만드는 데 사용한 모양을 찾아 ○표 하세요.

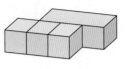

 모양   모양   모양

(   ) (   ) (   )

06 북과 같은 모양의 물건을 찾아 ○표 하세요.

07 모양이 다른 하나에 ○표 하세요.

(   ) (   ) (   ) (   )

08 잘 쌓을 수 있는 것은 어느 것인가요?

(   )

①   ②   ③

④   ⑤

09 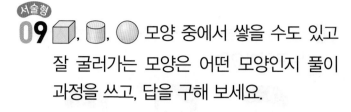 , , 모양 중에서 쌓을 수도 있고 잘 굴러가는 모양은 어떤 모양인지 풀이 과정을 쓰고, 답을 구해 보세요.

_____

_____

_____

답 _____

10 서진이와 다은이 중 바르게 말한 사람은 누구인가요?

모양은 평평한 부분이 없어.

모양은 여러 방향으로 잘 굴러가.

서진   다은

(   )

11 카드 놀이를 하고 있습니다. 같은 모양이 그려진 카드를 모은 사람은 누구인가요?

한주   연우

(   )

12 , , 모양을 각각 몇 개 사용했는지 세어 보세요.

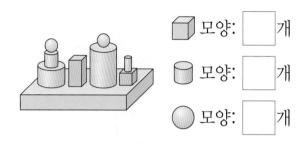

모양: ☐ 개

모양: ☐ 개

모양: ☐ 개

13 다음과 같은 모양을 만드는 데 사용한 개수가 다른 모양을 찾아 ○표 하세요.

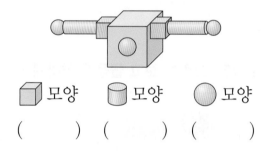

모양   모양   모양

(   ) (   ) (   )

14 보기 의 모양을 모두 사용하여 만든 모양에 ○표 하세요.

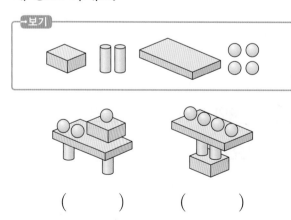

보기

(   )   (   )

15 두 모양에서 서로 다른 부분은 모두 몇 군데인가요?

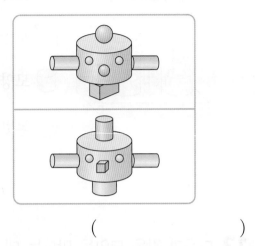

( )

| 16~17 | 그림을 보고 물음에 답하세요.

16 가장 많은 모양을 찾아 ○표 하세요.

◻ 모양   🛢 모양   ⬤ 모양
( )   ( )   ( )

17 🧊와 모양이 같은 물건은 모두 몇 개인가요?

( )

18 잘 굴러가는 모양의 물건만 모은 사람은 누구인가요?

( )

19 ◻, 🛢, ⬤ 모양 중 가장 적게 사용한 모양은 몇 개 사용했나요?

( )

서술형
20 ◻ 모양을 더 많이 사용한 사람은 누구인지 풀이 과정을 쓰고, 답을 구해 보세요.

수민   동현

_____

_____

_____

답 _____

단원 평가 B단계

2. 여러 가지 모양

점수 /

01 왼쪽과 같은 모양을 찾아 ○표 하세요.

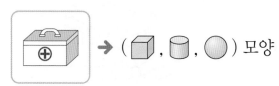

→ (🔲 , 🔵 , ⚪) 모양

02 🔲 모양은 □표, 🔵 모양은 △표, ⚪ 모양은 ○표 하세요.

(   ) (   ) (   )

03 ⚪ 모양의 일부분을 나타내는 것을 찾아 ○표 하세요.

(   ) (   ) (   )

04 🔲 모양만 사용하여 만든 모양을 찾아 ○표 하세요.

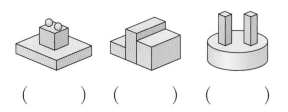

(   ) (   ) (   )

05 어떤 모양을 모은 것인지 알맞은 모양을 찾아 ○표 하세요.

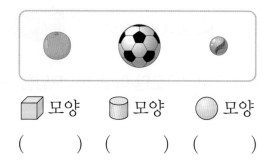

🔲 모양   🔵 모양   ⚪ 모양

(   ) (   ) (   )

06 같은 모양끼리 이어 보세요.

07 두 사람이 가지고 있는 물건에 공통으로 있는 모양을 찾아 ○표 하세요.

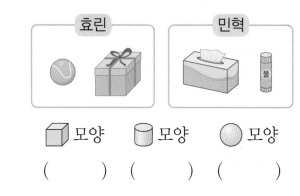

🔲 모양   🔵 모양   ⚪ 모양

(   ) (   ) (   )

08 쌓을 수 없는 것을 찾아 ×표 하세요.

(   ) (   ) (   )

2단원

|09~10| 그림을 보고 물음에 답하세요.

09 둥근 부분으로만 이루어진 모양을 모두 찾아 기호를 써 보세요.

( )

10 굴러가지 않는 모양의 물건은 모두 몇 개인가요?

( )

11 🔵서술형 ⬭ 모양과 ⬜ 모양의 다른 점을 두 가지 써 보세요.

다른 점 1

_____

다른 점 2

_____

|12~13| ⬜, ⬭, ⚪ 모양을 사용하여 미끄럼틀을 만들었습니다. 물음에 답하세요.

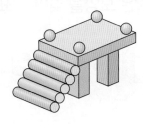

12 사용한 모양은 각각 몇 개인지 빈칸에 써넣으세요.

모양			
수(개)			

13 가장 많이 사용한 모양에 ◯표 하세요.

⬜ 모양   ⬭ 모양   ⚪ 모양

( ) ( ) ( )

14 다음 모양을 만드는 데 사용한 모양의 수가 5개인 모양을 찾아 ◯표 하세요.

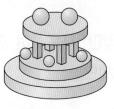

⬜ 모양   ⬭ 모양   ⚪ 모양

( ) ( ) ( )

정답 42쪽

15 두 모양에서 서로 다른 부분을 모두 찾아 ○표 하세요.

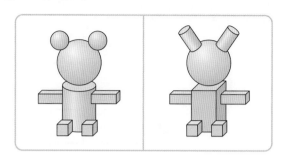

16 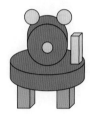 모양은 초록색, 🥫 모양은 빨간색, ⚪ 모양은 노란색으로 색칠했습니다. 잘못 색칠한 부분을 찾아 ○표 하세요.

17 같은 모양끼리 바르게 모은 사람은 누구인지 풀이 과정을 쓰고, 답을 구해 보세요.

답

18 수아가 다음과 같은 모양을 만들려고 합니다. 🧊 모양이 1개 부족하다면 수아가 가지고 있는 🧊 모양은 몇 개일까요?

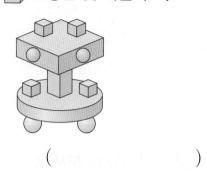

(   )

19 돋보기 안에 보이는 모양이 오른쪽 모양에는 몇 개 있는지 세어 보세요.

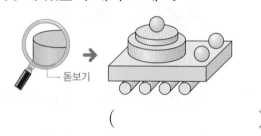

(   )

20 보기 의 모양에서 사용한 모양을 모두 사용하여 다른 모양을 만든 사람은 누구인가요?

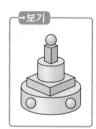

영지   규민

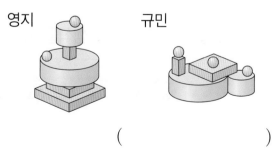

(   )

01 모으기를 해 보세요.

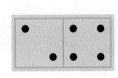
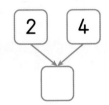

02 가르기를 해 보세요.

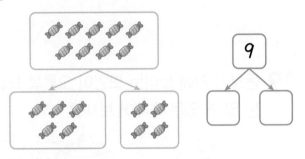

03 그림을 보고 덧셈식을 쓰고 읽어 보세요.

덧셈식 2+ ☐ = ☐

읽기 2와 ☐ 의 합은 ☐ 입니다.

04 그림을 보고 알맞은 뺄셈식을 써 보세요.

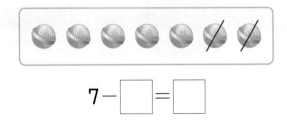

7 − ☐ = ☐

05 덧셈을 해 보세요.

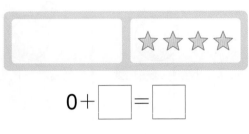

0+ ☐ = ☐

06 빈 곳에 알맞은 수가 더 큰 것에 ○표 하세요.

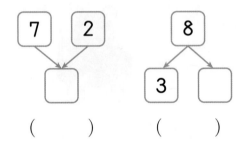

( )   ( )

07 보기 와 같이 두 가지 색으로 칸을 칠하고, 수를 써넣으세요.

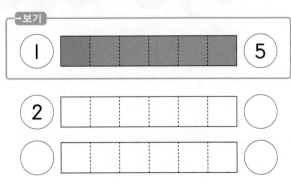

08 ★과 ♠에 알맞은 수를 모으기하면 얼마인가요?

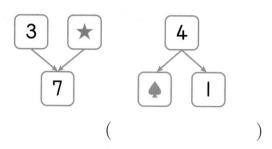

(   )

09 우유는 모두 몇 개인지 알맞은 덧셈식을 써 보세요.

상자 안에 우유가 **4**개 있습니다.

□ + □ = □

10 합이 다른 덧셈식을 찾아 ○표 하세요.

| 6+1 | 3+5 | 4+4 |

(   )   (   )   (   )

11 지호는 6살입니다. 형은 지호보다 3살 더 많습니다. 형은 몇 살인지 식을 쓰고, 답을 구해 보세요.

 식 _____

 답 _____

12 '남는다'를 이용하여 그림에 알맞은 뺄셈 이야기를 만들고, 뺄셈식을 써 보세요.

이야기 _____

_____

뺄셈식 _____

13 하윤이는 구슬 9개를 모두 실에 꿰어 목걸이를 만들려고 합니다. 다음과 같이 2개를 꿰었다면 몇 개를 더 꿰어야 할까요?

(   )

14 차가 같은 뺄셈식을 써 보세요.

6−3   4−1   8−5

3 단원

15 ○ 안에 +, −를 알맞게 써넣으세요.

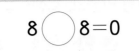

$8 \bigcirc 8 = 0$

16 다음 중 계산이 틀린 것은 어느 것인가요?

( )

① $7 + 0 = 7$ ② $5 + 3 = 8$

③ $4 - 2 = 2$ ④ $3 + 3 = 0$

⑤ $6 - 1 = 5$

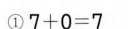
17 ㉠과 ㉡ 중에서 계산 결과가 더 큰 것의 기호를 쓰려고 합니다. 풀이 과정을 쓰고, 답을 구해 보세요.

㉠ $1 + 2$ ㉡ $8 - 6$

_____

_____

_____

답 _____

18 현아는 색연필 6자루를 사서 동생과 똑같이 나누어 가지려고 합니다. 동생이 가지게 되는 색연필은 몇 자루일까요?

( )

19 ▨ 모양의 수와 ▢ 모양의 수를 써넣고, 두 모양은 모두 몇 개인지 덧셈식을 써 보세요.

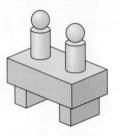

▨ 모양: ☐ 개   ▢ 모양: ☐ 개

☐ + ☐ = ☐

20 수 카드 중에서 가장 큰 수와 가장 작은 수의 합을 구해 보세요.

| 1 | 3 | 0 | 8 |

( )

단원 평가 B단계 3. 덧셈과 뺄셈

점수 /

01 모으기를 해 보세요.

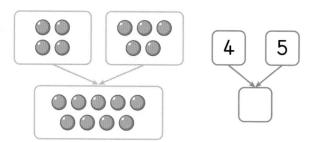

4 5

02 가르기를 해 보세요.

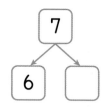

7 → 6, □

03 과일은 모두 몇 개인지 과일의 수만큼 수판에 ○를 그려서 덧셈을 해 보세요.

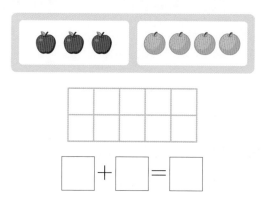

□ + □ = □

04 뺄셈식을 쓰고 읽어 보세요.

뺄셈식 6 − 4 = □

읽기 6과 4의 차는 □입니다.

05 모으기를 하여 8이 되는 두 수를 찾아 ○표 하세요.

| 3 | 2 | 1 | 5 |

06 6을 가르기하여 두 가지 색으로 ○를 색칠하고, 수를 써넣으세요.

6	6
●○○○○○	1 , 5
●●○○○○	2 , □
○○○○○○	□ , □
○○○○○○	□ , □
○○○○○○	□ , □

07 9를 위와 아래의 두 수로 가르기를 하려고 합니다. 빈칸에 알맞은 수를 써넣으세요.

9	2	5	3	7	8

08 고양이는 모두 몇 마리인지 덧셈식을 써 보세요.

$2+\boxed{}=\boxed{}$

09 지나는 칭찬 붙임딱지를 어제는 4장, 오늘은 2장 받았습니다. 지나가 어제와 오늘 받은 칭찬 붙임딱지는 모두 몇 장인가요?

(   )

10 합이 7이 되는 식을 모두 찾아 ○표 하세요.

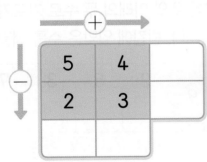

4+3   5+2
6+0   2+7
0+7   3+1   1+6

11 빈칸에 알맞은 수를 써넣으세요.

	5	4	
	2	3	

12 차가 더 큰 것에 ○표 하세요.

9 − 6	5 − 1

(   )   (   )

13 □ 안에 알맞은 수를 써넣고, 계산 결과가 같은 것끼리 이어 보세요.

$4+1=\boxed{}$ •   • $8-1=\boxed{}$

$7+2=\boxed{}$ •   • $9-0=\boxed{}$

$2+5=\boxed{}$ •   • $7-2=\boxed{}$

14 나뭇가지 위에 까치 6마리가 앉아 있었습니다. 그중에서 5마리가 날아갔습니다. 나뭇가지에 남아 있는 까치는 몇 마리인지 식을 쓰고, 답을 구해 보세요.

식 _____

답 _____

15 계산 결과가 더 작은 식을 말한 사람은 누구 인지 풀이 과정을 쓰고, 답을 구해 보세요.

다은   서진

_____

_____

_____

답

16 도넛이 모두 **9**개 있습니다. 상자 안에 들 어 있는 도넛은 몇 개인지 ☐ 안에 알맞은 수를 써넣으세요.

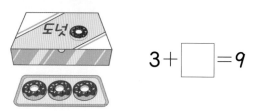

$3 + \boxed{} = 9$

17 빈 곳에 알맞은 수를 써넣으세요.

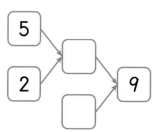

18 소희네 모둠은 모두 **7**명이고, 여학생이 남 학생보다 **1**명 더 많습니다. 남학생은 몇 명인가요?

(   )

19 같은 모양은 같은 수를 나타냅니다. ◆에 알맞은 수를 구해 보세요.

$$1 + 3 = ♥$$
$$♥ + ♥ = ▲$$
$$▲ - 7 = ◆$$

(   )

20 한빈이는 젤리 **9**개 중에서 **4**개를 먹었습 니다. 규리는 젤리 **6**개 중에서 **2**개를 먹었 습니다. 남은 젤리가 더 많은 사람은 누구 인지 풀이 과정을 쓰고, 답을 구해 보세요.

_____

_____

_____

답

01 그림을 보고 알맞은 말에 ○표 하세요.

운동화

우산

우산은 운동화보다
더 (깁니다 , 짧습니다).

02 더 낮은 것에 색칠해 보세요.

03 더 무거운 것에 ○표 하세요.

(   ) (   )

04 □ 안에 알맞은 말을 써넣으세요.

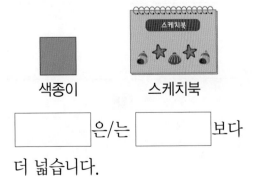

색종이   스케치북

[ ]은/는 [ ]보다
더 넓습니다.

05 담긴 주스의 양이 더 적은 것에 △표 하세요.

(   )   (   )

서술형
06 키가 더 큰 동물을 찾아 쓰려고 합니다. 풀이 과정을 쓰고, 답을 구해 보세요.

고양이   호랑이

_____

_____

_____

답 _____

07 숟가락보다 더 긴 것을 찾아 ○표 하세요.

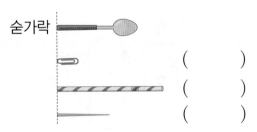

숟가락

(   )
(   )
(   )

08 건물에서 가장 높은 곳에 있는 사람은 누구인가요?

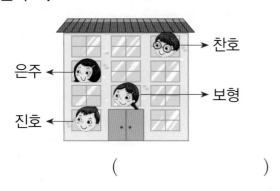

( )

09 긴 것부터 ( ) 안에 순서대로 1, 2, 3, 4를 써 보세요.

~~~~~~~~ ( )

~~~~~~~~ ( )

———— ( )

~~~~~~~~ ( )

10 가장 가벼운 것을 찾아 △표 하세요.

( ) ( ) ( )

11 길이가 같은 고무줄에 공을 매달았더니 그림과 같이 고무줄이 늘어났습니다. 가장 무거운 공을 찾아 ○표 하세요.

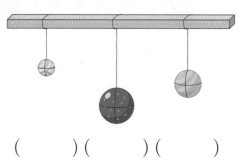

( ) ( ) ( )

12 피자보다 더 넓은 것을 찾아 ○표 하세요.

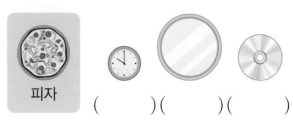

피자 ( ) ( ) ( )

13 손수건으로 가릴 수 있는 것에 ○표 하세요.

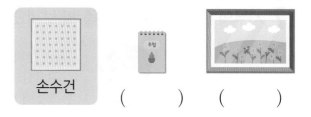

손수건 ( ) ( )

14 가장 넓은 것을 찾아 색칠해 보세요.

15 담을 수 있는 양이 가장 많은 것에 ○표, 가장 적은 것에 △표 하세요.

(   ) (   ) (   )

16 세 사람이 다음과 같이 컵에 담긴 물을 모두 마셨습니다. 마신 물의 양이 가장 많은 사람은 누구인가요?

재희   연주   성준

(   )

서술형
17 시우의 말이 잘못된 이유를 써 보세요.

물의 높이가 같으니까 두 그릇에 담긴 물의 양은 같아.

시우

이유 _____

_____

_____

18 연필은 가위보다 더 길고, 자는 연필보다 더 깁니다. 연필, 가위, 자 중에서 가장 짧은 것은 무엇인가요?

(   )

19 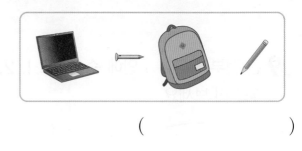 필통보다 더 무겁고 책상보다는 더 가벼운 물건은 모두 몇 개인가요?

(   )

20 똑같은 컵으로 물통과 세숫대야에 들어 있던 물을 모두 옮겨 담았더니 옮겨 담은 횟수가 다음과 같았습니다. 물통과 세숫대야 중에서 물이 더 많이 들어 있던 그릇은 어느 것인가요?

그릇	물통	세숫대야
담은 횟수	9번	8번

(   )

단원 평가 **B**단계   4. 비교하기   점수 /

01 관계있는 것끼리 이어 보세요.

- • 더 짧다
- • 더 길다

02 더 가벼운 것에 △표 하세요.

(   )   (   )

03 색종이와 학종이의 넓이를 비교하려고 합니다. 알맞은 말에 ○표 하세요.

색종이   학종이

색종이는 학종이보다

더 (넓습니다 , 좁습니다).

04 담을 수 있는 양이 더 많은 것에 ○표 하세요.

(   )   (   )

05 가장 긴 것에 ○표, 가장 짧은 것에 △표 하세요.

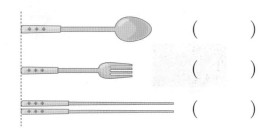

(   )

(   )

(   )

06 지렁이가 땅속에 판 길 중 길이가 가장 긴 길을 찾아 기호를 쓰려고 합니다. 풀이 과정을 쓰고, 답을 구해 보세요.

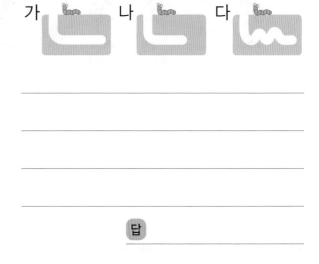

가   나   다

_____

_____

_____

_____

답 _____

07 보기 와 같이 두 색 테이프의 길이를 다르게 색칠해 보고, 비교해 보세요.

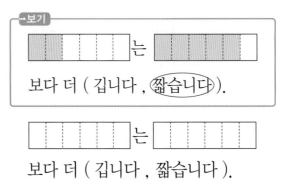

4
단원

4. 비교하기 • **23**

08 가장 무거운 것은 어느 것인가요?

( )

①
②
③
④
⑤

09 가장 가벼운 사람은 누구인가요?

화리   지수   화리   미주

( )

10 ( ) 안에 가벼운 과일부터 순서대로 써 보세요.

> • 사과는 귤보다 더 무겁습니다.
> • 사과는 배보다 더 가볍습니다.

( ) → ( ) → ( )

11 작은 한 칸의 크기는 모두 같습니다. 가와 나 중에서 더 좁은 것의 기호를 써 보세요.

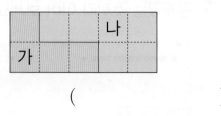

( )

12 가장 넓은 부분을 색칠해 보세요.

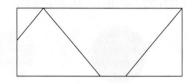

13 1부터 6까지 순서대로 이어 보고, 더 넓은 쪽에 ○표 하세요.

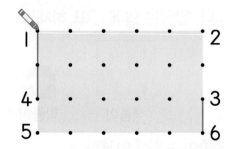

14 왼쪽보다 담긴 물의 양이 더 많은 것을 찾아 ○표 하세요.

( ) ( ) ( )

15 세 사람이 각자 컵에 물을 가득 담아 모두 마셨습니다. 물을 가장 적게 마신 사람은 누구인가요?

누리 　 해나 　 현진

(　　　　　)

16 담긴 주스의 양이 가장 많은 그릇을 찾아 기호를 써 보세요.

가 　　　 나 　　　 다

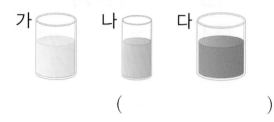

(　　　　　)

17 그림을 보고 잘못 말한 사람을 찾아 이름을 써 보세요.

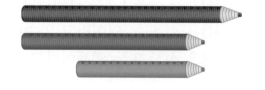

- 지우: 빨간색 색연필이 가장 길어.
- 민아: 파란색 색연필은 빨간색 색연필보다 더 짧아.
- 선재: 파란색 색연필과 초록색 색연필의 길이는 같아.

(　　　　　)

18 무거운 것부터 순서대로 냉장고에 넣으려고 합니다. 가장 마지막에 넣어야 하는 것은 무엇일까요?

호박 　 버섯 　 가지

(　　　　　)

19 그림과 같이 색종이를 반으로 접고 있습니다. 2번 접은 모양과 3번 접은 모양 중에서 더 좁은 모양은 어느 것일까요?

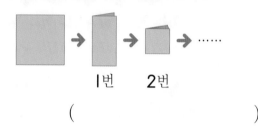

1번 　 2번

(　　　　　)

서술형

20 세 사람이 똑같은 컵에 주스를 가득 담아 각각 마시고 남은 것입니다. 주스를 가장 많이 마신 사람은 누구인지 풀이 과정을 쓰고, 답을 구해 보세요.

세나 　　 호진 　　 영우

_____

_____

_____

_____

답

01 인형의 수를 세어 □ 안에 써넣으세요.

$\square$

02 가르기를 해 보세요.

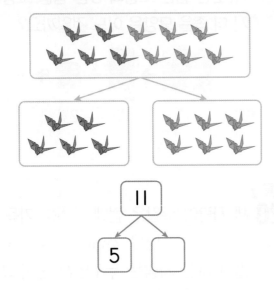

03 수를 세어 쓰고, 알맞게 읽은 것을 찾아 ○표 하세요.

$\square$ 읽기 (스물 , 사십 , 서른)

04 다음이 나타내는 수를 써 보세요.

| 10개씩 묶음 **2**개와 낱개 **9**개인 수 |

(   )

05 수의 순서에 맞게 빈칸에 알맞은 수를 써넣으세요.

25			28	29			32
33	34	35			38	39	

06 다음 중 잘못 설명한 것은 어느 것인가요?
(   )

① 십이는 **12**라고 씁니다.
② **6**보다 **4**만큼 더 큰 수는 **10**입니다.
③ **10**개씩 묶음 **1**개는 **11**입니다.
④ **10**은 십 또는 열이라고 읽습니다.
⑤ **13**은 십삼 또는 열셋이라고 읽습니다.

07 나타내는 수가 다른 하나를 찾아 써 보세요.

| 열여섯 | 16 | 십육 | 열일곱 |

(   )

08 두 가지 방법으로 가르기를 해 보세요.

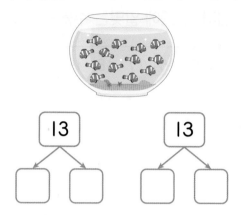

09 모으기를 하여 15가 되는 수끼리 이어 보세요.

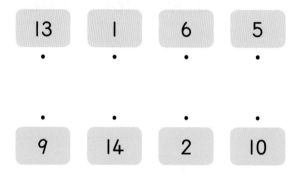

10 준비물의 수를 써 보세요.

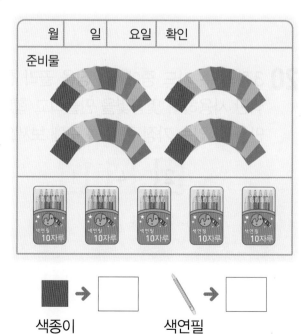

월	일	요일	확인

5
단원

11 사탕이 30개 있습니다. 한 봉지에 사탕을 10개씩 담는다면 몇 봉지가 되는지 풀이 과정을 쓰고, 답을 구해 보세요.

답

12 빈칸에 알맞은 수를 써넣으세요.

수	10개씩 묶음	낱개
26	2	6
17	1	
45		5
	3	9

13 책꽂이에 동화책이 스물일곱 권 꽂혀 있습니다. 책꽂이에 꽂혀 있는 동화책의 수를 써 보세요.

( )

14 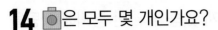은 모두 몇 개인가요?

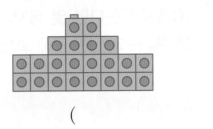

(   )

15 □ 안에 알맞은 수를 써넣으세요.

□ 은/는 22와 24 사이에 있는 수야.

16 더 큰 수에 ○표 하세요.

43	49

17 색연필을 재석이는 35자루 가지고 있고, 소민이는 28자루 가지고 있습니다. 색연필을 더 많이 가지고 있는 사람은 누구인가요?

(   )

18 16보다 크고 ■보다 작은 수는 모두 4개입니다. ■에 알맞은 수를 구해 보세요.

←——|——|——|——|——|——|——|——|——→
　　15　16　17　18　19　20　21　22

(   )

서술형
19 0부터 9까지의 수 중에서 □ 안에 들어갈 수 있는 수는 모두 몇 개인지 풀이 과정을 쓰고, 답을 구해 보세요.

3□은/는 36보다 큽니다.

_____

_____

_____

답

20 3장의 수 카드 중에서 2장을 골라 한 번씩만 사용하여 몇십몇을 만들려고 합니다. 만들 수 있는 가장 큰 수를 구해 보세요.

| 2 | 4 | 1 |

(   )

단원 평가 B단계

5. 50까지의 수

점수 /

01 10개인 것을 모두 찾아 ○표 하세요.

(   )   (   )   (   )

02 컵케이크의 수를 세어 □ 안에 써넣으세요.

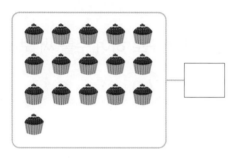

03 모으기를 해 보세요.

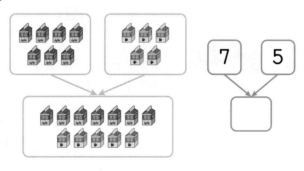

04 두 수의 크기를 비교하려고 합니다. □ 안에 알맞은 수를 써넣으세요.

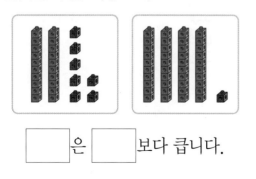

□ 은 □ 보다 큽니다.

05 10을 잘못 읽은 사람은 누구인가요?

우리 형은 10(열)살이야.

난 머리핀을 10(십)개 샀어.

시우   예나

(   )

06 수의 순서에 맞게 빈 곳에 알맞은 수를 써넣으세요.

| 15 | 16 | | 18 | |

서술형
07 다음 수보다 1만큼 더 큰 수는 얼마인지 풀이 과정을 쓰고, 답을 구해 보세요.

10개씩 묶음 1개와 낱개 8개인 수

답 _____

5 단원

08 가르기를 해 보세요.

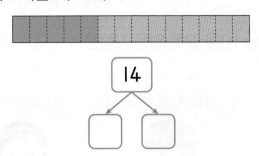

09 모으기를 하여 13이 되는 두 수를 모두 찾아 같은 색으로 색칠해 보세요.

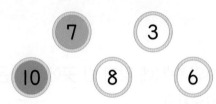

10 20개가 되도록 ○를 더 그려 넣으세요.

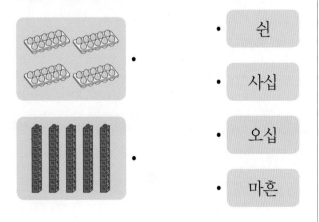

11 같은 수끼리 모두 이어 보세요.

· 쉰

· 사십

· 오십

· 마흔

12 수를 잘못 읽은 것을 찾아 기호를 써 보세요.

( )

13 순서를 거꾸로 하여 수를 써 보세요.

14 잘못 말한 사람은 누구인가요?

( )

15 작은 수부터 순서대로 써 보세요.

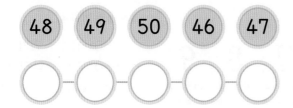

16 가장 큰 수를 찾아 ○표 하세요.

스물넷	열아홉	스물하나
( )	( )	( )

17 주어진 ▢으로 보기 의 모양을 몇 개 만들 수 있는지 구해 보세요.

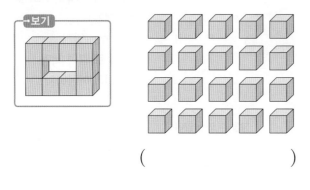

(   )

18 감이 34개 있습니다. 감을 한 줄에 10개씩 꿰어 곶감을 만들려고 합니다. 곶감을 4줄 만들려면 감이 몇 개 더 필요할까요?

(   )

서술형
19 두 수 사이에 있는 수는 모두 몇 개인지 풀이 과정을 쓰고, 답을 구해 보세요.

이십육	스물아홉

_____

_____

_____

답

20 조건 을 만족하는 수를 구해 보세요.

조건
• 10개씩 묶음 4개와 낱개 1개인 수보다 큰 수입니다.
• 45보다 작은 수입니다.
• 10개씩 묶음의 수와 낱개의 수가 서로 같습니다.

(   )

5
단원

1단원 9까지의 수

0   1   2   3   4   5   6   7   8   9

영   하나, 일   둘, 이   셋, 삼   넷, 사   다섯, 오   여섯, 육   일곱, 칠   여덟, 팔   아홉, 구

수의 순서에서 **뒤**에 있는 수가 **더 큰 수!**

다음에 배워요
- 50까지의 수 알기
- 50까지의 수의 크기 비교하기

2단원 여러 가지 모양

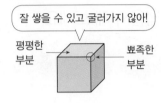
잘 쌓을 수 있고 굴러가지 않아!
평평한 부분   뽀족한 부분

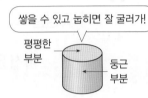
쌓을 수 있고 눕히면 잘 굴러가!
평평한 부분   둥근 부분

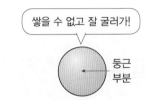
쌓을 수 없고 잘 굴러가!
둥근 부분

다음에 배워요
- ■, ▲, ● 모양을 찾고 알아보기
- ■, ▲, ● 모양으로 꾸미기

3단원 덧셈과 뺄셈

$3+1=4$

읽기 3 더하기 1은 4와 같습니다.
3과 1의 합은 4입니다.

$4-1=3$

읽기 4 빼기 1은 3과 같습니다.
4와 1의 차는 3입니다.

다음에 배워요
- 19까지의 수를 모으기와 가르기
- 한 자리 수인 세 수의 덧셈과 뺄셈
- 10이 되는 더하기, 10에서 빼기

4단원 비교하기

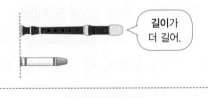
길이가 더 길어.

무게가 더 무거워.

넓이가 더 넓어.

담을 수 있는 양이 더 많아.

다음에 배워요
- 여러 가지 단위로 길이 재기
- 1 cm 알기
- 자로 길이 재기
- 길이 어림하기

5단원 50까지의 수

10개씩 묶음 2개와 낱개 6개

→ 26   **읽기** 이십육, 스물여섯

다음에 배워요
- 100까지의 수 알기
- 100까지의 수의 크기 비교하기

실수를 줄이는 한 끗 차이!

빈틈없는 연산서

· 교과서 전단원 연산 구성   · 하루 4쪽, 4단계 학습   · 실수 방지 팁 제공

수학의 기본 큐브

개념 이해가 실력의 차이!

대체불가 개념서

· 교과서 개념 시각화 구성
· 수학익힘 교과서 완벽 학습
· 기본 강화책 제공

실력이 완성되는 강력한 차이!

새로워진 유형서

· 기본부터 응용까지 모든 유형 구성
· 대표 예제로 유형 해결 방법 학습
· 서술형 강화책 제공

백점 수학 1·1

초등학교   학년   반   번   이름

백점

수학 1·1

해설북

- 한눈에 보이는 **정확한 답**
- 한번에 이해되는 **자세한 풀이**

모바일
빠른 정답

동아출판

차례

개념북 ·· 1쪽

평가북 ·· 39쪽

백점 수학 빠른 정답

QR코드를 찍으면 **정답과 풀이**를
쉽고 빠르게 확인할 수 있습니다.

1. 9까지의 수

1회 개념 학습
8~9쪽

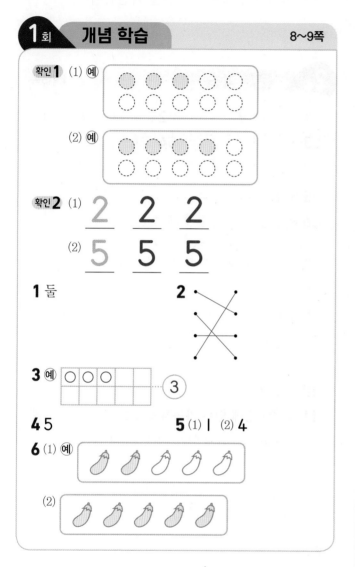

확인1 (1) 예
(2) 예

확인2 (1) 2 2 2
(2) 5 5 5

1 둘

2

3 예 ○○○ — (3)

4 5

5 (1) 1 (2) 4

6 (1) 예
(2)

---

1 곰 인형의 수를 세어 보면 하나, 둘입니다.

2 ・1 — 하나, 일   ・3 — 셋, 삼
　・5 — 다섯, 오   ・4 — 넷, 사

3 사과의 수를 세어 보면 셋이므로 ○를 3개 그리고, 3을 씁니다.

4 아이스크림의 수를 세어 보면 다섯이므로 5에 ○표 합니다.

5 (1) 빵의 수를 세어 보면 하나이므로 1입니다.
　(2) 빵의 수를 세어 보면 넷이므로 4입니다.

---

6 (1) 둘까지 세면서 그림을 색칠합니다.
　(2) 다섯까지 세면서 그림을 색칠합니다.

1회 문제 학습
10~11쪽

01 4

02 ( ) (○) ( )

03 3 /
　　 2 /
　　 5 /

04 2

05 셋

06 3

07 예 [4]

08 2

09 ( ) ( ) (○)

10 ❶ 지훈　❷ 빵, 5

11 ❶ 소율　❷ 예 블록은 4개 있네.

---

01 무당벌레, 우산, 펼친 손가락의 수는 모두 4입니다.

02 누름 못의 수: 1, 집게의 수: 5, 클립의 수: 3

03 ・컵의 수는 셋이므로 3입니다. → 셋, 삼
　・칫솔의 수는 둘이므로 2입니다. → 둘, 이
　・치약의 수는 다섯이므로 5입니다. → 다섯, 오

04 개구리의 수를 세어 보면 둘이므로 2마리입니다.

05 ・1 — 하나, 일　　・3 — 셋, 삼

06 초의 수를 세어 보면 셋이므로 3을 써야 합니다.

07 1, 2, 3, 4, 5 중 하나를 쓰고, 쓴 수만큼 색칠합니다.

08 초록색 단추의 수를 세어 보면 둘이므로 2입니다.

09 수 카드의 수는 3이고 왼쪽 그림부터 차례로 물건의 수를 세어 보면 3, 3, 2입니다.

10 접시의 수: 4, 빵의 수: 5, 컵의 수: 3

채점 기준		
❶ 잘못 말한 사람을 찾아 이름을 쓴 경우	3점	5점
❷ 바르게 고쳐 쓴 경우	2점	

11 연필의 수: **5**, 지우개의 수: **1**, 블록의 수: **4**

채점 기준	❶ 잘못 말한 사람을 찾아 이름을 쓴 경우	3점	5점
	❷ 바르게 고쳐 쓴 경우	2점	

5 (1) 크레파스의 수를 세어 보면 아홉이므로 **9**입니다.

(2) 지우개의 수를 세어 보면 여섯이므로 **6**입니다.

6 (1) 여섯까지 세면서 그림을 색칠합니다.

(2) 여덟까지 세면서 그림을 색칠합니다.

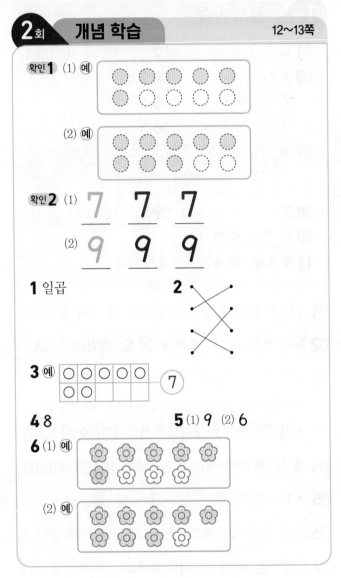

2회 **개념 학습** 12~13쪽

1 주스의 수를 세어 보면 하나, 둘, 셋, 넷, 다섯, 여섯, 일곱입니다.

2 • **8** — 여덟, 팔   • **7** — 일곱, 칠

  • **9** — 아홉, 구   • **6** — 여섯, 육

3 가지의 수를 세어 보면 하나, 둘, 셋, 넷, 다섯, 여섯, 일곱이므로 ○를 **7**개 그리고, **7**을 씁니다.

4 꽃의 수를 세어 보면 여덟이므로 **8**에 ○표 합니다.

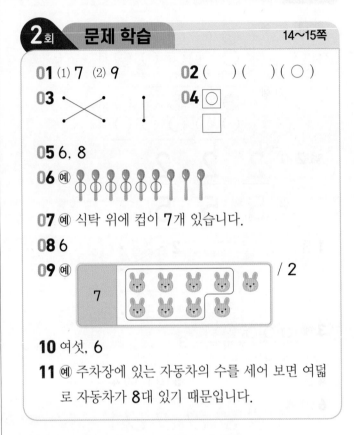

2회 **문제 학습** 14~15쪽

01 (1) 일곱을 수로 쓰면 **7**입니다.

(2) 아홉을 수로 쓰면 **9**입니다.

02 **8**은 여덟 또는 팔이라고 읽습니다.

03 • 마늘의 수를 세어 보면 아홉입니다. ➔ **9**

  • 양파의 수를 세어 보면 여섯입니다. ➔ **6**

  • 오이의 수를 세어 보면 일곱입니다. ➔ **7**

04 보라색 연결 모형의 수는 **7**이고, 주황색 연결 모형의 수는 **5**입니다.

05 • 선인장의 수를 세어 보면 여섯이므로 **6**그루 있습니다.

  • 낙타의 수를 세어 보면 여덟이므로 **8**마리 있습니다.

06 6명이 각각 숟가락 한 개씩 사용하므로 필요한 숟가락은 6개입니다.

07 집에 있는 물건 중에서 그 수가 6, 7, 8, 9 중 하나인 것을 떠올리며 수를 넣어 말해 봅니다.

08 쓰러진 볼링핀의 수를 세어 보면 여섯이므로 6입니다.

09 주어진 수는 7이므로 토끼를 일곱까지 세어 묶고, 묶지 않은 토끼의 수를 세면 둘이므로 2를 씁니다.

10 채점기준	예나가 잘못 말한 이유 쓰기	5점

11 채점기준	유준이가 잘못 말한 이유 쓰기	5점

[평가 기준] 이유에서 '여덟' 또는 '8대'라는 표현이 있으면 정답으로 인정합니다.

3회 개념 학습 16~17쪽

확인**1** 3, 6, 8

확인**2** (왼쪽에서부터) 4, 5, 6, 7, 8, 9

1 다섯째

2 (1) 승합차 (2) 승용차

3

4 (1) 3, 5 (2) 5, 8

5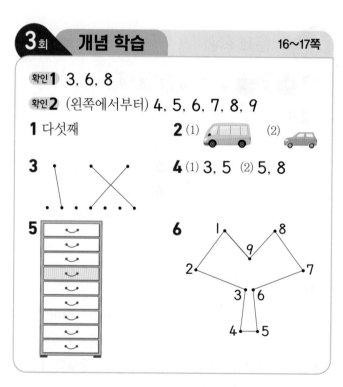

6 (점잇기 그림)

1 순서를 나타내는 말은 첫째, 둘째, 셋째, 넷째, 다섯째, 여섯째, 일곱째, 여덟째, 아홉째입니다.

2 (1) 앞에서 첫째, 둘째, 셋째, 넷째, 다섯째에 있는 자동차에 ○표 합니다.

(2) 앞에서 첫째, 둘째, 셋째에 있는 자동차에 ○표 합니다.

3 왼쪽부터 순서대로 줄을 서 있으므로 왼쪽에서 첫째, 둘째, 셋째, 넷째, 다섯째, 여섯째, 일곱째의 순서입니다.

2는 둘째, 7은 일곱째, 4는 넷째와 잇습니다.

4 1, 2, 3, 4, 5, 6, 7, 8, 9의 순서에 알맞게 수를 씁니다.

5 아래에서부터 첫째, 둘째, 셋째, 넷째, 다섯째, 여섯째, 일곱째, 여덟째, 아홉째의 순서입니다.

6 1-2-3-4-5-6-7-8-9의 순서대로 점을 잇습니다.

3회 문제 학습 18~19쪽

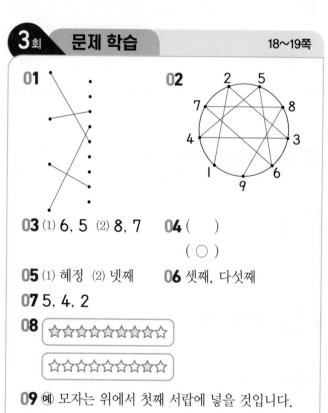

03 (1) 6, 5 (2) 8, 7   **04** ( )
(○)

05 (1) 혜정 (2) 넷째   **06** 셋째, 다섯째

07 5, 4, 2

08 ☆☆☆☆☆☆☆☆☆☆
☆☆☆☆☆☆☆☆☆☆

09 예 모자는 위에서 첫째 서랍에 넣을 것입니다.

10 ❶ 2, 3, 4, 5 ❷ 3   답 3

11 ❶ 책꽂이에 꽂힌 책의 번호를 4부터 9까지 순서대로 써 보면 4, 5, 6, 7, 8, 9입니다.
❷ 따라서 '해님 달님' 책의 번호는 6입니다.
답 6

01 수의 순서에 맞는 쌓기나무를 찾아 잇습니다.

02 1−2−3−4−5−6−7−8−9의 순서대로 점을 잇습니다.

03 9부터 수의 순서를 거꾸로 써 보면 9, 8, 7, 6, 5, 4, 3, 2, 1입니다.

04 3, 4, 6, 5, 7(×) ➔ 3, 4, 5, 6, 7(○)

05 앞에서 첫째는 진형, 둘째는 혜정, 셋째는 경호, 넷째는 수연, 다섯째는 정수입니다.

06 • 왼쪽에서 셋째에 노란색 젤리가 있습니다.
　　• 오른쪽에서 다섯째에 노란색 젤리가 있습니다.

07 기차는 다섯째에 있으므로 5, 로봇은 넷째에 있으므로 4, 공룡 인형은 둘째에 있으므로 2입니다.

08 8은 수를 나타내므로 ☆ 8개에 색칠하고, 여덟째는 순서를 나타내므로 여덟째에 있는 ☆ 1개에만 색칠합니다.

09 주어진 물건을 위 또는 아래를 기준으로 하여 몇째 서랍에 넣을 것인지 말해 봅니다.

10 채점 기준	❶ 사물함의 번호를 순서대로 쓴 경우	3점	5점
	❷ 소미의 사물함 번호를 구한 경우	2점	

11 채점 기준	❶ 책꽂이에 꽂힌 책의 번호를 순서대로 쓴 경우	3점	5점
	❷ '해님 달님' 책의 번호를 구한 경우	2점	

4회　개념 학습　20~21쪽

확인**1** 3, 5　　　확인**2** 1, 0

1 예

○ ○ ○ ○ ○ | 5

○ ○ ○ ○ ○
○ ○ | 7

2 (　) (　○　)　　　**3** 2, 1, 0
4 ⑴ 7　⑵ 2　　　**5** 0
6 ⑴ 3, 5　⑵ 6, 8

1 6보다 1만큼 더 작은 수는 5이고, 6보다 1만큼 더 큰 수는 7입니다.

2 5보다 1만큼 더 큰 수는 5 바로 뒤의 수인 6이므로 참외의 수가 6인 것에 ○표 합니다.

3 • 펼친 손가락이 2개이므로 2입니다.
　　• 펼친 손가락이 1개이므로 1입니다.
　　• 펼친 손가락이 없으므로 0입니다.

4 ⑴ 8보다 1만큼 더 작은 수는 8 바로 앞의 수인 7입니다.
　　⑵ 1보다 1만큼 더 큰 수는 1 바로 뒤의 수인 2입니다.

5 1보다 1만큼 더 작은 수는 1 바로 앞의 수인 0입니다.

6 수를 순서대로 썼을 때 1만큼 더 작은 수는 바로 앞의 수, 1만큼 더 큰 수는 바로 뒤의 수입니다.

4회　문제 학습　22~23쪽

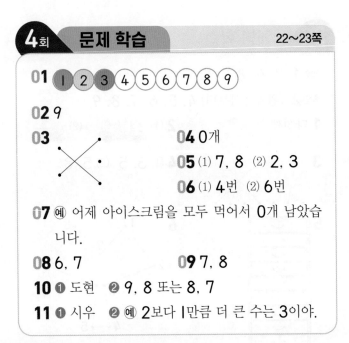

01 ① 1 ② 2 ③ 3 ④ 5 ⑥ 7 ⑧ 9

02 9

03（선 잇기）　　**04** 0개

05 ⑴ 7, 8　⑵ 2, 3

06 ⑴ 4번　⑵ 6번

07 예 어제 아이스크림을 모두 먹어서 0개 남았습니다.

08 6, 7　　　　**09** 7, 8

10 ❶ 도현　❷ 9, 8 또는 8, 7

11 ❶ 시우　❷ 예 2보다 1만큼 더 큰 수는 3이야.

01 2보다 1만큼 더 작은 수는 1이고, 2보다 1만큼 더 큰 수는 3입니다.

02 사탕의 수 8보다 1만큼 더 큰 수는 9입니다.

03 • 5보다 1만큼 더 작은 수는 4입니다.
　　• 3보다 1만큼 더 작은 수는 2입니다.

04 지수가 넣은 고리는 없으므로 **0**개입니다.

05 • 6보다 1만큼 더 큰 수는 7이고, 7보다 1만큼 더 큰 수는 8입니다.

ㅤ • 4보다 1만큼 더 작은 수는 3이고, 3보다 1만큼 더 작은 수는 2입니다.

06 (1) 5보다 1만큼 더 작은 수인 4입니다.

ㅤ (2) 5보다 1만큼 더 큰 수인 6입니다.

07 0을 사용하여 자유롭게 이야기해 봅니다.

08 7은 6 바로 뒤의 수, 6은 7 바로 앞의 수입니다.

09 7층과 8층의 버튼이 눌러져 있습니다.

ㅤ 아이의 집은 아주머니의 집보다 한 층 아래에 있으므로 아이 집의 층수는 8보다 1만큼 더 작은 수인 7이고, 아주머니 집의 층수는 8입니다.

10
채점 기준		
❶ 잘못 말한 사람을 찾아 이름을 쓴 경우	3점	5점
❷ 바르게 고쳐 쓴 경우	2점	

11 '2보다 1만큼 더 작은 수는 1이야.', '0보다 1만큼 더 큰 수는 1이야.'라고 고칠 수도 있습니다.

채점 기준		
❶ 잘못 말한 사람을 찾아 이름을 쓴 경우	3점	5점
❷ 바르게 고쳐 쓴 경우	2점	

5회 개념 학습　24~25쪽

확인**1** 8

확인**2** (1) 앞, 작습니다　(2) 뒤, 큽니다

1 적습니다 / 작습니다

2 예)

/ 작습니다 / 큽니다

3 ① ②(△) ③ ④ ⑤ ⑥ ⑦

4 4

5 5 / ( )　3 / (△)

6 □　○

---

1 자동차가 자전거보다 적으므로 3은 6보다 작습니다.

2 ○의 수가 더 적은 4가 7보다 작고, ○의 수가 더 많은 7이 4보다 큽니다.

3 2는 5보다 앞에 있는 수이므로 2는 5보다 작습니다.

4 오른쪽에 있는 물고기가 왼쪽에 있는 물고기보다 많으므로 4는 1보다 큽니다.

5 아래쪽에 있는 버섯이 위쪽에 있는 버섯보다 적으므로 3은 5보다 작습니다.

6 수의 순서에서 2는 8보다 앞에 있는 수이므로 2는 8보다 작습니다.

5회 문제 학습　26~27쪽

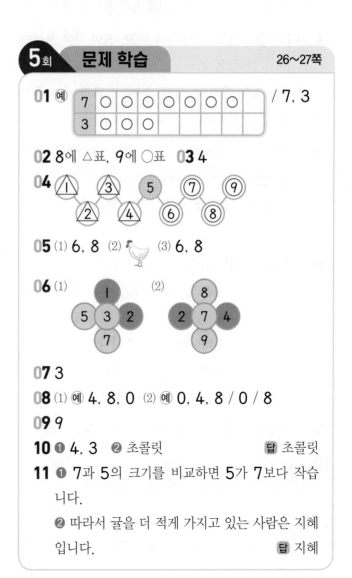

01 예)　/ 7, 3

02 8에 △표, 9에 ○표　**03** 4

04 ① ③ ⑤ ⑦ ⑨ / ② ④ ⑥ ⑧

05 (1) 6, 8　(2) 🐔　(3) 6, 8

06 (1)　(2)

07 3

08 (1) 예) 4, 8, 0　(2) 예) 0, 4, 8 / 0 / 8

09 9

10 ❶ 4, 3　❷ 초콜릿　답 초콜릿

11 ❶ 7과 5의 크기를 비교하면 5가 7보다 작습니다.

ㅤ ❷ 따라서 귤을 더 적게 가지고 있는 사람은 지혜입니다.　답 지혜

01 7은 ○를 7개 그리고, 3은 ○를 3개 그립니다.
○의 수가 더 많은 7이 3보다 큽니다.

02 수의 순서에서 8은 9보다 앞에 있는 수이므로 8
은 9보다 작습니다.
따라서 8에 △표, 9에 ○표 합니다.

03 수의 순서에서 4는 6보다 앞에 있는 수이므로
6보다 작은 수는 4입니다.

04 • 1, 2, 3, 4는 5보다 앞에 있는 수이므로 5보
다 작은 수입니다.
• 6, 7, 8, 9는 5보다 뒤에 있는 수이므로 5보
다 큰 수입니다.

05 ⑵ 닭이 병아리보다 적습니다.
⑶ 닭이 병아리보다 적으므로 6은 8보다 작습니다.

06 ⑴ 1과 2는 3보다 작은 수이고, 5와 7은 3보다
큰 수입니다.
⑵ 2와 4는 7보다 작은 수이고, 8과 9는 7보
다 큰 수입니다.

07 주어진 수를 순서대로 썼을 때 가장 앞에 있는
수가 가장 작은 수입니다.
1-2-**3**-4-5-6-7-8-9
따라서 가장 작은 수는 3입니다.

08 ⑴ 7, 2, 4, 8, 5, 0 중에서 세 수를 골라 씁니다.
⑵ 주어진 수 카드의 수를 작은 수부터 쓰면 0,
2, 4, 5, 7, 8이므로 이 중 내가 고른 세 수
를 작은 수부터 순서대로 씁니다.
이때 가장 앞에 있는 수가 가장 작은 수, 가장
뒤에 있는 수가 가장 큰 수입니다.

09 딸기의 수는 7이고, 7보다 큰 수는 9입니다.

10
채점 기준	❶ 3과 4의 크기를 비교한 경우	3점	
	❷ 간식 통에 더 많은 것은 무엇인지 쓴 경우	2점	5점

11
채점 기준	❶ 7과 5의 크기를 비교한 경우	3점	
	❷ 귤을 더 적게 가지고 있는 사람은 누구인지 쓴 경우	2점	5점

6회 **응용 학습** 28~31쪽

01 1단계 7, 5, 6   2단계 채아
02 도현   **03** 연아
04 1단계 (나무)   2단계 넷째
05 셋째   **06** 다섯째
07 1단계 6, 7, 8   2단계 8
08 4   **09** 2개
10 1단계, 2단계
| 앞 ○○○○○◉○○ 뒤 |
민규
3단계 7명
11 9명   **12** 7층

01 1단계 다섯: 5, 7보다 1만큼 더 작은 수: 6
2단계 7, 5, 6을 순서대로 써 보면 5, 6, 7이
므로 가장 큰 수를 말한 사람은 채아입니다.

02 • 서진: 3   • 다은: 1보다 1만큼 더 큰 수 ➡ 2
• 도현: 영 ➡ 0
3, 2, 0을 순서대로 써 보면 0, 2, 3이므로 가
장 작은 수를 말한 사람은 도현입니다.

03 • 연아: 여덟 ➡ 8
• 서준: 5보다 1만큼 더 큰 수 ➡ 6
• 재호: 7 • 채민: 6보다 1만큼 더 작은 수 ➡ 5
8, 6, 7, 5를 순서대로 써 보면 5, 6, 7, 8이
므로 가장 큰 수를 말한 사람은 연아입니다.

04 2단계 나무의 순서를 각각 오른쪽과 왼쪽을 기준
으로 나타내 보면 오른쪽에서 셋째에 있는 나무
는 왼쪽에서 넷째에 있습니다.

05 주스의 순서를 각각 왼쪽과 오른쪽을 기준으로
나타내 보면 왼쪽에서 다섯째에 놓인 주스는 오
른쪽에서 셋째에 놓여 있습니다.

06
뒤에서 넷째
↓
(앞) ○○○○◉○○○ (뒤)
↑
앞에서 다섯째

07 **1단계** 5부터 9까지의 수를 순서대로 써 보면
5−6−7−8−9이므로 5와 9 사이에 있는
수는 6, 7, 8입니다.
2단계 6, 7, 8 중에서 7보다 큰 수는 8입니다.

08 3부터 7까지의 수를 순서대로 써 보면
3−4−5−6−7이므로 3과 7 사이에 있는
수는 4, 5, 6입니다.
4, 5, 6 중에서 5보다 작은 수는 4입니다.

09 1부터 6까지의 수를 순서대로 써 보면
1−2−3−4−5−6이므로 1과 6 사이에 있
는 수는 2, 3, 4, 5입니다.
2, 3, 4, 5 중에서 3보다 큰 수는 4, 5이므
로 조건 을 모두 만족하는 수는 2개입니다.

10 **1단계** 민규는 앞에서 다섯째에 서 있으므로 민규
앞에 ○ 4개를 그립니다.
2단계 민규는 뒤에서 셋째에 서 있으므로 민규
뒤에 ○ 2개를 그립니다.
3단계 민규 앞에 4명, 민규 뒤에 2명이 있으므
로 줄을 서 있는 어린이는 모두 7명입니다.

11 해주는 앞에서 넷째로 달리고 있으므로 해주 앞
에 ○ 3개를 그리고, 뒤에서 여섯째로 달리고 있
으므로 해주 뒤에 ○ 5개를 그려 나타내면 다음
과 같습니다.

(앞) ○○○○○○○○○ (뒤)
3명 해주 5명

해주 앞에 3명, 해주 뒤에 5명이 있으므로 달리
기를 하고 있는 어린이는 모두 9명입니다.

12 지호네 층이 아래에서 여섯째이므
로 지호네 층 아래에 다섯 층을 그
리고, 지호네 층이 위에서 둘째이
므로 지호네 층 위에 한 층을 그
려 나타내면 오른쪽과 같습니다.
층수를 세어 보면 모두 7층이므로
지호가 살고 있는 건물은 모두 7층입니다.

	7층
지호네 층	6층
	5층
	4층
	3층
	2층
	1층

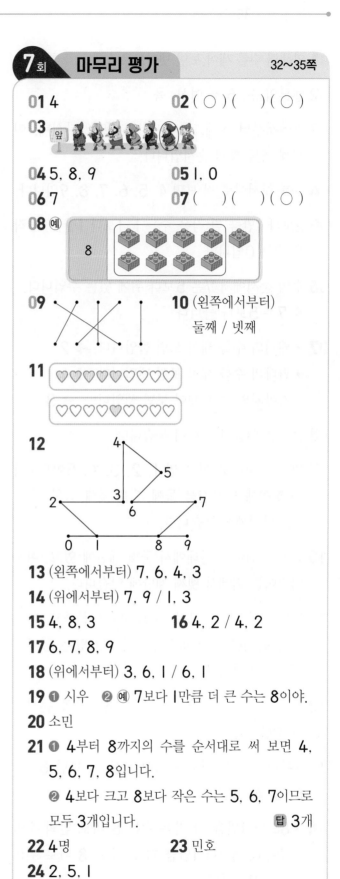

01 4
02 (○) (   ) (○)
03 앞
04 5, 8, 9
05 1, 0
06 7
07 (   ) (   ) (○)
08 예 8
09
10 (왼쪽에서부터)
둘째 / 넷째
11 ♡♡♡♡♡ ♡♡♡♡
♡♡♡♡♡ ♡♡♡♡
12
13 (왼쪽에서부터) 7, 6, 4, 3
14 (위에서부터) 7, 9 / 1, 3
15 4, 8, 3
16 4, 2 / 4, 2
17 6, 7, 8, 9
18 (위에서부터) 3, 6, 1 / 6, 1
19 ❶ 시우 ❷ 예 7보다 1만큼 더 큰 수는 8이야.
20 소민
21 ❶ 4부터 8까지의 수를 순서대로 써 보면 4,
5, 6, 7, 8입니다.
❷ 4보다 크고 8보다 작은 수는 5, 6, 7이므로
모두 3개입니다. 답 3개
22 4명
23 민호
24 2, 5, 1
25 ❶ 세호가 그린 사과의 수는 5입니다.
❷ 5보다 1만큼 더 큰 수는 5 바로 뒤의 수인 6
입니다. 답 6

01 와플의 수를 세어 보면 넷이므로 4에 ○표 합니다.

02 멜론의 수: 6 ➜ 여섯, 육

03 앞에서부터 첫째, 둘째, 셋째, 넷째, 다섯째, 여섯째, 일곱째의 순서입니다.

04 수를 순서대로 써 보면 4, 5, 6, 7, 8, 9입니다.

05 2보다 1만큼 더 작은 수는 1, 1보다 1만큼 더 작은 수는 0입니다.

06 수의 순서에서 7은 5보다 뒤에 있는 수입니다.
➜ 7은 5보다 큽니다.

07 • 돼지의 수를 세어 보면 둘입니다. ➜ 2
• 판다의 수를 세어 보면 넷입니다. ➜ 4
• 강아지의 수를 세어 보면 셋입니다. ➜ 3

08 블록을 여덟까지 세어 묶습니다.

09 번호 순서대로 써 보면 1, 2, 3, 4, 5이므로 1을 첫째에 놓고 2를 둘째, 3을 셋째, 4를 넷째, 5를 다섯째에 놓습니다.

10 남자 어린이는 아래에서 둘째 계단에 있고, 여자 어린이는 위에서 넷째 계단에 있습니다.

11 5는 수를 나타내므로 ♡ 5개에 색칠하고, 다섯째는 순서를 나타내므로 다섯째에 있는 ♡ 1개에만 색칠합니다.

12 1−2−3−4−5−6−7−8−9의 순서대로 점을 잇습니다.

13 8부터 순서를 거꾸로 하여 수를 써 보면 8, 7, 6, 5, 4, 3입니다.

14 • 8보다 1만큼 더 작은 수는 8 바로 앞의 수인 7이고, 8보다 1만큼 더 큰 수는 8 바로 뒤의 수인 9입니다.
• 2보다 1만큼 더 작은 수는 2 바로 앞의 수인 1이고, 2보다 1만큼 더 큰 수는 2 바로 뒤의 수인 3입니다.

15 • 쿠키의 수를 세어 보면 넷입니다. ➜ 4
• 빵의 수를 세어 보면 여덟입니다. ➜ 8
• 샌드위치의 수를 세어 보면 셋입니다. ➜ 3

16 도넛의 수: 4, 케이크의 수: 2
➜ 도넛이 케이크보다 많으므로 4는 2보다 큽니다.

17 5보다 뒤에 있는 수는 모두 5보다 큰 수입니다.

1−2−3−4−⑤−6−7−8−9
　　　　　　　 5보다 큰 수

18 나비의 수: 3, 꽃의 수: 6, 무당벌레의 수: 1
3, 6, 1을 큰 수부터 순서대로 써 보면 6, 3, 1이므로 가장 큰 수는 6, 가장 작은 수는 1입니다.

19 '8보다 1만큼 더 큰 수는 9야.'라고 고칠 수도 있습니다.

채점 기준	❶ 잘못 말한 사람을 찾아 이름을 쓴 경우	2점	4점
	❷ 바르게 고쳐 쓴 경우	2점	

20 4보다 1만큼 더 작은 수는 3입니다.
가지고 있는 연필의 수가 수호는 2, 소민이는 3이므로 가지고 있는 연필의 수가 4보다 1만큼 더 작은 수인 사람은 소민입니다.

채점 기준	❶ 4부터 8까지의 수의 순서를 아는 경우	2점	4점
21	❷ 4보다 크고 8보다 작은 수는 모두 몇 개인지 구한 경우	2점	

22 (앞) ○ ○ ○ ○ ○ ○ ○ (뒤)
　　　　↑　　　　4명
　　　서아
서아 뒤에 서 있는 사람은 4명입니다.

23 8, 9, 6을 순서대로 써 보면 6, 8, 9이므로 가장 뒤에 있는 수 9가 가장 큰 수입니다.
따라서 사진을 가장 많이 찍은 사람은 민호입니다.

24 • 바나나의 수를 세어 보면 둘입니다. ➜ 2
• 사과의 수를 세어 보면 다섯입니다. ➜ 5
• 수박의 수를 세어 보면 하나입니다. ➜ 1

채점 기준	❶ 세호가 그린 사과의 수를 아는 경우	2점	4점
25	❷ 세호가 그린 사과의 수보다 1만큼 더 큰 수를 구한 경우	2점	

2. 여러 가지 모양

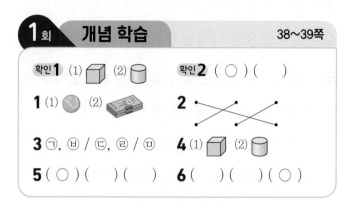

1회 개념 학습   38~39쪽

확인1 (1) ⬜ (2) 🔵   확인2 (○)(   )

1 (1) 🔵 (2) 📦

2 (선 연결)

3 ㉠, ㉥ / ㉢, ㉣ / ㉤

4 (1) ⬜ (2) 🔵

5 (○)(   )(   )

6 (   )(   )(○)

1 (1) ◯ 모양인 것은 테니스공입니다.

    서랍장과 국어사전은 ⬜ 모양입니다.

  (2) ⬜ 모양인 것은 필통입니다.

    음료수 캔은 🔵 모양, 수박은 ◯ 모양입니다.

2 구슬은 ◯ 모양, 무지개떡은 ⬜ 모양, 저금통은 🔵 모양입니다.

3 크기나 색깔이 달라도 모양이 같은 것을 찾습니다.

  참고 ㉢은 위가 뾰족하므로 🔵 모양이 아닙니다.

4 (1) 평평한 부분과 뾰족한 부분이 보이므로 ⬜ 모양입니다.

  (2) 평평한 부분과 둥근 부분이 보이므로 🔵 모양입니다.

5 둥근 부분이 없어 잘 굴러가지 않는 모양은 ⬜ 모양입니다.

  참고 🔵 모양은 둥근 부분이 있으므로 눕히면 잘 굴러가고, ◯ 모양은 모든 부분이 둥글므로 여러 방향으로 잘 굴러갑니다.

6 평평한 부분이 없고 둥글둥글한 모양은 ◯ 모양입니다.

   주어진 물건 중 ◯ 모양의 물건을 찾으면 당구공입니다.

  참고 페인트 통은 🔵 모양, 우유 팩은 ⬜ 모양입니다.

1회 문제 학습   40~41쪽

01 ㉡, ㉢ / ㉠, ㉤ / ㉣, ㉥

02 (   )(○)(○)

03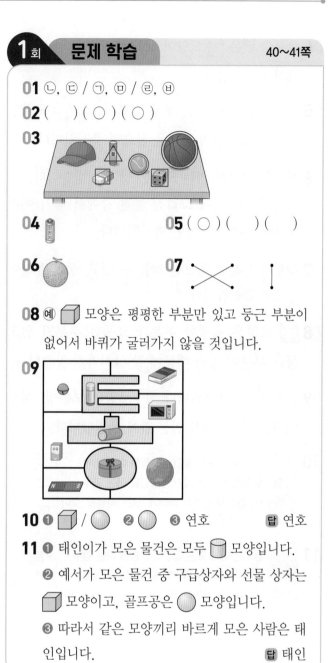

04 🔋

05 (○)(   )(   )

06 🍈

07 (선 연결)

08 예 ⬜ 모양은 평평한 부분만 있고 둥근 부분이 없어서 바퀴가 굴러가지 않을 것입니다.

09 (그림)

10 ❶ ⬜ / 🔵 ❷ ◯ ❸ 연호   답 연호

11 ❶ 태인이가 모은 물건은 모두 🔵 모양입니다.

  ❷ 예서가 모은 물건 중 구급상자와 선물 상자는 ⬜ 모양이고, 골프공은 ◯ 모양입니다.

  ❸ 따라서 같은 모양끼리 바르게 모은 사람은 태인입니다.   답 태인

01 • ⬜ 모양: ㉡ 과자 상자, ㉢ 음료 팩

   • 🔵 모양: ㉠ 두루마리 휴지, ㉤ 연필꽂이

   • ◯ 모양: ㉣ 축구공, ㉥ 사탕

02 둥근 부분이 있는 모양은 잘 굴러갑니다.

   따라서 잘 굴러가는 것은 🔵 모양인 분유 통과 ◯ 모양인 배구공입니다.

03 • ⬜ 모양: 지우개, 주사위   • 🔵 모양: 풀

   • ◯ 모양: 테니스공, 농구공

개념북

2단원

04 음료수 캔은 ⬡ 모양이므로 ⬡ 모양의 물건을 찾으면 건전지입니다.

05 오른쪽 모양은 둥근 부분만 보이므로 ◯ 모양입니다. ◯ 모양의 물건을 찾으면 풍선입니다.

06 평평한 부분이 없는 모양은 쌓기 어렵습니다. 따라서 게시글에 그려진 물건 중에서 쌓기 어려운 모양은 ◯ 모양인 멜론입니다.

07 평평한 부분이 있으면 쌓을 수 있고, 둥근 부분이 있으면 굴러갑니다.

08 ⬛ 모양은 평평한 부분과 뾰족한 부분만 있고 둥근 부분이 없기 때문에 잘 굴러가지 않습니다.

09 물통은 ⬡ 모양입니다. ⬡ 모양의 보온병, 롤케이크, 선물 상자가 있는 칸에 색칠합니다.

10

채점 기준	❶ 지수가 모은 물건의 모양을 아는 경우	2점	
	❷ 연호가 모은 물건의 모양을 아는 경우	2점	5점
	❸ 같은 모양끼리 바르게 모은 사람을 찾아 쓴 경우	1점	

11

채점 기준	❶ 태인이가 모은 물건의 모양을 아는 경우	2점	
	❷ 예서가 모은 물건의 모양을 아는 경우	2점	5점
	❸ 같은 모양끼리 바르게 모은 사람을 찾아 쓴 경우	1점	

2회 개념 학습   42~43쪽

확인**1** (◯)( )( )

확인**2** (1) (◯)( )( )

    (2) ( )( )(◯)

1 ( )(◯)(◯)

2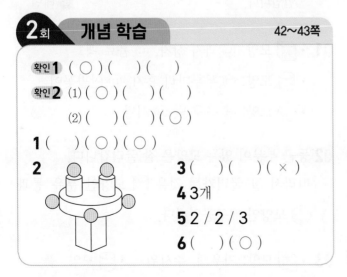

3 ( )( )(×)

4 3개

5 2 / 2 / 3

6 ( )(◯)

1 ⬡ 모양 2개와 ◯ 모양 1개를 사용했습니다.

2 모든 부분이 둥근 모양을 찾아 색칠합니다.

3 ⬛ 모양 2개와 ⬡ 모양 3개를 사용했습니다.

4 ⬛ 모양 3개와 ⬡ 모양 1개를 사용했습니다.

5 다리에 ⬛ 모양 2개, 몸통에 ⬡ 모양 2개, 머리와 발에 ◯ 모양 3개를 사용했습니다.

6 ⬛ 모양 1개, ⬡ 모양 3개, ◯ 모양 3개를 모두 사용하여 만든 모양은 오른쪽 모양입니다.

2회 문제 학습   44~45쪽

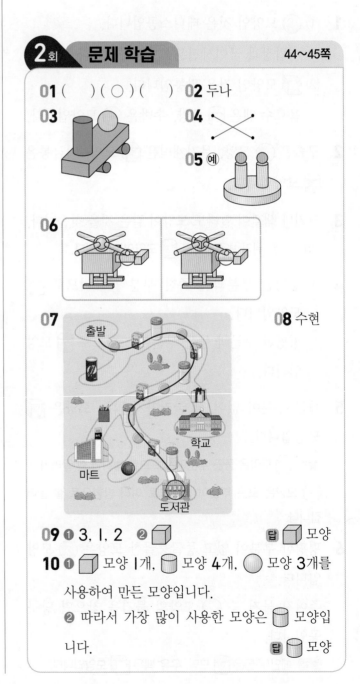

01 ( )(◯)( )   **02** 두나

03   **04**

05 예

06

07

출발 / 마트 / 학교 / 도서관

08 수현

09 ❶ 3, 1, 2   ❷ ⬛   답 ⬛ 모양

10 ❶ ⬛ 모양 1개, ⬡ 모양 4개, ◯ 모양 3개를 사용하여 만든 모양입니다.

❷ 따라서 가장 많이 사용한 모양은 ⬡ 모양입니다.   답 ⬡ 모양

01 ⬜ 모양 **3**개, 🔵 모양 **4**개, ⚫ 모양 **2**개를 사용하여 만든 모양입니다.

02 ・지호: 지우개 ➡ ⬜ 모양, 풀 ➡ 🔵 모양
　　・두나: 구슬, 오렌지 ➡ ⚫ 모양
　　따라서 같은 모양이 그려진 카드를 모은 사람은 두나입니다.

03 ⬜ 모양 **1**개를 초록색으로, 🔵 모양 **3**개를 빨간색으로, ⚫ 모양 **1**개를 노란색으로 색칠합니다.

04 ・아래 왼쪽 모양: ⬜ 모양 **3**개, 🔵 모양 **2**개, ⚫ 모양 **1**개를 사용했습니다.
　　・아래 오른쪽 모양: ⬜ 모양 **1**개, 🔵 모양 **4**개, ⚫ 모양 **1**개를 사용했습니다.

05 🔵 모양 **2**개와 ⚫ 모양 **2**개를 자유롭게 사용하여 케이크 모양을 만듭니다.

06 ・초록색 ⚫ 모양이 ⬜ 모양으로 바뀌었습니다.
　　・노란색 ⬜ 모양이 🔵 모양으로 바뀌었습니다.

07 ⚫ 모양(테니스공), ⬜ 모양(주스 팩), 🔵 모양(물병)의 순서대로 길을 따라가면 도착하는 장소는 도서관입니다.

08 ・수현: ⬜ 모양 **3**개, 🔵 모양 **2**개, ⚫ 모양 **3**개
　　・예솔: ⬜ 모양 **4**개, 🔵 모양 **2**개, ⚫ 모양 **3**개
　　➡ ⬜ 모양 **3**개, 🔵 모양 **2**개, ⚫ 모양 **3**개를 사용하여 모양을 만든 사람은 수현입니다.

09
채점 기준	❶ 사용한 각 모양의 개수를 바르게 센 경우	3점	5점
	❷ 가장 많이 사용한 모양을 찾은 경우	2점	

10
채점 기준	❶ 사용한 각 모양의 개수를 바르게 센 경우	3점	5점
	❷ 가장 많이 사용한 모양을 찾은 경우	2점	

3회 **응용 학습** 46~49쪽

01 ❶단계 **1, 3, 2**	❷단계 **3**개
02 **1**개	**03** 유리
04 ❶단계 ⚫	❷단계 ㉡, ㉢
05 ㉠, ㉡, ㉣	**06** 연호
07 ❶단계 **5**개, **4**개	❷단계 **1**개
08 **1**개	**09** **1**개
10 ❶단계 ⚫	❷단계 **3**개
11 **5**개	**12** ㉠

01 ❶단계 ・⬜ 모양: 큐브 ➡ **1**개
　　・🔵 모양: 풀, 시계, 북 ➡ **3**개
　　・⚫ 모양: 볼링공, 골프공 ➡ **2**개
　　❷단계 가장 많은 모양은 🔵 모양이고, **3**개입니다.

02 ・⬜ 모양: 과자 상자, 휴지 상자 ➡ **2**개
　　・🔵 모양: 참치 캔, 필통, 초 ➡ **3**개
　　・⚫ 모양: 사탕 ➡ **1**개
　　따라서 가장 적은 모양은 ⚫ 모양이고, **1**개입니다.

03 ・유리: 멜론 ➡ **1**개
　　・지호: 야구공, 방울 ➡ **2**개
　　따라서 ⚫ 모양의 물건을 더 적게 가지고 있는 사람은 유리입니다.

04 ❶단계 ⚫ 모양은 둥근 부분만 있어 여러 방향으로 잘 굴러가지만 쌓을 수 없습니다.
　　❷단계 ⚫ 모양의 물건을 모두 찾으면 ㉡ 구슬, ㉢ 수박입니다.

05 세우면 쌓을 수 있고 눕히면 잘 굴러가는 모양은 🔵 모양입니다.
　　🔵 모양의 물건을 모두 찾으면 ㉠, ㉡, ㉣입니다.

06 잘 쌓을 수 있고 잘 굴러가지 않는 모양은 ⬜ 모양입니다.

• 수지: 농구공은 ◯ 모양, 롤케이크는 ⬭ 모양, 동화책은 ⬜ 모양입니다.

• 연호: 쌓기나무, 벽돌, 휴지 상자는 모두 ⬜ 모양입니다.

따라서 설명에 맞는 모양의 물건을 모은 사람은 연호입니다.

07 **1단계** • ⬜ 모양: ▭ ▥▥▥ → **5개**

• ⬭ 모양: ⬭⬭ ▯▯ → **4개**

2단계 5는 4보다 1만큼 더 큰 수이므로 ⬜ 모양은 ⬭ 모양보다 1개 더 많이 사용했습니다.

08 ⬭ 모양: ⬭ → 1개, ◯ 모양: ◯◯ → 2개

1은 2보다 1만큼 더 작은 수이므로 ⬭ 모양은 ◯ 모양보다 1개 더 적게 사용했습니다.

09 ⬜ 모양: 4개, ⬭ 모양: 3개, ◯ 모양: 5개

가장 많이 사용한 모양은 5개인 ◯ 모양이고, 둘째로 많이 사용한 모양은 4개인 ⬜ 모양입니다. 5는 4보다 1만큼 더 큰 수이므로 가장 많이 사용한 모양은 둘째로 많이 사용한 모양보다 1개 더 많이 사용했습니다.

10 **1단계** 돋보기 안에 보이는 모양은 둥근 부분만 보이므로 ◯ 모양입니다.

2단계 오른쪽 모양에는 ◯ 모양이 3개 있습니다.

11 돋보기 안에 보이는 모양은 평평한 부분과 뾰족한 부분이 보이므로 ⬜ 모양입니다.

오른쪽 모양에는 ⬜ 모양이 5개 있습니다.

12 상자 안에 보이는 모양은 평평한 부분과 둥근 부분이 보이므로 ⬭ 모양입니다.

㉠과 ㉡ 중 ⬭ 모양을 4개 사용하여 만든 모양은 ㉠입니다.

참고 ㉡은 ⬭ 모양을 3개 사용하여 만든 모양입니다.

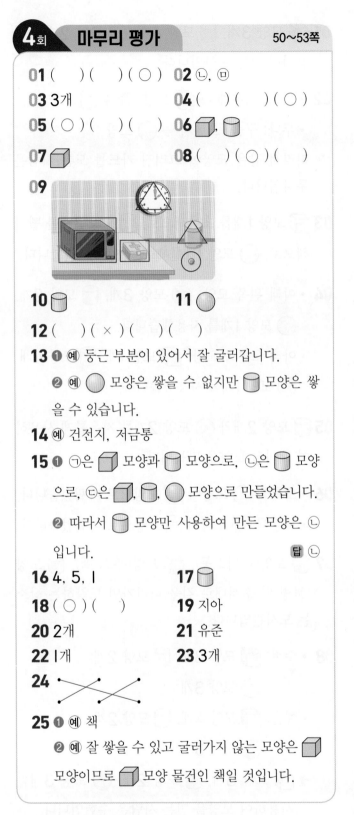

4회 마무리 평가 50~53쪽

01 ( )( )(◯) **02** ㉡, ㉤
03 3개 **04** ( )( )(◯)
05 (◯)( )( ) **06** ⬜, ⬭
07 ⬜ **08** ( )(◯)( )
09

10 ⬭ **11** ◯
12 ( )(×)( )( )
13 ❶ 예 둥근 부분이 있어서 잘 굴러갑니다.

❷ 예 ◯ 모양은 쌓을 수 없지만 ⬭ 모양은 쌓을 수 있습니다.

14 예 건전지, 저금통
15 ❶ ㉠은 ⬜ 모양과 ⬭ 모양으로, ㉡은 ⬭ 모양으로, ㉢은 ⬜, ⬭, ◯ 모양으로 만들었습니다.

❷ 따라서 ⬭ 모양만 사용하여 만든 모양은 ㉡입니다. **답** ㉡

16 4, 5, 1 **17** ⬭
18 (◯)( ) **19** 지아
20 2개 **21** 유준
22 1개 **23** 3개
24 ✕

25 ❶ 예 책

❷ 예 잘 쌓을 수 있고 굴러가지 않는 모양은 ⬜ 모양이므로 ⬜ 모양 물건인 책일 것입니다.

01 ◯ 모양을 찾으면 지구본입니다.

02 ⬜ 모양을 모두 찾으면 ㉡ 선물 상자, ㉤ 택배 상자입니다.

03 ⬭ 모양은 ㉠, ㉣, ㉥으로 모두 3개입니다.

04 둥근 부분만 보이므로 ◯ 모양입니다.

05 평평한 부분과 둥근 부분이 있는 모양은 ⬭ 모양이고, ⬭ 모양의 물건을 찾으면 분유 통입니다.

06 ⬜ 모양 **2**개와 ⬭ 모양 **7**개를 사용했습니다.

07 휴지 상자, 떡, 두부는 모두 ⬜ 모양입니다.

08 • 테니스공, 초콜릿 ➡ ◯ 모양
   • 연필꽂이 ➡ ⬭ 모양

09 • ⬜ 모양: 전자레인지, 구급상자
   • ⬭ 모양: 휴지통, 벽시계   • ◯ 모양: 구슬

10 • ⬜ 모양: 큐브, 주스 팩 ➡ **2**개
   • ⬭ 모양: 북, 김밥, 참치 캔, 두루마리 휴지, 시계 ➡ **5**개
   • ◯ 모양: 탁구공, 오렌지, 축구공 ➡ **3**개

11 ◯ 모양은 평평한 부분이 없어 쌓을 수 없고, 둥근 부분만 있어 여러 방향으로 잘 굴러갑니다.

12 둥근 부분이 있어야 잘 굴러갑니다. 선물 상자는 ⬜ 모양으로 둥근 부분이 없으므로 잘 굴러가지 않습니다.

13

채점 기준	❶ 같은 점 한 가지를 알맞게 쓴 경우	2점	4점
	❷ 다른 점 한 가지를 알맞게 쓴 경우	2점	

[평가 기준] 같은 점에서 '둥근 부분이 있다.' 또는 '잘 굴러간다.'는 표현이 있고, 다른 점에서 '◯ 모양은 평평한 부분이 없지만 ⬭ 모양은 평평한 부분이 있다.' 또는 '◯ 모양은 쌓을 수 없지만 ⬭ 모양은 쌓을 수 있다.'는 표현이 있으면 정답으로 인정합니다.

14 평평한 부분도 있고 둥근 부분도 있는 모양은 ⬭ 모양입니다. ⬭ 모양의 물건을 찾아 **2**개 써 봅니다.

15

채점 기준	❶ 각각 어떤 모양으로 만들었는지 구한 경우	3점	4점
	❷ ⬜ 모양만 사용하여 만든 모양을 찾아 쓴 경우	1점	

17 가장 많이 사용한 모양은 **5**개를 사용한 ⬭ 모양입니다.

18 주어진 모양은 ⬜ 모양 **2**개, ⬭ 모양 **2**개, ◯ 모양 **3**개입니다.
   • 왼쪽 모양: ⬜ 모양 **2**개, ⬭ 모양 **2**개, ◯ 모양 **3**개를 사용했습니다.
   • 오른쪽 모양: ⬜ 모양 **4**개, ⬭ 모양 **1**개, ◯ 모양 **2**개를 사용했습니다.

19 로운: ⬜ 모양 **2**개, ⬭ 모양 **4**개, ◯ 모양 **2**개

20 과자 상자는 ⬜ 모양입니다. ⬜ 모양인 물건을 찾으면 택배 상자, 떡으로 모두 **2**개입니다.

21 ⬜ 모양과 ⬭ 모양은 평평한 부분이 있어 잘 쌓을 수 있습니다. ⬜ 모양과 ⬭ 모양의 물건만 모은 사람은 유준입니다.

22 ⬭ 모양을 왼쪽 모양은 **2**개 사용했고, 오른쪽 모양은 **3**개 사용했습니다. **3**은 **2**보다 **1**만큼 더 큰 수이므로 오른쪽 모양은 왼쪽 모양보다 ⬭ 모양을 **1**개 더 많이 사용했습니다.

23 주어진 모양을 만드는 데 필요한 ◯ 모양은 **4**개입니다. **4**보다 **1**만큼 더 작은 수는 **3**이므로 지유가 가지고 있는 ◯ 모양은 **3**개입니다.

24 우승 선물 상자는 ⬜ 모양, 공은 ◯ 모양, 배턴은 ⬭ 모양입니다.

25

채점 기준	❶ 상품으로 ⬜ 모양의 물건을 적절하게 답한 경우	2점	4점
	❷ 그렇게 생각한 이유를 쓴 경우	2점	

[평가 기준] • 상품에서 '책' 외에도 '공책', '과자 상자' 등 ⬜ 모양 물건을 썼으면 정답으로 인정합니다.
   • 이유에서 '잘 쌓을 수 있고 굴러가지 않는 모양은 ⬜ 모양이다.'라는 표현이 있으면 정답으로 인정합니다.

3. 덧셈과 뺄셈

확인**1** (1) 3 (2) 1

확인**2** (1) 6 / 6 (2) 2 / 3

1 (위에서부터) 3, 7 **2** 2, 6

3 (위에서부터) 4, 9

4 (1) (위에서부터) 5, 8 (2) 6, 7

5 예 2, 7 / 예 5, 4

6 (1) 5 (2) 8 (3) 2 (4) 5

1 귤 4개와 3개를 모으기하면 7개가 됩니다.
➜ 4와 3을 모으기하면 7이 됩니다.

2 연결 모형 8개는 2개와 6개로 가르기할 수 있습니다. ➜ 8은 2와 6으로 가르기할 수 있습니다.

3 토끼 5마리와 다람쥐 4마리를 모으기하면 9마리가 됩니다. ➜ 5와 4를 모으기하면 9가 됩니다.

4 (1) 3과 5를 모으기하면 8이 됩니다.
(2) 6과 1을 모으기하면 7이 됩니다.

5 9는 1과 8, 2와 7, 3과 6, 4와 5, 5와 4, 6과 3, 7과 2, 8과 1로 가르기할 수 있습니다.

6 (1) 4와 1을 모으기하면 5가 됩니다.
(2) 1과 7을 모으기하면 8이 됩니다.
(3) 7은 5와 2로 가르기할 수 있습니다.
(4) 6은 5와 1로 가르기할 수 있습니다.

01 (○) ( ) **02** ( ) (○) (○)

03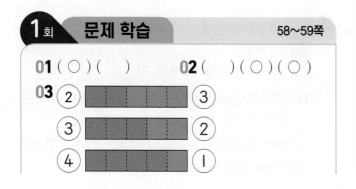

04 예 (위에서부터) 9, 6, 3

05 (1) 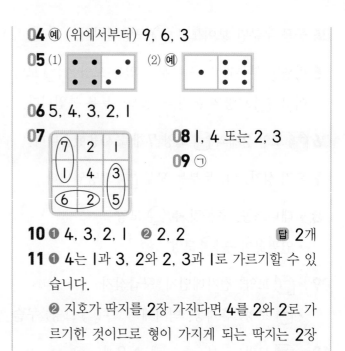 (2) 예

06 5, 4, 3, 2, 1

07

7	2	1
1	4	3
6	2	5

08 1, 4 또는 2, 3

09 ㉠

10 ❶ 4, 3, 2, 1 ❷ 2, 2   답 2개

11 ❶ 4는 1과 3, 2와 2, 3과 1로 가르기할 수 있습니다.
❷ 지호가 딱지를 2장 가진다면 4를 2와 2로 가르기한 것이므로 형이 가지게 되는 딱지는 2장입니다.   답 2장

01 4는 1과 3, 2와 2, 3과 1로 가르기할 수 있습니다.

02 1과 5, 2와 4, 3과 3, 4와 2, 5와 1을 모으기하면 6이 됩니다.

03 5는 1과 4, 2와 3, 3과 2, 4와 1로 가르기할 수 있습니다.

04 9는 1과 8, 2와 7, 3과 6, 4와 5, 5와 4, 6과 3, 7과 2, 8과 1로 가르기할 수 있습니다.

05 (1) 4와 모으기하여 7이 되는 수는 3이므로 점을 3개 그려 넣습니다.
(2) 1과 6, 2와 5, 3과 4, 4와 3, 5와 2, 6과 1을 모으기하면 7이 됩니다. 이 중 보기에 주어진 2와 5, (1)에 있는 4와 3을 제외하고 선택하여 점을 그려 넣습니다.

06 6은 1과 5, 2와 4, 3과 3, 4와 2, 5와 1로 가르기할 수 있습니다.

07 1과 7, 2와 6, 3과 5, 4와 4, 5와 3, 6과 2, 7과 1을 모으기하면 8이 됩니다. 모으기를 하여 8이 되는 두 수를 모두 찾아 묶습니다.

08 모으기하여 **5**가 되는 두 수 중 다은이의 수가 더 큰 경우를 찾아 씁니다.

(서진) (다은)

1	4	→ 다은이의 수가 더 큽니다. (○)
2	3	→ 다은이의 수가 더 큽니다. (○)
3	2	→ 서진이의 수가 더 큽니다. (×)
4	1	→ 서진이의 수가 더 큽니다. (×)

09 · **8**과 모으기하여 **9**가 되는 수는 **1**이므로 ㉠에 알맞은 수는 **1**입니다.

· 가르기하여 **1**과 **1**이 되는 수는 **2**이므로 ㉡에 알맞은 수는 **2**입니다.

→ ㉠과 ㉡ 중 더 작은 것은 ㉠입니다.

10

채점기준	❶ 5를 다양하게 가를 수 있음을 아는 경우	2점	5점
	❷ 나리가 먹은 빵의 수를 구한 경우	3점	

11

채점기준	❶ 4를 다양하게 가를 수 있음을 아는 경우	2점	5점
	❷ 형이 가지게 되는 딱지의 수를 구한 경우	3점	

2회 개념 학습 60~61쪽

확인**1** 5, 3, 모으면, 8 확인**2** 3 / 3
1 2, 8   **2** +, =
3 4+2=6   **4** □
                        ○

5 (1) 7 / 7 (2) 6 / 6

1 그림에 알맞게 악어의 수를 써넣습니다.

2 왼쪽 화분의 꽃 **3**송이와 오른쪽 화분의 꽃 **6**송이를 합하면 모두 **9**송이입니다.
→ 3+6=9

3 더하기는 '+'로, 같습니다는 '='로 나타내어 4+2=6이라고 씁니다.

4 2+5=7은 '2 더하기 5는 7과 같습니다.' 또는 '2와 5의 합은 7입니다.'라고 읽습니다.

5 ⑴ 딸기 **6**개가 있었는데 **1**개가 더 많아져서 모두 **7**개가 되었습니다.
→ 6+1=7 / 6 더하기 1은 7과 같습니다.
⑵ 파인애플 **3**개와 **3**개를 합하면 모두 **6**개입니다. → 3+3=6 / 3과 3의 합은 6입니다.

2회 문제 학습 62~63쪽

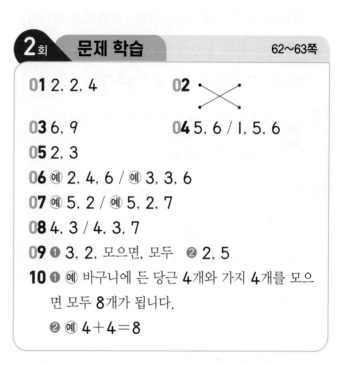

01 2, 2, 4
02 (선 잇기)
03 6, 9
04 5, 6 / 1, 5, 6
05 2, 3
06 예 2, 4, 6 / 예 3, 3, 6
07 예 5, 2 / 예 5, 2, 7
08 4, 3 / 4, 3, 7
09 ❶ 3, 2, 모으면, 모두 ❷ 2, 5
10 ❶ 예 바구니에 든 당근 **4**개와 가지 **4**개를 모으면 모두 **8**개가 됩니다.
❷ 예 4+4=8

01 파란색 나비 **2**마리와 노란색 나비 **2**마리를 모으면 모두 **4**마리가 됩니다. → 2+2=4

02 · 주차장에 자동차 **5**대가 주차되어 있었는데 **1**대가 더 들어와서 모두 **6**대가 되었습니다.
→ 5+1=6
· 오렌지주스 **4**병과 포도주스 **1**병을 합하면 모두 **5**병입니다. → 4+1=5

03 파란색 클립 **3**개와 빨간색 클립 **6**개를 합하면 모두 **9**개입니다. → 3+6=9

04 낙타 **1**마리가 있었는데 **5**마리가 더 와서 낙타는 모두 **6**마리가 되었습니다.
→ 1+5=6 / 1 더하기 5는 6과 같습니다.

05 북극곰 **1**마리와 **2**마리를 합하면 모두 **3**마리입니다. → 1+2=3

개념북

3 단원

3. 덧셈과 뺄셈 · **15**

06 • 여자 어린이가 2명, 남자 어린이가 4명이므로 어린이는 모두 6명입니다. → 2+4=6

• 책을 읽고 있는 어린이가 3명, 장난감 놀이를 하고 있는 어린이가 3명이므로 어린이는 모두 6명입니다. → 3+3=6

07 자신의 집에 있는 의자와 탁자의 수를 각각 세고, 의자와 탁자 수의 합을 구하는 덧셈식을 씁니다.

08 ⬜ 모양 물건 4개와 🥫 모양 물건 3개를 합하면 모두 7개입니다. → 4+3=7

09
| 채점기준 | ❶ '모은다'와 '모두'를 이용하여 그림에 알맞은 덧셈 이야기를 만든 경우 | 3점 | 5점 |
| | ❷ 알맞은 덧셈식을 쓴 경우 | 2점 | |

10
| 채점기준 | ❶ '모은다'와 '모두'를 이용하여 그림에 알맞은 덧셈 이야기를 만든 경우 | 3점 | 5점 |
| | ❷ 알맞은 덧셈식을 쓴 경우 | 2점 | |

[평가 기준] '모은다'와 '모두'를 이용하여 그림에 제시된 두 수를 더하는 덧셈 이야기를 만들었으면 정답으로 인정합니다.

3회 개념 학습 64~65쪽

확인1 8 / 2, 8   확인2 1, 4, 5 / 4, 1, 5

1 3, 5

2 ⑩ ◯◯◯◯◯ / 2, 2, 4

3 ✕

4 5, 9 / 5, 9 / 같습니다

5 2 / 3 / 4

1 곰 풍선 2개와 토끼 풍선 3개를 더하는 것이므로 2+3입니다.
연결 모형 2개를 놓고 3개를 더 놓으면 2 하고 3, 4, 5로 이어 셀 수 있으므로 모두 5개입니다.
→ 2+3=5

2 콜라 2잔과 햄버거 2개가 있으므로 2+2입니다. ◯ 2개를 그린 후 2개를 더 그리면 모두 4개가 되므로 2+2=4입니다.

3 • 어항에 물고기 3마리가 있는데 2마리를 더 넣고 있으므로 🔴 3개에 🔴 2개를 더 놓아 세어 덧셈을 할 수 있습니다.
• 과자 3개와 3개를 모았으므로 🔴 3개와 🔴 3개를 놓고 세어 덧셈을 할 수 있습니다.

4 4+5=9, 5+4=9이므로 수의 순서를 바꾸어 더해도 합은 같습니다.

5 책이 1권 꽂혀 있는 책꽂이에 책을 1권, 2권, 3권 꽂으면 책은 2권, 3권, 4권이 됩니다.
→ 더하는 수가 1씩 커지면 합도 1씩 커집니다.

3회 문제 학습 66~67쪽

01 5, 6

02 ⑩ ◯◯◯◯◯ / ◯◯◯◯ / 9

03 (1) 7 / 7 (2) 9 / 9   **04** ✕

05 5 / 6 / 7   **06** 4+2=6 / 6병

07 ( )( )(◯)   **08** 8 / 8 / ⑩ 1, 7, 8

09 ⑩ 3, 3 / ⑩

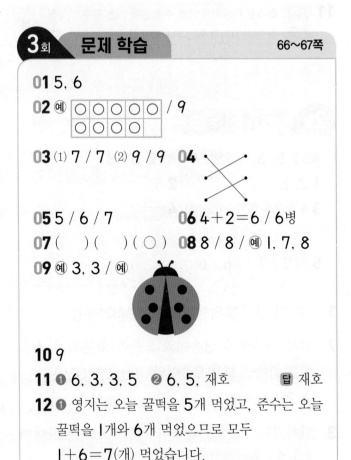

10 9

11 ❶ 6, 3, 3, 5 ❷ 6, 5, 재호   답 재호

12 ❶ 영지는 오늘 꿀떡을 5개 먹었고, 준수는 오늘 꿀떡을 1개와 6개 먹었으므로 모두 1+6=7(개) 먹었습니다.
❷ 7은 5보다 크므로 오늘 꿀떡을 더 많이 먹은 사람은 준수입니다.   답 준수

01 빨간색 강아지 풍선 1개와 파란색 강아지 풍선 5개를 더하는 상황이므로 손가락으로 덧셈하기, 연결 모형으로 덧셈하기, 수판에 그려서 덧셈하기 중 하나를 선택하여 강아지 풍선의 수를 구하는 덧셈을 합니다.
➡ 1+5=6

02 2+7이므로 ○ 2개에 ○ 7개를 더 그리면 ○는 모두 9개가 됩니다. ➡ 2+7=9

03 ⑴ 4와 3을 모으기하면 7이 되므로 4+3=7
입니다.
⑵ 8과 1을 모으기하면 9가 되므로 8+1=9
입니다.

04 ・1+7=8, 7+1=8
・6+3=9, 3+6=9
・2+5=7, 5+2=7
➡ 수의 순서를 바꾸어 더해도 합은 같습니다.

05 3+2=5 ⎫
3+3=6 ⎬ 더하는 수가 1씩 커지면
3+4=7 ⎭ 합도 1씩 커집니다. ↓

06 요구르트 4병이 들어 있는 냉장고에 2병을 더 넣었으므로 냉장고에 들어 있는 요구르트는 모두 4+2=6(병)입니다.

07 6+1=7, 4+4=8, 1+8=9이므로 합이 가장 큰 것은 1+8입니다.

08 2+6=8, 5+3=8이므로 합이 8인 덧셈식을 씁니다.
➡ 1+7=8 이 외에도 3+5=8, 4+4=8, 6+2=8, 7+1=8과 같이 다양하게 쓸 수 있습니다.

09 합이 6인 덧셈식은 1+5=6, 2+4=6, 3+3=6, 4+2=6, 5+1=6입니다.
덧셈식에 알맞게 왼쪽 날개에는 더해지는 수만큼, 오른쪽 날개에는 더하는 수만큼 ●를 그립니다.

10 가장 큰 수는 7이고, 가장 작은 수는 2이므로 가장 큰 수와 가장 작은 수의 합은 7+2=9입니다.

11

채점 기준	❶ 재호와 은조가 모은 딱지의 수를 각각 구한 경우	3점	5점
	❷ 딱지를 더 많이 모은 사람을 찾아 쓴 경우	2점	

12

채점 기준	❶ 영지와 준수가 오늘 먹은 꿀떡의 수를 각각 구한 경우	3점	5점
	❷ 오늘 꿀떡을 더 많이 먹은 사람을 찾아 쓴 경우	2점	

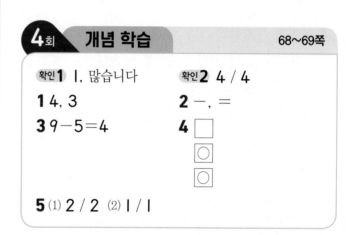

4회 개념 학습 68~69쪽

확인1 1, 많습니다   확인2 4 / 4
1 4, 3   **2** −, =
3 9−5=4   **4** □
                        ○
                        ○
5 ⑴ 2 / 2 ⑵ 1 / 1

1 그림에 알맞게 개구리의 수를 써넣습니다.

2 사과가 8개 있었는데 3개를 먹어서 5개가 남았습니다.
➡ 8−3=5

3 빼기는 '−'로, 같습니다는 '='로 나타내어 9−5=4라고 씁니다.

4 8−6=2는 '8 빼기 6은 2와 같습니다.' 또는 '8과 6의 차는 2입니다.'라고 읽습니다.

5 ⑴ 우유 4개 중 2개를 덜어 내면 2개가 남습니다.
➡ 4−2=2 / 4 빼기 2는 2와 같습니다.
⑵ 도넛 6개와 컵 5개를 하나씩 짝 지어 비교해 보면 도넛이 1개 남습니다.
➡ 6−5=1 / 6과 5의 차는 1입니다.

4회 **문제 학습** 70~71쪽

01 ┊ ┊

02 2, 3

03 4, 2

04 2, 5 / 7, 2, 5

05 4, 4 / 4, 4

06 예 6, 3, 3 / 예 5, 1, 4

07 8, 1, 7 또는 8, 7, 1

08 3, 2 / 3, 2, 1

09 ❶ 2, 적습니다   ❷ 3, 2

10 ❶ 예 아기 오리는 엄마 오리보다 5마리 더 많
습니다.
❷ 6－1＝5

01 • 연필 **7**자루와 지우개 **3**개를 하나씩 짝 지어
비교해 보면 연필이 **4**자루 남습니다.
➜ 7－3＝4
• 풍선 **4**개 중에서 **3**개가 터져서 **1**개가 남았습
니다. ➜ 4－3＝1

02 바나나 **5**개 중에서 **2**개를 먹어서 **3**개가 남았습
니다. ➜ 5－2＝3

03 치킨 **6**조각과 포크 **4**개를 하나씩 짝 지어 비교
해 보면 치킨이 **2**조각 남습니다.
➜ 6－4＝2

04 의자 **7**개와 어린이 **2**명을 하나씩 짝 지어 비교
해 보면 의자가 **5**개 남습니다.
➜ 7－2＝5 / 7과 2의 차는 5입니다.

05 꼬치 **8**개 중에 **4**개를 먹어서 **4**개가 남았으므로
8－4＝4이고, '8 빼기 4는 4와 같습니다.'라
고 읽습니다.

06 • 어린이 **6**명 중에서 여자 어린이가 **3**명이므로
남자 어린이는 **3**명입니다. ➜ 6－3＝3
• 가방을 메고 있는 어린이가 **5**명, 가방을 메고
있지 않은 어린이가 **1**명이므로 가방을 메고 있
는 어린이가 **4**명 더 많습니다. ➜ 5－1＝4

07 큰 수에서 작은 수를 빼야 합니다.
➜ 8－1＝7 또는 8－7＝1

08 ▱ 모양 3개와 ◯ 모양 2개를 비교해 보면
▱ 모양이 1개 더 많습니다. ➜ 3－2＝1

09
채점 기준	❶ '더 적다'를 이용하여 그림에 알맞은 뺄셈 이야기를 만든 경우	3점	5점
	❷ 알맞은 뺄셈식을 쓴 경우	2점	

10
채점 기준	❶ '더 많다'를 이용하여 그림에 알맞은 뺄셈 이야기를 만든 경우	3점	5점
	❷ 알맞은 뺄셈식을 쓴 경우	2점	

[평가 기준] '더 많다'를 이용하여 아기 오리(작은 오리)의
수 6에서 엄마 오리(큰 오리)의 수 1을 빼는 뺄셈 이야기를
만들었으면 정답으로 인정합니다.

5회 **개념 학습** 72~73쪽

확인**1** 5 / 2, 5

확인**2** 1, 3 / 2, 2

1 4, 3

2 예
◯	◯	◯	◯	◯	
∅					
/ 1, 5

3 5, 2

4 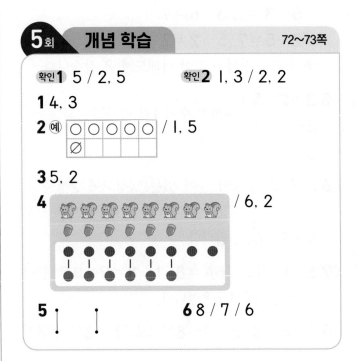 / 6, 2

5 ┊ ┊

6 8 / 7 / 6

1 손가락 **7**개를 펴고 **4**개를 접은 후 남은 손가락
의 수를 세면 **3**이므로 7－4＝3입니다.

2 새가 **6**마리 있었는데 **1**마리가 날아갔으므로
6－1입니다. ◯ 6개에서 1개를 /으로 지우면
◯ 5개가 남으므로 6－1＝5입니다.

3 ● **7**개와 ● **5**개를 하나씩 짝 지어 비교해 보면
● **2**개가 남으므로 7－5＝2입니다.

4 다람쥐가 도토리보다 얼마나 더 많은지 알아보기 위해 다람쥐 8마리와 도토리 6개를 각각 ●와 ●로 그리고 하나씩 짝 지어 비교해 보면 다람쥐가 2마리 남습니다. → $8-6=2$

5 • 왼쪽은 촛불 6개가 켜져 있었는데 2개가 꺼졌으므로 ● 6개에서 2개를 /으로 지워서 뺄셈을 할 수 있습니다.
　• 오른쪽은 마카롱이 5개 있고, 컵케이크가 4개 있으므로 마카롱이 컵케이크보다 얼마나 더 많은지 ● 5개와 ● 4개를 하나씩 짝 지어 비교해 보면서 뺄셈을 할 수 있습니다.

6 복숭아 9개가 달려 있는 나무에서 복숭아를 1개, 2개, 3개 따면 나무에 남는 복숭아는 8개, 7개, 6개가 됩니다.
　→ 빼는 수가 1씩 커지면 차는 1씩 작아집니다.

5회　문제 학습　　74~75쪽

01 2, 1
02 (예) ○○○◯◯ / 3
　　　　◯◯◯
03 (1) 1　(2) 4　(3) 6　(4) 3
04
05 7, 2, 5
06 (예) 오이, 애호박 / (예) 6, 5, 1
07 3 / 3 / (예) 9, 6, 3　**08** 3, 1, 2
09 7, 2, 4
10 ❶ 빼면, 7, 3　❷ 7, 3, 4, 4　　답 4자루
11 ❶ 연서가 먹은 젤리의 수에서 지한이가 먹은 젤리의 수를 빼면 되므로 $6-4$를 계산합니다.
　❷ $6-4=2$이므로 연서는 지한이보다 젤리를 2개 더 많이 먹었습니다.　　답 2개

---

01 야구 글러브의 수 3에서 야구공의 수 2를 빼는 상황이므로 ●와 ●를 그려서 하나씩 짝 지어 비교해 보기, 연결 모형으로 뺄셈하기, 수판에 그려서 뺄셈하기 중 하나를 선택하여 뺄셈을 합니다.
　→ $3-2=1$

02 $8-5$이므로 ○ 8개에서 5개를 /으로 지우면 ○ 3개가 남습니다. → $8-5=3$

03 여러 가지 뺄셈 방법 중 한 가지 방법을 선택하여 뺄셈을 해 봅니다.

04 • $8-3=5$, $9-4=5$
　• $5-3=2$, $4-2=2$
　• $9-8=1$, $7-6=1$
　→ 빼지는 수와 빼는 수가 각각 같은 수만큼씩 커지거나 작아지면 차는 같습니다.

05 큰 수에서 작은 수를 뺍니다. → $7-2=5$

06 • 오이, 애호박을 고른 경우: $6-5=1$
　• 오이, 파프리카를 고른 경우: $7-6=1$
　• 애호박, 파프리카를 고른 경우: $7-5=2$

07 $5-2=3$, $4-1=3$이므로 차가 3인 뺄셈식을 씁니다.
　→ $9-6=3$ 이 외에도 $6-3=3$, $7-4=3$, $8-5=3$과 같이 다양하게 쓸 수 있습니다.

08 $8-2=6$, $5-4=1$, $9-7=2$

09 공에 적힌 수에서 1을 뺀 수가 나오는 규칙이 있으므로 노란색 구슬은 $8-1=7$, 주황색 구슬은 $3-1=2$, 보라색 구슬은 $5-1=4$를 씁니다.

10 채점 기준	❶ 문제에 알맞은 뺄셈식을 쓴 경우	2점	5점
	❷ 색연필은 연필보다 몇 자루 더 많은지 구한 경우	3점	

11 채점 기준	❶ 문제에 알맞은 뺄셈식을 쓴 경우	2점	5점
	❷ 연서는 지한이보다 젤리를 몇 개 더 많이 먹었는지 구한 경우	3점	

6회 개념 학습

확인**1** (1) 3 (2) 3   확인**2** (1) 0 (2) 3

1 (1) 2, 2 (2) 0, 5   **2** (1) 7, 0 (2) 0, 1

3 (교차선)

4 (1) 0, 6 (2) 0, 5

5 4, 0   **6** (1) 9 (2) 8

7 (1) 0 (2) 7

---

1 (1) 빈 화분과 꽃을 2송이 심은 화분에 있는 꽃은 모두 2송이입니다. → $0+2=2$

(2) 핫도그가 5개 있었는데 아무것도 더하지 않았으므로 핫도그는 그대로 5개입니다.

→ $5+0=5$

2 (1) 접시에 땅콩이 7개 있었는데 7개를 모두 먹었더니 아무것도 남지 않았습니다.

→ $7-7=0$

(2) 어항에 물고기가 1마리 있었는데 한 마리도 꺼내지 않았더니 물고기는 그대로 1마리 있습니다. → $1-0=1$

3 • 접시에 딸기가 2개 있었는데 한 개도 먹지 않아서 딸기는 그대로 2개입니다. → $2-0=2$

• 딸기가 2개 있는 접시와 빈 접시가 있으므로 딸기는 모두 2개입니다. → $2+0=2$

4 왼쪽과 오른쪽 칸의 점의 수를 세어 더합니다.

→ (어떤 수)$+0=$(어떤 수),

$0+$(어떤 수)$=$(어떤 수)

5 물속에 하마가 4마리 있었는데 4마리 모두 물 밖으로 나가서 물속에는 한 마리도 남지 않았습니다. → $4-4=0$

6 (1) $0+$(어떤 수)$=$(어떤 수)

(2) (어떤 수)$+0=$(어떤 수)

7 (1) (전체)$-$(전체)$=0$

(2) (어떤 수)$-0=$(어떤 수)

6회 문제 학습

01 ( ) ( ) (○)

02 (1) $-$ (2) $+$ (3) $+$ 또는 $-$

03 (교차선) / 0, 2 / 3, 0

04 1, 1 또는 4, 4 또는 5, 5

/ 1, 1 또는 4, 4 또는 5, 5

05 $6-6=0$ / 0명

06

3−0	6+2	5−0
7−4	9−6	0+3
2−1	4−4	7−7
6−3	3+0	4−1
2+5	1+2	0+9

/ 누

07 8, 0, 8 또는 0, 8, 8

08 0

09 ❶ 8, 7   **❷** 8, 7, 채아   답 채아

10 ❶ 유준이가 말한 식을 계산하면 $9-9=0$, 소율이가 말한 식을 계산하면 $1+0=1$입니다.

❷ 0이 1보다 작으므로 계산 결과가 더 작은 식을 말한 사람은 유준입니다.   답 유준

---

01 $0+1=1$, $6-0=6$, $8-8=0$

02 (1) 계산 결과가 ○ 앞의 수보다 작아졌으므로 뺀 것입니다.

(2) 계산 결과가 ○ 앞의 수보다 커졌으므로 더한 것입니다.

(3) 계산 결과가 ○ 앞의 수 그대로이므로 0을 더하거나 뺀 것입니다.

03 • 귤이 3개 있었는데 3개를 모두 먹어서 귤이 한 개도 남지 않았습니다. → $3-3=0$

• 연필이 2자루 있었는데 아무것도 더하지 않았으므로 연필은 그대로 2자루입니다. → $2+0=2$

04 어떤 수에 0을 더하거나 어떤 수에서 0을 빼면 계산 결과는 그대로 어떤 수이므로 같은 수 카드를 2장씩 골라 사용해야 합니다.

05 놀이 기구에 6명이 타고 있었는데 6명이 모두 내렸으므로 남아 있는 사람은 아무도 없습니다.

→ 6−6=0(명)

06 3−0=**3** 6+2=8 5−0=5

7−4=**3** 9−6=**3** 0+3=**3**

2−1=1 4−4=0 7−7=0

6−3=**3** 3+0=**3** 4−1=**3**

2+5=7 1+2=**3** 0+9=9

→ 계산 결과가 3인 식이 있는 칸만 색칠하면 '누'라는 글자가 보입니다.

07 거미의 다리는 8개, 달팽이의 다리는 0개입니다.

→ 8+0=8

08 옥수수는 모두 5개인데 접시 위에 5개가 있으므로 냄비 속에 들어 있는 옥수수는 0개입니다.

→ 5+0=5

09

채점 기준	❶ 두 사람이 말한 식을 각각 계산한 경우	3점	5점
	❷ 계산 결과가 더 큰 식을 말한 사람을 찾아 쓴 경우	2점	

10

채점 기준	❶ 두 사람이 말한 식을 각각 계산한 경우	3점	5점
	❷ 계산 결과가 더 작은 식을 말한 사람을 찾아 쓴 경우	2점	

7회 응용 학습 80~83쪽

01 ❶단계 5 ❷단계 6

02 3 **03** (왼쪽에서부터) 1, 2, 1

04 ❶단계 9 ❷단계 2

05 7 **06** 3

07 ❶단계 큰 / 작은 ❷단계 7, 2, 5

08 9, 3, 6 **09** 5, 4, 9 또는 4, 5, 9

10 ❶단계 (위에서부터) 3, 2, 1

/ ( ) (○) ( )

❷단계 2개

11 4개 **12** 4장

01 ❶단계 2와 3을 모으기하면 5입니다.

❷단계 5와 1을 모으기하면 6입니다.

02 • 8은 7과 1로 가르기할 수 있습니다.

→ ㉠=7

• 7은 4와 3으로 가르기할 수 있습니다.

→ ㉡=3

03

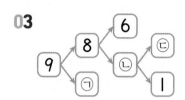

• 9는 8과 1로 가르기할 수 있습니다. → ㉠=1

• 8은 6과 2로 가르기할 수 있습니다. → ㉡=2

• 2는 1과 1로 가르기할 수 있습니다. → ㉢=1

04 ❶단계 4+5=9이므로 ★에 알맞은 수는 9입니다.

❷단계 ★=9일 때 ★−7=9−7=2이므로 ♣에 알맞은 수는 2입니다.

05 • 5−2=3이므로 ●에 알맞은 수는 3입니다.

• ●=3일 때 ●+4=3+4=7이므로 ■에 알맞은 수는 7입니다.

06 • 3+3=6이므로 ▲에 알맞은 수는 6입니다.

• ▲=6일 때 ▲+2=6+2=8이므로 ♣에 알맞은 수는 8입니다.

• ♣=8일 때 ♣−5=8−5=3이므로 ♥에 알맞은 수는 3입니다.

07 ❶단계 가장 큰 수에서 가장 작은 수를 뺄 때 차가 가장 큽니다.

❷단계 가장 큰 수는 7, 가장 작은 수는 2이므로 7에서 2를 빼는 뺄셈식을 만듭니다. → 7−2=5

08 차가 가장 크려면 가장 큰 수에서 가장 작은 수를 빼야 합니다.

가장 큰 수는 9, 가장 작은 수는 3이므로 9에서 3을 빼는 뺄셈식을 만듭니다. → 9−3=6

09 합이 가장 크려면 가장 큰 수와 둘째로 큰 수를 더해야 합니다.

가장 큰 수는 5, 둘째로 큰 수는 4이므로 5와 4를 더하는 덧셈식을 만듭니다.

➜ 5+4=9 또는 4+5=9

10 **1단계** 4는 1과 3, 2와 2, 3과 1로 가르기할 수 있고, 이 중에서 똑같은 두 수로 가르기한 것은 2와 2입니다.

2단계 4를 똑같은 두 수 2와 2로 가르기할 수 있으므로 접시 2개에 똑같이 나누어 담을 때 접시 한 개에 2개씩 담으면 됩니다.

11 8은 1과 7, 2와 6, 3과 5, 4와 4, 5와 3, 6과 2, 7과 1로 가르기할 수 있고, 이 중에서 똑같은 두 수로 가르기한 것은 4와 4입니다.

따라서 지민이와 연우가 똑같이 나누어 먹을 때 한 명이 먹게 되는 초콜릿은 4개입니다.

12 6은 1과 5, 2와 4, 3과 3, 4와 2, 5와 1로 가르기할 수 있습니다. 이 중에서 선재가 2장 더 많은 것을 찾아봅니다.

• 선재 1장, 해나 5장 ➜ 해나가 더 많습니다.
• 선재 2장, 해나 4장 ➜ 해나가 더 많습니다.
• 선재 3장, 해나 3장 ➜ 똑같이 나누었습니다.
• 선재 4장, 해나 2장
   ➜ 4-2=2이므로 선재가 2장 더 많습니다.
• 선재 5장, 해나 1장
   ➜ 5-1=4이므로 선재가 4장 더 많습니다.

8회 **마무리 평가** 84~87쪽

01 △△△△△ / 5

02 4, 3　　　　　　**03** 1, 4
04 5+4=9　　　　**05** 3, 3 / 3, 3

06 0, 3　　　　　　**07**

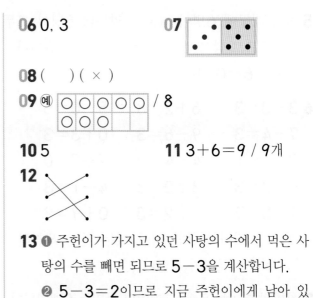

08 ( ) (×)
09 예 ○○○○○ / 8
　　　○○○

10 5　　　　　　**11** 3+6=9 / 9개

12

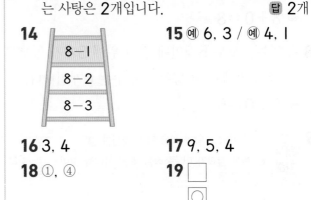

13 ❶ 주헌이가 가지고 있던 사탕의 수에서 먹은 사탕의 수를 빼면 되므로 5-3을 계산합니다.

❷ 5-3=2이므로 지금 주헌이에게 남아 있는 사탕은 2개입니다.　　**답** 2개

14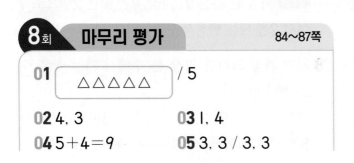

8-1
8-2
8-3

15 예 6, 3 / 예 4, 1

16 3, 4　　　　　　**17** 9, 5, 4
18 ①, ④　　　　　　**19** □
　　　　　　　　　　○
　　　　　　　　　　□

20 ❶ 6과 1을 모으기하면 7이고, 3과 5를 모으기하면 8입니다.

❷ 8이 7보다 크므로 모으기한 수가 더 큰 사람은 드림입니다.　　**답** 드림

21 9　　　　　　　　**22** 8
23 8쪽
24 (순서 상관없이) 1, 4 / 2, 3 / 3, 2 / 4, 1
25 ❶ 재하네 가족이 잡은 방어의 수와 노래미의 수를 더하면 되므로 2+5를 계산합니다.

❷ 2+5=7이므로 재하네 가족이 잡은 물고기는 모두 7마리입니다.　　**답** 7마리

01 빨간색 자동차 1대와 파란색 자동차 4대를 모으기하면 5대가 되므로 △를 5개 그립니다.

➜ 1과 4를 모으기하면 5가 됩니다.

02 모자 **7**개는 주황색 모자 **4**개와 노란색 모자 **3**개로 가르기할 수 있습니다.

➡ **7**은 **4**와 **3**으로 가르기할 수 있습니다.

03 그림에 알맞게 곰의 수를 써넣었습니다.

04 더하기는 '**+**'로, 같습니다는 '**=**'로 나타냅니다.

05 만두 **6**개 중 **3**개를 덜어 내면 **3**개가 남습니다.

➡ $6-3=3$ / **6** 빼기 **3**은 **3**과 같습니다.

06 물고기가 **3**마리 있었는데 아무것도 더하지 않았으므로 물고기는 그대로 **3**마리입니다.

➡ $3+0=3$

07 **5**와 모으기하여 **8**이 되는 수는 **3**이므로 점을 **3**개 그려 넣습니다.

08 오른쪽 그림은 $3+2=5$입니다.

09 $6+2$이므로 ○ **6**개를 그린 후 ○ **2**개를 더 그리면 ○는 모두 **8**개가 됩니다. ➡ $6+2=8$

10 연결 모형 **4**개를 놓고 **1**개를 더 놓은 다음 이어 세면 **4** 하고 **5**이므로 $4+1=5$입니다.

11 종이학이 **3**개 들어 있는 상자에 종이학을 **6**개 더 넣었으므로 상자에 들어 있는 종이학은 모두 $3+6=9$(개)입니다.

12 • ● **6**개 중 **4**개를 지우면 남는 것은 **2**개입니다. ➡ $6-4=2$

• ● **4**개와 ○ **2**개를 하나씩 짝 지어 비교해 보면 ● **2**개가 남습니다.

➡ $4-2=2$

• ● **4**개 중 **4**개를 지우면 남는 것은 없습니다.

➡ $4-4=0$

13
채점 기준	❶ 문제에 알맞은 뺄셈식을 쓴 경우	2점	
	❷ 지금 주헌이에게 남아 있는 사탕은 몇 개인지 구한 경우	2점	4점

14 빼는 수가 **1**씩 커지면 차는 **1**씩 작아지므로 차가 가장 큰 뺄셈식은 $8-1$입니다.

15 두 수의 차가 **3**인 뺄셈식은

$3-0=3$, $4-1=3$, $5-2=3$, $6-3=3$, $7-4=3$, $8-5=3$, $9-6=3$입니다.

16 작은 장난감 비행기 **1**개와 큰 장난감 비행기 **3**개를 합하면 모두 **4**개입니다. ➡ $1+3=4$

17 야구 방망이 **9**개와 야구 글러브 **5**개를 비교하면 야구 방망이가 야구 글러브보다 **4**개 더 많습니다.

➡ $9-5=4$

18 ① $5+2=7$ ② $6-0=6$ ③ $2+2=4$
④ $9-2=7$ ⑤ $0+5=5$

19 $7-7=0$, $0+6=6$, $9-1=8$이므로 ○ 안에 알맞은 기호가 다른 하나는 $0○6=6$입니다.

참고 ○ 앞의 수보다 계산 결과가 커졌으면 '**+**', ○ 앞의 수보다 계산 결과가 작아졌으면 '**-**'가 알맞습니다.

20
채점 기준	❶ 하린이와 드림이가 모으기한 수를 각각 구한 경우	2점	
	❷ 모으기한 수가 더 큰 사람을 찾아 쓴 경우	2점	4점

21 가장 큰 수는 **9**, 가장 작은 수는 **0**이므로 가장 큰 수와 가장 작은 수의 차는 $9-0=9$입니다.

22 • **5**와 **2**를 모으기하면 **7**이므로 $5+2=7$입니다. → ㉠=2

• **6**은 **4**와 **2**로 가르기할 수 있으므로 $6-4=2$입니다. → ㉡=6

➡ ㉠+㉡=$2+6=8$

23 (도현이가 오늘 읽은 책의 쪽수)
=(예나가 오늘 읽은 책의 쪽수)+2
=$3+2=5$(쪽)

➡ (예나와 도현이가 오늘 읽은 책의 쪽수)
=$3+5=8$(쪽)

24 **5**는 **1**과 **4**, **2**와 **3**, **3**과 **2**, **4**와 **1**로 가르기할 수 있습니다.

25
채점 기준	❶ 문제에 알맞은 덧셈식을 쓴 경우	2점	
	❷ 재하네 가족이 잡은 물고기는 모두 몇 마리인지 구한 경우	2점	4점

4. 비교하기

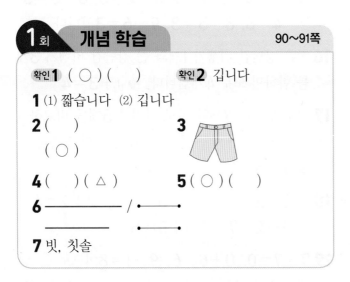

확인**1** (○) ( )　　확인**2** 깁니다

1 (1) 짧습니다 (2) 깁니다
2 ( )
　(○)
3
4 ( ) (△)　　**5** (○) ( )
6 ——————— / ●———————●
　　———————● ●——————
7 빗, 칫솔

1 오른쪽으로 더 적게 나간 지우개가 더 짧고, 오른쪽으로 더 많이 나간 필통이 더 깁니다.

2 오른쪽으로 더 많이 나간 오이가 더 깁니다.

3 위쪽 끝이 맞추어져 있으므로 아래쪽으로 더 적게 내려간 왼쪽 바지가 더 짧습니다.

4 위쪽으로 더 적게 올라간 선풍기가 더 낮습니다.

5 위쪽으로 더 많이 올라간 기린이 키가 더 큽니다.

6 두 선의 왼쪽 끝이 맞추어져 있으므로 오른쪽으로 더 많이 나간 위쪽 선이 더 길고, 오른쪽으로 더 적게 나간 아래쪽 선이 더 짧습니다.

7 오른쪽 끝이 맞추어져 있으므로 왼쪽으로 더 적게 나간 빗이 칫솔보다 더 짧습니다.

01 젓가락　　**02** (○)　　**03** ( )
　　　　　　　　( )　　　　　(○)
　　　　　　　　(○)　　　　(△)

04 예

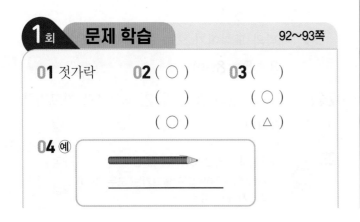

05 (1) 높습니다 (2) 짧습니다
06 ( ) ( ) (○)
07 예 ▨▨▨ , ▨▨ , 짧습니다
08 (○)　　　　　　**09**
　( )
　( )
10 ❶ 현우
　　❷ 시소, 높아 또는 미끄럼틀, 낮아
11 ❶ 승원　❷ 예 막대 사탕이 가장 길어.

01 오른쪽으로 더 적게 나간 젓가락이 더 짧습니다.

02 당근보다 오른쪽으로 더 많이 나간 것을 찾습니다.

03 오른쪽으로 가장 많이 나간 줄넘기가 가장 길고, 오른쪽으로 가장 적게 나간 치약이 가장 짧습니다.

04 색연필과 한쪽 끝을 맞춘 다음 다른 쪽 끝이 더 많이 나가도록 선을 긋거나, 색연필보다 양쪽 끝이 더 많이 나가도록 선을 긋습니다.

05 (1) 전등이 서랍장보다 위쪽으로 더 많이 올라가 있으므로 전등은 서랍장보다 더 높습니다.
　(2) 장난감 기차가 장난감 자동차보다 양쪽 끝이 더 많이 나갔으므로 장난감 자동차는 장난감 기차보다 더 짧습니다.

06 가장 높은 높이의 바를 넘은 선수를 찾습니다. 위쪽으로 가장 많이 올라가 있는 바를 넘은 가장 오른쪽 선수가 김동아 선수입니다.

07 두 색 테이프의 길이를 다르게 색칠한 다음, 왼쪽의 색 테이프를 더 길게 색칠했으면 '깁니다'에 ○표, 왼쪽의 색 테이프를 더 짧게 색칠했으면 '짧습니다'에 ○표 합니다.

08 끝이 맞추어져 있는 리본끼리 비교하면 가장 위에 있는 리본이 가장 깁니다.

09 각 물건이 풀과 한쪽 끝이 맞추어져 있다고 생각해 보면 풀보다 더 짧은 것은 지우개와 클립입니다.

10

채점 기준	❶ 잘못 말한 사람을 찾아 이름을 쓴 경우	3점	5점
	❷ 바르게 고쳐 쓴 경우	2점	

11 '클립이 가장 짧아.'라고 고칠 수도 있습니다.

채점 기준	❶ 잘못 말한 사람을 찾아 이름을 쓴 경우	3점	5점
	❷ 바르게 고쳐 쓴 경우	2점	

2회 개념 학습　　94~95쪽

확인**1** (　)(○)　　　확인**2** 가볍습니다

1 (1) 무겁습니다 (2) 가볍습니다

2 (1) (○)(　) (2) (　)(○)

3 (△)(　)　　**4** (　)(○)

5 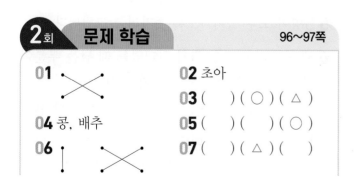　　**6** 돼지, 코끼리

1 (1) 들 때 힘이 더 드는 사전이 더 무겁습니다.
　(2) 들 때 힘이 덜 드는 공책이 더 가볍습니다.

2 (1) 들 때 힘이 더 드는 호박이 더 무겁습니다.
　(2) 들 때 힘이 더 드는 전자레인지가 더 무겁습니다.

3 들 때 힘이 덜 드는 풍선이 더 가볍습니다.
　주의 물건의 크기가 큰 것이 항상 더 무거운 것은 아닙니다.

4 더 무거운 쪽은 아래로 내려간 멜론입니다.

5 시소는 아래로 내려간 쪽이 더 무겁고, 위로 올라간 쪽이 더 가볍습니다.

6 코끼리와 돼지 중 더 가벼운 것은 돼지입니다.

2회 문제 학습　　96~97쪽

01 ✕　　　**02** 초아

03 (　)(○)(△)

04 콩, 배추　　**05** (　)(　)(○)

06 ╳　　**07** (　)(△)(　)

08 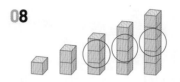　　**09** 예 책상

10 ❶ 주전자　❷ 예 숟가락, 컵

11 ❶ 예 탬버린은 기타보다 더 가볍습니다.
　❷ 예 피아노가 가장 무겁습니다.

01 들 때 힘이 더 드는 것이 더 무겁습니다.

02 시소는 아래로 내려간 쪽이 더 무겁습니다.

03 들 때 힘이 가장 많이 드는 텔레비전이 가장 무겁고, 힘이 가장 적게 드는 풍선이 가장 가볍습니다.

04 배추가 가장 무겁고, 콩이 가장 가벼우므로 당근은 콩보다 더 무겁고, 배추보다 더 가볍습니다.

05 용수철이 가장 많이 늘어난 로봇이 가장 무겁습니다.

06 상자 위에 올려놓은 물건이 무거울수록 상자가 더 많이 찌그러집니다.

07 종이컵이 과자 상자보다 더 가볍고, 과자 상자가 골프공보다 더 가벼우므로 종이컵이 가장 가볍습니다.

08 오른쪽에 있는 쌓기나무는 왼쪽에 있는 쌓기나무 **2**개보다 더 무겁습니다. 따라서 ◯에는 쌓기나무 **3**개, **4**개, **5**개가 들어갈 수 있습니다.

09 농구공보다는 더 무거우면서 **3**명의 어린이가 잘 들 수 있을만한 적당한 물건을 찾아 씁니다.

10

채점 기준	❶ 무게를 비교하는 말을 사용하여 문장을 |개 만든 경우	2점	5점
	❷ 무게를 비교하는 말을 사용하여 ❶과 다른 문장을 |개 더 만든 경우	3점	

11

채점 기준	❶ 무게를 비교하는 말을 사용하여 문장을 |개 만든 경우	2점	5점
	❷ 무게를 비교하는 말을 사용하여 ❶과 다른 문장을 |개 더 만든 경우	3점	

[평가 기준] 피아노, 기타, 탬버린의 순서대로 무겁습니다. '더 무겁다', '더 가볍다', '가장 무겁다', '가장 가볍다'는 말을 사용하여 문장을 바르게 만들었으면 정답으로 인정합니다.

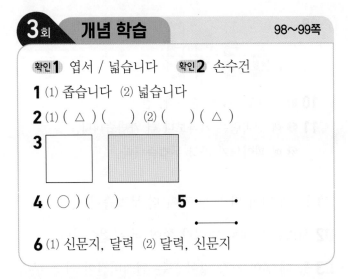

3회 개념 학습   98~99쪽

확인1 엽서 / 넓습니다   **확인2** 손수건

1 (1) 좁습니다   (2) 넓습니다

2 (1) (△) (   )   (2) (   ) (△)

3

4 (○) (   )   **5**

6 (1) 신문지, 달력   (2) 달력, 신문지

---

1 (1) 겹쳐 맞대었을 때 남는 부분이 없는 액자가 더 좁습니다.

   (2) 겹쳐 맞대었을 때 남는 부분이 있는 칠판이 더 넓습니다.

2 (1) 겹쳐 맞대었을 때 남는 부분이 없는 50원짜리 동전이 더 좁습니다.

   (2) 오른쪽 수영장이 더 좁습니다.

3 겹쳐 맞대었을 때 남는 부분이 있는 오른쪽이 더 넓습니다.

4 왼쪽 책상 면과 오른쪽 책상 면을 겹쳐 맞대었을 때 남는 부분이 있는 왼쪽 책상 면이 더 넓습니다.

5 위쪽에 있는 쟁반이 남는 부분이 없으므로 더 좁고, 아래쪽에 있는 쟁반이 남는 부분이 있으므로 더 넓습니다.

6 겹쳐 맞대었을 때 남는 부분이 있는 신문지가 더 넓고, 남는 부분이 없는 달력이 더 좁습니다.

3회 문제 학습   100~101쪽

01 좁습니다   **02** (   ) (△) (○)

03

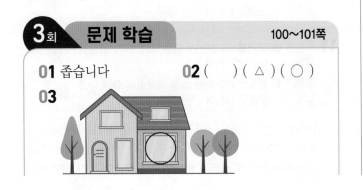

---

04 (예) 놀이터, 호수

05 (예)

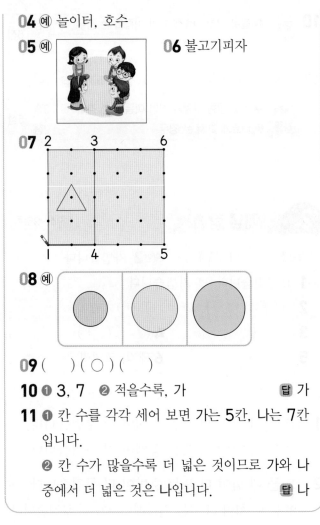

06 불고기피자

07

08 (예)

09 (   ) (○) (   )

10 ❶ 3, 7   ❷ 적을수록, 가   **답** 가

11 ❶ 칸 수를 각각 세어 보면 가는 5칸, 나는 7칸입니다.

   ❷ 칸 수가 많을수록 더 넓은 것이므로 가와 나 중에서 더 넓은 것은 나입니다.   **답** 나

---

01 두 액자를 겹쳐 맞대었을 때 남는 부분이 없는 지혜가 든 액자가 더 좁습니다.

02 겹쳐 맞대었을 때 남는 부분이 가장 많은 거울이 가장 넓고, 남는 부분이 없는 휴대 전화가 가장 좁습니다.

03 4개의 창문을 겹쳐 맞대었을 때 남는 부분이 가장 많은 오른쪽 아래 창문이 가장 넓습니다.

04 공원이 가장 넓고, 놀이터가 가장 좁습니다.

05 5명이 모두 들어가도록 돗자리를 그립니다.

06 세 종류의 피자를 겹쳐 맞대었을 때 남는 부분이 가장 많은 피자는 불고기피자입니다.
따라서 가장 넓은 불고기피자를 주문해야 합니다.

07 1부터 6까지 순서대로 이으면 두 부분으로 나누어집니다. 두 부분 중 왼쪽이 더 좁습니다.

08 왼쪽 모양과 겹쳐 맞대었을 때는 남는 부분이 있고, 오른쪽 모양과 겹쳐 맞대었을 때는 남는 부분이 없도록 ○ 모양을 그립니다.

09 카드를 자르거나 접지 않고 넣으려면 카드보다 더 넓은 가운데 봉투에 넣어야 합니다.

10
채점 기준	❶ 가와 나가 각각 몇 칸인지 세어 쓴 경우	2점	5점
	❷ 가와 나 중에서 더 좁은 것을 찾아 쓴 경우	3점	

11
채점 기준	❶ 가와 나가 각각 몇 칸인지 세어 쓴 경우	2점	5점
	❷ 가와 나 중에서 더 넓은 것을 찾아 쓴 경우	3점	

4회 **개념 학습** 102~103쪽

확인**1** 적습니다 확인**2** (○) ( )

1 (1) 적습니다 (2) 많습니다

2 (1) (○) ( ) (2) ( ) (○)

3 ( ) (△) **4** ( ) (○)

5 ⤬

6 (1) 컵, 욕조 (2) 욕조, 컵

---

1 크기가 작은 바가지가 담을 수 있는 양이 더 적고, 크기가 큰 세숫대야가 담을 수 있는 양이 더 많습니다.

2 그릇의 크기가 클수록 담을 수 있는 양이 더 많습니다.

3 그릇의 모양과 크기가 같으므로 물의 높이가 더 낮은 오른쪽 그릇에 담긴 물의 양이 더 적습니다.

4 물의 높이가 같으므로 그릇의 크기가 더 큰 오른쪽 그릇에 담긴 물의 양이 더 많습니다.

5 왼쪽 그릇이 오른쪽 그릇보다 더 작으므로 왼쪽 그릇이 담을 수 있는 양이 더 적고, 오른쪽 그릇이 담을 수 있는 양이 더 많습니다.

6 크기가 작은 컵이 담을 수 있는 양이 더 적고, 크기가 큰 욕조가 담을 수 있는 양이 더 많습니다.

4회 **문제 학습** 104~105쪽

01 ( ) (○) ( ) **02** (△) (○) ( )

03 ⤬

04 ×

05 예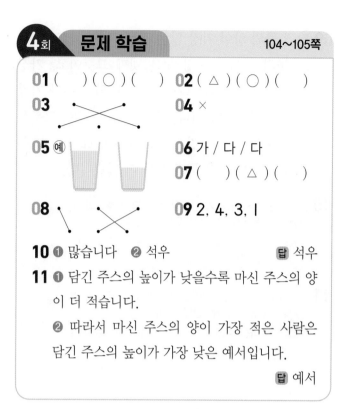

06 가 / 다 / 다

07 ( ) (△) ( )

08 ⤬

09 2, 4, 3, 1

10 ❶ 많습니다 ❷ 석우 답 석우

11 ❶ 담긴 주스의 높이가 낮을수록 마신 주스의 양이 더 적습니다.
❷ 따라서 마신 주스의 양이 가장 적은 사람은 담긴 주스의 높이가 가장 낮은 예서입니다.
답 예서

---

01 왼쪽보다 물의 높이가 더 높은 것을 찾습니다.

02 그릇의 크기가 클수록 담을 수 있는 양이 더 많습니다.

03 컵의 크기가 클수록 담을 수 있는 양이 더 많습니다.

04 물의 높이가 같으면 그릇의 크기가 클수록 담긴 물의 양이 더 많습니다.

05 두 컵의 모양과 크기가 같고 왼쪽 컵이 오른쪽 컵보다 담긴 물의 양이 더 많아야 하므로 왼쪽 컵에 담긴 물의 높이가 더 높게 색칠합니다.

06 세 물통의 담을 수 있는 양을 비교해 본 다음 담을 수 있는 양이 가장 적은 물통을 찾습니다.

07 물의 높이가 같으므로 크기가 가장 작은 가운데 그릇에 담긴 물의 양이 가장 적습니다.

08 • 시우는 가장 적게 담긴 가장 왼쪽 국을 먹습니다.
• 유준이가 채아보다 더 적게 담긴 것을 먹는다고 하였으므로 유준이는 가운데 국을, 채아는 가장 오른쪽 국을 먹습니다.

09 담긴 물의 양이 가장 많은 것은 그릇의 크기가 크고 물의 높이가 가장 높은 넷째 그릇이고, 가장 적은 것은 그릇의 크기가 작고 물의 높이가 가장 낮은 둘째 그릇입니다. 첫째 그릇과 셋째 그릇은 담긴 물의 높이가 같으므로 그릇의 크기가 더 큰 첫째 그릇이 담긴 물의 양이 더 많습니다.

10

채점기준	❶ 모양과 크기가 같은 컵에 담긴 주스의 양을 비교하는 방법을 아는 경우	2점	5점
	❷ 마신 주스의 양이 가장 많은 사람을 찾아 쓴 경우	3점	

11

채점기준	❶ 모양과 크기가 같은 컵에 담긴 주스의 양을 비교하는 방법을 아는 경우	2점	5점
	❷ 마신 주스의 양이 가장 적은 사람을 찾아 쓴 경우	3점	

5회 응용 학습　106~109쪽

01 1단계 많이	2단계 나
02 가	**03** 나
04 1단계 7, 8, 6	2단계 상추
05 달맞이꽃	**06** 승호
07 1단계 은지	2단계 은지
08 시현	**09** 다
10 1단계 재민	2단계 새미
3단계 재민	
11 지민	**12** 현수, 지아, 영우

01 2단계 가장 많이 구부러져 있는 선은 나입니다.

02 양쪽 끝이 맞추어져 있을 때 선이 적게 구부러져 있을수록 더 짧으므로 가장 짧은 선은 가입니다.

03 양쪽 끝이 맞추어져 있으므로 길이 가장 적게 구부러져 있는 나가 가장 짧은 길입니다.

04 2단계 심은 칸 수가 많을수록 더 넓은 곳에 심은 채소이므로 가장 넓은 곳에 심은 채소는 칸 수가 가장 많은 상추입니다.

05 나리: 8칸, 달맞이꽃: 5칸, 수국: 7칸
칸 수가 적을수록 더 좁은 곳에 심은 것이므로 가장 좁은 곳에 심은 꽃은 달맞이꽃입니다.

06 소리: 6칸, 지형: 4칸, 승호: 7칸
칸 수가 많을수록 더 넓게 꾸민 것이므로 가장 넓게 꾸민 사람은 승호입니다.

07 1단계 모양과 크기가 같은 컵이므로 물의 높이가 가장 낮은 은지가 남은 물의 양이 가장 적습니다.
2단계 물을 많이 마실수록 남은 물의 양이 더 적어지므로 물을 가장 많이 마신 사람은 남은 물의 양이 가장 적은 은지입니다.

08 모양과 크기가 같은 병이므로 주스의 높이가 가장 높은 시현이가 남은 주스의 양이 가장 많고, 남은 주스의 양이 많을수록 주스를 적게 마신 것이므로 주스를 가장 적게 마신 사람은 시현입니다.

09 도윤이가 물을 가장 많이 마셨으므로 남은 물의 양이 가장 적은 컵이 도윤이의 컵입니다.
따라서 남은 물의 높이가 가장 낮은 다가 도윤이의 컵입니다.

10 2단계 초아는 새미보다 더 가벼우므로 더 무거운 사람은 새미입니다.
3단계 새미는 초아보다 더 무겁고, 재민이는 새미보다 더 무거우므로 무거운 사람부터 순서대로 이름을 쓰면 재민, 새미, 초아입니다.

11 솔이는 해리보다 더 가볍고, 지민이는 솔이보다 더 가벼우므로 가벼운 사람부터 순서대로 이름을 쓰면 지민, 솔이, 해리입니다.

12 • 현수는 영우보다 더 무겁고, 지아보다도 더 무거우므로 현수가 가장 무겁습니다.
　• 지아는 영우보다 더 무거우므로 영우가 가장 가볍습니다.
➜ 무거운 사람부터 순서대로 이름을 쓰면 현수, 지아, 영우입니다.

01 ( )
(○)

02 ②

03 (△) ( )

04 ╳

05 좁습니다

06 ( ) (△)

07 ( )
(○)
(△)

08 ❶ ⑩ 냉장고가 가장 높습니다.

　　❷ ⑩ 전등은 선풍기보다 더 낮습니다.

09 ②, ③

10 ( ) (△) ( )

11 ⑩ 공책

12 ╳

13 ( ) ( ) (△)

14 (○) (△) ( )

15

16 ⑩

| △ | △ | △ |

17 3, 1, 2

18 ( ) (○)

19 (○) ( ) ( )

20 ❶ 위쪽이 맞추어져 있으므로 아래쪽으로 더 적게 내려간 동물일수록 키가 더 작습니다.

　　❷ 따라서 키가 가장 작은 동물은 아래쪽으로 가장 적게 내려간 햄스터입니다.　　**답** 햄스터

21 지수

22 가, 다, 나

23 가

24 ⑩

25 ❶ 두 컵에 담긴 주스의 높이가 같을 때는 컵의 크기가 클수록 담긴 주스의 양이 더 많습니다.

　　❷ 따라서 컵의 크기가 더 큰 가에 담긴 주스의 양이 더 많으므로 엄마의 컵은 가입니다.

　　　　　　　　　　　　　　　　답 가

01 왼쪽 끝이 맞추어져 있으므로 오른쪽으로 더 많이 나간 줄넘기가 야구 방망이보다 더 깁니다.

02 길이를 비교하고 있으므로 '깁니다'와 '짧습니다' 중에서 골라야 합니다.

왼쪽 끝이 맞추어져 있고 막대 사탕은 막대 과자보다 오른쪽으로 더 적게 나갔으므로 막대 사탕은 막대 과자보다 더 짧습니다.

　참고 '낮습니다'와 '높습니다'는 높이를 비교하는 말이고, '좁습니다'는 넓이를 비교하는 말입니다.

03 축구공과 귤 중에서 귤을 들 때 힘이 덜 들므로 귤은 축구공보다 더 가볍습니다.

　참고 축구공과 수박 중에서 수박을 들 때 힘이 더 들므로 수박은 축구공보다 더 무겁습니다.

04 수첩과 공책을 겹쳐 맞대었을 때 공책이 남는 부분이 있으므로 수첩은 공책보다 더 좁고, 공책은 수첩보다 더 넓습니다.

05 시간표와 칠판을 겹쳐 맞대었을 때 시간표가 남는 부분이 없으므로 시간표는 칠판보다 더 좁습니다.

06 그릇의 크기가 작을수록 담을 수 있는 양이 더 적으므로 담을 수 있는 양이 더 적은 것은 양동이입니다.

07 왼쪽 끝이 맞추어져 있으므로 오른쪽으로 가장 많이 나간 것이 가장 길고, 오른쪽으로 가장 적게 나간 것이 가장 짧습니다.

08

채점 기준	❶ 높이를 비교하는 말을 사용하여 문장을 1개 만든 경우	2점	4점
	❷ 높이를 비교하는 말을 사용하여 ❶과 다른 문장을 1개 더 만든 경우	2점	

[평가 기준] 냉장고, 선풍기, 전등의 순서대로 높습니다. '더 높다', '더 낮다', '가장 높다', '가장 낮다'는 말을 사용하여 문장을 바르게 만들었으면 정답으로 인정합니다.

09 각 물건이 연필과 한쪽 끝이 맞추어져 있다고 생각해 보면 연필보다 더 짧은 것은 ② 클립과 ③ 못입니다.

개념북 **4** 단원

10 들 때 힘이 덜 들수록 더 가벼운 것입니다.
들 때 힘이 덜 드는 것부터 순서대로 쓰면 지갑, 책가방, 여행 가방이므로 가장 가벼운 것은 지갑입니다.

11 들 때 의자보다 힘이 덜 드는 물건을 씁니다.
들 때 의자보다 힘이 덜 드는 것에는 연필, 공책, 지우개, 색종이 등이 있습니다.

12 ・들 때 힘이 더 들어 보이는 파란색 장바구니에는 무거운 수박과 멜론이 들어 있습니다.
・들 때 힘이 덜 들어 보이는 빨간색 장바구니에는 가벼운 사과와 귤이 들어 있습니다.

13 지아는 시원이보다 더 가볍고, 준호는 지아보다 더 가볍습니다.
따라서 가벼운 사람부터 순서대로 이름을 쓰면 준호, 지아, 시원이므로 가장 가벼운 사람은 준호입니다.

14 500원짜리 동전은 100원짜리 동전보다 더 넓고, 100원짜리 동전은 50원짜리 동전보다 더 넓습니다.
따라서 가장 넓은 것은 500원짜리 동전이고, 가장 좁은 것은 50원짜리 동전입니다.

15 겹쳐 맞대었을 때 남는 부분이 많을수록 더 넓습니다.

16 왼쪽 모양과 겹쳐 맞대었을 때는 남는 부분이 있고, 오른쪽 모양과 겹쳐 맞대었을 때는 남는 부분이 없도록 △ 모양을 그립니다.

17 그릇의 크기가 클수록 담을 수 있는 양이 더 많으므로 우유갑의 크기가 큰 것부터 순서대로 1, 2, 3을 씁니다.

18 주어진 컵에 가득 담긴 물을 넘치지 않게 모두 옮기려면 주어진 컵에 든 물의 양보다 담을 수 있는 양이 더 많아야 하므로 주어진 컵보다 크기가 더 큰 컵을 찾습니다.

따라서 주어진 컵보다 크기가 더 큰 컵은 오른쪽 컵입니다.

19
・①과 ②는 물의 높이가 같으므로 컵의 크기가 더 큰 ②에 담긴 물의 양이 더 많습니다.
・①과 ③은 컵의 모양과 크기가 같으므로 물의 높이가 더 높은 ①에 담긴 물의 양이 더 많습니다.
→ 담긴 물의 양이 많은 것부터 순서대로 쓰면 ②, ①, ③이므로 담긴 물의 양이 둘째로 많은 것은 ①입니다.

20

채점기준			
❶ 위쪽이 맞추어져 있을 때 키를 비교하는 방법을 아는 경우	2점	4점
❷ 키가 가장 작은 동물을 찾아 쓴 경우	2점	

21 혜미는 지수보다 더 무겁고, 민규보다도 더 무거우므로 혜미가 가장 무겁습니다.
지수와 민규 중에서 지수는 민규보다 더 가벼우므로 가장 가벼운 사람은 지수입니다.

22 칸 수를 각각 세어 보면 가는 9칸, 나는 7칸, 다는 8칸입니다.
칸 수가 많을수록 더 넓으므로 넓은 것부터 순서대로 기호를 쓰면 가, 다, 나입니다.

23 담긴 물의 양이 적을수록 컵에 물을 더 많이 담아야 가득 채울 수 있습니다.
컵에 담긴 물의 양이 가장 적은 컵은 물의 높이가 가장 낮은 가이므로 컵에 물을 가득 채우려면 더 담아야 하는 물이 가장 많은 컵은 가입니다.

24 탁자와 겹쳐 맞대었을 때 남는 부분이 있도록 탁자보다 더 넓은 식탁보를 그립니다.

25

채점기준			
❶ 주스의 높이가 같을 때 담긴 주스의 양을 비교하는 방법을 아는 경우	2점	4점
❷ 엄마의 컵을 찾아 쓴 경우	2점	

5. 50까지의 수

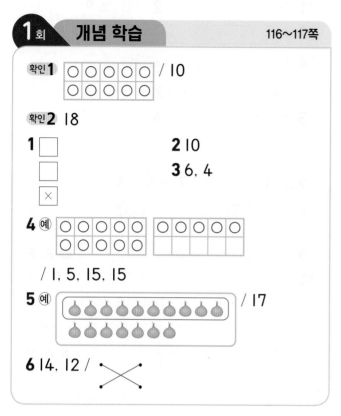

확인1 ⭕⭕⭕⭕⭕ / 10
⭕⭕⭕⭕

확인2 18

1 ☐
   ☐
   ✕

2 10

3 6, 4

4 예 ⭕⭕⭕⭕⭕   ⭕⭕⭕⭕⭕
    ⭕⭕⭕⭕⭕

/ 1, 5, 15, 15

5 예 / 17

6 14, 12 /

---

1 사과의 수에 맞게 하나, 둘, 셋, 넷, 다섯, 여섯, 일곱, 여덟, 아홉, 열로 세어야 합니다.

2 바나나의 수를 하나씩 세어 보면 하나, 둘, 셋, 넷, 다섯, 여섯, 일곱, 여덟, 아홉, 열이므로 모두 10입니다.

3 10은 6과 4로 가르기할 수 있습니다.

4 달걀의 수만큼 ⭕를 그리면 10개씩 묶음 1개와 낱개 5개입니다.
10개씩 묶음 1개와 낱개 5개는 15입니다.

5 10개씩 묶음 1개와 낱개 7개이므로 17입니다.

6 • 컵케이크를 10개씩 묶어 보면 10개씩 묶음 1개와 낱개 4개이므로 14이고, 십사 또는 열넷이라고 읽습니다.
• 과자를 10개씩 묶어 보면 10개씩 묶음 1개와 낱개 2개이므로 12이고, 십이 또는 열둘이라고 읽습니다.

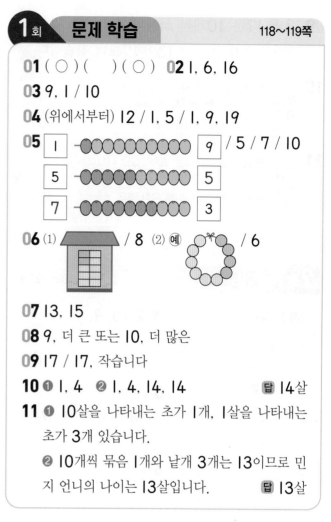

01 (⭕) (   ) (⭕)   **02** 1, 6, 16
03 9, 1 / 10
04 (위에서부터) 12 / 1, 5 / 1, 9, 19
05
   1 — ⭕⭕⭕⭕⭕⭕⭕⭕⭕   9   / 5 / 7 / 10
   5 — ⭕⭕⭕⭕⭕   5
   7 — ⭕⭕⭕⭕⭕⭕⭕   3
06 (1) / 8   (2) 예 / 6
07 13, 15
08 9, 더 큰 또는 10, 더 많은
09 17 / 17, 작습니다
10 ❶ 1, 4   ❷ 1, 4, 14, 14   **답** 14살
11 ❶ 10살을 나타내는 초가 1개, 1살을 나타내는 초가 3개 있습니다.
   ❷ 10개씩 묶음 1개와 낱개 3개는 13이므로 민지 언니의 나이는 13살입니다.   **답** 13살

---

01 야구공의 수를 세어 보면 하나, 둘, 셋, 넷, 다섯, 여섯, 일곱, 여덟, 아홉이므로 9개입니다.

02 10개씩 묶음 1개와 낱개 6개를 16이라고 합니다.

03 9보다 1만큼 더 큰 수는 10입니다.

04 • 10개씩 묶음 1개와 낱개 2개: 12
• 15(열다섯): 10개씩 묶음 1개와 낱개 5개
• 십구: 19 ➜ 10개씩 묶음 1개와 낱개 9개

05 1과 9, 5와 5, 7과 3을 모으기하면 10이 됩니다.

06 (1) 10은 2와 8로 가르기할 수 있습니다.
(2) 10은 6과 4로 가르기할 수 있습니다.

07 12보다 1만큼 더 큰 수는 13이고, 14보다 1만큼 더 큰 수는 15입니다.

08 배 10개가 들어 있는 상자는 배가 더 많고, 배 9개가 들어 있는 상자는 배가 더 큽니다.

개념북

5 단원

09 13과 17은 10개씩 묶음의 수가 1로 같으므로 낱개의 수가 더 작은 13이 17보다 작습니다.

10

채점 기준	❶ 10살을 나타내는 초와 1살을 나타내는 초가 각각 몇 개인지 센 경우	2점	5점
	❷ 재희 형의 나이를 구한 경우	3점	

11

채점 기준	❶ 10살을 나타내는 초와 1살을 나타내는 초가 각각 몇 개인지 센 경우	2점	5점
	❷ 민지 언니의 나이를 구한 경우	3점	

2회 개념 학습
120~121쪽

확인1 10, 11, 11   확인2 10, 9, 9

1

2 15   **3** 7

4 / (위에서부터) 8, 14

5 / 6, 6   **6** 4

1 밤 6개와 7개를 모으기하면 13개가 됩니다.

2 달팽이 7마리와 나비 8마리를 모으기하면 15마리가 됩니다.
→ 7과 8을 모으기하면 15가 됩니다.

3 공 16개는 9개와 7개로 가르기할 수 있습니다.
→ 16은 9와 7로 가르기할 수 있습니다.

4 빨간색 구슬 6개와 초록색 구슬 8개를 모으기한 것이므로 6부터 8만큼 수를 이어 세면 14입니다.
→ 6과 8을 모으기하면 14가 됩니다.

5 구슬 12개를 6개와 다른 수로 가르기한 것이므로 12부터 6만큼 수를 거꾸로 세면 6입니다.
→ 12는 6과 6으로 가르기할 수 있습니다.

6 전체 11칸을 노란색 7칸과 파란색 4칸으로 색칠했습니다. → 11은 7과 4로 가르기할 수 있습니다.

2회 문제 학습
122~123쪽

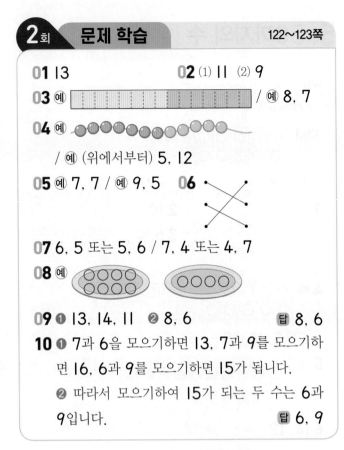

01 13   **02** (1) 11 (2) 9

03 예 / 예 8, 7

04 예 / 예 (위에서부터) 5, 12

05 예 7, 7 / 예 9, 5   **06**

07 6, 5 또는 5, 6 / 7, 4 또는 4, 7

08 예

09 ❶ 13, 14, 11 ❷ 8, 6   답 8, 6

10 ❶ 7과 6을 모으기하면 13, 7과 9를 모으기하면 16, 6과 9를 모으기하면 15가 됩니다.
❷ 따라서 모으기하여 15가 되는 두 수는 6과 9입니다.   답 6, 9

01 만두 4개와 9개를 모으기하면 13개가 됩니다.
→ 4와 9를 모으기하면 13이 됩니다.

02 (1) 5와 6을 모으기하면 11이 됩니다.
(2) 17은 8과 9로 가르기할 수 있습니다.

03 15는 1과 14, 2와 13, 3과 12, 4와 11, 5와 10, 6과 9, 7과 8 등으로 가르기할 수 있습니다.

04 • 빨간색 구슬: 7과 4를 모으기하면 11이 됩니다.
• 파란색 구슬: 7과 6을 모으기하면 13이 됩니다.
• 초록색 구슬: 7과 5를 모으기하면 12가 됩니다.

05 14는 1과 13, 2와 12, 3과 11, 4와 10, 5와 9, 6과 8, 7과 7 등으로 가르기할 수 있습니다.

06 12와 4, 8과 8, 5와 11을 모으기하면 16이 됩니다.

07 • ⬜ 모양 6개와 ⚪ 모양 5개가 있으므로 6과 5로 가르기할 수 있습니다.
• 빨간색 모양 7개와 노란색 모양 4개가 있으므로 7과 4로 가르기할 수 있습니다.

08 초콜릿을 소미가 오빠보다 더 많이 먹었으므로 12를 소미와 오빠로 나누어 가르기하면 11과 1, 10과 2, 9와 3, 8과 4, 7과 5로 가르기할 수 있습니다.

09

채점 기준	❶ 두 수씩 짝을 지어 각각 모으기한 경우	3점	5점
	❷ 모으기하여 14가 되는 두 수를 찾은 경우	2점	

10

채점 기준	❶ 두 수씩 짝을 지어 각각 모으기한 경우	3점	5점
	❷ 모으기하여 15가 되는 두 수를 찾은 경우	2점	

3회 개념 학습 　124~125쪽

확인1 3, 30

확인2 10, 30 / 적습니다 / 30, 작습니다

1 ⑴ 40 ⑵ 5 　　**2** 2, 20

3 예
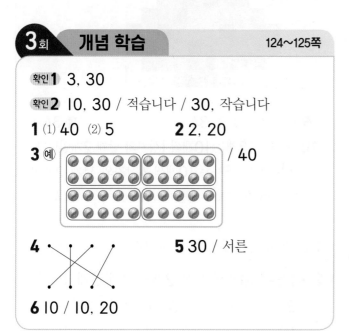
/ 40

4 　　**5** 30 / 서른

6 10 / 10, 20

1 · 10개씩 묶음 ■개는 ■0입니다.
　· ■0은 10개씩 묶음 ■개입니다.

2 딸기가 10개씩 묶음 2개 있습니다.
　10개씩 묶음 2개는 20입니다.

3 10개씩 묶음 4개이므로 40입니다.

4 · 20: 이십, 스물　　· 30: 삼십, 서른
　· 40: 사십, 마흔　　· 50: 오십, 쉰

5 10개씩 묶어 보면 10개씩 묶음 3개이므로 30입니다. 30은 삼십 또는 서른이라고 읽습니다.

6 10개씩 묶음의 수가 20이 더 크므로 20은 10보다 크고, 10은 20보다 작습니다.

3회 문제 학습 　126~127쪽

01
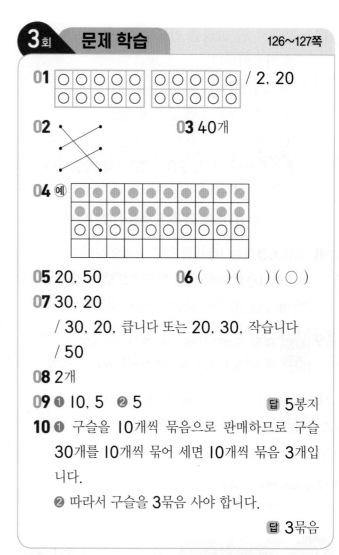
/ 2, 20

02 　　　**03** 40개

04 예

05 20, 50　　**06** (　) (　) (○)

07 30, 20
　/ 30, 20, 큽니다 또는 20, 30, 작습니다
　/ 50

08 2개

09 ❶ 10, 5　❷ 5　　　　　**답** 5봉지

10 ❶ 구슬을 10개씩 묶음으로 판매하므로 구슬 30개를 10개씩 묶어 세면 10개씩 묶음 3개입니다.
　❷ 따라서 구슬을 3묶음 사야 합니다.
　　　　　　　　　　　　　　　　　　답 3묶음

01 단추의 수는 10개씩 묶음 2개입니다.
　10개씩 묶음 2개는 20입니다.

02 · 10개씩 묶음 3개: 30(삼십, 서른)
　· 10개씩 묶음 4개: 40(사십, 마흔)
　· 10개씩 묶음 5개: 50(오십, 쉰)

03 10개씩 묶음 4개는 40이므로 달걀은 모두 40개입니다.

04 ●의 수는 10개씩 묶음 2개이고, 30은 10개씩 묶음 3개이므로 ○를 10개 더 그립니다.

05 · 공책: 10권씩 묶음 2개 ➡ 20
　· 색종이: 10장씩 묶음 5개 ➡ 50

06 20은 이십 또는 스물이라고 읽습니다.
　서른을 수로 쓰면 30입니다.

개념북

5
단원

07 • 강아지 한 마리를 만드는 데 연결 모형 10개
를 사용합니다.

시우: 10개씩 묶음 3개 ➡ 30

예나: 10개씩 묶음 2개 ➡ 20

• 10개씩 묶음의 수가 클수록 큰 수이므로 30
은 20보다 크고, 20은 30보다 작습니다.

• 강아지 5마리를 만드는 데 사용한 연결 모형
의 수는 10개씩 묶음 5개인 50입니다.

08 곶감 40개는 10개씩 묶음 4개입니다.

곶감이 10개씩 묶음 2개 있으므로 곶감이 40개
가 되려면 10개씩 묶음 2개가 더 필요합니다.

09

채점 기준	❶ 50은 10개씩 묶음 몇 개인지 구한 경우	3점	
	❷ 토마토는 몇 봉지가 되는지 구한 경우	2점	5점

10

채점 기준	❶ 30은 10개씩 묶음 몇 개인지 구한 경우	3점	
	❷ 구슬을 몇 묶음 사야 하는지 구한 경우	2점	5점

4회 개념 학습

확인1 5, 45	확인2 2, 3
1 2, 42	**2** 37, 21, 43
3 26	**4** (○) (○) ( )
5 32 / 삼십이	**6** 4, 9

1 참외가 10개씩 묶음 4개와 낱개 2개 있습니다.
10개씩 묶음 4개와 낱개 2개는 42입니다.

2 10개씩 묶음 ■개와 낱개 ▲개는 ■▲입니다.

3 10자루씩 묶음 2개와 낱개 6자루 ➡ 26

4 28은 이십팔 또는 스물여덟이라고 읽습니다.

5 10개씩 묶음 3개와 낱개 2개이므로 32입니다.
32는 삼십이 또는 서른둘이라고 읽습니다.

6 ■▲ ➡ 10개씩 묶음 ■개와 낱개 ▲개

4회 문제 학습

01 2, 7 / 27

02 (위에서부터) 5 / 3 / 46

03 (위에서부터) 22, 38 / 2, 2 / 3, 8

04 24 / 스물넷   **05** 다은

06 예 우리 아버지의 연세는 48세입니다.

07 소율

08 예

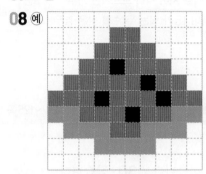

09 ❶ 1, 4 ❷ 3, 34   답 34개

10 ❶ 낱개 12개는 10개씩 1상자와 낱개 2개입니다.
❷ 따라서 과자는 10개씩 4상자와 낱개 2개이
므로 과자는 모두 42개입니다.   답 42개

01 10개씩 묶음 2개와 낱개 7개이므로 27입니다.

02 • 25는 10개씩 묶음 2개와 낱개 5개입니다.

• 31은 10개씩 묶음 3개와 낱개 1개입니다.

• 10개씩 묶음 4개와 낱개 6개는 46입니다.

03 • 꽃: 10송이씩 묶음 2개와 낱개 2송이 ➡ 22

• 방울토마토: 10개씩 묶음 3개와 낱개 8개
➡ 38

04 10개씩 묶음 2개와 낱개 4개이므로 24입니다.
24는 이십사 또는 스물넷이라고 읽습니다.

05 32는 10개씩 묶음 3개와 낱개 2개입니다.

06 50까지의 수를 넣어 자유롭게 이야기해 봅니다.

07 39는 삼십구 또는 서른아홉이라고 읽습니다.
마흔여덟을 수로 쓰면 48입니다.

08 [평가 기준] 주어진 칸의 수에 맞게 수박 모양으로 모눈을
색칠했으면 정답으로 인정합니다.

09	채점 기준	❶ 낱개 14개를 10개씩 묶음과 낱개의 수로 나타낸 경우	2점	5점
		❷ 감자는 모두 몇 개인지 구한 경우	3점	

10	채점 기준	❶ 낱개 12개를 10개씩 묶음과 낱개의 수로 나타낸 경우	2점	5점
		❷ 과자는 모두 몇 개인지 구한 경우	3점	

5회 개념 학습 132~133쪽

확인1 22, 20   확인2 큽니다

1 (1) 33 (2) 46   2 16, 18, 19

3 (위에서부터) 29, 30 / 35, 36, 39

4 (위에서부터) 5, 7 / 11, 13, 14

5 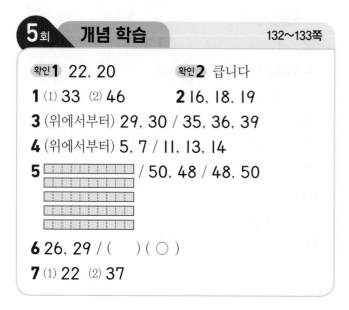 / 50, 48 / 48, 50

6 26, 29 / ( ) (○)

7 (1) 22 (2) 37

---

1 (1) 32와 34 사이의 수는 33입니다.
  (2) 45와 47 사이의 수는 46입니다.

2 14－15－16－17－18－19－20

3 28 바로 뒤의 수: 29, 31 바로 앞의 수: 30,
  34 바로 뒤의 수: 35, 37 바로 앞의 수: 36,
  38 바로 뒤의 수: 39

4 ・윗줄: 1－2－3－4－5－6－7
  ・아랫줄: 8－9－10－11－12－13－14

5 10개씩 묶음의 수가 더 큰 50이 48보다 큽니다.

6 26과 29는 10개씩 묶음의 수가 2로 같으므로
  낱개의 수가 더 큰 29가 26보다 큽니다.

7 (1) 10개씩 묶음의 수가 더 큰 22가 18보다 큽
    니다.
  (2) 10개씩 묶음의 수가 3으로 같으므로 낱개의
    수가 더 큰 37이 33보다 큽니다.

5회 문제 학습 134~135쪽

01 (1)

16	21	26	31	36	41
17	22	27	32		
18	23	28			
19	24		34		
20					

(2) 33

02 40회   03 30

04 ( ) ( ) (△)

05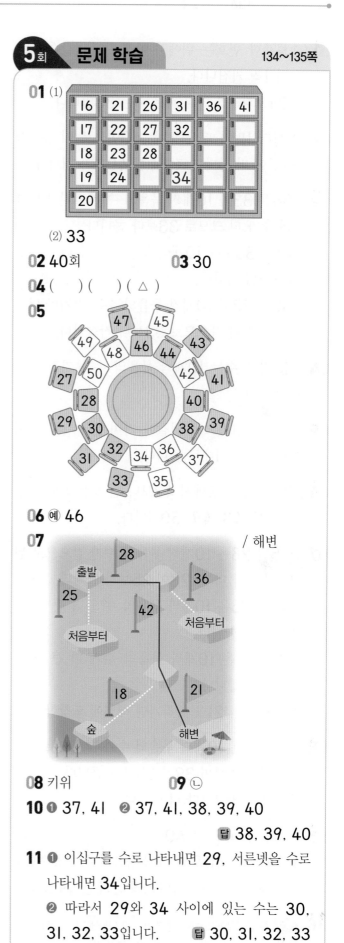

06 예 46

07

/ 해변

08 키위   09 ㉡

10 ❶ 37, 41 ❷ 37, 41, 38, 39, 40
   답 38, 39, 40

11 ❶ 이십구를 수로 나타내면 29, 서른넷을 수로
     나타내면 34입니다.
   ❷ 따라서 29와 34 사이에 있는 수는 30,
     31, 32, 33입니다.   답 30, 31, 32, 33

01 ⑴ 보관함 번호는 위에서 아래로 내려갈수록 수가 1씩 커집니다.

⑵ 34보다 1만큼 더 작은 수는 33입니다.

02 39보다 1만큼 더 큰 수는 40이므로 이 동영상을 1명이 더 본다면 조회수는 40회가 됩니다.

03 • 36은 33과 10개씩 묶음의 수는 같지만 낱개의 수가 더 크므로 33보다 큽니다.

• 41은 33보다 10개씩 묶음의 수가 더 크므로 33보다 큽니다.

• 30은 33과 10개씩 묶음의 수는 같지만 낱개의 수가 더 작으므로 33보다 작습니다.

04 가장 작은 수는 10개씩 묶음의 수가 가장 작은 24입니다.

05 바깥쪽과 안쪽으로 번갈아 가며 27부터 50까지의 수를 순서대로 씁니다.

06 50까지의 수 중에서 43보다 큰 수는 44, 45, 46, 47, 48, 49, 50입니다.

07 • 25와 28은 10개씩 묶음의 수가 같으므로 낱개의 수가 더 큰 **28**이 25보다 큽니다.

• 42와 36은 10개씩 묶음의 수가 더 큰 **42**가 36보다 큽니다.

• 18과 21은 10개씩 묶음의 수가 더 큰 **21**이 18보다 큽니다.

➜ 28, 42, 21을 따라가면 해변에 도착합니다.

08 39와 35는 10개씩 묶음의 수가 같으므로 낱개의 수를 비교하면 39가 35보다 큽니다.

➜ 키위가 망고보다 더 많습니다.

09 ㉠ 44 ㉡ 49 ㉢ 40

➜ 44, 49, 40은 10개씩 묶음의 수가 같으므로 낱개의 수를 비교하면 가장 큰 수는 49입니다.

10 채점 기준

❶ 삼십칠과 마흔하나를 각각 수로 나타낸 경우	2점	5점
❷ 두 수 사이에 있는 수를 모두 구한 경우	3점	

11 채점 기준

❶ 이십구와 서른넷을 각각 수로 나타낸 경우	2점	5점
❷ 두 수 사이에 있는 수를 모두 구한 경우	3점	

6회 응용 학습   136~139쪽

01 1단계 10개   2단계 3개
3단계 3개
02 2개   **03** 3개
04 1단계 가장 큰 / 둘째로 큰
2단계 43
05 25   **06** 39
07 1단계 35   2단계 36, 37, 38, 39
08 27, 28, 29   **09** 22
10 1단계 26, 27, 28, 29, 30
2단계 31
11 38   **12** 17

01 1단계 주어진 모양에서 사용한 ⬛의 수를 세어 보면 10개입니다.

2단계 30은 10개씩 묶음이 3개입니다.

3단계 30은 10개씩 묶음 3개이므로 주어진 모양을 3개 만들 수 있습니다.

02 주어진 모양 1개를 만드는 데 ⬛이 10개 필요합니다. 20은 10개씩 묶음 2개이므로 ⬛ 20개로 주어진 모양을 2개 만들 수 있습니다.

03 보기 의 모양 1개를 만드는 데 ⬛이 10개 필요합니다. 주어진 ⬛은 10개씩 묶음 3개이므로 보기 의 모양을 3개 만들 수 있습니다.

04 2단계 가장 큰 수는 4이고 둘째로 큰 수는 3이므로 만들 수 있는 가장 큰 몇십몇은 43입니다.

05 가장 작은 몇십몇을 만들려면 10개씩 묶음의 수에 가장 작은 수인 2를 쓰고, 낱개의 수에 둘째로 작은 수인 5를 써야 합니다. ➜ 25

06 노란색 공 중에서 가장 큰 수인 **3**을 **10**개씩 묶음의 수로 쓰고, 빨간색 공 중에서 가장 큰 수인 **9**를 낱개의 수로 씁니다. ➜ **39**

07 **1단계** **10**개씩 묶음 **3**개와 낱개 **5**개는 **35**입니다.
2단계 **35**보다 크고 **40**보다 작은 수는 **36, 37, 38, 39**입니다.

08 **10**과 **30** 사이에 있는 수는 **11, 12, 13, ..., 28, 29**이고, 이 중에서 **26**보다 큰 수는 **27, 28, 29**입니다.
주의 **10**과 **30** 사이에 있는 수에 **10**과 **30**은 들어가지 않습니다.

09 **10**개씩 묶음 **1**개와 낱개 **8**개는 **18**이고, **18**보다 크고 **30**보다 작은 수는 **19, 20, 21, ..., 28, 29**입니다.
이 중에서 **10**개씩 묶음의 수와 낱개의 수가 서로 같은 수는 **22**입니다.

10 **1단계** **25**보다 크고 ■보다 작은 수가 **5**개이므로 **25** 바로 뒤의 수부터 순서대로 **5**개를 쓰면 **26, 27, 28, 29, 30**입니다.
2단계 **25**보다 크고 ■보다 작은 수가 **26, 27, 28, 29, 30**이므로 ■에 알맞은 수는 **30** 바로 뒤의 수인 **31**입니다.

11 **33**보다 크고 ■보다 작은 수가 **4**개이므로 **33** 바로 뒤의 수인 **34**부터 순서대로 **4**개를 쓰면 **34, 35, 36, 37**입니다.
33보다 크고 ■보다 작은 수가 **34, 35, 36, 37**이므로 ■에 알맞은 수는 **37** 바로 뒤의 수인 **38**입니다.

12 ■보다 크고 **22**보다 작은 수가 **4**개이므로 **22** 바로 앞의 수인 **21**부터 수를 거꾸로 **4**개 쓰면 **21, 20, 19, 18**입니다.
■보다 크고 **22**보다 작은 수가 **18, 19, 20, 21**이므로 ■에 알맞은 수는 **18** 바로 앞의 수인 **17**입니다.

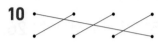

7회 마무리 평가 140~143쪽

01 열여덟, 18 **02** 6
03 20 / 스물 **04** 3, 6 / 36
05 25, 26, 28 **06** 35
07 3 **08** ②
09 14개
10

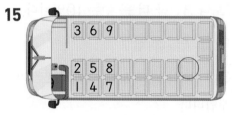

11 40개 **12** ( ) (○) ( )
13 ❶ **49** 위 칸에는 **49** 바로 앞의 수인 **48**이 오고, **48** 위 칸에는 **48** 바로 앞의 수인 **47**이 옵니다.
❷ 따라서 ★에 알맞은 수는 **47** 바로 앞의 수인 **46**입니다. **답** **46**
14 26, 27, 28, 29, 30
15

| 3 6 9 |
| 2 5 8 |
| 1 4 7 |

16 50 **17** 시우
18 24에 △표, 32에 ○표
19 43, 50
20 ❶ 단추가 **10**개씩 묶음 **2**개 있습니다.
❷ 단추가 **50**개가 되려면 **10**개씩 묶음 **5**개가 있어야 하므로 **10**개씩 묶음 **5**−**2**=**3**(개)가 더 필요합니다. **답** **3개**
21 16, 19, 26, 36 **22** 47
23 21 **24** ( ) (○) (○)
25 ❶ 수민이는 **12**번째, 태연이는 **16**번째이므로 **12**와 **16** 사이의 수를 순서대로 써 보면 **13, 14, 15**입니다.
❷ 따라서 수민이와 태연이 사이에는 **13**번째, **14**번째, **15**번째의 **3**명의 어린이가 들어왔습니다. **답** **3명**

01 **10**개씩 묶음 **1**개와 낱개 **8**개이므로 **18**입니다. **18**은 십팔 또는 열여덟이라고 읽습니다.

02 파프리카 15개는 9개와 6개로 가르기할 수 있습니다. → 15는 9와 6으로 가르기할 수 있습니다.

03 10개씩 묶음 2개이므로 20입니다.
20은 이십 또는 스물이라고 읽습니다.

04 과자를 10개씩 묶어 세면 10개씩 묶음 3개와 낱개 6개이므로 36입니다.

05 24 바로 뒤의 수: 25, 27 바로 앞의 수: 26, 27 바로 뒤의 수: 28

06 41과 35의 10개씩 묶음의 수를 비교하면 3이 4보다 작으므로 35가 41보다 작습니다.

07 초록색 사과 7개와 빨간색 사과 10개를 하나씩 짝 지으면 빨간색 사과가 3개 남습니다.
따라서 7보다 3만큼 더 큰 수는 10입니다.

08 ①, ③, ④, ⑤ 열 ② 십

09 10개씩 묶음 1개와 낱개 4개는 14이므로 가지는 모두 14개입니다.

10 5와 13, 8과 10, 12와 6, 9와 9를 모으기하면 18이 됩니다.

11 10개씩 묶음 4개는 40이므로 유리가 산 사탕은 모두 40개입니다.

12 45는 사십오 또는 마흔다섯이라고 읽습니다.
서른다섯을 수로 쓰면 35입니다.

13

채점기준	❶ 수의 순서를 이해한 경우	2점	
	❷ ★에 알맞은 수를 구한 경우	2점	4점

14 가장 작은 수 26부터 순서대로 쓰면
26−27−28−29−30입니다.

15 앞줄부터 3명씩 앉으므로 순서대로 수를 쓰고 23이 쓰인 자리에 ○표 합니다.

16 10개씩 묶음 4개와 낱개 9개인 수는 49이고, 49보다 1만큼 더 큰 수는 49 바로 뒤의 수인 50입니다.

17 43과 34는 10개씩 묶음의 수가 더 큰 43이 34보다 크므로 구슬을 더 많이 가지고 있는 사람은 시우입니다.

18 세 수의 10개씩 묶음의 수를 비교하면 3이 2보다 크므로 32가 가장 큰 수입니다.
29와 24는 10개씩 묶음의 수가 같으므로 낱개의 수가 더 작은 24가 가장 작은 수입니다.

19 •12와 25는 36보다 10개씩 묶음의 수가 작으므로 36보다 작습니다.
•31과 36은 10개씩 묶음의 수가 같으므로 낱개의 수가 더 작은 31이 36보다 작습니다.
•43과 50은 36보다 10개씩 묶음의 수가 크므로 36보다 큽니다.
→ 36보다 큰 수는 43, 50입니다.

20

채점기준	❶ 단추가 10개씩 묶음 몇 개 있는지 구한 경우	2점	
	❷ 50개가 되려면 10개씩 묶음 몇 개가 더 필요한지 구한 경우	2점	4점

21 열다섯: 15, 서른여덟: 38
주어진 수를 작은 수부터 순서대로 써 보면 10, ⑮, 16, 19, 26, 36, ㉚, 44이므로 15와 38 사이에 있는 수는 16, 19, 26, 36입니다.

22 40보다 크고 50보다 작은 수는 10개씩 묶음의 수가 4입니다.
10개씩 묶음의 수가 4이고 낱개의 수가 7인 수는 47입니다.

23 빨간색 공 중에서 가장 작은 수인 2를 10개씩 묶음의 수로 쓰고, 파란색 공 중에서 가장 작은 수인 1을 낱개의 수로 쓰면 만들 수 있는 가장 작은 몇십몇은 21입니다.

24 수민이의 번호는 31입니다.
31은 삼십일 또는 서른하나라고 읽습니다.

25

채점기준	❶ 12와 16 사이의 수를 순서대로 쓴 경우	2점	
	❷ 수민이와 태연이 사이에 들어온 어린이는 몇 명인지 구한 경우	2점	4점

1. 9까지의 수

단원 평가 A단계　　　　2~4쪽

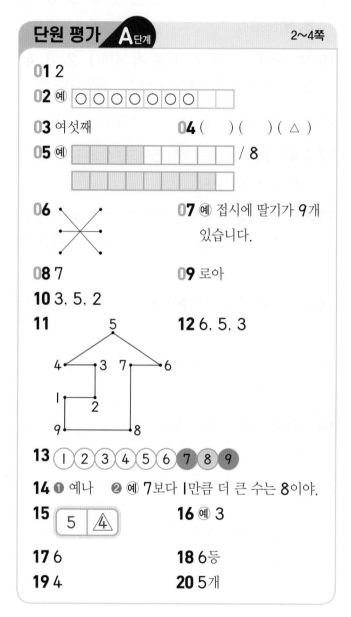

01 2

02 (예) ○○○○○○○ □

03 여섯째　　　　**04** ( )( )(△)

05 (예) ▨▨▨□□□□□ / 8
　　　▨▨▨▨▨▨▨▨

06 (X 모양 선 연결)

07 (예) 접시에 딸기가 9개 있습니다.

08 7　　　　**09** 로아

10 3, 5, 2

11
```
        5
       / \
  4--3 7   6
  |  |
  1  2
  |
  9     8
```

12 6, 5, 3

13 ①②③④⑤⑥ ⑦⑧⑨ (7,8,9 색칠)

14 ❶ 예나　　❷ (예) 7보다 1만큼 더 큰 수는 8이야.

15
| 5 | ④ |

16 (예) 3

17 6　　　　**18** 6등

19 4　　　　**20** 5개

---

01 개구리의 수를 세어 보면 둘이므로 2입니다.

03 순서대로 쓰면 첫째, 둘째, 셋째, 넷째, 다섯째, 여섯째, 일곱째, 여덟째, 아홉째입니다.

04 1보다 1만큼 더 작은 수는 0입니다.

05 색칠한 칸의 수가 더 많은 8이 4보다 큽니다.

06 무당벌레의 수는 다섯 ➜ 오, 잠자리의 수는 넷, 나비의 수는 하나 ➜ 일입니다.

07

| 채점 기준 | 알맞은 수를 넣어 이야기를 만든 경우 | 5점 |

08 일곱을 수로 쓰면 7입니다.

09 왼쪽부터 첫째는 재호, 둘째는 민아, 셋째는 승규, 넷째는 로아, 다섯째는 지율입니다.

10 수로 순서를 나타내면 다음과 같습니다.

（새 그림） 1　2　3　4　5

12 7부터 수의 순서를 거꾸로 하여 씁니다.

13 8보다 1만큼 더 작은 수는 7이고, 8보다 1만큼 더 큰 수는 9입니다.

14 '7보다 1만큼 더 작은 수는 6이야.', '9보다 1만큼 더 작은 수는 8이야.'라고 고칠 수도 있습니다.

| 채점 기준 | ❶ 잘못 말한 사람을 찾아 이름을 쓴 경우 | 3점 | 5점 |
| | ❷ 바르게 고쳐 쓴 경우 | 2점 | |

15 오른쪽 초밥이 왼쪽 초밥보다 적으므로 4는 5보다 작습니다.

16 □ 안에 알맞은 수는 6보다 작은 수인 0부터 5까지의 수 중 하나입니다.

17 6, 9, 8을 순서대로 써 보면 6, 8, 9이므로 가장 앞에 있는 수인 6이 가장 작은 수입니다.

18
뒤에서 셋째
↓
(앞) ○○○○○●○○○ (뒤) ➜ 6등
↑
앞에서 여섯째

19 사자의 수: 2, 원숭이의 수: 3, 코끼리의 수: 1, 기린의 수: 2
➜ 3보다 1만큼 더 큰 수는 4입니다.

20 2보다 크고 8보다 작은 수는 3, 4, 5, 6, 7로 모두 5개입니다.

단원 평가 B단계

5~7쪽

01 (예)

02 ( )( )(◯)

03 🐥🐥🐥🐥🐥🐥🐥🐥🐥
첫째

04 (위에서부터) 1, 3, 5 / 7, 9

05 ✕ (선 잇기)　　**06** 4

07 ❶ 뒤에서부터 순서대로 지호가 첫째, 건하가 둘째,
누리가 셋째입니다.
❷ 따라서 뒤에서 셋째에 서 있는 사람은 누리입
니다.　　**답** 누리

08 😊😊😊😊😊😊😊😊😊

😊😊😊😊😊😊😊😊😊

09 (◯)　　　　　**10** 5
　( )　　　　　　**11** 도현
12 5에 ◯표, 3에 △표　　**13** 7, 9
14 8살　　　　　**15** 7
16 5, 6, 7, 8, 9　　**17** 8 / 4
18 ❶ 왼쪽에서 일곱째에 있는 과일은 포도입니다.
❷ 포도는 오른쪽에서 셋째에 있습니다.　**답** 셋째
19 혜지　　　　　**20** 3

01 하나, 둘, 셋, 넷, 다섯까지 세면서 그림 5개를
색칠합니다.

02 ・2─둘, 이　・6─여섯, 육　・8─여덟, 팔

03 왼쪽부터 순서대로 첫째, 둘째, 셋째, 넷째, 다섯
째, 여섯째, 일곱째, 여덟째, 아홉째입니다.

05 수를 세어 보고 알맞은 수를 찾아 잇습니다.

06 바구니 안에 있는 고구마의 수: 넷 ➔ 4

07
채점 기준	❶ 뒤에서부터 순서를 나타낸 경우	3점	5점
	❷ 뒤에서 셋째에 서 있는 사람을 찾아 쓴 경우	2점	

08 4는 수를 나타내므로 그림 4개에 색칠하고, 넷
째는 순서를 나타내므로 넷째에 있는 그림 1개에
만 색칠합니다.

09 수를 순서대로 써 보면 1, 2, 3, 4, 5, 6, 7,
8, 9입니다.

10 신발장의 번호를 순서대로 써 보면 1, 2, 3, 4,
5이므로 아린이의 신발장 번호는 5입니다.

11 채아: 6보다 1만큼 더 큰 수는 7입니다.

12 4보다 1만큼 더 큰 수는 5이고, 4보다 1만큼 더
작은 수는 3입니다.

13 8은 7 바로 뒤에 있으므로 7보다 1만큼 더 큰
수이고, 9 바로 앞에 있으므로 9보다 1만큼 더
작은 수입니다.

14 7보다 1만큼 더 큰 수는 8이므로 서준이는 8살
입니다.

15 수를 순서대로 썼을 때 7은 5보다 뒤에 있는 수
이므로 7은 5보다 큽니다.

16 수를 순서대로 썼을 때 4보다 뒤에 있는 수는 모
두 4보다 큰 수입니다.

1─2─3─④─5─6─7─8─9
　　　　　　　　4보다 큰 수

17 수를 순서대로 썼을 때 가장 앞에 있는 수가 가
장 작은 수, 가장 뒤에 있는 수가 가장 큰 수이므
로 가장 큰 수는 8, 가장 작은 수는 4입니다.

18
채점 기준	❶ 왼쪽에서 일곱째에 있는 과일을 찾은 경우	2점	5점
	❷ ❶에서 찾은 과일이 오른쪽에서 몇째에 있는지 구한 경우	3점	

19 9, 6, 7을 순서대로 써 보면 6, 7, 9이므로 가
장 앞에 있는 수 6이 가장 작은 수입니다.
➔ 아몬드를 가장 적게 먹은 사람은 혜지입니다.

20 2와 6 사이에 있는 수는 3, 4, 5이고, 이 중 4
보다 작은 수는 3입니다.

2. 여러 가지 모양

01 (○) (   ) (   )   **02** (그림: 선으로 연결)

03 ㉡   **04** ㉢

05 (○) (   ) (   )   **06** (두루마리 휴지 그림)

07 (   ) (   ) (○) (   )

08 ③

09 ❶ 쌓을 수 있는 모양은 평평한 부분이 있는 ⬜ 모양과 ⬛(원기둥) 모양입니다.

❷ 이 중에서 잘 굴러가는 모양은 둥근 부분이 있는 ⬛(원기둥) 모양입니다.   **답** ⬛(원기둥) 모양

10 다은   **11** 한주

12 3 / 4 / 2   **13** (   ) (○) (   )

14 (   ) (○)   **15** 3군데

16 (○) (   ) (   )   **17** 3개

18 도현   **19** 1개

20 ❶ ⬜ 모양을 수민이는 5개, 동현이는 3개 사용했습니다.

❷ 따라서 ⬜ 모양을 더 많이 사용한 사람은 수민입니다.   **답** 수민

---

01 ⬛(원기둥) 모양인 것은 김밥입니다.

03 평평한 부분과 둥근 부분이 보입니다. → ⬛(원기둥) 모양

04 모든 부분이 둥급니다. → ◯ 모양

05 ⬜ 모양 4개를 사용했습니다.

06 북은 ⬛(원기둥) 모양이므로 ⬛(원기둥) 모양의 물건을 찾으면 두루마리 휴지입니다.

07 풀, 분유 통, 참치 캔은 ⬛(원기둥) 모양이고, 테니스공은 ◯ 모양입니다.

08 ③ 과자 상자는 ⬜ 모양으로, 평평한 부분이 있어 잘 쌓을 수 있습니다.

09	채점 기준	❶ 쌓을 수 있는 모양을 찾은 경우	3점	5점
		❷ ❶에서 찾은 모양 중에서 잘 굴러가는 모양을 찾은 경우	2점	

10 ⬛(원기둥) 모양은 평평한 부분과 둥근 부분이 있습니다.

11 · 한주: 선물 상자, 휴지 상자 → ⬜ 모양

· 연우: 케이크 → ⬛(원기둥) 모양, 농구공 → ◯ 모양

따라서 같은 모양이 그려진 카드를 모은 사람은 한주입니다.

13 ⬜ 모양: 3개, ⬛(원기둥) 모양: 2개, ◯ 모양: 3개

→ 사용한 개수가 다른 모양은 ⬛(원기둥) 모양입니다.

14 · 왼쪽 모양은 ⬜ 모양 2개, ⬛(원기둥) 모양 2개, ◯ 모양 3개를 사용하여 만든 모양입니다.

· 오른쪽 모양은 ⬜ 모양 2개, ⬛(원기둥) 모양 2개, ◯ 모양 4개를 사용하여 만든 모양입니다.

→ 보기 의 모양을 모두 사용하여 만든 모양은 오른쪽 모양입니다.

15

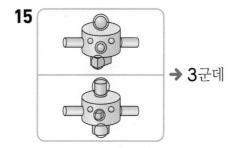

→ 3군데

16 · ⬜ 모양: 국어사전, 우유 팩, 치약 상자 → 3개

· ⬛(원기둥) 모양: 북 → 1개

· ◯ 모양: 구슬, 골프공 → 2개

17 큐브는 ⬜ 모양이고, ⬜ 모양인 물건은 국어사전, 우유 팩, 치약 상자로 모두 3개입니다.

18 잘 굴러가는 ⬛(원기둥) 모양과 ◯ 모양의 물건만 모은 사람은 도현입니다.

19 ⬜ 모양: 6개, ⬛(원기둥) 모양: 1개, ◯ 모양: 4개

20	채점 기준	❶ 사용한 ⬜ 모양의 개수를 각각 구한 경우	3점	5점
		❷ ⬜ 모양을 더 많이 사용한 사람을 찾아 쓴 경우	2점	

단원 평가 B단계   11~13쪽

01 ⬜(상자모양)

02 (□) (○) (△)

03 ( ) ( ) (○) **04** ( ) (○) ( )

05 ( ) ( ) (○) **06** ✗ (선 연결)

07 (○) ( ) ( ) **08** ( ) (×) ( )

09 ㉡, ㉤   **10** 2개

11 ❶ 예 🥫 모양은 둥근 부분이 있지만 ⬜ 모양
은 둥근 부분이 없습니다.

❷ 예 🥫 모양은 잘 굴러가지만 ⬜ 모양은 굴
러가지 않습니다.

12 3, 5, 4   **13** ( ) (○) ( )

14 ( ) ( ) (○)

15

16

17 ❶ 준우가 모은 물건 중 초콜릿은 ⬤ 모양이고,
탬버린과 롤케이크는 🥫 모양입니다.

❷ 재희가 모은 물건은 모두 ⬜ 모양입니다.

❸ 따라서 같은 모양끼리 바르게 모은 사람은 재
희입니다.   **답** 재희

18 5개   **19** 6개

20 규민

---

01 구급상자는 평평한 부분과 뾰족한 부분이 있으
므로 ⬜ 모양입니다.

03 ⬤ 모양은 둥근 부분만 보입니다.

04 가운데 모양은 ⬜ 모양만 3개 사용하여 만든 모
양입니다.

05 오렌지, 축구공, 구슬은 모두 ⬤ 모양입니다.

---

07 • 효린: ⬤ 모양과 ⬜ 모양

• 민혁: ⬜ 모양과 🥫 모양

08 평평한 부분이 없는 ⬤ 모양은 쌓을 수 없으므
로 쌓을 수 없는 것은 수박입니다.

09 둥근 부분으로만 이루어진 모양은 ⬤ 모양입니
다. ➡ ㉡, ㉤

10 굴러가지 않는 모양은 둥근 부분이 없는 ⬜ 모
양입니다. ➡ ㉠, ㉥으로 모두 2개입니다.

11

	채점 기준		
	❶ 다른 점 한 가지를 알맞게 쓴 경우	2점	
	❷ ❶과는 다른 다른 점 한 가지를 알맞게 쓴 경우	3점	5점

12 미끄럼틀 몸통과 다리에는 ⬜ 모양 3개, 미끄럼틀
내려오는 부분에는 🥫 모양 5개, 미끄럼틀 몸통의
윗부분에는 ⬤ 모양 4개를 사용했습니다.

13 가장 많이 사용한 모양은 5개를 사용한 🥫 모양
입니다.

14 ⬜ 모양: 4개, 🥫 모양: 3개, ⬤ 모양: 5개

16 잘못 색칠한 부분은 꼬리 부분에 있는 ⬜ 모양
으로, 초록색으로 색칠해야 합니다.

17

	채점 기준		
	❶ 준우가 모은 물건의 모양을 아는 경우	2점	
	❷ 재희가 모은 물건의 모양을 아는 경우	2점	5점
	❸ 같은 모양끼리 바르게 모은 사람을 찾아 쓴 경우	1점	

18 주어진 모양을 만드는 데 필요한 ⬜ 모양은 6개
입니다. 6보다 1만큼 더 작은 수는 5이므로 수
아가 가지고 있는 ⬜ 모양은 5개입니다.

19 돋보기 안에 보이는 모양은 🥫 모양입니다.
오른쪽 모양에는 🥫 모양이 6개 있습니다.

20 보기 는 ⬜ 모양 2개, 🥫 모양 2개, ⬤ 모양
3개를 사용하여 만든 모양입니다.
따라서 보기 의 모양에서 사용한 모양을 모두 사
용하여 다른 모양을 만든 사람은 규민입니다.

3. 덧셈과 뺄셈

14~16쪽

단원 평가 **A**단계

01 6
02 5, 4
03 2, 4 / 2, 4
04 2, 5
05 4, 4
06 (○) (   )

07

08 7

09 2, 4, 6 또는 4, 2, 6

10 (○) (   ) (   )
11 6+3=9 / 9살

12 ❶ 예 꽃병에 꽂혀 있던 꽃 7송이 중 3송이를
빼내면 꽃병에는 4송이가 남습니다.
　　❷ 7-3=4

13 7개
14 예 7-4
15 −
16 ④

17 ❶ ㉠을 계산하면 1+2=3이고, ㉡을 계산하면
8-6=2입니다.
　　❷ 3이 2보다 크므로 계산 결과가 더 큰 것은
㉠입니다.
답 ㉠

18 3자루
19 3, 2 / 3, 2, 5

20 8

---

01 2와 4를 모으기하면 6이 됩니다.

02 사탕 9개는 5개와 4개로 가르기할 수 있습니다.
→ 9는 5와 4로 가르기할 수 있습니다.

03 고슴도치 2마리와 2마리를 모으면 모두 4마리
입니다.
→ 2+2=4 / 2와 2의 합은 4입니다.

04 사탕 7개에서 2개를 /으로 지우면 5개가 남습
니다. → 7-2=5

05 아무것도 없는 것에 ☆을 4개 더하면 ☆은 4개
입니다. → 0+4=4

06 •7과 2를 모으기하면 9가 됩니다.
　•8은 3과 5로 가르기할 수 있습니다.

07 6은 1과 5, 2와 4, 3과 3, 4와 2, 5와 1로 가
르기할 수 있습니다.

08 3과 4를 모으기하면 7이므로 ★은 4입니다.
4는 3과 1로 가르기할 수 있으므로 ♠는 3입니다.
→ 4와 3을 모으기하면 7이 됩니다.

09 우유가 상자 밖에 2개 있고 상자 안에 4개 더 있
으므로 덧셈식으로 나타내면 2+4=6입니다.

10 6+1=7, 3+5=8, 4+4=8

11 지호는 6살이고 형은 지호보다 3살 더 많으므로
형은 6+3=9(살)입니다.

12

채점기준	❶ '남는다'를 이용하여 그림에 알맞은 뺄셈 이야기를 만든 경우	3점	5점
	❷ 알맞은 뺄셈식을 쓴 경우	2점	

13 9-2=7이므로 7개를 더 꿰어야 합니다.

14 6-3=3, 4-1=3, 8-5=3으로 차가 3
인 뺄셈식입니다.
→ 차가 3인 또 다른 뺄셈식은 3-0, 5-2,
7-4, 9-6이므로 이 중 한 식을 씁니다.

15 '='의 오른쪽 수가 0이므로 8에서 8을 뺐습니다.

16 ④ 3+3=6이므로 계산이 틀렸습니다.

17

채점기준	❶ ㉠과 ㉡을 각각 계산한 경우	3점	5점
	❷ 계산 결과가 더 큰 것의 기호를 쓴 경우	2점	

18 6은 1과 5, 2와 4, 3과 3, 4와 2, 5와 1로 가
르기할 수 있습니다. 이 중에서 똑같은 두 수로
가르기한 것은 3과 3이므로 동생이 가지게 되는
색연필은 3자루입니다.

19 ▱ 모양 3개와 ▱ 모양 2개를 합하면 모두 5개
입니다. → 3+2=5

20 가장 큰 수는 8이고, 가장 작은 수는 0입니다.
→ 8+0=8

단원 평가 **B**단계

17~19쪽

01 9 **02** 1

03 (예) ⬭⬭⬭⬭⬭ / 3, 4, 7
⬭⬭

04 2 / 2 **05** 3, 5

06 (위에서부터) 4
/ ●●●●● / 3, 3
/ ●●●●● / 4, 2
/ ●●●●● / 5, 1

07 7, 4, 6, 2, 1 **08** 1, 3

09 6장

10 4+3, 5+2, 0+7, 1+6

11 (위에서부터) 9, 5 / 3, 1

12 ( ) (◯)

13 5 / / 7
9 / ╳ / 9
7 / / 5

14 6-5=1 / 1마리

15 ❶ 다은이가 말한 식을 계산하면 2+6=8, 서진이가 말한 식을 계산하면 7-5=2입니다.
❷ 2가 8보다 작으므로 계산 결과가 더 작은 식을 말한 사람은 서진입니다. **답** 서진

16 6 **17** (위에서부터) 7, 2

18 3명 **19** 1

20 ❶ 한빈이에게 남은 젤리는 9-4=5(개)입니다.
❷ 규리에게 남은 젤리는 6-2=4(개)입니다.
❸ 5가 4보다 크므로 남은 젤리가 더 많은 사람은 한빈입니다. **답** 한빈

01 구슬 4개와 5개를 모으기하면 9개가 됩니다.
➔ 4와 5를 모으기하면 9가 됩니다.

03 ◯ 3개를 그린 후 ◯ 4개를 더 그리면 ◯는 모두 7개가 되므로 3+4=7입니다.

05 모으기를 하여 8이 되는 두 수는 1과 7, 2와 6, 3과 5, 4와 4, 5와 3, 6과 2, 7과 1입니다.

08 흰색 고양이 2마리와 갈색 고양이 1마리를 합하면 모두 3마리입니다. ➔ 2+1=3

09 어제 받은 칭찬 붙임딱지 4장과 오늘 받은 칭찬 붙임딱지 2장을 더합니다. ➔ 4+2=6(장)

10 4+3=7, 5+2=7, 6+0=6, 2+7=9, 0+7=7, 3+1=4, 1+6=7

11 5+4=9, 2+3=5, 5-2=3, 4-3=1

12 9-6=3, 5-1=4이므로 차가 더 큰 것은 5-1입니다.

13 ·4+1=5 ·8-1=7
·7+2=9 ·9-0=9
·2+5=7 ·7-2=5

14 나뭇가지 위에 까치 6마리가 앉아 있었는데 5마리가 날아갔으므로 남아 있는 까치는 6-5=1(마리)입니다.

15

채점 기준	❶ 두 사람이 말한 식을 각각 계산한 경우	3점	
	❷ 계산 결과가 더 작은 식을 말한 사람을 찾아 쓴 경우	2점	5점

16 3과 모으기하여 9가 되는 수는 6이므로 3+6=9입니다.

17 ·5와 2를 모으기하면 7이 됩니다.
·7과 모으기하여 9가 되는 수는 2입니다.

18 7은 1과 6, 2와 5, 3과 4, 4와 3, 5와 2, 6과 1로 가르기할 수 있습니다.
이 중 가르기한 두 수의 차가 1인 경우는 3과 4 또는 4와 3이고, 여학생이 남학생보다 1명 더 많으므로 여학생은 4명, 남학생은 3명입니다.

19 ·1+3=4이므로 ♥에 알맞은 수는 4입니다.
·♥=4일 때 ♥+♥=4+4=8이므로 ▲에 알맞은 수는 8입니다.
·▲=8일 때 ▲-7=8-7=1이므로 ◆에 알맞은 수는 1입니다.

20

채점 기준	❶ 한빈이에게 남은 젤리의 수를 구한 경우	2점	
	❷ 규리에게 남은 젤리의 수를 구한 경우	2점	5점
	❸ 남은 젤리가 더 많은 사람을 찾아 쓴 경우	1점	

4. 비교하기

01 깁니다

02

03 (○) (   )

04 스케치북, 색종이

05 (△) (   )

06 ❶ 아래쪽 끝이 맞추어져 있으므로 위쪽으로 더 많이 올라갈수록 키가 큰 동물입니다.
❷ 호랑이가 고양이보다 위쪽으로 더 많이 올라가 있으므로 키가 더 큰 동물은 호랑이입니다.

                답 호랑이

07 (   )
    (○)
    (   )

08 찬호

09 3, 1, 4, 2

10 (△) (   ) (   )

11 (   ) (○) (   )

12 (   ) (○) (   )

13 (○) (   )

14

15 (   ) (△) (○)

16 성준

17 ⑩ 물의 높이가 같으면 그릇의 크기가 클수록 담긴 물의 양이 더 많습니다. 따라서 왼쪽 그릇에 담긴 물의 양이 더 많습니다.

18 가위

19 2개

20 물통

---

01 오른쪽으로 더 많이 나간 우산이 더 깁니다.

02 위쪽으로 더 적게 올라간 세탁기가 더 낮습니다.

03 더 무거운 것은 아래로 내려간 파인애플입니다.

04 겹쳐 맞대었을 때 남는 부분이 있는 스케치북이 색종이보다 더 넓습니다.

05 컵의 모양과 크기가 같으므로 주스의 높이가 더 낮은 왼쪽 컵에 담긴 주스의 양이 더 적습니다.

---

07 왼쪽 끝이 맞추어져 있으므로 숟가락보다 오른쪽으로 더 많이 나간 것을 찾으면 빨대입니다.

08 건물은 위층으로 올라갈수록 높아지므로 가장 높은 곳에 있는 사람은 가장 위층에 있는 찬호입니다.

09 양쪽 끝이 맞추어져 있을 때 선이 많이 구부러져 있을수록 더 깁니다.

10 들 때 힘이 가장 적게 드는 사탕이 가장 가볍습니다.

11 고무줄이 가장 많이 늘어난 가운데 공이 가장 무겁습니다.

12 피자보다 더 넓은 것은 피자와 겹쳐 맞대었을 때 남는 부분이 있는 거울입니다.

13 손수건으로 가릴 수 있는 것은 손수건과 겹쳐 맞대었을 때 남는 부분이 없는 수첩입니다.

14 겹쳐 맞대었을 때 항상 남는 부분이 있는 가운데 모양이 가장 넓습니다.

15 그릇의 크기가 클수록 담을 수 있는 양이 더 많습니다.

16 담긴 물의 높이가 높을수록 마신 물의 양이 더 많으므로 마신 물의 양이 가장 많은 사람은 담긴 물의 높이가 가장 높은 성준입니다.

18 가위는 연필보다 더 짧고, 연필은 자보다 더 짧습니다. 따라서 가장 짧은 것은 가위입니다.

19 필통보다 더 무겁고 책상보다는 더 가벼운 물건은 노트북, 가방으로 모두 2개입니다.

20 옮겨 담은 횟수가 더 많을수록 물이 더 많이 들어 있던 그릇이므로 옮겨 담은 횟수가 더 많은 물통에 물이 더 많이 들어 있었습니다.

단원 평가 **B**단계

23~25쪽

01 ✕ (교차 표시)

02 ( ) (△)

03 넓습니다

04 (○) ( )

05 ( )
(△)
(○)

06 ❶ 가와 나를 비교하면 가가 나보다 더 길고, 가와 다를 비교하면 더 많이 구부러진 다가 더 깁니다.
❷ 따라서 가장 긴 길은 다입니다. **답** 다

07 예 ▭▭▭ , ▭▭▭ , 깁니다

08 ⑤

09 지수

10 귤, 사과, 배

11 가

12

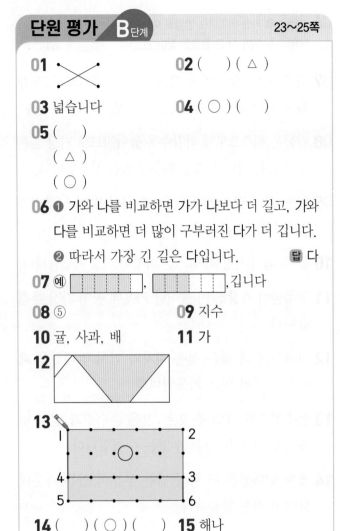

14 ( ) (○) ( ) **15** 해나

16 다 **17** 선재

18 버섯 **19** 3번 접은 모양

20 ❶ 남은 주스의 양이 적을수록 마신 주스의 양이 많습니다.
❷ 똑같은 컵이므로 남은 주스의 높이가 낮을수록 남은 주스의 양이 적습니다.
❸ 따라서 주스를 가장 많이 마신 사람은 남은 주스의 높이가 가장 낮은 영우입니다. **답** 영우

01 오른쪽으로 더 많이 나간 지팡이가 더 깁니다.

04 담을 수 있는 양이 더 많은 것은 그릇의 크기가 더 큰 왼쪽 컵입니다.

05 젓가락이 가장 길고, 포크가 가장 짧습니다.

06

채점 기준	❶ 두 개씩 길의 길이를 비교한 경우	3점	5점
	❷ 가장 긴 길을 찾아 쓴 경우	2점	

07 두 색 테이프의 길이를 다르게 색칠한 다음 길이를 비교하여 알맞은 말에 ○표 합니다.

08 들 때 힘이 가장 많이 드는 ⑤ 텔레비전이 가장 무겁습니다.

09 지수는 화리보다 더 가볍고, 화리는 미주보다 더 가벼우므로 가장 가벼운 사람은 지수입니다.

10 귤은 사과보다 더 가볍고, 사과는 배보다 더 가벼우므로 가벼운 과일부터 순서대로 쓰면 귤, 사과, 배입니다.

11 칸 수를 각각 세어 보면 가는 4칸, 나는 6칸입니다. 칸 수가 적을수록 더 좁으므로 더 좁은 것은 가입니다.

12 각 부분을 겹쳐 맞대었을 때 남는 부분이 많을수록 더 넓습니다.

14 물의 높이가 높을수록 담긴 물의 양이 더 많으므로 왼쪽보다 물의 높이가 더 높은 것을 찾습니다.

15 물을 가장 적게 마신 사람은 컵의 크기가 가장 작은 해나입니다.

16 주스의 높이가 같으므로 그릇의 크기가 가장 큰 다에 담긴 주스의 양이 가장 많습니다.

17 파란색 색연필과 초록색 색연필은 오른쪽 끝이 맞추어져 있으므로 왼쪽으로 더 많이 나간 파란색 색연필이 더 깁니다.

18 들 때 힘이 더 드는 것부터 순서대로 쓰면 호박, 가지, 버섯이므로 냉장고에 가장 마지막에 넣어야 하는 것은 버섯입니다.

19 색종이를 반으로 계속 접을수록 접은 모양은 점점 더 좁아지므로 3번 접은 모양이 더 좁습니다.

20

채점 기준	❶ 남은 주스의 양과 마신 주스의 양의 관계를 아는 경우	1점	5점
	❷ 남은 주스의 양을 비교하는 방법을 아는 경우	2점	
	❸ 주스를 가장 많이 마신 사람을 찾아 쓴 경우	2점	

5. 50까지의 수

01 10   **02** 6

03 30 / 서른   **04** 29

05 (위에서부터) 26, 27, 30, 31 / 36, 37, 40

06 ③   **07** 열일곱

08 예 9, 4 / 예 7, 6

09

10 40, 50

11 ❶ 한 봉지에 사탕을 10개씩 담아야 하므로 사탕 30개를 10개씩 묶어 세면 10개씩 묶음 3개입니다.

     ❷ 따라서 사탕은 3봉지가 됩니다.   **답** 3봉지

12 (위에서부터) 7 / 4 / 39

13 27   **14** 22개

15 23   **16** 49

17 재석   **18** 21

19 ❶ 36보다 큰 수를 써 보면 37, 38, 39, 40, …입니다.

     ❷ 이 중에서 10개씩 묶음의 수가 3인 수는 37, 38, 39로 □ 안에 들어갈 수 있는 수는 7, 8, 9이므로 모두 3개입니다.   **답** 3개

20 42

---

01 인형의 수를 세어 보면 열이므로 모두 10입니다.

02 11은 5와 6으로 가르기할 수 있습니다.

03 10개씩 묶음 3개이므로 30입니다.

     30은 삼십 또는 서른이라고 읽습니다.

04 10개씩 묶음 2개는 20이고 낱개 9개가 더 있으므로 29입니다.

05 25부터 40까지의 수를 순서대로 씁니다.

06 ③ 10개씩 묶음 1개는 10입니다.

07 16은 십육 또는 열여섯이라고 읽습니다. 열일곱을 수로 쓰면 17입니다.

08 13은 1과 12, 2와 11, 3과 10, 4와 9, 5와 8, 6과 7 등으로 가르기할 수 있습니다.

09 13과 2, 1과 14, 6과 9, 5와 10을 모으기하면 15가 됩니다.

10 • 색종이: 10장씩 묶음 4개 ➜ 40

     • 색연필: 10자루씩 묶음 5개 ➜ 50

11

채점기준			
❶ 30은 10개씩 묶음 몇 개인지 구한 경우	3점		5점
❷ 사탕은 몇 봉지가 되는지 구한 경우	2점		

13 스물일곱을 수로 쓰면 27입니다.

14 10개씩 묶어 세면 10개씩 묶음 2개와 낱개 2개이므로 모두 22개입니다.

15 22부터 24까지의 수를 순서대로 써 보면 22-23-24이므로 22와 24 사이에 있는 수는 23입니다.

16 10개씩 묶음의 수가 4로 같으므로 낱개의 수가 더 큰 49가 43보다 큽니다.

17 35와 28의 10개씩 묶음의 수를 비교하면 35가 28보다 크므로 색연필을 더 많이 가지고 있는 사람은 재석입니다.

18 16보다 크고 ■보다 작은 수가 4개이므로 16 바로 뒤의 수인 17부터 순서대로 4개를 쓰면 17, 18, 19, 20입니다.

     16보다 크고 ■보다 작은 수가 17, 18, 19, 20이므로 ■에 알맞은 수는 20 바로 뒤의 수인 21입니다.

19

채점기준			
❶ 36보다 큰 수를 나열한 경우	2점		5점
❷ □ 안에 들어갈 수 있는 수는 모두 몇 개인지 구한 경우	3점		

20 가장 큰 수는 4이고, 둘째로 큰 수는 2이므로 만들 수 있는 가장 큰 몇십몇은 42입니다.

단원 평가 B단계
29~31쪽

01 ( ) (○) (○)　**02** 16

03 12　　　　　　　**04** 41, 27

05 예나　　　　　　**06** 17, 19

07 ❶ 10개씩 묶음 1개와 낱개 8개인 수는 18입니다.

　　❷ 18보다 1만큼 더 큰 수는 18 바로 뒤의 수인 19입니다.　　　　　　　　　**답** 19

08 5, 9

09

10 예
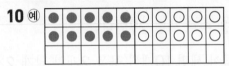

11

12 ㉣
13 39, 38, 37
14 도현

15 46, 47, 48, 49, 50

16 (○) ( ) ( )　**17** 2개

18 6개

19 ❶ 이십육을 수로 쓰면 26이고, 스물아홉을 수로 쓰면 29입니다.

　　❷ 따라서 26과 29 사이에 있는 수는 27, 28로 모두 2개입니다.　　　　　　**답** 2개

20 44

---

04 · 10개씩 묶음 2개와 낱개 7개: 27
　　· 10개씩 묶음 4개와 낱개 1개: 41
　→ 10개씩 묶음의 수가 더 큰 41이 27보다 큽니다.

05 10개: 십 개(×), 열 개(○)

07
채점 기준	❶ 10개씩 묶음 1개와 낱개 8개인 수를 구한 경우	2점	5점
	❷ ❶에서 구한 수보다 1만큼 더 큰 수를 구한 경우	3점	

08 14는 5와 9로 가르기할 수 있습니다.

---

09 10과 3, 7과 6을 모으기하면 13이 됩니다.

11 · 달걀이 10개씩 묶음 4개이므로 40입니다.
　→ 40은 사십 또는 마흔이라고 읽습니다.
　· 연결 모형이 10개씩 묶음 5개이므로 50입니다. → 50은 오십 또는 쉰이라고 읽습니다.

12 ㉣ 45는 사십오 또는 마흔다섯이라고 읽습니다.

13 41부터 순서를 거꾸로 하여 수를 써 보면
41−40−**39**−**38**−**37**입니다.

14 23과 26 사이에 있는 수는 24, 25로 모두 2개이므로 잘못 말한 사람은 도현입니다.

15 가장 작은 수 46부터 순서대로 쓰면
46−47−48−49−50입니다.

16 스물넷: 24, 열아홉: 19, 스물하나: 21
→ 24, 19, 21의 10개씩 묶음의 수를 비교하면 24와 21이 19보다 크고, 24와 21의 낱개의 수를 비교하면 24가 21보다 크므로 가장 큰 수는 24(스물넷)입니다.

17 보기 의 모양 1개를 만드는 데 ▦이 10개 필요합니다. 주어진 ▦은 10개씩 묶음 2개이므로 보기 의 모양을 2개 만들 수 있습니다.

18 34개는 10개씩 묶음 3개와 낱개 4개입니다. 곶감을 4줄 만들려면 10개씩 묶음 4개가 있어야 하므로 34개의 낱개 4개에 6개가 더 있어야 합니다. 따라서 감이 6개 더 필요합니다.

19
채점 기준	❶ 이십육과 스물아홉을 각각 수로 나타낸 경우	2점	5점
	❷ 두 수 사이에 있는 수의 개수를 구한 경우	3점	

20 · 10개씩 묶음 4개와 낱개 1개인 수는 41이므로 41보다 큰 수입니다.
　· 41보다 크고 45보다 작은 수는 42, 43, 44입니다.
　· 이 중에서 10개씩 묶음의 수와 낱개의 수가 서로 같은 수는 44입니다.

독해의 핵심은 비문학

지문 분석으로 독해를 깊이 있게!

비문학 독해 | 1~6단계

올바른 문학 독서법

문학 갈래별 작품 이해를 풍성하게!

문학 독해 | 1~6단계

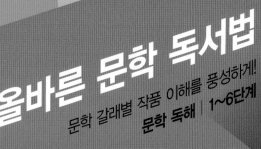

2023 NEW

결국은 어휘력

비문학 독해로 어휘 이해부터 어휘 확장까지!

어휘 X 독해 | 1~6단계

초등 문해력의 빠른시작 **빠작**

동아출판 ⟩

백점 수학 1·1

믿고 보는 동아출판
초등 교재

기초학습서부터 교과서 개념 다지기, 과목별 전문서까지!
초등학교 입학 전부터, 예비 중등까지! **동아출판 초등 교재 라인업**
초등학생에게 꼭 필요한 영역을 빠짐없이!

BEST

초등 1~2학년 공부 단짝
초능력

2022 개정
교육과정

맞춤법 + 받아쓰기

쉽고 빠른 맞춤법 학습 | 받아쓰기 단계별 연습 | 국어 교과서 어휘 학습

초등 국어 1·2

초등 영역별 기초학습서
초능력 국어 / 수학 / 과학 / 한국사 / 한자

초능력 비주얼썽킹 과학
초능력 비주얼썽킹 초등한국사
초능력 수학 연산
초능력 국어 독해
초능력 급수 한자

초고필
비문학 독해 1
5~6학년
예비 중등

초고필 우리수의 사칙연산
초고필 국어 문법을 해야 할 때
초고필 지금 국어 어휘를 해야 할 때
반편성 배치고사 + 진단평가
초고필 지금 한국사를 해야 할 때

예비 중등
초고필 국어 / 수학 / 한국사
적중 반편성 배치고사 + 진단평가

백점
활동북

바른 생활 · 슬기로운 생활 · 즐거운 생활

차 례

학교 ——————————————————— 3 ~ 16 쪽

우리나라 ——————————————— 17 ~ 30 쪽

사람들 ——————————————— 31 ~ 44 쪽

우주 ——————————————— 45 ~ 58 쪽

정답과 풀이 ——————————— 59 ~ 64 쪽

바른 생활 슬기로운 생활 즐거운 생활

학교

이번에 배울 내용

학습명	쪽수	학습 내용
준비 학습	4~7쪽	학교 생활할 때 필요한 것들 알아보기
안전 학습	8쪽	학교에서 지켜야 할 규칙 알아보기
놀이 학습	9쪽	학교에서 친구들과 함께 할 수 있는 놀이 알아보기
주제 학습	10~15쪽	학교와 관련된 다양한 주제를 학습하고 활동해보기
쑥쑥 생각 키우기	16쪽	재미있는 문제를 통해 학습한 내용 점검하기

화장실은 이렇게

🙂 화장실을 가는 것은 부끄러운 것이 아닌 당연한 현상이에요. 화장실을 사용하는 올바른 방법을 읽고, 단어를 따라 써 보세요.

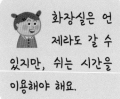
화장실은 언제라도 갈 수 있지만, 쉬는 시간을 이용해야 해요.

화장실에 들어가기 전에
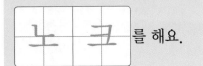
를 해요.

화장실에서 나오기 전에
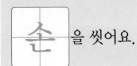
을 씻어요.

급식은 이렇게

🙂 안전하게 급식을 받고 깨끗하게 정리해야 해요. 급식을 먹는 방법에 대해 알맞게 설명한 친구를 골라 ○표 하세요.

급식을 받을 때는 도움을 주시는 여러 선생님들께 감사하는 마음을 가져야 해요.

점심을 빨리 먹기 위해 급식실에 뛰어가요.

줄 서서 차례를 기다려 배식을 받아요.

음식을 먹으면서 친구들과 말을 많이 해요.

(   ) (   ) (   )

실내에서는 이렇게

😊 실내에서는 안전하게 생활해야 합니다. (   ) 안에 들어갈 알맞은 말을 골라 ○표 하세요.

교실, 복도, 계단에서는 '오른쪽으로, 소곤소곤, 한 줄로' 다녀야 해요.

- 복도에서는 (한 줄로 / 여러 줄로) 조용히 걸어 다녀요.

- 계단에서는 (오른쪽 / 왼쪽)으로 걸어 다니고 앞사람을 밀면 위험해요.

- 교실 안에서는 다른 친구들에게 피해를 주지 않도록 (소곤소곤 / 왁자지껄) 이야기하며 조용히 해요.

자리 정리는 이렇게

😊 평소에 자리 정리를 하면 물건을 찾기도 쉽습니다. 자리를 정리하는 순서대로 알맞게 숫자를 쓰세요.

책가방에서 사용할 물건을 꺼내고, 지퍼를 닫아 사물함에 넣어요.

책상에 물건을 모두 꺼내요.

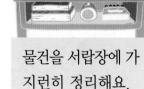

물건을 서랍장에 가지런히 정리해요.

책, 공책을 종류별로 정리해요.

가방 정리는 이렇게

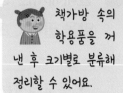 책가방 속의 학용품을 꺼낸 후 크기별로 분류해 정리할 수 있어요.

:) 책가방에는 필통, 책 등 다양한 물건을 넣어 다닙니다. 가방 속을 정리하는 방법을 읽고, 단어를 따라 써 보세요.

 속에 학용품이 바르게 정리되어 있는지, 필요 없는 물건이 들어가 있지는 않은지 살펴봐요.

 메는 쪽부터 큰 학용품 순으로 넣고 필통과 물통은 마지막에 넣어 정리해요.

그려 보아요

 점선을 따라 그리며 그림을 완성해 보세요.

:) 수업 중 많이 쓰는 학용품 중 하나인 색연필을 바르게 쥐고 여러 가지 선을 따라 그려 보세요.

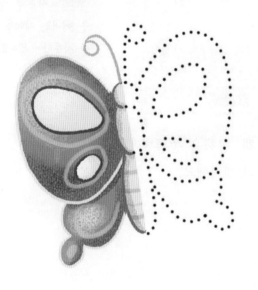

앉을 때, 설 때

🙂 평소에 바른 자세를 유지하는 것은 중요합니다. 빈칸에 들어갈 알맞은 말을 보기 에서 골라 쓰세요.

> 바르게 앉고 서는 자세는 우리의 건강에 큰 영향을 미쳐요.

┌─보기─────────────────────────────────┐
│　　　　　　의자　　　　　　어깨　　　　　　허리　　　　　│
└───────────────────────────────────┘

• 앉을 때는 엉덩이를 최대한 [　　　　　　] 뒤로 붙이고, 어깨를

　펴고 등을 곧게 해요.

• 설 때는 [　　　　　　] 를 세우고 목은 앞으로 빼지 않아요.

발표는 이렇게

🙂 상황에 알맞은 목소리 크기를 나타낸 숫자에 선으로 연결해 보세요.

> 손을 머리 위로 바르게 들어 발표를 하고 싶다는 것을 표시해요.

모둠 친구들과
이야기할 때

짝꿍과
이야기할 때

친구들 앞에서
발표할 때

•　　　　　　　　　　　•　　　　　　　　　　　•

•　　　　　　　　　　　•　　　　　　　　　　　•

1　　　　　　　　　　2　　　　　　　　　　3

안전 학습 🔔

1 안전하게 사용해요

 우산을 펼칠 때는 주위에 사람이나 물건이 있는지 확인해야 해요.

• 가위의 | 손 | 잡 | 이 | 가 받는 사람을 향하도록 건네
줘요.

• 사용한 연필은 | 필 | 통 | 이나 정해진 자리에 놓아요.

---

2 안전하게 놀아요

 놀이터나 운동장에는 유리 조각 등 위험한 물건이 있을 수 있어서 맨발로 놀면 안돼요.

• | 그 | 네 | 를 탈 때는 줄을 꼭 잡아요.

• | 모 | 래 | 놀 | 이 | 할 때 친구에게 모래를 뿌리
지 않아요.

---

3 안전을 확인해요

 신호등과 교통 표지판을 확인하고 안전하게 다녀야 해요.

• 자전거 전용도로 표지는 자전거만 다닐 수 있는 도로라는 것을
의미해요.

• 신호등의 녹색 | 점 | 멸 | 등 | 이 들어오면 길을 건너
지 않고 멈추어 다음 신호를 기다려요.

---

4 안전하게 건너요

 차의 움직임, 운전자를 확인하며 걸어서 건너요.

• 녹색등이 켜지더라도 횡단보도 앞에서는 우선 멈춰요.

• | 손 | 을 들어 내가 건널 것임을 운전자에게 알리고 준비할 시
간을 줘요.

나란히 놀이

학교에서 생활하거나 다른 장소로 이동할 때 나란히 줄을 서는 경우가 있어요. 다양한 간격에 맞게 줄을 서는 방법을 알아보고 단어를 따라 써 보세요.

▲ 좁은 간격으로 서기

▲ 앞으로 나란히 서기

▲ 양팔 간격으로 서기

앞사람과 | 간 | 격 | 이 손끝~팔꿈치 길이만큼 되도록 서요.

앞사람과 간격이 손끝~팔 길이만큼 되도록 손을 쭉 | 뻗 | 어 | 서요.

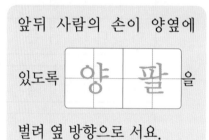

앞뒤 사람의 손이 양옆에 있도록 | 양 | 팔 | 을 벌려 옆 방향으로 서요.

따라 하기 놀이

우리 주변에 있는 여러 동물을 따라 할 수 있나요? 동물의 동작을 흉내 내 보고, 동물의 이름을 따라 써 보세요.

오 리

코 끼 리

토 끼

어깨동무 내 동무

🙂 친구와 노래하며 즐겁게 놀이할 수 있습니다. 노래 제목을 따라 쓰고, 노래를 불러봐요.

어깨동무는 상대편의 어깨에 서로 팔을 얹어 끼고 나란히 선다는 의미가 있어요.

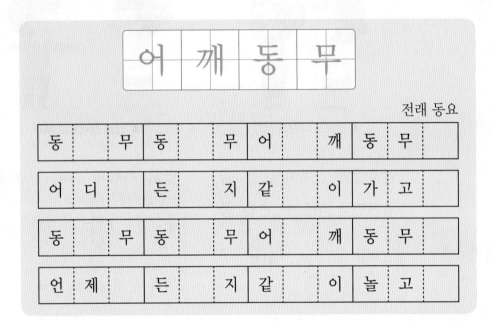

어	깨	동	무

전래 동요

동	무	동	무	어	깨	동	무	
어	디	든	지	같	이	가	고	
동	무	동	무	어	깨	동	무	
언	제	든	지	같	이	놀	고	

짝꿍이 생겼어요

🙂 빈칸에 우리 반 친구들의 이름을 넣어 '당신은 누구십니까' 노래 가사를 바꿔 불러봐요.

씩씩하구나, 아름답구나, 예쁘구나, 새롭구나 등으로 바꿔 불러볼 수 있어요.

당신은 누구십니까?

나는 [   ].

그 이름 [   ] 구나!

모여라 우리 반

😊 학교에서 있었던 일 중 기억에 남는 일을 떠올려 보고, 질문에 답을 써 보세요.

나의 학교 생활을 떠올려 보고 질문에 대답해 보세요.

학교에 와서 가장 먼저 인사를 나누었던 친구는 누구인가요?

앞으로 더 친하게 지내고 싶은 특별한 친구는 누구인가요?

이렇게 말해요

😊 우리는 학교 안팎에서 여러 사람들을 만납니다. 다양한 상황에 알 맞은 인사말을 선으로 연결해 보세요.

인사를 하면 친구들과 친해질 수 있고, 예의 바른 어린이가 될 수 있어요.

학교에 갈 때

복도에서 다른 반 선생님을 만날 때

학교에서 새로운 친구를 만날 때

·

·

·

·

·

·

선생님, 안녕하세요.

안녕, 만나서 반가워.

학교 다녀오겠습니다.

주제 학습 2

귀를 기울여 봐

🙂 학교에서는 선생님의 말씀과 친구들의 말에 귀를 기울여야 합니다.
단어를 따라 쓰고 단어의 의미를 알아봐요.

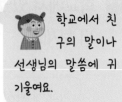

학교에서 친구의 말이나 선생님의 말씀에 귀 기울여요.

경	청

귀를 기울여 들음.

귓	속	말

남의 귀 가까이에 입을 대고
소곤거리는 말.

학교를 소개해요

🙂 우리 학교를 나타내는 것에는 무엇이 있을까요? 학교를 상징하는
것들의 의미를 알맞게 선으로 연결해 보세요.

우리 학교의 교목, 교화, 교가는 무엇인지 함께 알아볼 수 있어요.

교가	교화	교목
•	•	•

•	•	•

| 학교를 상징하는 꽃 | 학교를 상징하는 노래 | 학교를 상징하는 나무 |

학교 나들이

🙂 다음은 학교 안에서 볼 수 있는 장소입니다. 빈칸에 들어갈 알맞은 장소의 이름을 보기 에서 골라 써 보세요.

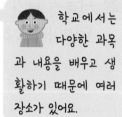
학교에서는 다양한 과목과 내용을 배우고 생활하기 때문에 여러 장소가 있어요.

┌─ 보기 ─────────────────────────────────┐
│ 과학실   급식실   교무실   보건실   행정실 │
└───┘

여러 선생님들이 일하시는 곳이에요.

[   ]

친구들과 맛있는 점심 식사를 하는 곳이에요.

[   ]

도서관에 가 볼까요

🙂 도서관을 이용하는 방법에 대해 알맞게 설명한 친구를 골라 ○표 하세요.

책을 빌릴 때는 대출대에 가서 차례를 지켜 빌리고, 빌린 책은 날짜에 맞게 반납해요.

책을 빌리기 위해 한 줄로 서서 차례를 기다려요.

함께 보는 도서관 책에 낙서를 해요.

도서관에서 소란스럽게 뛰어다녀요.

(   )   (   )   (   )

주제 학습 3

모두 제자리

😊 다음과 같이 캔, 병, 플라스틱 등을 종류별로 구분하여 버리는 것을 무엇이라고 하는지 쓰세요.

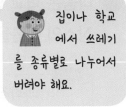

ㅂ	ㄹ	ㅂ	ㅊ

😊 우리는 학교에서 쓰레기를 분류하여 버려야 합니다. 쓰레기를 분류할 곳을 알맞게 선으로 연결해 보세요.

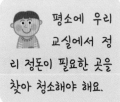

함께 약속해요

😊 학교에서 지켜야 하는 약속을 읽고, 단어를 따라 써 보세요.

* 수업 시간에 발표할 때는 | 큰 | 소 | 리 | 로 발표해요.

* 자기가 해야 할 일은 | 스 | 스 | 로 | 해요.

* 복도나 계단을 다닐 때 계단은 | 한 | 칸 | 씩 | 오르 내려요.

학교에서 규칙을 지키며 생활해야 우리 모두 행복하고 안전할 수 있어요.

알쏭달쏭 학교 퀴즈

😊 우리 학교를 떠올려 보며, 학교에 대한 퀴즈를 풀어 보세요.

학교에서 만나는 사람과 가는 장소를 떠올려 보세요.

학교에서 아픈 친구들을 도와 주시는 선생님은 누구일까요?

비가 와도 우리가 체육을 할 수 있는 곳은 어디일까요?

쑥쑥 생각 키우기

💬 다음은 학교 안 여러 장소입니다. 그림을 보며 문제를 풀어 보세요.

▲ 도서관　　　　　▲ 컴퓨터실　　　　　▲ 교무실

▲ 급식실　　　　　▲ 보건실　　　　　▲ 체육관

1 유하는 평소에 읽고 싶던 책을 빌리려고 합니다. 어디로 가면 좋을지 위 장소 중에서 골라 이름을 쓰세요.

2 다음은 학교에서 볼 수 있는 장소입니다. 이 장소의 이름을 쓰고, 이곳에서 하는 일을 쓰세요.

• 장소:

• 하는 일: 학교에서 여러 가지 ▢▢▢▢▢▢▢을 하는 곳

바른 생활 슬기로운 생활 즐거운 생활

우리나라

이번에 배울 내용

학습명	쪽수	학습 내용
주제 학습	18~27쪽	우리나라와 관련된 다양한 주제를 학습하고 활동해보기
놀이 학습	28쪽	우리나라의 재미있는 놀이 알아보기
안전 학습	29쪽	평소 생활할 때 알아두면 좋은 안전 습관 알아보기
쑥쑥 생각 키우기	30쪽	재미있는 문제를 통해 학습한 내용 점검하기

주제 학습 ①

안녕, 우리나라

🙂 다음은 우리가 살고있는 우리나라의 지도입니다. 지도를 색칠하며 우리나라가 어떤 모양인지 떠올려 보세요.

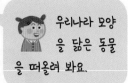
우리나라 모양을 닮은 동물을 떠올려 봐요.

찰칵, 우리나라

🙂 우리나라는 사계절이 있어요. 사진을 보고 빈칸에 알맞은 계절의 이름을 써 보세요.

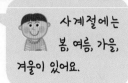
사계절에는 봄, 여름, 가을, 겨울이 있어요.

태극기가 펄럭

😊 태극기는 우리나라의 상징 중 하나입니다. 태극기의 모습과 뜻을 알아 보며 단어를 따라 써 보세요.

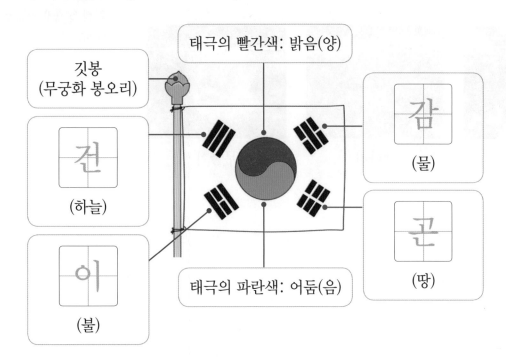

흰색 바탕은 밝음과 순수, 전통적으로 평화를 사랑하는 우리의 민족성을 나타내요.

😊 우리나라의 상징 중 하나인 애국가 1절을 불러보고, 빈칸에 알맞은 말을 써 보세요.

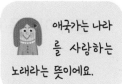

애국가는 나라를 사랑하는 노래라는 뜻이에요.

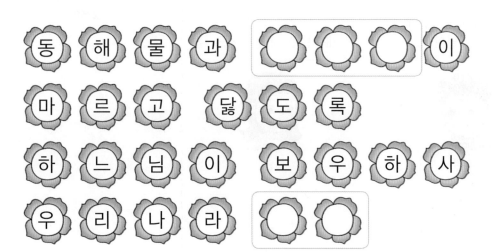

무궁화가 활짝

😊 우리나라의 나라꽃인 국화는 무엇일까요? 다음 중 우리나라의 꽃이 무엇인지 골라 ○표 하세요.

무궁화는 어디서나 잘 자라고 석 달 동안 피는 꽃이에요.

장미

개나리

무궁화

태극기와 무궁화

😊 우리나라의 상징인 태극기와 무궁화에 대해 알맞게 설명한 친구를 골라 이름을 쓰세요.

우리나라의 상징인 태극기와 무궁화를 떠올려 보세요.

현충일이나 광복절에 태극기를 달아요.

무궁화 꽃잎의 개수는 여섯 장이에요.

수현

다인

우리 돈

🙂 우리나라 돈 속에 그려진 인물이 누구인지 알맞게 선으로 연결해 보세요.

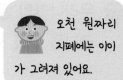

오천 원짜리 지폐에는 이이가 그려져 있어요.

천 원	만 원	오만 원
•	•	•

•	•	•
이황	신사임당	세종 대왕

우리 문양

🙂 우리나라의 전통 건물(궁, 절 등), 음식, 생활용품 등에서 전통 문양을 볼 수 있습니다. 우리나라의 전통 문양이 사용된 것을 모두 골라 ○표 하세요.

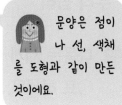

문양은 점이나 선, 색채를 도형과 같이 만든 것이에요.

우리 한글

😊 우리나라의 글자는 한글입니다. 한글을 만든 사람이 누구인지 아래 글자를 따라 쓰며 알아보세요.

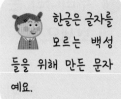

한글은 글자를 모르는 백성들을 위해 만든 문자예요.

우리 음식

😊 다음은 세계 여러 나라의 음식입니다. 우리나라 음식을 모두 골라 ○표 하세요.

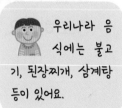

우리나라 음식에는 불고기, 된장찌개, 삼계탕 등이 있어요.

▲ 갈비찜 　　　 ▲ 피자 　　　 ▲ 김치

▲ 카레 　　　 ▲ 비빔밥 　　　 ▲ 햄버거

우리 옷

🙂 다음 그림과 같은 옷을 입어 보거나, 입은 사람을 본 경험이 있나
요? 이와 같은 우리나라 옷을 무엇이라고 하는지 쓰세요.

> 명절 때 이
> 옷을 입어 봤
> 거나, 한옥마을에서 이
> 옷을 입은 사람을 봤을
> 수 있어요.

대문 놀이

🙂 우리나라의 전통 놀이에는 대문 놀이가 있어요. 노래 제목을 따라
쓰고, 노래를 불러 보세요.

> 대문 놀이는
> 두 사람이 양
> 손을 높이 마주잡고 대
> 문을 만들어 그 문 밑
> 으로 다른 사람들이
> 빠져나가는 놀이예요.

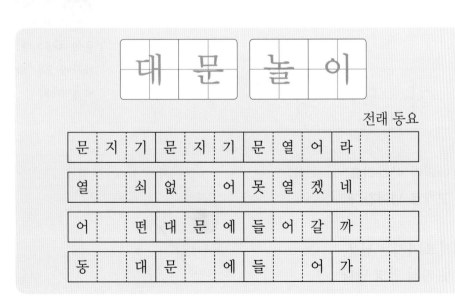

전래 동요

문	지	기	문	지	기	문	열	어	라	
열		쇠	없		어	못	열	겠	네	
어		떤	대	문	에	들	어	갈	까	
동		대	문		에	들		어	가	

우리 명절

😊 우리나라는 설날이나 추석과 같은 명절이 있어요. 명절에 볼 수 있는 모습을 알아보고, 단어를 따라 써 보세요.

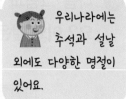
우리나라에는 추석과 설날 외에도 다양한 명절이 있어요.

세 배

하는 모습

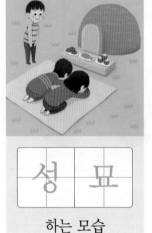
성 묘

하는 모습

송 편

을 빚는 모습

우리 노래

😊 아리랑은 한국을 대표하는 민요 중 하나예요. 노래 제목을 따라 쓰고, 노래를 불러 보세요.

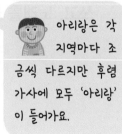
아리랑은 각 지역마다 조금씩 다르지만 후렴 가사에 모두 '아리랑'이 들어가요.

아 리 랑

우리나라 민요

아리랑 아리랑 아라리요
아리랑 고개로 넘어간다

나를 버리고 가시는 님은
십 리도 못 가서 발병 난다

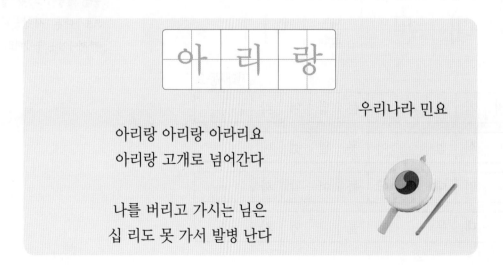

우리 춤

😊 다음은 우리나라의 전통 춤에 대한 설명입니다. 이를 보고 무엇에 대한 설명인지 빈칸에 써 보세요.

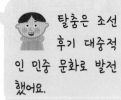

탈춤은 조선 후기 대중적인 민중 문화로 발전했어요.

- 탈을 쓰고 추는 전통 춤이에요.
- 탈은 딱딱한 나무를 깎아서 만들어요.
- 민중들의 생활을 표현하고 사회 문제를 나타냈어요.

우리 부채

😊 오방색은 한국의 전통 색상으로 한복이나 부채 등에서도 찾을 수 있어요. 오방색의 다섯 가지 색깔이 무엇인지 단어를 따라 써 보세요.

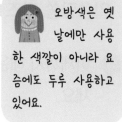

오방색은 옛날에만 사용한 색깔이 아니라 요즘에도 두루 사용하고 있어요.

노란색　　파란색

흰색　　　빨간색　　　검정색

우리 한옥

😊 다음은 세계 여러 나라에서 볼 수 있는 건물의 모습입니다. 한옥을 골라 ○표 하세요.

> 한옥은 흙, 창호지, 소나무, 돌 등을 이용해 만든 건물이에요.

알쏭달쏭 퀴즈

😊 이제까지 배운 내용을 바탕으로 우리나라와 관련된 퀴즈를 풀어 보세요.

> 앞에서 배운 내용을 떠올려 보면 퀴즈의 정답을 쓸 수 있을 거예요.

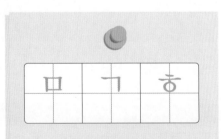

ㅁ	ㄱ	ㅎ

우리나라를 대표하는 꽃이에요. 주로 분홍색이지만 흰색, 보라색 등 다양한 색상의 꽃이 피어요.

ㅁ	ㅈ

해마다 일정하게 지키어 즐기거나 기념하는 때를 말해요. 대표적으로는 설, 추석 등이 있어요.

우리는 한민족

😊 다음은 남한과 북한에 대한 설명입니다. 단어를 따라 쓰며 남한과 북한에 대해 알아보세요.

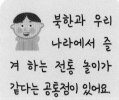

북한과 우리 나라에서 즐겨 하는 전통 놀이가 같다는 공통점이 있어요.

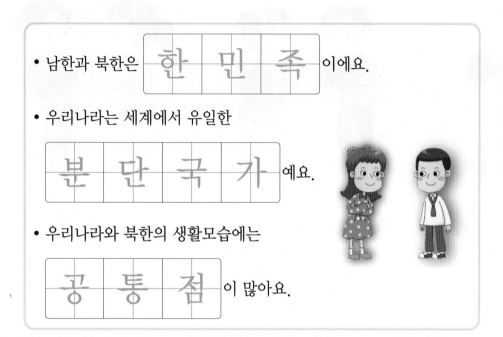

• 남한과 북한은 | 한 | 민 | 족 | 이에요.

• 우리나라는 세계에서 유일한

| 분 | 단 | 국 | 가 | 예요.

• 우리나라와 북한의 생활모습에는

| 공 | 통 | 점 | 이 많아요.

그림으로 하나 되는 우리

😊 다음은 통일이 된 우리나라에서 하고 싶은 것을 그린 그림이에요. 그림을 보고 빈칸에 들어갈 알맞은 말을 써 보세요.

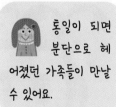

통일이 되면 분단으로 헤어졌던 가족들이 만날 수 있어요.

남한과 북한의 학생들이 모여

[   ] 를

하고 싶어요.

놀이 학습

• 활동북 1-1

씨름

씨름은 오래된 민속놀이 중 하나로, 사람과 사람이 맨손으로 직접 부딪치며 승부를 겨루는 놀이예요. 다양한 종류의 씨름을 알아보고, 단어를 따라 써 보세요.

팔	씨	름

눈	씨	름

손바닥 씨름

꼬리따기

꼬리따기 놀이는 앞사람의 어깨를 잡고 줄을 지어다니며 상대편을 피하는 놀이예요. 꼬리따기 놀이 방법을 살펴보고, 단어를 따라 써 보세요.

대	장

의 어깨를 잡고 한 줄로 길게 서요.

심	판

이 시작을 알리면 대장을 따라 움직여요.

상대편의

꼬	리

를 먼저 잡으면 이겨요.

안전 학습

1 기차를 탈 때

 노란 선으로 그려진 안전선 밖에서 기다렸다 기차를 타요.

-  에서 장난을 치거나 뛰어다니지 않아요.

- 사람들이 내린 다음에  타요.

2 체험학습을 갈 때

 전시물에 올라가거나 함부로 만지지 않아요.

- 잘 모르는  을 함부로 만지지 않아요.

- 줄을 바르게 서서 선생님을 따라 이동해요.

- 선생님이 정해 준  에서 도시락을 먹어요.

3 물놀이를 할 때

 물놀이 할 때는 30~40분마다 휴식을 해요.

- 준비 운동을 하고, 구명조끼를 입어요.

-  에서 먼 곳부터 물을 적셔요.

- 정해진 곳에서만  과 함께 물놀이를 해요.

4 음식을 먹을 때

 식사를 마치면 입가에 묻은 음식물을 닦아 내도록 해요.

- 식사 전에 을 씻어요.

- 음식을  꼭꼭 씹어 먹고, 소리 내지 않아요.

쑥쑥 생각 키우기

💬 다음은 '한'이라는 글자로 시작하는 낱말 카드입니다. 카드를 보고 문제를 풀어 보세요.

(1)

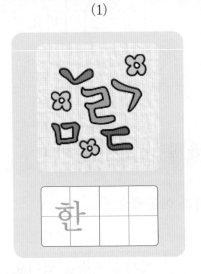

한		

(2)

한		

(3)

한		

1 다음 설명을 읽고 위 (1), (2), (3)에 알맞은 단어를 빈칸에 써 낱말 카드를 완성하세요.

> (1) 우리나라에서 사용하는 우리나라 글자예요.
> (2) 흙, 창호지, 소나무, 돌 등을 이용해 만든 우리나라 건물이에요.
> (3) 우리나라를 대표하는 옷으로, 설날이나 추석, 친척 결혼식 날 같은 때에 입어요.

2 위 (1)은 누가, 왜 만들었는지 쓰세요.

• 누가 만들었나요?: [   ] 대왕

• 왜 만들었나요?: [   ] 를 모르는 [   ] 들을 위해

만들었어요.

바른 생활 슬기로운 생활 즐거운 생활

사람들

이번에 배울 내용

학습명	쪽수	학습 내용
주제 학습	32~41쪽	함께 살아가는 사람들과 관련된 다양한 주제 활동 해보기
놀이 학습	42쪽	주변 사람들과 함께 할 수 있는 놀이 해보기
안전 학습	43쪽	사람들과 함께 살아가며 지켜야 할 규칙 알아보기
쑥쑥 생각 키우기	44쪽	재미있는 문제를 통해 학습한 내용 점검하기

내 주변 사람들

😊 우리 주변에서 함께 살아가는 여러 사람들이 있습니다. 내 주변 사람들에 대해 써 보세요.

> 내가 하루 동안 본 사람을 아침, 낮, 저녁 시간으로 나누어 떠올려 보세요.

• 내 주변 사람들에는 누가 있나요?

• 내 주변 사람들과 있었던 경험을 이야기해 보세요.

_____

_____

_____

😊 주변에서 볼 수 있는 사람을 알맞게 선으로 연결해 보세요.

> 우리 주변 사람들은 서로 도우며 살아가고 있어요

| 엘리베이터에서 만난 윗집에 사시는 이웃 | 출퇴근 시간에 교통 안내를 하시는 교통 봉사자 | 우편물을 배달해 주시는 우편집배원 아저씨 |

생각나는 사람들

 우리가 살아가는 대부분의 순간에는 함께하는 사람들이 있습니다.
다음 상황을 보고 떠오르는 사람을 써 보세요.

평범한 일상에서 여러 사람들과 함께함으로써 즐거움을 느껴요.

학교 가는 길 하면 생각나는
사람은 누구인가요?

놀이터에 가면 생각나는
사람은 누구인가요?

고민을 들어 봐

 사람들은 누구나 고민을 안고 살아가요. 고민의 의미를 알아보고,
나는 평소 어떤 고민이 있는지 써 보세요.

내가 해결할 수 있는 고민과 해결할 수 없는 고민이 있어요.

고민

마음속으로 괴로워하고
애를 태움.

• 요즘 나의 고민은 무엇인가요?

_____

_____

_____

_____

표정이 알쏭달쏭

😊 사람들의 표정에는 감정과 삶의 모습이 담겨 있습니다. 다음 그림과 관련있는 내용을 알맞게 선으로 연결해 보세요.

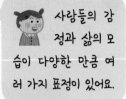

사람들의 감정과 삶의 모습이 다양한 만큼 여러 가지 표정이 있어요.

기뻐서 웃는 표정이에요.

아파서 우는 표정이에요.

내가 아는 사람

😊 가족, 친척, 이웃이나 그 외 자신이 알고 있는 여러 사람들이 있습니다. 빈칸에 나를 주변으로 내가 아는 사람을 써 보세요.

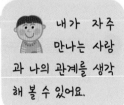

내가 자주 만나는 사람과 나의 관계를 생각해 볼 수 있어요.

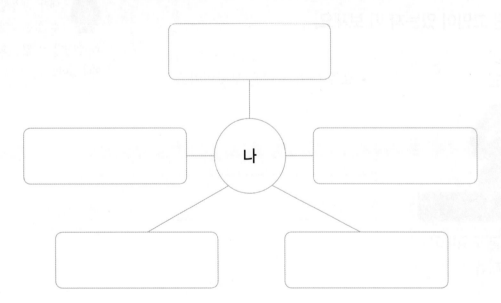

나

우리 가족

😊 가족을 생각하며 다음 노래를 불러보고, 마지막 줄 가사를 바꿔서
써 보세요.

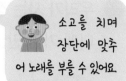

소고를 치며
장단에 맞추
어 노래를 부를 수 있어요

우리 형제

전래 동요

우	물		가		엔	나		무	형	제	

하	늘		에		는	별		이	형	제	

우	리		집		엔	나	와	언	니	

정다운 이웃

😊 우리는 이웃과 기쁜 일이나 힘든 일을 함께 나누고 서로 도와가며
살아갑니다. 다음 글을 읽고, 단어를 따라 써 보세요.

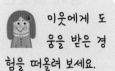

이웃에게 도
움을 받은 경
험을 떠올려 보세요.

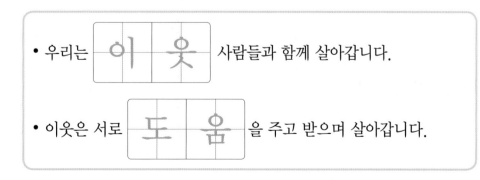

• 우리는 　이　웃　 사람들과 함께 살아갑니다.

• 이웃은 서로 　도　움　 을 주고 받으며 살아갑니다.

주제 학습 3

누구를 만날까

😊 우리가 사는 장소에 가면 사람들을 볼 수 있습니다. 각 사람들은 어디에 가면 만날 수 있는지 보기 에서 골라 쓰세요.

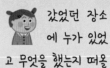
갔었던 장소에 누가 있었고 무엇을 했는지 떠올려 보세요.

┌─ 보기
│ 병원   분식점   도서관   경찰서
└─

▲ 경찰관

▲ 의사 선생님

다섯 글자 예쁜 말

😊 상황에 따라 적절한 말을 하는 것은 중요해요. 빈칸을 채워 다음 상황에 알맞은 다섯 글자를 완성해 보세요.

평소에 내가 했던 말을 떠올려 보세요.

• 친구가 나에게 맛있는 것을 나눠줬을 때

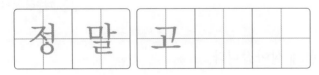

• 친구가 용기를 내어 발표를 했을 때

함께 놀아요

 사람들과 모여서 함께 놀았던 경험이 있나요? 소꿉놀이의 의미를 알아보고, 단어를 따라 써 보세요.

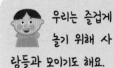

소 꿉 놀 이

사람들이 함께 모여
사는 삶을 소재로 하는 놀이

같이 할까?

 좋아하거나 잘 하는 일을 주변 사람들과 공유하면서 소통할 수 있어요. 같이 활동하기 알맞은 친구를 선으로 연결해 보세요.

여러 친구와 함께 하면 더 즐거울 수 있어요.

공기 놀이가
재미있어.

리코더 부는 것을
좋아해.

위인전을 읽는 게
좋아.

책을
읽을래.

악기를
배우고 싶어.

놀이를
해볼까?

이런 모습 저런 모습

😊 사람들은 다양한 모습으로 살아갑니다. 사람들이 생활하는 모습을 알아보고, 단어를 따라 써 보세요.

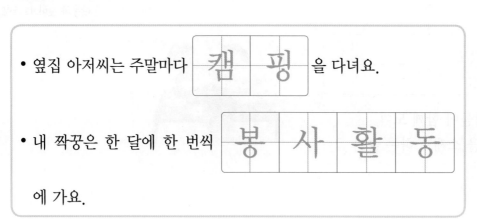

• 옆집 아저씨는 주말마다 | 캠 | 핑 | 을 다녀요.

• 내 짝꿍은 한 달에 한 번씩 | 봉 | 사 | 활 | 동 | 에 가요.

여러 사람들의 다양한 삶의 모습을 존중해야 해요.

함께하는 일

😊 다음과 같이 가족이나 친척, 이웃 등 주변 사람들과 함께하는 일을 무엇이라고 하는지 퍼즐에서 단어를 찾아 ○표 하세요.

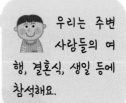

우리는 주변 사람들의 여행, 결혼식, 생일 등에 참석해요.

• 이번 주에 할아버지 칠순 잔치가 있어요.
• 주말에 사촌 언니 결혼식에 다녀왔어요.

부	여	행
모	의	사
검	지	명

고마운 사람들

🙂 사람들은 서로 도움을 주고받으며 살아갑니다. (　　) 안에 들어갈 알맞은 말을 골라 ○표 하세요.

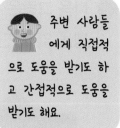 주변 사람들에게 직접적으로 도움을 받기도 하고 간접적으로 도움을 받기도 해요.

 (소방관 / 환경미화원)께서 길거리를 깨끗하게 청소해 주셔서 고맙습니다.

내가 도와줄게요

🙂 누군가를 도와주었던 경험이 있나요? 다음과 같은 도움이 필요한 상황을 골라 ○표 하세요.

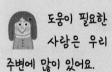 도움이 필요한 사람은 우리 주변에 많이 있어요.

몸이 무거운 임산부에게 자리를 양보했어요.

(　　　　　　)　　(　　　　　　)

그림을 그려 봐

😊 다음 그림은 우리 동네에서 볼 수 있는 모습입니다. 이와 관련된 설명을 읽고, 단어를 따라 써 보세요.

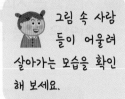
그림 속 사람들이 어울려 살아가는 모습을 확인해 보세요.

그림을 보면 사람들이 어울려

함	께

살아간다는 점

을 알 수 있어요.

사진 전시회를 열어요

😊 이번 단원에서 배운 것을 떠올려 보고, 사진의 제목을 알맞게 선으로 연결해 보세요.

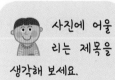
사진에 어울리는 제목을 생각해 보세요.

밥을 먹을 수 있도록
해주시는 고마운 농부

주말에 다녀온
사촌 언니의 결혼식

만나고 싶은 사람을 초대해요

😊 이번 단원을 공부하며 만났거나 만나고 싶은 사람이 있나요? 우리 반에 초대하고 싶은 사람과 그 이유를 써 보세요.

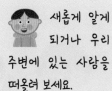

새롭게 알게 되거나 우리 주변에 있는 사람을 떠올려 보세요.

초대장

• 초대하고 싶은 사람
  예 소방관

• 초대하고 싶은 이유
  예 감사하다는 말을 전하고 싶기 때문이에요.

그림책을 만들어요

😊 다음은 지금까지 배운 내용을 바탕으로 만든 그림책입니다. (   ) 안에 들어갈 알맞은 말을 골라 ○표 하세요.

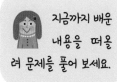

지금까지 배운 내용을 떠올려 문제를 풀어 보세요.

아파트 단지 내에 꽃밭을 정리 하시는 (경비원 / 배달부) 아 저씨께 감사해야 해요.

이웃 어른을 만나면 (인사해야 / 지나쳐야) 한다는 것이 기 억나요.

놀이 학습

활동북 1-1

그물 놀이

이 놀이는 친구와 함께 손을 잡아 그물을 만들고 술래를 잡는 놀이예요. 놀이 방법을 보고, 단어를 따라 써 보세요.

❶ 술 래 가 그
물을 만들어요.

❷ 그 물 로 다
른 친구를 잡아요.

❸ 그물을 계속 늘려가며
놀 이 를 진
행해요.

8자 놀이

이 놀이는 8자 모양의 놀이판 위에서 술래가 술래가 아닌 친구를 잡는 놀이예요. 놀이 방법을 보고, 단어를 따라 써 보세요.

❶ 술 래 를 정
해요.

❷ 술래와 다른 친구들은 서
로 반대편에 서요.

❸ 다른 친구들은 술래를 피해
도 망 가요.

1 기침을 할 때는

 기침 예절을 지키지 않으면 침이나 균이 여러 공간으로 퍼질 수 있어요.

- | 손 | 수 | 건 | 이나 옷소매로 코와 입을 가리고 기침 해요.

- | 비 | 누 | 로 손을 충분히 씻어요.

2 함께 이용할 때는

다른 사람을 배려하며 안전하게 행동해야 해요.

- 도서관에서 | 책 | 장 | 에 올라가지 않아요.

- 공원에서 다른 사람에게 피해를 주지 않아요.

- | 식 | 당 | 에서 밥을 먹을 때 뛰어다니지 않아요.

3 수상한 사람을 만났다면

 나에게 다가오는 사람이 모두 나쁜 의도를 가지고 접근하는 것은 아니에요.

- 큰 소리로 주변에 도움을 요청해요.

- 주변의 '| 아 | 동 | 안 | 전 | 지킴이집'에 들어가

도움을 요청해요.

4 불이 났을 때는

 안전한 곳으로 이동할 때는 자세를 낮추고 연기를 피해 이동해야 해요.

- '| 불 | 이 | 야 |'라고 외쳐요.

- '숨수건'을 개봉해서 코와 입 주변을 감싸요.

- 안전한 곳으로 | 대 | 피 | 한 후 119에 신고해요.

쑥쑥 생각 키우기

💬 다음은 가족과 친척이 함께 모인 가족 행사를 나타낸 그림입니다. 이를 보고 문제를 풀어 보세요.

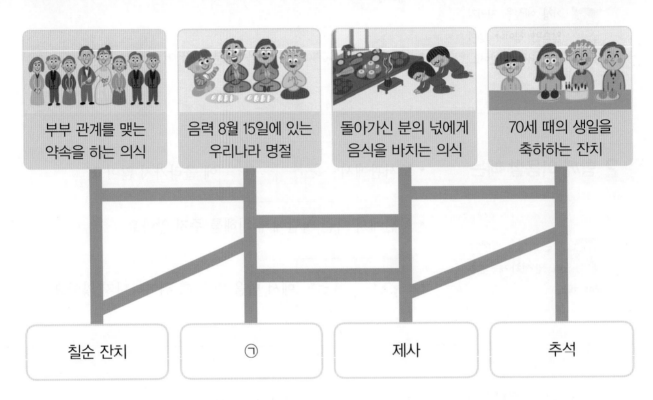

| 부부 관계를 맺는 약속을 하는 의식 | 음력 8월 15일에 있는 우리나라 명절 | 돌아가신 분의 넋에게 음식을 바치는 의식 | 70세 때의 생일을 축하하는 잔치 |

| 칠순 잔치 | ㉠ | 제사 | 추석 |

1 위 그림의 사다리를 타고 내려가 ㉠에 알맞은 가족 행사의 이름을 쓰세요.

2 다음은 가족 행사를 나타낸 그림입니다. 이 행사의 이름을 쓰고, 의미가 무엇인지 쓰세요.

• 행사 이름:

• 의미: 아기가 태어난 지 [   ]년이 되는 날을 축하하기 위해 여는 잔치예요.

바른 생활 슬기로운 생활 즐거운 생활

우주

이번에 배울 내용

학습명	쪽수	학습 내용
주제 학습	46~55쪽	우주와 관련된 다양한 주제를 학습하고 다양한 활동 해보기
놀이 학습	56쪽	우주의 모습을 상상하며 흥미로운 놀이 해보기
안전 학습	57쪽	안전한 생활을 위해 실천할 약속 알아보기
쑥쑥 생각 키우기	58쪽	재미있는 문제를 통해 학습한 내용 점검하기

나를 맞혀 봐

😊 다음은 어떤 물체의 일부 모습입니다. 무엇의 일부분인지 써 보세요.

호기심을 가지고 물건을 알아맞혀 보세요.

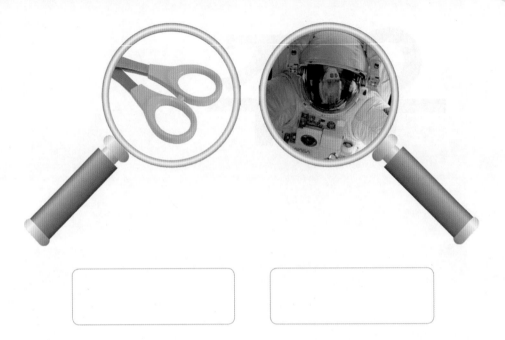

노래하는 탐험가

😊 우주에는 우주 탐험가가 있어요. 탐험가의 의미로 알맞은 것을 골라 ○표 하세요.

새로운 곳, 낯선 곳, 가 보지 못했지만 가 보고 싶은 세계를 상상해 보세요.

위험을 무릅쓰고 어떤 곳을 찾아가서 살펴보고 조사하는 일을 전문으로 하는 사람

(   )

여러 가지 물건이나 재료를 찾아 모으는 것을 전문으로 하는 사람

(   )

친구를 찾아라

🙂 우주 공간에는 어떤 친구들이 있을까요? 외계인의 의미를 알아보고, 단어를 따라 써 보세요.

우주 공간에 있는
외계 생명체를 말해요.

외계인이라는 단어를 책이나 영화에서 들어 본 경험을 떠올려 보세요.

🙂 우주 친구는 어떤 모습일지 상상해 보고 나만의 우주 친구를 그려 보세요.

우주 친구의 얼굴과 입고 있는 옷을 자유롭게 떠올려 보세요.

나의 본부

😊 새로운 세계를 탐험하기 위해서는 본부가 필요해요. 본부를 어떻게 만들지 빈칸에 써 보세요.

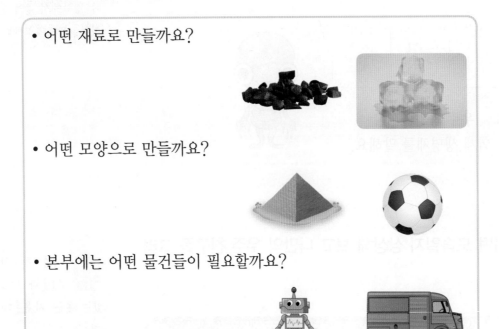

- 어떤 재료로 만들까요?

- 어떤 모양으로 만들까요?

- 본부에는 어떤 물건들이 필요할까요?

> 본부는 낮선 세계를 둘러싼 위험으로부터 안전하고 편안하게 지낼 수 있는 공간이에요.

나는 탐험가

😊 새로운 세계를 탐험하는 것은 설레기도 하고 동시에 두렵기도 합니다. 탐험을 시작하는 친구에게 용기를 줄 수 있는 말을 써 보세요.

> 새로운 세상은 낮설지만 즐거울 거예요.

예 새로운 경험은 재미있을 거야!

나의 탐험복

😊 새로운 세계를 탐험할 때 필요한 탐험복의 모습을 떠올려 보세요.

불에 타지 않거나 우주에서 숨을 쉴 수 있는 탐험복을 상상해 보세요.

- 어디에서 입을 탐험복인가요?

- 그곳에서는 어떤 옷을 입으면 좋을까요?

신기한 우주 시장

😊 시장에는 다양한 물건이 있어요. 상상 속의 공간인 우주 시장에는 어떤 물건이 있을지 써 보세요.

우주에서 어떤 물건을 팔면 좋을지 상상해 보세요.

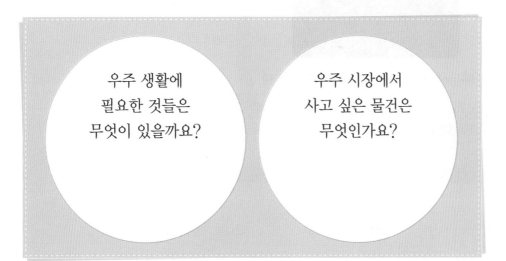

우주 생활에
필요한 것들은
무엇이 있을까요?

우주 시장에서
사고 싶은 물건은
무엇인가요?

주제 학습 3

달이 궁금해

😊 다음 친구들이 설명하는 것이 무엇인지 답을 써 보세요.

밤하늘에 떠 있어요.

우리 선조들은 이곳에 토끼가 살고 있다고 상상했어요.

추석에는 이것을 보며 소원을 빌기도 해요.

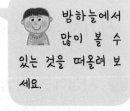 매일 밤하늘을 올려다보면 이것을 볼 수 있어요.

별이 궁금해

😊 다음은 인터넷에서 찾은 자료입니다. 다음에서 설명하는 것을 골라 ○표 하세요.

밤하늘에서 많이 볼 수 있는 것을 떠올려 보세요.

밤하늘에 작은 점으로 반짝이는 물체

별   태양   구름

수집쟁이 친구 발견

😊 우주에 생명체가 존재한다면 어떤 모습을 하고 있을까요? 우주에 사는 식물과 동물을 상상해 그려 보세요.

우주 관련 영화나 동화책에서 본 우주 생물을 떠올려 보세요.

수다쟁이 친구 발견

😊 우주에 대한 이야기를 들어본 적이 있나요? 기억을 떠올려 다음 질문에 대한 답을 써 보세요.

책이나 영화, 인터넷 등에서 우주에 대해 알게 된 내용을 생각해 보세요.

- 우주에 대한 이야기를 어디서 들었나요?

  영화   책   인터넷   친구

- 우주에 대한 어떤 이야기였는지 간단히 써 보세요.

  _____

  _____

  _____

주제 학습 4

퀴즈를 맞혀라

😊 우주와 관련 있는 ○, × 퀴즈를 풀어 보세요.

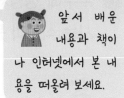
앞서 배운 내용과 책이나 인터넷에서 본 내용을 떠올려 보세요.

달은 지구보다 큰가요?

○   ×

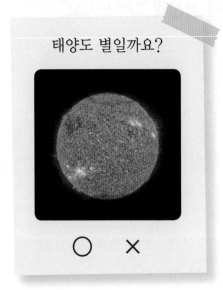

태양도 별일까요?

○   ×

어디든 갈 수 있어

😊 두려움을 이겨내고 도전했던 경험이 있나요? 다음 질문에 대한 답을 써 보세요.

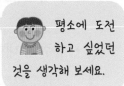
평소에 도전하고 싶었던 것을 생각해 보세요.

• 어떤 세상이 궁금한가요?
  예 바닷속 세상이 궁금해요.

• 내가 가고 싶은 세상에 가기 위해 내가 도전할 것은 무엇인가요?
  예 물이 무섭지만 수영을 열심히 배울 거예요.

탐험선을 만들자

😊 탐험을 떠나기 위해서는 탐험선이 필요해요. 탐험선의 뜻을 읽고
단어를 따라 써 보세요.

 바다나 우주로 탐험을 떠나기 위해서는 탐험선이 필요해요.

잘 알려지지 않은 곳을
살피고 조사하기 위해
떠나는 사람들을 태운 배나 비행기

우주 음악 발표회

😊 우주에는 공기가 없기 때문에 소리가 존재하지 않아요. 만일 우주
에 소리가 있다면 어떤 소리가 날지 상상해서 써 보세요.

 소리가 없는 우주지만 상상해 보세요.

무엇을 가져갈까

😊 과학이 좀 더 발전해서 우주여행을 가게 되겠죠? 우주여행을 한다면 가져가고 싶은 물건을 고르고 그 이유를 쓰세요.

우주여행은 어떤 모습이고, 어떤 상황이 벌어질지 먼저 예측해 보세요.

• 우주여행에 가져가고 싶은 물건을 골라 ○표 하세요.

• 그 물건을 가져가고 싶은 이유는 무엇인가요?

😊 위 그림에는 없지만 우주여행에 필요할 것 같은 물건을 써 보세요.

그 물건을 선택한 이유도 함께 써 보세요.

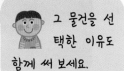

우주여행을 떠나요

😊 우리는 새로운 곳으로 여행을 가기 전에 여행 안내서를 읽어요. 안
내서의 의미를 알아보고, 단어를 따라 써 보세요.

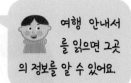

여행 안내서
를 읽으면 그곳
의 정보를 알 수 있어요.

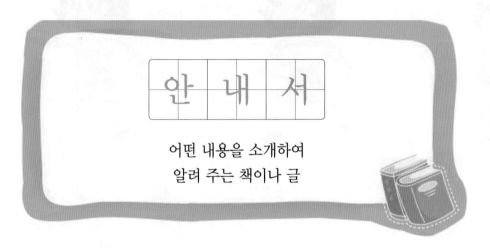

안 내 서

어떤 내용을 소개하여
알려 주는 책이나 글

새로운 세계로 출발!

😊 탐구하고 싶은 상상의 세계로 여행을 시작해 볼까요? 새로운 세계
로의 탐험 계획서를 작성해 봅시다.

새로운 세계를
탐험할 때
일어날 수 있는 일을
상상해 보세요.

• 새로운 세계로 누구와 함께 갈까요?

• 준비물은 무엇이 있을까요?

놀이 학습

● 활동북 1–1

원반 던지기

상대방과 원반이라는 도구를 주고받기 위해서는 서로의 호흡이 잘 맞아야 합니다. 놀이 방법을 보고, 단어를 따라 써 보세요.

❶ 어 깨 까지
원반을 가져와요.

❷ 몸 을 돌려요.

❸ 팔 을 쭉 펴고 힘
껏 던져요.

네 발 걷기 놀이

우주선에는 중력이 없어서 다양한 자세와 움직임으로 우주선 내부를 이동할 수 있어요. 놀이 방법을 보고, 단어를 따라 써 보세요.

❶ 평 소 처럼
두 발로 걸어 봐요.

❷ 앉아서 두 발과 엉덩이로
걸어 봐요.

❸ 두 발 과
두 손으로 걸어 봐요.

안전 학습

1 올바르게 사용해요

일상에서 스마트폰을 무분별하게 사용하는 것은 위험해요.

- 부모님과 | 사 | 용 | 시 | 간 |을 정하고 스마트폰을 해요.
- 휴식 시간에는 스마트폰을 하기보다는 친구들과 나가서 즐겁게 뛰어놀아요.

2 위급해요

응급 상황은 내가 스스로 처치하기 보다는 최대한 빠르게 주변의 사람에게 알려야 해요.

- 응급 상황이 발생하면 주변 사람들에게 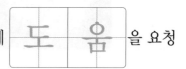 을 요청해요.
- 119에 전화를 할 때에는 장소와 환자의 상태에 대해 자세히 알려요.

3 고마운 약, 안전하게 먹어요

약을 잘못 먹거나 과도하게 먹으면 오히려 건강이 나빠질 수 있어요.

- 정해진 양만을 정해진 시간에 먹어요.
-  이 지났거나 나와 있지 않은 약은 먹지 않아요.

4 앗! 조심해요

하나의 콘센트에 여러 개의 전기 제품을 꽂으면 안 돼요.

- 젖은 손으로 전기 제품을 사용하지 않아요.
- 전기 제품의 연결을 해제할 때는 선이 아닌 | 코 | 드 |를 잡고 빼요.

쑥쑥 생각 키우기

💬 이번 단원에서 배운 여러 가지 단어가 뒤죽박죽 쓰여 있는 카드입니다. 이를 보고 문제를 풀어 보세요.

양 태	선 탐 험	구 지
㉠	㉡	㉢

① 뒤죽박죽 쓰인 단어를 위 ㉠~㉢에 알맞게 쓰세요.

② 위와 같은 모습은 어디서 볼 수 있는 것인지 쓰고, 그곳에서 볼 수 있는 것을 한 가지 더 쓰세요.

_____

_____

_____

학교

4~5쪽

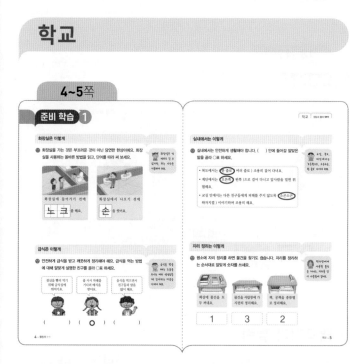

• 급식은 이렇게

급식실에 갈 때는 한 줄로 뛰지 않고 조용히 걸어가요. 또 음식을 먹으면서 말을 많이 하지 않아요.

6~7쪽

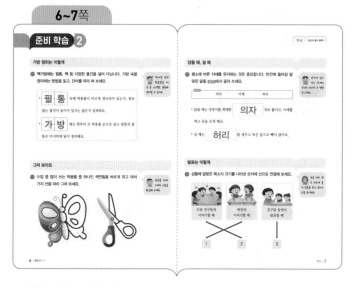

• 발표는 이렇게

실내에서는 다른 사람에게 방해가 되지 않을 정도의 목소리로 이야기를 나누어야 해요. 그리고 상황마다 목소리의 크기가 달라야 해요.

10~11쪽

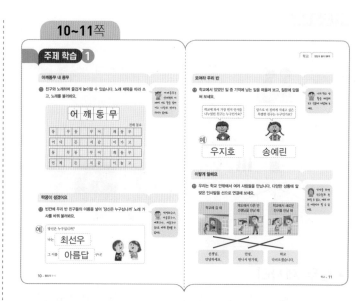

• 이렇게 말해요

손을 흔들거나 허리를 숙이는 등 인사를 하면서 알맞은 행동도 함께 할 수 있어요.

12~13쪽

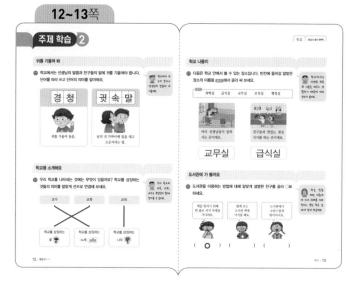

• 학교를 소개해요

우리 학교를 상징하는 것에는 교가, 교화, 교목 외에도 교표나 개교기념일 등이 있어요.

• 도서관에 가 볼까요

도서관 책은 모두의 것이므로 소중히 다루어요. 도서관에서는 바른 자세로 앉아 조용히 책을 읽어요.

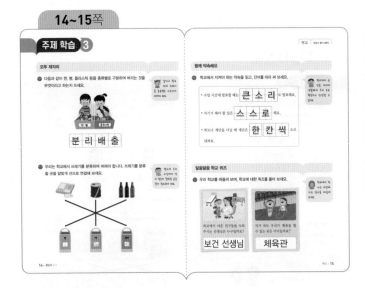

14~15쪽

• 모두 제자리

분리배출을 할 때는 용기 속 이물질을 깨끗이 비운 후에 분리하여 버려야 해요. 집이나 학교에서 분리 배출을 지속적으로 실천해야 해요.

• 알쏭달쏭 학교 퀴즈

보건 선생님은 아플 때 도와주실 뿐만 아니라 평소에 보건 교육도 해주세요. 더운 여름이나 추운 겨울에 체육관에서 체육을 해요.

16쪽

> 1 도서관
> 2 방송실, 방송

1 학교에서 책을 빌리려면 도서관에 가야 해요. 도서관에서는 책을 읽고 빌릴 수 있어요.

2 방송실은 학교 내부에 소리나 영상을 보내는 곳이에요.

우리나라

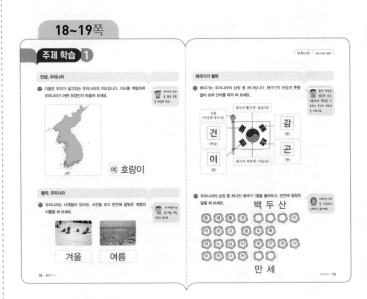

18~19쪽

• 태극기가 펄럭

우리나라 국기인 태극기는 흰색 바탕에 가운데 태극 문양과 네 모서리의 건곤감리 4괘로 구성되어 있어요.

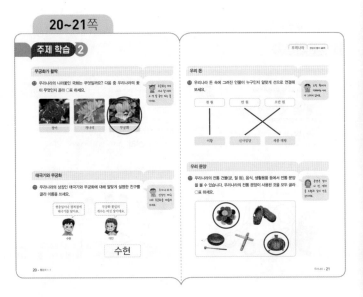

20~21쪽

• 우리 돈

우리 돈 속에 그려진 인물은 천 원에는 퇴계 이황, 오천 원에는 율곡 이이, 만 원에는 세종 대왕, 오만 원에는 신사임당이에요.

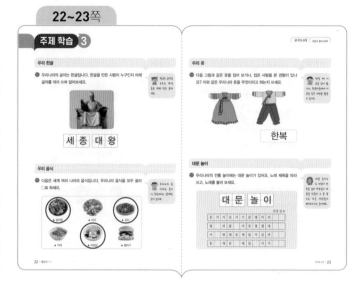

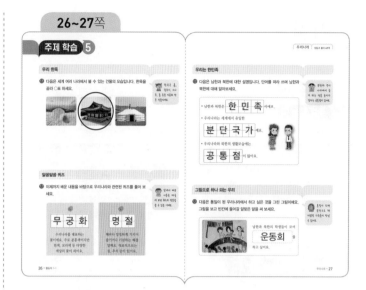

• 우리 한글

세종 대왕은 우리말에 맞는 새 문자를 만들어, 가르쳐 주는 사람 없이도 누구나 쉽게 배워서 편하게 쓰게 하려고 훈민정음을 만들었어요.

• 우리 명절

명절에는 세배하기, 성묘하기, 차례 지내기, 송편 빚기, 윷놀이하기 등의 모습을 볼 수 있어요.

• 우리 부채

한국의 전통 색상인 오방색을 보면 우리나라의 전통적인 아름다움을 느낄 수 있어요.

• 우리 한옥

한옥은 우리 고유의 기술과 양식으로 지은 건축물이에요. 한옥을 보면 우리 조상들의 슬기와 지혜를 알 수 있어요.

• 우리는 한민족

한민족인 남한과 북한은 분단된 이후로 시간이 지나면서 조금씩 문화가 달라지고 있어요. 하지만 음식, 전통 놀이 등 공통점도 많이 있어요.

1 (1) 한글 (2) 한옥 (3) 한복

2 세종 대왕, 글자를 모르는 백성들을 위해 만들었어요.

1 한글, 한옥, 한복은 모두 자랑스러운 우리나라의 것이에요.

2 한글은 글자를 모르는 백성들을 위해 세종 대왕이 만들었어요. 우리나라 글자인 한글을 아끼고 사랑해야 해요.

사람들

32~33쪽

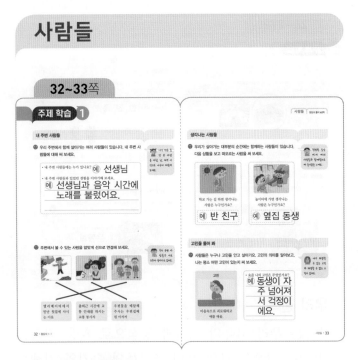

• 내 주변 사람들

우리 주변에는 이웃, 교통 봉사자, 우편집배원 아저씨 등 서로 도우며 살아가고 있어요.

34~35쪽

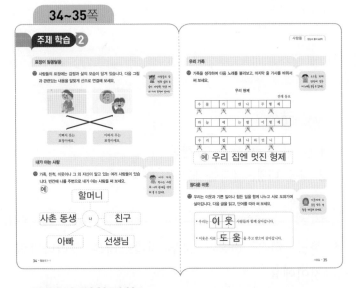

• 표정이 알쏭달쏭

할머니는 내가 연락을 드려 기뻐서 웃으시는 모습이고, 동생은 길에서 넘어져 아파서 우는 모습이에요.

36~37쪽

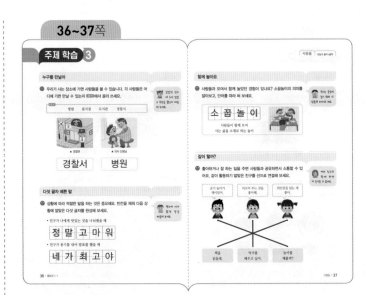

• 누구를 만날까

경찰서에 가면 경찰관을 만날 수 있고, 병원에 가면 의사 선생님을 만날 수 있어요.

38~39쪽

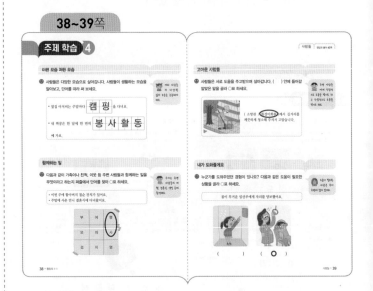

• 함께하는 일

가족이나 친척, 이웃 등 주변 사람들과 함께하는 일을 행사라고 해요. 행사에는 생일잔치, 결혼식, 여행 등이 있어요.

• 고마운 사람들

환경미화원은 우리 주변을 깨끗하게 청소해 주시고, 소방관은 불이 났을 때 불을 끄고 위급한 상황에서 사람들을 구조해 주세요.

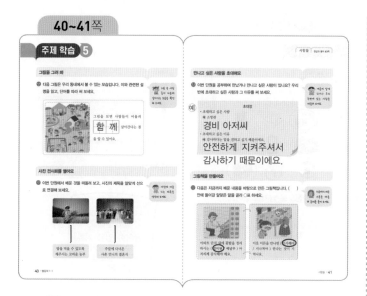

• 그림을 그려 봐

제시된 그림은 우리 동네 놀이터에서 사람들이 시간을 보내고 있는 모습이에요. 사람들은 함께 어울려 살아가요.

• 만나고 싶은 사람을 초대해요

소방관, 어부, 과학자 등 이번 단원을 배우며 알게 되어 우리 반에 초대하고 싶은 사람을 떠올려 보세요.

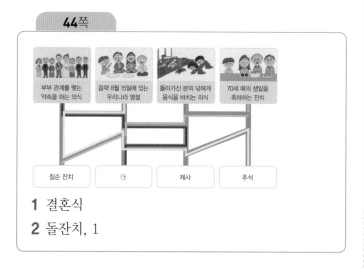

1 결혼식

2 돌잔치, 1

1 ㉠에 들어갈 알맞은 가족 행사는 결혼식이에요. 결혼식은 부부 관계를 맺는 약속을 하는 의식이에요.

2 돌잔치는 아기가 태어난 지 1년이 되는 날을 축하하기 위해 여는 잔치예요.

우주

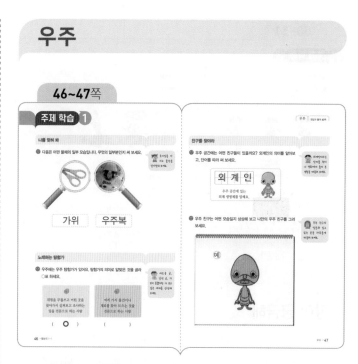

• 노래하는 탐험가

탐험가는 어떤 곳을 찾아가서 살펴보고 조사하는 일을 전문으로 하는 사람이에요. 여러 가지 물건이나 재료를 찾아 모으는 것을 전문으로 하는 사람은 수집가예요.

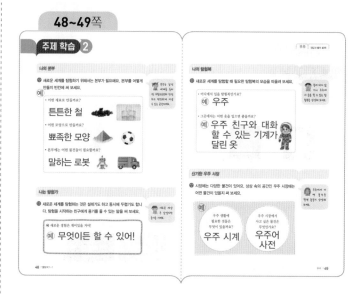

• 나의 본부

본부는 철, 돌, 얼음 등의 재료를 이용해 피라미드 모양, 원 모양 등의 모양으로 만들 수 있어요. 또 본부에 필요한 물건도 자유롭게 상상해 보세요.

50~51쪽

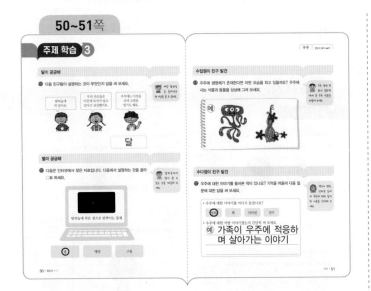

• 달이 궁금해

우리 선조들은 달에 사는 달 토끼가 떡방아를 찧는다는 상상을 했어요. 큰 보름달이 뜨는 추석에는 달을 보며 소원을 빌기도 해요.

• 별이 궁금해

별은 밤하늘에 작은 점으로 반짝여요. 별도 태어나고 자라고, 오랜 시간이 지나면 죽기도 해요.

52~53쪽

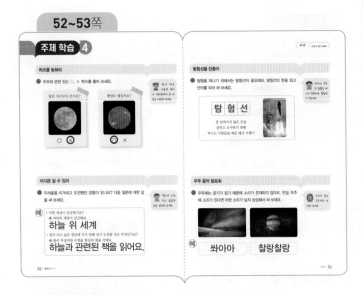

• 퀴즈를 맞혀라

달의 크기는 지구 크기보다 약 1/4 작아요. 스스로 빛을 내는 태양도 하나의 별이에요.

54~55쪽

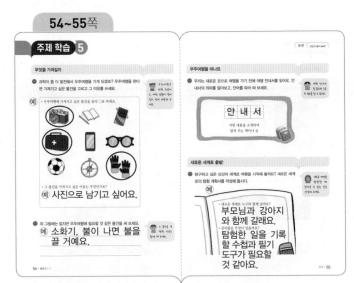

• 무엇을 가져갈까

부모님과 연락할 수 있는 핸드폰, 음식을 보관할 냉장고 등 우주여행에 가져가고 싶은 물건을 자유롭게 상상해 보세요.

• 우주여행을 떠나요

여행 안내서에는 여행지의 모습, 볼거리, 추천 음식 등 여행지에 대한 정보가 담겨 있어요.

58쪽

1 ㉠ 태양, ㉡ 탐험선, ㉢ 지구
2 우주에서 볼 수 있어요. 우주에서는 달, 별 등을 볼 수 있어요.

1 각 카드에 들어갈 알맞은 단어는 ㉠은 태양, ㉡은 탐험선, ㉢은 지구예요.
2 우주에서는 달, 별, 태양, 지구, 탐험선, 탐험가 등을 볼 수 있어요.

믿고 보는 동아출판 초등 교재

기초학습서부터 교과서 개념 다지기, 과목별 전문서까지!

초등학교 입학 전부터, 예비 중등까지!

초등학생에게 꼭 필요한 영역을 빠짐없이! **동아출판 초등 교재 라인업**

1 교과서 개념 완벽 학습

백점 | 자습서&평가문제집

2 초등 영역별 기초학습서

초능력 국어, 수학, 과학
한국사, 한자

3 과목별 전문서

빠작 | 큐브 | 하이탑
뜯어먹는 초등 필수 영단어
그래머 클리어 스타터

4 예비 중등

초고필 국어, 수학, 한국사
적중 반편성 배치고사 + 진단평가

동아출판

백점
활동북 1·1

KC마크는 이 제품이 공통안전기준에
적합하였음을 의미합니다.

동아출판

초등학교	학년	반	번

이름

Telephone 1644-0600
Homepage www.bookdonga.com
Address 서울시 영등포구 은행로 30 (우 07242)

• 정답 및 풀이는 동아출판 홈페이지 내 학습자료실에서 내려받을 수 있습니다.
• 교재에서 발견된 오류는 동아출판 홈페이지 내 정오표에서 확인 가능하며, 잘못 만들어진 책은 구입처에서 교환해 드립니다.
• 학습 상담, 제안 사항, 오류 신고 등 어떠한 이야기라도 들려주세요.

2022 개정 교육과정
특별부록

백점
활동북

바른 생활　슬기로운 생활　즐거운 생활

1·1

• 교과서 활동 중심 학습
• 다양한 활동 문제 수록

D 동아출판

주소   서울시 영등포구 은행로 30 (우 07242)

백점 활동북 1·1

발행일	2024년 1월 30일
인쇄일	2024년 1월 20일
펴낸곳	동아출판㈜
펴낸이	이욱상
등록번호	제300-1951-4호(1951. 9. 19)
개발총괄	강희경
개발책임	박재일
개발	방인애 윤희수
디자인책임	목진성
디자인	강민영
대표번호	1644-0600
주소	서울시 영등포구 은행로 30 (우 07242)